20
23

Risco e Causalidade
Rafael Viola

Dados Internacionais de Catalogação na Publicação (CIP) de acordo com ISBD

V796r   Viola, Rafael
           Risco e causalidade / Rafael Viola. - Indaiatuba : Editora Foco, 2023.
       324 p. ; 16cm x 23cm.

          Inclui bibliografia e índice.
          ISBN: 978-65-5515-686-7

          1. Direito. 2. Direito civil. 3. Causalidade. 4. Risco. I. Título.

2022-3815   CDD 347   CDU 347

Elaborado por Odilio Hilario Moreira Junior - CRB-8/9949
Índices para Catálogo Sistemático:
    1. Direito civil 347
    2. Direito civil 347

Risco e Causalidade
Rafael Viola

2023 © Editora Foco
Autor: Rafael Viola
Diretor Acadêmico: Leonardo Pereira
Editor: Roberta Densa
Assistente Editorial: Paula Morishita
Revisora Sênior: Georgia Renata Dias
Revisora: Simone Dias
Capa Criação: Leonardo Hermano
Diagramação: Ladislau Lima e Aparecida Lima
Impressão miolo e capa: FORMA CERTA

DIREITOS AUTORAIS: É proibida a reprodução parcial ou total desta publicação, por qualquer forma ou meio, sem a prévia autorização da Editora FOCO, com exceção do teor das questões de concursos públicos que, por serem atos oficiais, não são protegidas como Direitos Autorais, na forma do Artigo 8º, IV, da Lei 9.610/1998. Referida vedação se estende às características gráficas da obra e sua editoração. A punição para a violação dos Direitos Autorais é crime previsto no Artigo 184 do Código Penal e as sanções civis às violações dos Direitos Autorais estão previstas nos Artigos 101 a 110 da Lei 9.610/1998. Os comentários das questões são de responsabilidade dos autores.

NOTAS DA EDITORA:

Atualizações e erratas: A presente obra é vendida como está, atualizada até a data do seu fechamento, informação que consta na página II do livro. Havendo a publicação de legislação de suma relevância, a editora, de forma discricionária, se empenhará em disponibilizar atualização futura.

Erratas: A Editora se compromete a disponibilizar no site www.editorafoco.com.br, na seção Atualizações, eventuais erratas por razões de erros técnicos ou de conteúdo. Solicitamos, outrossim, que o leitor faça a gentileza de colaborar com a perfeição da obra, comunicando eventual erro encontrado por meio de mensagem para contato@editorafoco.com.br. O acesso será disponibilizado durante a vigência da edição da obra.

Impresso no Brasil (12.2022) – Data de Fechamento (12.2022)

2023
Todos os direitos reservados à
Editora Foco Jurídico Ltda.
Avenida Itororó, 348 – Sala 05 – Cidade Nova
CEP 13334-050 – Indaiatuba – SP
E-mail: contato@editorafoco.com.br
www.editorafoco.com.br

"Ao meu querido tio Silvio Viola (*in memorian*),
Homem de grandeza ímpar, coração enorme
e com quem aprendi o que é ser advogado."

AGRADECIMENTOS

Ao término da elaboração deste livro, que consiste, essencialmente, na tese de doutoramento na Faculdade de Direito de Lisboa, certamente são devidos inúmeros agradecimentos.

Inicialmente, é preciso registrar um especial agradecimento ao Professor Menezes Cordeiro. Não apenas pelo gentil aceite em ser meu orientador, mas, especialmente, pela compreensão, respeito e carinho. No momento de maior aperto, esticou-me a mão e permitiu que concluísse esta tese de doutoramento. A admiração e o respeito que nutro pela inegável condição de acadêmico, profissional e professor foram substancialmente acrescidos do apreço pelo ser humano incrível que é. Por absolutamente tudo, serei eternamente grato.

Aos Professores Guilherme Calmon e Sergio Vieira Branco Júnior, agradeço pela imprescindível ajuda. Saíram de suas atribuladas rotinas para ler e apresentar as críticas e sugestões, que acabaram sendo de suma importância para alcançar o presente resultado. Não tenho palavras para expressar a gratidão pela ajuda e pela amizade.

Ao amigo e Professor Vitor Palmela Fidalgo, reproduzindo o saudoso Professor Antunes Varela, *"o amigo certo na hora incerta"*. O apoio incondicional nas horas mais difíceis, a ajuda em todas as etapas do doutoramento e, especialmente, a extensa paciência em aguentar meus desabafos e minhas angústias. Um obrigado gigante.

Aos Professores do Doutoramento, Pedro Romano Martinez, Paula Costa e Silva e Antonio Pedro Barbas Homem, pelas valiosas aulas.

Aos amigos e professores das mais variadas instituições que me apoiaram no início, no meio, no final ou, durante todo o tempo (alguns, inclusive, cobraram incessantemente a conclusão da tese – o que só aumenta a gratidão). São amigos inesquecíveis e aqui fica o meu muito obrigado: Antonio Maristrello Porto, Carlos Affonso Pereira de Souza, Daniel Bucar, Daniel Queiroz, Fernanda Paes Leme, Gustavo Kloh, Gustavo Tepedino, Ivana Junqueira, Márcio Sette Fortes, Leonardo Rocha, Luis Cláudio Araújo, Marcelo Lima, Patricia Sampaio Ribeiro, Renata Vilela Multedo, Ronaldo Campos, Rodrigo Marcelino Belo, Rodrigo Valverde, Thiago Cardoso Araújo.

Aos meus alunos e orientandos da Graduação e Pós-graduação, que muito contribuíram para que as pesquisas caminhassem bem, especialmente na reta final com pesquisas jurisprudenciais imprescindíveis: Mariana Saraiva Torres, Rodrigo Dacosta Freitas e Katrine Martins da Costa Ramos de Azevedo.

Não se pode deixar de agradecer às instituições que contribuíram decisivamente: ao Conselho Científico da Faculdade de Direito de Lisboa, à Universidade do Estado do Rio de Janeiro, minha eterna casa, às Bibliotecas da Faculdade de Direito de Lisboa, da Procuradoria Geral da República de Portugal, do Supremo Tribunal Federal, da Universidade do Estado do Rio de Janeiro, ao Ibmec, que, na pessoa da amiga e Professora Fernanda Paes Leme apoiou incessantemente a elaboração e defesa da tese, e à própria Faculdade de Direito de Lisboa, todas nas pessoas de seus responsáveis e funcionários, pela simpatia e solicitude que sempre me dispensaram ao longo dos anos.

Não poderia deixar de agradecer, também, meus pais, Sergio Viola e Maria Auxiliadora de Andrade Viola, meus irmãos, Heitor Viola e Sergio Viola Júnior, meu saudoso tio, Silvio Viola, meu primo Mário Viola e, especialmente, Vanessa Moussaouba, minha parceira de vida, pelo incondicional e incansável apoio durante todo o período do doutoramento. A vocês, gratidão total.

PREFÁCIO

1. Sensibilizado pelo convite para prefaciar a obra literária fruto da tese de Doutoramento de Rafael Viola junto à Faculdade de Direito de Lisboa, sob a orientação do Professor Doutor Menezes Cordeiro, refleti bastante sobre o conteúdo destas linhas em razão da preciosidade do livro ora disseminado na comunidade jurídica. *"Risco e Causalidade"* é obra que, tenho certeza, se tornará referência no Direito brasileiro e quiçá em outros sistemas jurídicos, por examinar com minúcias temas tão complexos e ao mesmo importantes no âmbito do segmento do Direito Civil mais conhecido como "Direito dos Danos" (ou Responsabilidade Civil). Na introdução, o autor observa que o estudo é dirigido a "compreender em que medida o risco afeta o campo normativo da reparação civil e, especialmente, aquele em que se insere o tema da causalidade, pedra angular do sistema de responsabilidade no campo das *sociedades de risco*."

A civilização humana está em constante evolução e, devido às mudanças e aos espaços ainda não desbravados, é fundamental o desenvolvimento das pesquisas em inúmeras áreas do conhecimento humano.

2. O Brasil vivenciou inúmeras transformações políticas, econômicas, sociais e educacionais a partir da década de setenta no século XX, em especial e, logicamente, as mudanças impuseram desafios e possibilidades no âmbito da pesquisa jurídica e formação continuada na área do Direito. Ao lado das mudanças operadas nos setores acima referidos, o desenvolvimento tecnológico também passou cada vez mais a expor a pessoa humana aos desafios nunca dantes imaginados. Observa o Autor Rafael Viola: "Os riscos foram percebidos como involuntários e invisíveis, colocando todos na sociedade em potencial situação de perigo. Como, então, tratar esse quadro irreversível?"

3. Na contemporaneidade, no contexto da produção de conhecimento, a atividade de pesquisa vem se notabilizando pela sua redefinição no que tange aos aspectos metodológicos e às práticas socioeconômicas, promovendo mudanças de suma importância. A pesquisa passou de uma lógica eminentemente disciplinar para se caracterizar pela interdisciplinariedade ou transdisciplinariedade. O modelo tradicional de pesquisa – de fracionado e linear – se fez substituir por outro mais complexo, buscando a integração dos vários ciclos (ou fases) da pesquisa básica à aplicada (TRIGUEIRO, Michelangelo Giotto Santoro. *Universidades públicas*. Brasília: Editora Universidade de Brasília, 1999, p. 93). Outros indicadores para a avaliação da qualidade da pesquisa passaram a ser considerados, como a sua relevância social, a aplicabilidade e a relação custo-benefício.

4. No segmento da formação de novos docentes na área do Direito, a Pós--Graduação *Stricto Sensu* vem permitindo que várias instituições de ensino superior localizadas no Estado do Rio de Janeiro e em outros Estados-membros da Federação passassem a contar com Mestres e Doutores em seus quadros docentes, atendendo ao aumento da demanda educacional na área do Direito. O exemplo da pesquisa desenvolvida para elaboração deste livro é paradigmático a respeito, conforme será analisado em seguida, sendo merecedor de destaque que a tese de Doutoramento foi desenvolvida e defendida na Faculdade de Direito de Lisboa, em Portugal, mas que por óbvio recebeu toda a influência do Direito brasileiro na formulação das propostas apresentadas pelo Autor. Há, assim, o atendimento à função social da universidade em nível de Pós-Graduação em Direito diante dos impactos que a revolução científica e as transformações mundiais têm apresentado na sociedade pós-moderna.

5. Na condição de docente da Faculdade de Direito do IBMEC/RJ (como Professor Titular), passei a manter contato mais próximo com o Professor Rafael Viola, também docente da mesma instituição e tal circunstância me propiciou ter contato com as primeiras ideias a respeito do livro ora divulgado ao público leitor.

As colocações acima feitas servem para demonstrar a importância da existência dos Cursos de Pós-Graduação *Stricto Sensu* no universo da Ciência do Direito. A obra ora prefaciada vem a ser exatamente uma das demonstrações mais concretas da relevância do aprofundamento das pesquisas e dos estudos acadêmicos na área do Direito.

6. Algumas características se apresentaram na inquietação do Autor Rafael para formulação da tese de Doutoramento: sensibilidade na definição do tema e do recorte metodológico feito, irresignação com a doutrina e os julgados a respeito das questões envolvendo as hipóteses de responsabilidade civil objetiva – aí incluídos os elementos do risco e do nexo de causalidade –, coragem para desbravar áreas ainda não exploradas com o cuidado e a competência que se revelaram na tese.

Trago à colação algumas afirmações da tese para exemplificar tais constatações: "Torna-se importante reconhecer que eventuais modelos abstratos e gerais, propostos pelas ciências naturais, não se colocam perfeitamente no momento da tomada de decisão concretamente considerada diante da multiplicidade de situações e intempéries que podem afetar a ação do suposto ofensor"; "A responsabilidade civil é um mecanismo de distribuição de responsabilidades entre o Estado e a sociedade e entre os próprios cidadãos, que está diretamente ligada às regras e instituições que permeiam toda a organização social"; "A análise do risco é extremamente complexa, destacando-se as chamadas (i) perspectiva tecno-científica, de cunho objetivo, que busca adotar uma linha racional do risco, sendo este definido como um produto das probabilidades e consequências de um evento adverso, e (ii) perspectiva sociocultural, que se vale dos contextos social e cultural em que o risco é entendido, vivido, concretizado e negociado"; "O risco passa a ditar os caminhos da reparação dos danos. Independentemente dos efeitos concretamente considerados no momento da prática do fato jurídico, é em seu nome que a obrigação de indenizar será pensada, analisada e delimitada".

7. Por óbvio que o Prefácio não deve antecipar, ainda que de modo resumido, as principais e inestimáveis conclusões do livro, mas as frases acima reproduzidas do Autor são pontos de partida para a identificação da altíssima qualidade e extrema complexidade das questões desenvolvidas durante os seis capítulos do livro.

8. O livro ora prefaciado *Risco e Causalidade*, de Rafael Viola, foi aprovado à unanimidade pela Comissão Examinadora da Faculdade de Direito de Lisboa e tem como base a realização de estudos profundos acerca das atividades relacionadas ao risco e ao nexo de causalidade no âmbito da sociedade contemporânea.

Como comentou Rafael Viola a respeito do tema, "não se pode prescindir ou, sequer, flexibilizar o nexo de causalidade. Pelo contrário, o princípio da causalidade se torna o verdadeiro condutor mestre de toda a teoria da responsabilidade civil identificando aquele que deve suportar os riscos criados".

9. Por ocasião da realização da IX Jornada de Direito Civil do Conselho da Justiça Federal, houve aprovação do Enunciado 659, com o seguinte teor: "Art. 927: O reconhecimento da dificuldade em identificar o nexo de causalidade não pode levar à prescindibilidade da sua análise". Ou seja: acolheu-se uma das conclusões mais importantes a respeito do tema que já havia sido exposta exemplarmente pelo Autor na sua tese.

10. O livro ora oferecido ao público é demonstração fidedigna da presença das importantes e necessárias conexões entre o Direito e outras áreas do conhecimento humano, como bem ressalta Rafael inclusive e especialmente no capítulo I do livro.

11. Além da sólida e vasta formação em vários ramos do Direito – em especial no segmento do Direito do Consumidor e do Direito Civil -, Rafael Viola se revela bastante comprometido com os valores e objetivos acadêmicos da excelência e objetividade na pesquisa, da seriedade e lucidez na análise crítica do material pesquisado, da competência e perspicácia na solução de questões hermenêuticas, em uma visão plural e interdisciplinar dos vários institutos e fenômenos abordados.

12. A obra ora prefaciada se revela pioneira na análise de questões jurídicas afetas às relações jurídicas advindas de hipóteses de responsabilidade civil. O livro explora, com inigualável propriedade, os institutos diretamente atrelados à tutela jurídica das pessoas envolvidas nos conflitos que podem decorrer de eventos arriscados, analisando com cuidado os casos de interrupção do nexo causal, apresentando proposta de identificação do fortuito interno.

13. Após cuidadosa e exaustiva análise das várias questões em torno do tema desenvolvido na obra ora prefaciada, Rafael Viola apresenta tese inovadora, separando as fases de identificação do *an debeatur* (uma vez presentes os elementos da responsabilidade civil) e da fixação do *quantum debeatur* (de modo a quantificar a reparação do dano), em escorreita análise a respeito das teorias aplicáveis.

14. Algumas palavras sobre o autor Rafael Viola: além de profissional da advocacia pública como Procurador da Universidade do Estado do Rio de Janeiro com atuação efetiva no sistema de justiça, além de advogado atuante em causas particulares, Rafael Viola conquistou o título de Mestre em Direito Civil pela UERJ e, mais recentemente, o título de Doutor pela prestigiosa Faculdade de Direito de Lisboa. Rafael é Professor Universitário nos níveis de graduação e especialização, sendo respeitado pela sua atuação dedicada, profunda e comprometida no meio acadêmico.

15. O livro é, pois, inovador, completo e instigante, fruto da harmonização da excelente pesquisa realizada e do inabalável esforço e dedicação do Autor, posicionando-se entre aqueles de leitura obrigatória para todos que reconhecem a necessária visão multidisciplinar sobre tema da responsabilidade civil, em especial quanto ao risco e a causalidade, termos que foram escolhidos para figurarem no título do livro. O domínio seguro sobre vários ramos do Direito, a expansão do olhar crítico a outros subsistemas sociais que não apenas o Direito e a exposição transparente e objetiva das ideias e raciocínios, fazem com que o livro seja recomendado como referência obrigatória aos acadêmicos, estudantes e estudiosos do Direito, além dos profissionais que terão consigo uma fonte inesgotável de informações e pensamentos hábeis a permitir a solução das mais complexas questões no âmbito relativas à responsabilidade civil e situações complexas para seu afastamento.

Cumprimento o Autor Rafael Viola e a Editora Foco por proporcionarem à comunidade jurídica o acesso a excelente obra que, sem dúvida, será um marco no segmento do Direito brasileiro. E, sem dúvida, posso afiançar que a obra intitulada *Risco e Causalidade* demonstra o novo tipo de postura interpretativa que se espera do pesquisador e estudioso do Direito.

Setembro de 2022.

Guilherme Calmon Nogueira da Gama

Professor Titular de Direito Civil da UERJ, Professor Permanente do PPG de Direito da UNESA e Professor Titular de Direito Civil do IBMEC/RJ. Mestre e Doutor em Direito Civil pela Universidade do Estado do Rio de Janeiro (UERJ). Vice Presidente do Tribunal Regional Federal da 2ª Região (TRF 2). Ex Conselheiro do Conselho Nacional de Justiça (CNJ)

SUMÁRIO

AGRADECIMENTOS... V

PREFÁCIO VII

INTRODUÇÃO XV

CAPÍTULO I – A PERCEPÇÃO DO RISCO 1
   1. Por uma sociologia do risco.. 1
   2. A contribuição da sociologia para a análise do risco nas sociedades contemporâneas 7
      2.1 A contribuição de Ulrich Beck: a sociedade de risco 7
      2.2 A contribuição de Anthony Giddens: *runaway world*................. 14
      2.3 A contribuição de Niklas Luhmann: risco e atribuição 19
      2.4 A contribuição de Mary Douglas: cultura e risco...................... 23
   3. O futuro como risco: a vocação tecnológica da humanidade............ 28
   4. O problema do mercado de consumo 32

CAPÍTULO II – O RISCO NAS CIÊNCIAS JURÍDICAS 41
   5. Colocação do problema.. 41
      5.1 Risco: entre economia e direito 43
      5.2 Uma proposta para as ciências jurídicas no século XXI............ 50
   6. O fundamento da reparação dos danos como técnica de distribuição/atribuição de riscos... 68

CAPÍTULO III – O VÍNCULO DE CAUSALIDADE.............................. 79
   7. O ocaso da culpa e a crescente importância do liame causal 79
   8. O liame causal: da causa natural à causa jurídica.............................. 82
      8.1 Risco, responsabilidade pelos resultados e causalidade 98
   9. A dupla função exercida pelo nexo causal 102
   10. A multiplicidade de causas e o problema flexibilização do nexo de causalidade na busca pela adequada distribuição de riscos 104

CAPÍTULO IV – TEORIAS SOBRE A RELAÇÃO DE CAUSALIDADE 113

11. Introdução 113

    11.1 Teoria da equivalência das condições...................................... 116

    11.2 Teste NESS: um olhar sobre os trabalhos de Hart e Honoré, Mackie e Wright 125

    11.3 Teoria da causa próxima 133

    11.4 Teoria da causa eficiente 137

    11.5 Teoria da causa adequada 139

    11.6 Teoria do escopo da norma violada... 149

    11.7 Teoria do Dano Direto e Imediato... 153

12. Orientação preferível: uma proposta de interpretação da necessariedade 160

CAPÍTULO V – INTERRUPÇÃO DO NEXO CAUSAL 169

13. Excludentes do nexo causal.. 169

14. Causalidade interrompida: noção e conteúdo..................................... 171

15. Fato da vítima... 179

16. Fato de terceiro 194

17. Caso fortuito e força maior 201

CAPÍTULO VI – A INSUFICIÊNCIA DA DOUTRINA TRADICIONAL DA REPARAÇÃO DOS DANOS PARA AVALIAR A DISTRIBUIÇÃO DOS RISCOS: UMA PROPOSTA DE IDENTIFICAÇÃO DO FORTUITO INTERNO 215

18. O vínculo de causalidade e o risco 215

19. A dificuldade na configuração da exterioridade: a falta de critérios científicos... 222

20. O risco e a confiança como elementos nucleares do fortuito interno: uma proposta de diferenciação com o fortuito externo................................ 235

CONCLUSÃO E TESES.. 257

    Capítulo I – A percepção do risco.. 259

    Capítulo II – O risco nas ciências jurídicas.. 262

    Capítulo III – Vínculo de causalidade 264

    Capítulo IV – Teorias sobre a relação de causalidade................................. 266

Capítulo V – Interrupção do nexo causal.. 268

Capítulo VI – A insuficiência da doutrina tradicional da reparação dos danos para avaliar a distribuição dos riscos: uma proposta de identificação do fortuito interno.. 271

REFERÊNCIAS... 277

INTRODUÇÃO

O risco, embora não seja estranho à humanidade, certamente é um desconhecido. Durante toda a história humana, as sociedades sofreram com as intempéries e transformações que acometeram os povos, tornando-os suscetíveis aos mais variados prejuízos. Se, contudo, em alguma medida, os tempos modernos nos permitiram uma mudança de tratamento do risco, buscando controlá-lo e tratá-lo, não se pode ignorar que, mesmo com todo o desenvolvimento tecnológico, provavelmente, jamais se conseguirá instrumentos suficientes à obtenção de todas as informações possíveis e necessárias para reduzi-los a zero.

De toda forma, as sociedades, como eram encaradas, se modificaram profundamente. Nossos ancestrais, apesar de sujeitos às mais variadas vicissitudes da vida, não enfrentaram riscos decorrentes dos modernos meios de transporte ou da produção massificada de produtos e serviços, tampouco das gigantescas obras de infraestrutura ou, ainda, do uso indiscriminado de produtos químicos e radioativos. Diferentemente de outrora, somos, a todo tempo, submetidos a toda sorte de riscos, que são impostos pelas atividades altamente complexas e que penetram, cada vez mais, na esfera jurídica de cada um de nós. Ora, diante da pungência dos riscos, que afeta todos nós, torna-se imprescindível debater o risco,[1] enfrentando seus aspectos moral e jurídico no campo da responsabilidade civil e como ele deve ser tratado na busca pela redução dos danos no corpo social.

O debate no campo da responsabilidade civil, tradicionalmente, se circunscreveu a um mundo pautado pela idealização irrealista das certezas da modernidade, no sentido de que a ação de um indivíduo produziria consequências claramente identificáveis e de fácil solução, pelo que, na construção da obrigação de indenizar, o nexo de causalidade sempre foi tratado a partir de uma certeza quanto ao liame de causa e efeito. A vocação tecnológica da humanidade, contudo, provou como as, até então, ditas "certezas" estavam profundamente equivocadas. Os riscos foram percebidos como involuntários e invisíveis, colocando todos na sociedade em potencial situação de perigo. Como, então, tratar esse quadro irreversível?

Uma importante questão é reconhecer que não há um problema moral em admitir que as pessoas não são oniscientes e, consequentemente, não têm a

---

1. OBERDIEK, John. *Imposing Risk- a normative framework*. Oxford Legal Philosophy. OUP Oxford. Edição do Kindle, 2017, p. 1.

capacidade de conhecer todos os efeitos das tomadas de decisões em suas vidas. O mesmo ocorre com o desenvolvimento tecnológico que, em grande medida, produziu melhoras na qualidade de vida, aumentando a expectativa de vida da população, curando doenças, reduzindo a pobreza e a fome. Mesmo assim, é preciso compreender que esses avanços trouxeram a reboque uma multiplicidade de prejuízos, conhecidos ou não, mas que afetaram (e afetam) a vida de milhões de pessoas. A forma como as ações dos indivíduos e o desempenho de atividades, que são fonte de perigo, afetam os outros, portanto, é um tema que deve ser seriamente tratado pelo Direito.

O principal ponto de mudança na cultura jurídica europeia, dentre vários, foi, ao final do século XIX, iniciar um movimento de estudo do Direito da reparação dos danos em termos de risco, abandonando-se a concepção de culpa. Assim, ainda que não se possa abandonar completamente a ideia da responsabilidade aquiliana, é a responsabilidade sem culpa que domina o atual debate da reparação civil e das atividades de risco. O Direito não pode permanecer alheio às mudanças sociais e tecnológicas que afetam a sociedade e que expõem, ainda mais, o ser humano a novos desafios – os desastres criados pelo próprio homem. É nesse sentido que se propõe o presente trabalho: compreender em que medida o risco afeta o campo normativo da reparação civil e, especialmente, aquele em que se insere o tema da causalidade, pedra angular do sistema de responsabilidade no campo das *sociedades de risco*.

Nesse sentido, qual seria o papel do risco no campo normativo? Muito tem sido debatido ao longo do último século e, notadamente, no início do século XXI. A intensidade dos trabalhos nas mais variadas áreas do saber apenas reflete a importância que o tema avoca: filosofia, sociologia, direito, economia, matemática, probabilidade, medicina, biologia, química, engenharia, enfim, praticamente todos os campos do conhecimento das diversas áreas de concentração.

Apesar de toda essa produção intensa também se colocar no campo do Direito, parece que a análise ainda se prende aos modelos estabelecidos por Josserand e Saleilles, ao final do século XIX, e nas posteriores vertentes, para justificar o nexo de imputação pautado pelo risco e, consequentemente o dever de indenizar independentemente de culpa sem, contudo, atentar para uma compreensão do que é o risco e como ele se insere na esfera jurídica de quem desenvolve atividades perigosas. Não se coloca em dúvida a qualidade dos autores franceses ou das teses subsequentes construídas, pois foram fundamentais na construção da atual concepção da responsabilidade civil, que, certamente, avançou profundamente na proteção da vítima. Todavia, parece ser possível chegar à conclusão de que as teorias jurídicas necessitam avançar para encontrar uma concepção de risco adequada ao momento atual e consentâneo com a vocação tecnológica da humanidade:[2] novas tecnologias continuarão a ser desenvolvidas e certamente acarretarão novos riscos desconhecidos.

Para se pensar uma proposta normativa de risco, portanto, parece ser necessário compreender qual o seu conceito e qual a sua importância. Um dos objetivos desse estudo, portanto, é tentar trazer para o campo das ciências jurídicas um conceito de risco que possa ter uma aplicação prática, sem desprezar a necessária dogmática jurídica. Nesse ponto, o risco pode ser encarado sob diversas vertentes e por várias áreas do saber. De um lado, verifica-se uma abordagem tecno-científica do risco, que emerge dos campos da estatística, atuária, engenharia, economia etc., e traz em seu bojo a noção de que risco é uma questão de cálculos probabilísticos. De outro, observa-se perspectivas que o tratam como um fato sociocultural, considerado a partir da percepção social e como esta afeta consideravelmente a assunção de riscos.

Como se verá ao longo do presente trabalho, apesar da análise quantitativa/probabilística ser fundamental para uma adequada compreensão do risco, parece que este não pode ser reduzido a uma análise puramente objetiva. Torna-se importante reconhecer que eventuais modelos abstratos e gerais, propostos pelas ciências naturais, não se colocam perfeitamente no momento da tomada de decisão concretamente considerada diante da multiplicidade de situações e intempéries que podem afetar a ação do suposto ofensor. Nesse sentido, uma concepção estritamente probabilística não pode ser utilizada normativamente, pois carecerá dos elementos fundamentais para uma correta responsabilização. Um conceito de risco deve levar em consideração os aspectos normativos presentes no ordenamento jurídico para que seja adequado à realidade dos indivíduos na tomada de decisão.

Um conceito mais adequado de risco, dessa forma, pode ser construído com o recurso às ciências sociais. Nesse vasto campo, a filosofia e, especialmente, a sociologia tem muito a contribuir para uma concepção jurídica do risco. Ocupar-se-á, no *Capítulo I*, então, da complexa tarefa de perquirir a percepção do risco na sociedade, aprofundando as principais contribuições sobre o tema. Aqui, tem especial relevo o debate acerca da chamada *sociedade de risco*. Buscar-se-á compreender, então, como se apresenta a sociedade de risco e o que ela efetivamente significa. Ademais, uma análise da *sociedade de risco* não poderia prescindir do reconhecimento de como ela afeta o campo normativo, com destaque para seus impactos na reparação dos danos.

---

2. JONAS, Hans. *O princípio responsabilidade: ensaio de uma ética para a civilização tecnológica*. Rio de Janeiro: Contraponto: Ed. Puc-Rio, 2006, p. 43.

Ainda no referido capítulo, apresenta-se de toda importância entender a vocação tecnológica da humanidade e como essa natureza de assunção de risco se apresenta no aspecto temporal. Em outras palavras, o reconhecimento do risco encontra seu aspecto mais relevante na tomada de decisão e como ele se projeta para o futuro, muito embora seja impossível, em regra, no momento da ação, identificar com exatidão as consequências que dela podem advir. Nesse espectro, cabe, ainda, a menção ao papel do consumidor e sua vulnerabilidade no mercado, que demanda uma proteção diferenciada. De fato, nesse campo fértil das atividades potencialmente lesivas, é o consumidor quem está, a princípio, no centro da eventual lesão. É necessário pensar mecanismos que tenham a capacidade de minimizar eventuais perdas e danos a que se submetem diuturnamente aqueles que estão inseridos no mercado de consumo.

O *Capítulo II* tem como objetivo desnudar o risco nas ciências jurídicas. Para tanto, parece necessário revisitar as teorias tecno-científicas, em especial aquelas decorrentes da teoria probabilística e da teoria econômica. Os avanços produzidos na literatura econômica ao longo do último século – não se pode deixar de mencionar o impressionante trabalho de Frank Knight –, buscando diferenciar risco e incerteza, deram nova dimensão ao tema, permitindo que, mesmo diante de incertezas, seja possível a tomada de decisão. É justamente a partir de seu trabalho que podem ser construídos modelos racionais de tomada de decisão, quando presentes inúmeras incertezas, valendo-se, especialmente, da probabilidade subjetiva, em que se combinam diversas informações e fatores para, a partir do julgamento pessoal, alcançar a probabilidade de ocorrência de um determinado resultado.

As teorias econômica e probabilística, embora não esgotem o tema do risco, certamente complementam as teorias sociológicas, e vice-versa. Diante desse reconhecimento, procurar-se-á, a partir da construção jurídica das teorias do risco aventadas a partir do início do século XX indicar um conceito jurídico para risco que, mesmo que não esgote o tema, tenha a capacidade de ser suficientemente abrangente e maleável de modo a abarcar os mais diversos tipos de risco, de tal maneira que possa trazer critérios razoavelmente mais seguros de quais fatos se inserem no campo do risco de uma atividade.

Em continuidade, compreendendo o fenômeno que compõe o debate do risco e as finalidades pretendidas pelo ordenamento jurídico, torna-se possível debater o que significa o princípio da causalidade. No *Capítulo III*, então a investigação é direcionada para o debate do nexo causal e a sua relevância, cada vez maior, na prática judiciária. Esta discussão, a toda evidência, assume grande relevância na medida em que se abandona o modelo tradicional fundado na culpa, porquanto parte expressiva da defesa do réu nas ações indenizatórias se dará no campo do nexo de causalidade. Nesse particular, buscar-se-á, para além das teorias no Direito continental, o contributo da literatura jurídica norte-americana para compreender a causalidade. Assim, recorreu-se ao entendimento da causalidade a partir das ciências naturais para, ao final, entender a importante distinção entre causa material e causa jurídica, esta última sim, importante para fins de aplicação do direito e profundamente influenciada pela normatividade, que não pode prescindir das próprias finalidades específicas do direito e da responsabilidade civil. Nesse ponto, a investigação exige, ainda, a análise das funções do nexo de causalidade, assim como o reconhecimento da multiplicidade de causas e suas consequências no ordenamento jurídico.

O *Capítulo IV* leva em consideração a necessidade de entender como a normatividade pode afetar a investigação do nexo de causalidade entre o fato e o dano. Realmente, as inúmeras teorias do nexo de causalidade podem alterar decisivamente a conclusão a ser alcançada pelo magistrado. O reconhecimento, pelo ordenamento jurídico, de uma ou outra teoria, afetará consideravelmente a causa jurídica. No Brasil, diante da "não" orientação doutrinária e jurisprudencial, o esforço para alcançar uma conclusão acaba se tornando mais complexo. De toda forma, é importante consignar que o correto entendimento acerca das teorias do nexo de causalidade, com a consequente identificação das teorias adotadas pelos ordenamentos, facilita consideravelmente a investigação do magistrado, que passa a ter um importante instrumental à disposição.

Na medida em que se tem, com alguma clareza, as teorias do nexo de causalidade presentes no ordenamento jurídico e suas respectivas finalidades, torna-se fundamental compreender as hipóteses em que haverá a interrupção do nexo causal e a consequente irresponsabilização do demandado. Assim, não se pode deixar de discutir as questões atinentes ao fato da vítima, fato de terceiro e caso fortuito e força maior. Essa é, certamente, uma tarefa complexa e difícil. O reconhecimento de quais são as excludentes de responsabilidade civil e seus requisitos necessários ao afastamento do dever de indenizar é permeado de polêmicas e dissensos. Há um vasto campo na doutrina dos mais variados países, que parece não encontrar uma posição mais segura. Novamente, nesse âmbito, será necessário realizar escolhas que impactarão diretamente nas conclusões a serem alcançadas. Pautando-se pelo que se entende serem as posições mais adequadas diante da realidade social e normativa, propugnar-se-á, no referido capítulo, estabelecer os critérios que justificam a aplicação das eximentes. Este é o objeto do *Capítulo V*.

Por fim, o *Capítulo VI* busca, ao final, estabelecer a importante distinção entre o que está inserido no círculo industrial da atividade perigosa e, por conseguinte, se encontra dentro dos riscos da atividade. Para tanto, revisitou-se os trabalhos de Exner e Josserand, pioneiros no debate acerca dos acidentes internos e externos. É justamente este capítulo que se provou o mais difícil. A proposição de critérios de distinção entre o fortuito interno e o fortuito externo não se coloca de forma clara e evidente. Nesse ponto, como poderá ser visto, é fundamental que os magistrados, bem como a doutrina, assumam um papel ativo e crítico em relação ao que constitui a conexão entre o fato e a atividade potencialmente lesiva, de modo a identificar com alguma segurança e objetividade quais os danos que efetivamente se inserem na esfera jurídica daquele que exerce uma atividade. A conclusão do capítulo, então, leva à construção de critérios positivos e negativos para a identificação do que caracteriza o fortuito interno, inapto a excluir a responsabilidade daquele que desenvolve uma atividade que é fonte de perigo.

Ao final do presente trabalho, parece que restará claro que o risco sempre foi um tema inerente à humanidade. Assim, como lembra Giddens, o único caminho possível é lidar com ele. É preciso tratar o risco reconhecendo que a sua assunção é elemento central da humanidade e de uma sociedade inovadora.[3] Na vida é necessário ser ousado, pois só há efetivos ganhos quando, também, há grandes riscos e, como lembra John Oberdiek, na medida em que todas as atividades implicam, por sua natureza, e todos os valores merecedores de proteção presentes na sociedade envolvem algum tipo de risco, não é possível viver uma vida plena na total ausência do risco. A fonte propulsora que direciona a nossa sociedade em frente também é encontrada na assunção de riscos, pois é só a partir dela que conseguiremos ganhos expressivos na construção de uma sociedade livre, justa e solidária.

---

3. Giddens, Anthony. *Runaway World* (p. 31). Profile Books. Edição do Kindle.

Capítulo I
A PERCEPÇÃO DO RISCO

1. POR UMA SOCIOLOGIA DO RISCO

A teoria da reparação dos danos, embora tenha sido objeto de profundos estudos ao longo dos séculos, é tema da mais alta complexidade e dificuldade. Não é sem razão que Josserand explicitava a "revolução" que enfrentava a teoria da responsabilidade, levando-a a novos destinos,[1] colocando os autores diante das mais variadas divergências e oposições, problemas que não deixam de encontrar, atualmente, eco na jurisprudência, na doutrina e na legislação.[2]

A reparação civil sempre esteve no centro das sociedades, desde as mais primitivas[3-4] até os dias de hoje, sendo importante instrumento de pacificação

---

1. JOSSERAND, Louis. Evolução da responsabilidade civil. *Revista Forense*. v. LXXXVI, ano XXXVIII, Fascículo 454, 1941, p. 548.
2. MAZEAUD, Henri, MAZEAUD, Leon y TUNC, André. *Tratado teórico y práctico de la responsabilidad civil delictual y contractual*. Trad. Luis Alcalá-Zamora y Castillo. 5. ed. Buenos Aires: Ediciones Jurídicas Europa-América, 1961, v. I, Tomo primero, p. 1.
3. Se, em sua origem, a responsabilidade civil, permaneceu alijada do campo jurídico, vigorando, nas sociedades primitivas, o uso da força contra a força, (MAZEAUD, Henri, MAZEAUD, Leon y TUNC, André. Op. cit., p. 36), com o decurso do tempo, o Estado avocou para si a função de pacificação dos conflitos sociais extinguindo a ideia de vingança privada e determinando os critérios de reparação dos danos. Sobre o tema, v. LIMA, Alvino. *Culpa e risco*. 2. ed. rev. e atual. pelo Prof. Ovídio Rocha Barros Sandoval, São Paulo: Ed. RT: 1998.
4. No Direito Romano verificou-se um profundo desenvolvimento da responsabilidade civil, que estabeleceria as raízes da reparação dos danos do antigo Direito Civil Francês, assim como da teoria geral da responsabilidade civil fundada na culpa, conforme estabelecido no Código Civil Francês de 1804 (MONTEIRO, Jorge Sinde. *Estudos sobre a responsabilidade civil*. Coimbra, 1983, p. 15). Discute-se, entre os autores, se a *Lex Aquilia* efetivamente introduziu o elemento culpa na reparação dos danos. Ainda que se admita o uso da expressão "culpa" na célebre passagem *in lege Aquilia et levíssima culpa venit*, os autores divergem acerca de sua existência na *Lex Aquilia*. Sobre esse ponto, v. BETTI, Emilio. *Teoria geral das obrigações*. Campinas: Bookseller, 2005, CALIXTO, Marcelo Junqueira. *A culpa na responsabilidade civil – estrutura e função*. Rio de Janeiro: Renovar, 2008, MACIÁ, Antonio Borrel. *Responsabilidades derivadas de culpa extracontratual civil*. Barcelona: Bosch, 1942, FISCHER, Hans Albrecht. *A reparação dos danos no direito civil*. Saraiva: São Paulo, 1938 e HESPANHA, António Manuel. *Panorama histórico da cultura jurídica europeia*. Lisboa: Europa-América, 1997 e MOREIRA ALVES, José Carlos. *Direito Romano*. 16. ed. Rio de Janeiro: 2014, p. 589). Jorge Bustamente Alfonso lembra que a Lei Aquilia estava longe de constituir uma regra geral no sentido de obrigar a reparar qualquer dano causado injustamente (ALSINA, Jorge Bustamante. *Teoría general de la responsabilidad civil*. 9. ed. Abeledo Perrot: Buenos Aires, 1997, p. 33). Pode-se concluir que o Direito Romano, dominado pelas

das relações sociais, ou, ao menos, de conscientização da necessidade de o Estado atuar para fazer cessar as colisões de interesses.[5] Essa crescente importância leva o direito da reparação civil a uma perene metamorfose:[6] a passagem dos mais variados estágios da responsabilidade civil, como se pode verificar, por exemplo, a partir da superação do princípio geral da responsabilidade civil fundada na culpa, decorreu, não de um mero capricho teórico, mas em razão da mudança da nova realidade sócio-político-econômica que o capitalismo e os avanços tecnológicos trouxeram.[7] A partir dos anos 1860, percebeu-se uma multiplicação dos danos acidentais à pessoa[8] – notadamente os acidentes do trabalho e os acidentes relacionados ao transporte de pessoas, e sua crescente gravidade – decorrente, especialmente, do processo de industrialização.[9] O surgimento dos chamados danos anônimos,[10] produziu, junto aos tribunais uma mudança na reparação dos danos que fez com que o regime da responsabilidade civil objetiva, isto é, independentemente da existência de culpa, perdesse o seu caráter subsidiário, para apresentar, ao menos na prática judiciária, contornos de um princípio geral.[11]

---

vantagens da certeza jurídica, mantendo-se fiel ao princípio da indenização pecuniária, introduziu uma noção embrionária acerca do elemento *culpa*, ainda que muito distante da atual concepção, que só viria a ser construída ao final do século XVIII e início do século XIX.

5. Termo utilizado por Stefano Rodotà em entrevista concedida em 30.06.2002 a Danilo Doneda e publicada originalmente na *Revista Trimestral de Direito Civil*, v. 3, n. 11, pp. 225-308, jul./set. 2002. Segundo o autor italiano, "a disciplina da responsabilidade civil é uma disciplina que se presta muito a seguir as novas tendências determinadas em uma organização social, e que oferece a elas uma primeira forma de tutela quando as outras formas de tutela, que demandariam uma intervenção do legislador, ainda não estão maduras e percebidas pela sociedade e pelos parlamentos" e, portanto, ela é como "a campainha de um alarme, há um problema que deve ser resolvido em termos jurídicos, então veremos o quanto pode permanecer no âmbito da responsabilidade civil sem alterar a sua função" (Disponível em: http://www.doneda.net/2017/06/23/entrevista-com-stefano-rodota/).
6. BELLAYER-LE COQUIL, Rozenn. *Le droit et le risque*. In: ATALA, n. 5, p. 152. "Au bonheur du risque?" 2005.
7. PASSOS, José Joaquim Calmon de. O risco na sociedade moderna e seus reflexos na teoria da responsabilidade civil e na natureza jurídica do contrato de seguro. *Revista Jus Navigandi*, ISSN 1518-4862, ano 7, n. 57, Teresina, 1º jul. 2002. Disponível em: https://jus.com.br/artigos/2988. Acesso em: 1º jun. 2018.
8. VINEY, Genevieve. Pour ou contre un principe général de responsabilité civile pour faute? *Osaka University Law Review*. 49 p. 35.
9. BARRIOS, Francisco Ternera, e ESPINOSA, Fabricio Mantilla. La responsabilité objective du fati des activités dangereuses. *Estud. Socio-Jurd., Bogotá* (Colombia), 6(2): 386-405, jul./dic., 2004, p. 386.
10. "No fim do século XIX empregou-se esforço para alargar a aplicação das regras da responsabilidade civil. O aumento dos prejuízos devido principalmente aos maquinismos, a dificuldade de descobrir nos acidentes de causas complexas a culpa duma pessoa responsável, a favor particular sob um regime democrático para as classes sociais às quais pertencem as vítimas naturais de certos acidentes, o aperfeiçoamento das ideias científicas e filosóficas sobre a pesquisa dos efeitos e das causas, foram as razões dominantes deste movimento" (RIPERT, Georges. *A regra moral nas obrigações civis*. Campinas: Bookseller, 2002, p. 207).
11. No Brasil, o legislador de 2002 estabeleceu uma cláusula geral de responsabilidade civil independente de culpa no art. 927, parágrafo único, do Código Civil. Verifica-se, portanto, a criação de um sistema dualista de reparação em que convivem, lado a lado, uma cláusula geral de responsabilidade fundada

O final do século XX e início do século XXI, por sua vez, têm sido de intensas transformações na estrutura e função da responsabilidade civil, colocando-a em um sensível ponto de indefinição.[12] Essa indefinição decorre, em parte, da transição do modelo social que vem se operando desde o final do século passado e que nos leva a modos de vida distintos dos tipos tradicionais de ordem social.[13] A modernidade permitiu aos seres humanos gozarem de uma existência segura, diferente dos sistemas pré-modernos.[14] Esse período de final de século, sofrendo o intenso impacto da ciência, da tecnologia e da razão, cujas origens remontam ao Iluminismo do século XVII e XVIII, deveria levar-nos a uma era ainda mais estável e segura.[15] Talvez, em algum momento, tenhamos experenciado esse período de estabilidade e segurança. No entanto, a percepção que se tem nesse início de século, é que vivemos numa sociedade cada vez mais perigosa, fora de controle e insegura.

Essa percepção decorre, em parte, de uma das características mais acentuadas da sociedade contemporânea: o acelerado progresso científico e tecnológico[16] – cujo objetivo consiste na melhoria da vida de todos no planeta –, mas que, ao mesmo tempo, traz consigo inúmeros riscos e perigos para a civilização,[17] o que viria a ser descrito por Rafaelle De Giorgi como o período paradoxal das sociedades contemporâneas em que "reforçam-se simultaneamente segurança e insegurança, determinação e indeterminação, estabilidade e instabilidade".[18]

---

na culpa e uma cláusula geral de responsabilidade independente de culpa. Confira-se o disposto nos art. 186 e 927, ambos do Código Civil Brasileiro: "Art. 186. Aquele que, por ação ou omissão voluntária, *negligência ou imprudência*, violar direito e causar dano a outrem, ainda que exclusivamente moral, comete ato ilícito."

"Art. 927. Aquele que, por ato ilícito (arts. 186 e 187), causar dano a outrem, fica obrigado a repará-lo. Parágrafo único. Haverá obrigação de reparar o dano, independentemente de culpa, nos casos especificados em lei, ou *quando a atividade normalmente desenvolvida pelo autor do dano implicar, por sua natureza, risco para os direitos de outrem.*" (grifou-se)

12. DÍEZ-PICAZO, Luis. *Derecho de daños*. Civitas: Madrid, 1999, p. 19. Nada obstante, há de se reconhecer que a crise que afeta a responsabilidade civil é antiga e, parece, esteve presente em todas as suas fases.
13. GIDDENS, Anthony. *As consequências da modernidade*. São Paulo: Editora Unesp, 1991, p .14.
14. GIDDENS, Anthony. *Runaway world* – how globalization is reshaping our lives. Londres: Profile Books, 2002. Arquivo Kindle., p. 2.
15. GIDDENS, Anthony. Idem, p. 17.
16. LOPEZ, Teresa Ancona. Responsabilidade civil na sociedade de risco. *Sociedade de risco e direito privado*: desafios normativos, consumeristas e ambientais. São Paulo: Atlas, 2013, p. 3.
17. "The world in which we find ourselves today, however, doesn't look or feel much like they predicted it would. Rather than being more and more under our control, it seems out of our control – a runaway world. Moreover, some of the influences that were supposed to make life more certain and predictable for us, including the progress of science and technology, often have quite the opposite effect. Global climate change and its accompanying risks, for example, probably result from our intervention into the environment. They aren't natural phenomena. Science and technology are inevitably involved in our attempts to counter such risks, but they have also contributed to creating them in the first place" (GIDDENS, Anthony. *Runaway World*. Profile Books. Edição do Kindle, p. 2).
18. DE GIORGI, Rafaelle. *Direito, democracia e risco. Vínculos com o futuro*. Porto Alegre: Sergio Antonio Fabris Editor, 1998, p. 192.

Conquanto as sociedades modernas – ocidentais e não ocidentais – obtenham novas descobertas, especialmente tecnológicas, que permitem um sensível incremento da qualidade de vida dos sujeitos, notadamente com um acesso maior aos bens da vida, elas passam a ser confrontadas com problemas qualitativamente novos,[19] trazendo para o centro do debate as suas possíveis consequências, ainda que não previstas inicialmente. Em outras palavras, os acontecimentos que caracterizaram as últimas décadas deslocaram para o centro das discussões a concepção do futuro e a noção do risco ínsito às sociedades modernas.[20]

Apesar da discussão do risco ter sido, tradicionalmente, circunscrita ao tratamento estatístico/matemático e econômico, ao longo das últimas décadas, a problemática vem sendo acrescida de outras importantes áreas do saber, notadamente da sociologia, da antropologia, da psicologia e das ciências políticas. Nesse fértil campo de debates, buscou-se, ao longo do final do século passado, identificar o tratamento do risco nas sociedades modernas.

Nesse ponto, é importante destacar que a análise do risco é extremamente complexa, sendo necessário situar o leitor em relação às perspectivas apresentadas pelos estudiosos do tema. Como se verá mais à frente, existem várias maneiras de se observar e estudar o risco. Dentre elas, destacam-se o que Deborah Lupton chama de (i) perspectiva tecno-científica, de cunho objetivo, que busca adotar uma linha racional do risco, sendo este definido como um produto das probabilidades e consequências de um evento adverso,[21] e (ii) perspectivas socioculturais, que se valem dos contextos social e cultural em que o risco é entendido, vivido, concretizado e negociado.[22]

A abordagem tecno-científica do risco emerge dos campos da estatística, atuária, engenharia, economia etc., e traz em seu bojo a noção de que risco é uma questão de cálculos probabilísticos.[23] Assim, diversos instrumentos são utilizados

---

19. ROSA, Eugene A., et al. *The risk society revisited. Social theory and governance*. Philadelphia: Temple University Press, 2014, p. xiv. Sobre o tema, lembra Peter Bernstein: "In the old days, the tools of farming, manufacture, business management, and communication were simple. Breakdowns were frequent, but repairs could be made without calling the plumber, the electrician, the computer scientist— or the accountants and the investment advisers. Failure in one area seldom had direct impact on another. Today, the tools we use are complex, and breakdowns can be catastrophic, with far-reaching consequences. We must be constantly aware of the likelihood of malfunctions and errors" (BERNSTEIN, Peter L. *Against the Gods*: The Remarkable Story of Risk (Locais do Kindle 168-171). Wiley. Edição do Kindle).
20. Uma passagem de Rafaelle De Giorgi explica bem o que se passa ao final do século XX: "A sociedade moderna é caracterizada pela sua grande capacidade de controlar as indeterminações. E, assim, de produzi-las" (DE GIORGI, Rafaelle. *Direito, democracia e risco. Vínculos com o futuro*. Porto Alegre: Sergio Antonio Fabris Editor, 1998, p. 191).
21. LUPTON, Deborah. *Risk*. 2nd ed. London: Routledge, 2013, p. 27.
22. Idem, p. 36.
23. Idem, p. 27.

com a finalidade de monitorar, medir e calcular riscos e construir modelos preditivos de como eles podem afetar indivíduos e populações. Nesta perspectiva, que tem sido a forma tradicional de lidar com o risco, este é tratado como um dado objetivo, preexistente na natureza. O risco é real e objetivo e, assim, é capaz de ser medido, calculado e controlado por intermédio do conhecimento.[24]

Contudo, esta abordagem evita identificar como os riscos são construídos enquanto fatos sociais. Neste ponto, as abordagens socioculturais enfatizam a necessidade de observar os aspectos cultural e social do risco. Elas podem ser divididas em, basicamente, dois grandes grupos:[25] de um lado a abordagem "cultural/simbólica" e, de outro, aquela que envolve os teóricos da sociedade de risco. A primeira abordagem dirige sua atenção para como as noções de risco são utilizadas para estabelecer e manter limites entre o eu e o outro. Trata-se de uma análise cultural do risco.[26] A abordagem da sociedade de risco busca reconhecer os processos macrossociais, enquanto características da modernidade tardia e sua relação com o conceito de risco.[27]

As perspectivas que tratam do risco enquanto um fato sociocultural reconhecem a existência de novas características na contemporaneidade. Elas encaram o risco como um questão cultural e política central pela qual os indivíduos, os grupos sociais e as instituições são organizadas, monitoradas e reguladas, identificando quatro pontos importantes: (i) o risco tornou-se um conceito cada vez mais dominante da existência humana nas sociedades ocidentais; (ii) o risco é um aspecto central da subjetividade humana; (iii) o risco é visto como algo que pode ser gerenciado por meio da intervenção humana; e (iv) o risco é associado às noções de escolha, responsabilidade e culpa.[28]

No âmbito dos estudos socioculturais do risco, muito embora, em 1982, a antropóloga Mary Douglas já tivesse publicado a obra "Risco e Cultura",[29] que representou um importante estudo sobre o risco e sua análise cultural, ganhou relevante destaque a construção da teoria da "sociedade de risco", termo originariamente cunhado por Ulrich Beck, em 1986, em sua obra "Sociedade de Risco:

---

24. Idem, p. 28. Para uma crítica acerca da noção de risco a partir de uma abordagem exclusivamente tecno-científica, v. Capítulo II, Tópico 5.1.
25. Lupton insere ainda um terceiro grande grupo acerca da perspectiva sociocultural, que ela descreve como os teóricos da "governamentalidade" (no original "*governmentality*"), que partem dos escritos de Michel Foucault para explorar risco no contexto da vigilância, disciplina e regulação das populações e como o conceito de risco constrói normas particulares de comportamentos.
26. V. Capítulo I, Tópico 2.4, para um maior aprofundamento.
27. LUPTON, Deborah. Op. cit., 2013, p. 37.
28. Idem, p. 37.
29. Título original *Risk and Culture*.

rumo a outra modernidade".[30] Em seu trabalho, Beck tentou demonstrar que a sociedade de risco seria uma nova configuração social, que alteraria a lógica da sociedade industrial. Enquanto nesta a produção de riqueza domina a produção de risco, na sociedade de risco a lógica se inverte.[31] Assim, continua o autor, "a reboque das forças produtivas exponencialmente crescentes no processo de modernização, são desencadeados riscos e potenciais de autoameaça numa medida até então desconhecida",[32] o que exige uma lógica de prevenção e redistribuição de riscos aceitáveis.[33] Sua teoria ganha muita força, especialmente após o desastre de Chernobyl – acidente nuclear de nível 7, nível máximo, que ocorreu em abril de 1986,[34] ocasionando inúmeras mortes e produzindo longos e nefastos efeitos na população. Apesar da relevância de sua obra, ela não é isenta de críticas[35] e alguns autores chegam mesmo a questionar a existência de uma sociedade de risco.[36]

Após sua obra pioneira, que buscava identificar uma transformação nas sociedades modernas, e trazia o risco para o centro do debate sociológico, inúmeros sociólogos, contemporâneos a Beck, buscaram discutir o risco nas sociedades ditas "pós-modernas". Entre eles, destacam-se os trabalhos de Anthony Giddens e Niklas Luhmann. Ambos, de uma forma ou de outra, buscaram tratar do risco nas sociedades contemporâneas.

Essa percepção do risco e o seu tratamento acaba por impactar substancialmente a responsabilidade civil, especialmente no que diz respeito ao princípio da causalidade, pois a ideia da atribuição do dever de indenizar leva em consideração o desempenho de atividades potencialmente lesivas num contexto em que a produção de riscos, cujas causas, diante de sua complexidade, nem sempre podem ser científica e cabalmente demonstradas. Assim, nos próximos tópicos, de modo que se possa identificar como a percepção sociológica do risco pode servir ao direito dos danos, buscar-se-á demonstrar a contribuição de cada um dos autores supramencionados para a análise do risco.

---

30. Título original *Risikogesellschaft: auf dem Weg in eine andere Moderne*.
31. BECK, Ulrich. *Sociedade de risco*: rumo a outra modernidade. São Paulo: Ed. 34, 2010, p. 15.
32. Idem, p. 23.
33. Idem, p. 24.
34. Em 2011 o mundo presenciaria outro desastre nuclear nível 7 em Fukushima.
35. V. LOON, Joost Van et al. *The risk society and beyond* – critical issues for social theory. London: Sage Publications, 2000. Registre-se, desde já, que o próprio Beck, posteriormente, alterou alguns de seus posicionamentos tratando não mais de uma sociedade de risco, mas, antes, de uma "*sociedade global de risco*" (*world risk society*, no original). De toda sorte, por questão de comodidade e por ser a principal identidade de seu quadro teórico, manteremos a utilização do termo "sociedade de risco" neste trabalho.
36. DE GIORGI, Rafaelle. *Direito, democracia e risco. Vínculos com o futuro*. Porto Alegre: Sergio Antonio Fabris Editor, 1998.

2. A CONTRIBUIÇÃO DA SOCIOLOGIA PARA A ANÁLISE DO RISCO NAS SOCIEDADES CONTEMPORÂNEAS

Antes de adentrar nas teorias dos autores supracitados, é preciso esclarecer que nenhuma delas é isenta de críticas e, tampouco, tida como correta. Em verdade, parece que as teorias revelam um aspecto crucial dos tempos atuais: a necessidade de observar e tratar o risco. A governança do risco ganha contornos dramáticos na atualidade e, consequentemente, é necessário buscar instrumentos que permitam o seu tratamento.

Evidentemente que a governança e a regulação do risco envolvem vários fatores. Contudo, o presente estudo limitar-se-á à validade dos estudos acerca do risco já no momento patológico, isto é, na sua concretização ou, em outras palavras, quando da ocorrência do evento danoso que poderia ou não acontecer diante do risco. Esta análise, por óbvio, não exclui a importância do estudo da governança do risco de forma preventiva e, em especial, para sua adequada regulação. Assim, a análise infra servirá de base para entender a sociologia do risco de modo a subsidiar uma noção de risco mais condizente com a atualidade para fins de reparação de danos já produzidos a partir do exercício de atividades perigosas.

2.1 A contribuição de Ulrich Beck: a sociedade de risco

I. Ulrich Beck ganhou grande destaque na década de 80 ao discorrer acerca do risco nas sociedades contemporâneas. Crítico ao termo "pós-moderno",[37] seus trabalhos partem da premissa de que em virtude do inerente dinamismo da sociedade moderna, operou-se uma transformação na ordem social. A sociedade encontra-se, continuamente, a "modificar as suas formações de classe, de status, de ocupação, os papéis sexuais, a família nuclear, a indústria, os setores empresariais e, claro, os pré-requisitos e as formas do natural progresso tecnoeconômico".[38]

---

37. Beck afirma que o termo "pós" é nebuloso e configura a senha para a desorientação que se deixa levar pela moda, pois apontaria para um além que não é capaz de nomear, enquanto, "nos conteúdos, que simultaneamente nomeia e nega, mantém se na rigidez do que já é conhecido" (BECK, Ulrich. *Sociedade de risco*: rumo a outra modernidade. São Paulo: Ed. 34, 2010, p. 11). Apesar da crítica, o termo "pós-modernidade" ganhou foros de destaque. Ela designaria o estado de cultura após as transformações que afetaram as regras da ciência, literatura e das artes a partir do final do século XIX, a chamada crise da ciência. O pós-moderno caracterizar-se-ia, assim, pela incredulidade perante o metadiscurso filosófico-metafísico, com suas pretensões atemporais e universalizantes. Sem adentrar no tema, que não é objeto desse estudo, sugere-se conferir LYOTARD, Jean-François. *A condição pós-moderna*. 12. ed. Rio de Janeiro: José Olympio, 2009 e ANDERSON, Perry. As origens da pós-modernidade. Rio de Janeiro: Jorge Zahar, 1999. Sugere-se, ainda, cf. LATOUR, Bruno. *Jamais fomos modernos* – ensaio de antropologia simétrica. Rio de Janeiro: Ed. 34, 1994.
38. BECK, Ulrich. A reinvenção da política – rumo a uma teoria da modernização reflexiva. *Modernização reflexiva* – política, tradição e estética na ordem social moderna. Oeiras: Celta Editora, 2000, p. 2.

Esta nova fase, reconhecida pelo autor, foi denominada de modernidade reflexiva e consiste na "possibilidade de uma (auto)destruição criativa de toda uma época: a da sociedade industrial".[39]

Modernidade reflexiva significa a modernização da modernização.[40] Ela implica num contínuo processo de descontextualização e recontextualização das formas sociais industriais por um outro tipo de modernidade. A modernização do século XIX estabeleceu um mundo tradicional, uma natureza que cabia controlar, uma ordem clara[41] com estruturas sedimentadas, que acabou por se consumar sob a pretensão de abrir com as chaves do desenvolvimento científico-tecnológico os portões que permitiriam alcançar as fontes da riqueza social.[42] Ironicamente, com o contínuo desenvolvimento tecnológico, a modernização da virada do século XXI trouxe consigo o profundo desencantamento com o próprio entendimento científico-tecnológico da sociedade industrial. Dessa forma, presenciaríamos a derrocada deste modelo social, que viria a destruir seus próprios fundamentos: a modernização reflexiva significa uma radicalização da modernidade,[43] e, nesse sentido, "assim como no século XIX a modernização dissolveu a esclerosada sociedade agrária estamental e, ao depurá-la, extraiu a imagem estrutural da sociedade industrial, hoje a modernização dissolve os contornos da sociedade industrial"[44] trazendo à lume o que Beck chamou de "sociedade de risco".

Em outras palavras, a noção de modernidade reflexiva trazida por Beck significa um movimento de autotransformação da sociedade. Não se trata de simples reflexão, ou de uma visão eurocêntrica,[45] não é uma transformação *na* sociedade, diz o autor, mas uma transformação *da* própria sociedade, isto é, mudanças que afetam a fundação de todas as sociedades modernas, que se converteriam à sociedade de risco.

A obra "Sociedade de Risco" e os trabalhos subsequentes de Beck representam uma tentativa de atacar, do ponto de vista sociológico, e para além dos "especialistas" (os chamados analistas de risco), o problema do risco, introduzindo-o

---

39. Idem, p. 2.
40. "O processo de modernização torna-se 'reflexivo', convertendo-se a si mesmo em tema e problema." (BECK, Ulrich. Op. cit., 2010, p. 24).
41. Percebe-se, na modernidade, uma ordem simplificada do mundo, que estabilizava estruturas de expectativas e fornecia segurança. Nesse sentido, v. DE GIORGI, Rafaelle. Op. cit., 1998, p. 186.
42. BECK, Ulrich. Op. cit., 2010, p. 24.
43. "The term 'reflexive modernization' puts the central focus on the self-transformation and opening up of the first, national modernity – processes which have, for de most part, been unintended and unforeseen. What it signals is no longer change in society, but change of Society – or, to be more precise, change affecting the foundations of whole modern societies." (BECK, Ulrich. *The brave new world of work*. Cambridge: Polity Press, 2000, Ebook reader (Locais 31-32-230).
44. BECK, Ulrich. Op. cit., 2010, p. 13.
45. BECK, Ulrich. Op. cit., 2000, Ebook reader (Locais 29-30-234).

no debate público. Por via de consequência, ainda que, como dito anteriormente, a tese não seja livre de críticas, traz à tona a distinção entre a sociedade de classes, caracterizada fundamentalmente pela distribuição de riquezas,[46] e a sociedade de risco.

Admitir a sociedade de risco implica, segundo Beck, no reconhecimento de que a produção social de riqueza é acompanhada sistematicamente pela produção social de risco.[47] O risco passa a ser a pedra angular na tese de Beck. Não que a produção de riscos não existisse nas sociedades anteriores. Se outrora os riscos eram tidos como consequências que afetavam ao indivíduo, na modernidade reflexiva os riscos são criados a partir de decisões humanas, notadamente, das forças produtivas, com potencial devastador da própria civilização – os denominados "*man-made disasters*". De acordo com Beck, na sociedade de risco há um retorno ao mundo de incertezas que a modernidade procurou expurgar por meio da ciência e da racionalidade. O que se percebe, portanto, é que a ciência e tecnologia, antes tidas como os motores do crescimento econômico e do bem-estar social, a partir desse último processo de modernização, passam a ser percebidas como o problema em si.[48]

A transformação tecnológico-industrial e a comercialização global da sociedade, aliadas à uma natureza absorvida, subjugada e explorada pelo homem, trouxeram os perigos a reboque do consumo cotidiano.[49] A produção industrial é acompanhada por um *universalismo das ameaças*.[50] Nas sociedades do período pré-moderno, era possível identificar, com clareza, os riscos, assim como as suas causas.[51] Também eram visíveis os riscos nas sociedades industriais, embora estivessem diretamente ligados à escassez e, portanto, aos conflitos de distribuição de riquezas baseado em classes. Nas palavras de Beck, as ameaças do século XIX "agastavam somente o nariz ou os olhos, sendo, portanto sensorialmente perceptíveis, enquanto os riscos civilizatórios atuais tipicamente escapam à percepção, fincando pé sobretudo na esfera das fórmulas físico-químicas".[52] Os riscos atuais são completamente diferentes de tudo que se vira anteriormente. São exemplos desses riscos, qualitativamente distintos daqueles da modernidade, as contaminações nucleares ou químicas, as substâncias tóxicas nos alimentos,

---

46. "*Sociedades de classe são sociedades nas quais, para além das trincheiras de classe, a disputa gira em torno da conspícua satisfação das necessidades materiais*". Idem, p. 54.
47. Idem, p. 23.
48. TULLOCH, John. Culture and risk. *Social theories of risk and uncertainty: an introduction*. Oxford: Blackwell Publishing, 2008, p. 146.
49. Idem, p. 9.
50. BECK, Ulrich. Op. cit., 2010, p. 43.
51. TULLOCH, John. Op. cit., 2008, p. 146.
52. BECK, Ulrich. Op. cit., 2010, p. 26.

os danos ecológicos, a quebra do mercado financeiro, os atentados terroristas – todas situações que poderiam pôr fim ao processo civilizatório.

Esses novos riscos possuem novas características que, justamente, não podem ser enfrentados com as técnicas do início do século XX – métodos construídos para acidentes temporal, espacial e socialmente limitados.[53] Os novos riscos seriam dotados de cinco grandes características:[54] (i) *efeitos transfronteiriços*, na medida em que os riscos trespassam fronteiras setoriais, sociais, nacionais e culturais (elas até podem se originar de um país, ou um setor, mas a partir de então, proliferam para outras áreas e setores[55]), (ii) *efeitos globalizantes*, porquanto os riscos tendem a afetar todos e, frequentemente, envolvem danos irreversíveis, (iii) *aumento do poder penetrante*, pois os riscos tendem a penetrar e transformar os sistemas sociais e culturais significativamente, de modo a modificar o comportamento social (por exemplo, organismos geneticamente modificados na agricultura), (iv) *de natureza incalculável*, em razão da ausência de fronteiras e as consequências globais complexas em assumir riscos, os instrumentos e ferramentas para calcular riscos tornaram-se inadequados e imprecisos, impedindo que mesmo seguradores calculem prêmios proporcionais aos respectivos riscos,[56] e (v) *ausência de responsabilização* (*accountability*), na medida em que as potenciais vítimas dos riscos têm sido excessivamente oneradas sem seu consentimento e sem que qualquer pessoa ou instituição seja responsabilizada.

A ideia de sociedade de risco, para Beck, portanto, decorre da noção de que a controlabilidade dos efeitos colaterais e perigos decorrentes de uma decisão

---

53. ROSA, Eugene A., et al. Op. cit., 2014, p. 72.
54. Para uma sistematização das características, v. ROSA, Eugene A., et al. Op. cit., 2014.
55. Como, por exemplo, as doenças constantes do Plano de Ação 2018 da Organização Mundial da Saúde (R&D Blueprint), que representam um risco público à saúde em razão de seu potencial epidêmico e da ausência de mecanismos de combate eficazes. Note-se que as referidas doenças podem ter início em uma localidade, mas podem, rapidamente, se alastrar para outras áreas do globo terrestre. Curioso notar que em seu relatório de 2018, a OMS incluiu, ao lado de diversas doenças, a "Doença X", que representa o conhecimento de que uma epidemia internacional séria poderia ser causada por um patógeno, que ainda não se sabe causar doenças em humanos. Para mais informações, vide o Relatório disponível em: http://www.who.int/emergencies/diseases/2018prioritization-report.pdf?ua=1. Acesso em: 18 jul. 2018.
56. "El diagnóstico de la sociedad del riesgo mundial sería exactamente el siguiente: los denominados peligros globales hacen que se resquebrajen los pilares del tradicional sistema de seguridad. Los daños pierden su delimitación espacio-temporal para convertirse en globales y permanentes. Los daños apenas si se pueden seguir atribuyendo a unos responsables determinados; el principio de causalidad pierde capacidad segregadora. Los daños tampoco pueden seguir siendo compensados financieramente; no tiene sentido contratar una póliza de seguros contra los efectos worst case de la espiral mundial del peligro. En consecuencia, tampoco se puede planificar el <<día después>> en caso de que sobreviniera lo peor de lo peor." (BECK, Ulrich. *¿Qué es la globalización?* Falacias del globalismo, respuestas a la globalización. Barcelona: Paidós, 2008, p. 93).

tornou-se absolutamente questionável,[57] trazendo de volta a era das incertezas.[58] Para o autor, é necessário pensar que vivemos em um mundo que precisa tomar decisões concernentes ao futuro sob condições de inseguranças fabricadas e autoinfligidas.[59]

Essa nova ordem social, então, centra-se na distribuição de riscos. Na medida em que os riscos superam os limites espacial e temporal e ameaçam as bases da propriedade privada, do meio ambiente e do capital financeiro, por meio do que Beck denomina "efeito bumerangue", torna-se impossível distinguir "afetados" de "não afetados". Nas palavras do autor, "cedo ou tarde, eles [riscos] alcançam inclusive aqueles que os produziram ou lucraram com eles".[60] Dessa forma, com tantos riscos tecnológicos, a distribuição dos riscos não se dá no mesmo sentido das classes sociais, pois eles podem afetar qualquer um:[61] ela é indiferente às classes, muito embora Beck reconheça em seus trabalhos subsequentes que alguns riscos globais efetivamente exacerbam as diferenças entre ricos e pobres, centro e periferia.[62]

II. Para Beck, a questão em torno do risco deve ser tratada a partir da crescente importância da tomada de decisão, da incerteza e da probabilidade no processo de modernização. A semântica do risco referir-se-ia, nesse sentido, à atual tematização de ameaças futuras que normalmente são produtos do sucesso da civilização.[63] Para ele, o risco representa o esquema perceptivo e cognitivo de acordo com o qual uma sociedade se mobiliza quando confrontada com a abertura, incerteza e obstrução de um futuro autocriado e que não é mais definido pela religião, pela tradição ou pelo "poder superior da natureza".[64]

---

57. BECK. Ulrich. *World at risk*. Cambridge: Polity Press, 2009, p. 15.
58. Três eixos de riscos que fulminam a concepção de controlabilidade são as ameaças ecológicas globais, as crises financeiras globais e as ameaças oriundas do terrorismo, o que levou Beck a uma mudança de *sociedade de risco* para uma *sociedade global de risco*, último termo cunhado pelo autor. Importante destacar que o autor, ao tratar de atos de terrorismo, faz a ressalva que, nesse caso, há uma distinção na tipologia do risco, porquanto o fato "acaso" é substituído pelo fator "intenção". V. BECK. Ulrich. *World at risk*. Cambridge: Polity Press, 2009 e BECK. Ulrich. The terrorist threat – world risk Society revisited. *Theory, Culture & Society*. v. 19, Issue 4, 2002, p. 3.
59. Idem, p. 8.
60. BECK, Ulrich. Op. cit., 2010, p. 44.
61. "(...) nem os ricos e poderosos estão seguros diante deles" (BECK, Ulrich. Op. cit., 2010, p. 44).
62. Para um aprofundamento sobre o tema, v. BECK. Ulrich. *World at risk*. Cambridge: Polity Press, 2009, Capítulo 10.
63. BECK. Ulrich. Op. cit., 2009, p. 4. No mesmo trecho, afirma o autor: "The world is not as it is; rather its existence and its future depends on decisions, decisions which play off positive and negative aspects against one another, which connect progress and decline and which, like all things human, are bearers of error, ignorance, hubris, the promise of control and, ultimately, even the seed of possible self-destruction".
64. Idem, p. 4.

Segundo sua tese, a quintessência dos riscos da modernidade tardia consiste no aumento de sua complexidade e das suas causas e efeitos, conjuntamente com a expansão do seu escopo temporal e espacial. Em outras palavras, as causas e efeitos não são facilmente perceptíveis, abrindo espaço para inúmeros debates e interpretações acerca da causa. Nesse sentido, em razão de sua complexidade e da defasagem no tempo de sua manifestação, os riscos são mais abertos à construção social do que em outras eras. Esse processo acaba por dissolver a soberania cognitiva dos indivíduos de tal modo que os sujeitos perdem a possibilidade de identificar a sua posição de risco e a gravidade das consequências.[65] De fato, ao leigo, torna-se inviável identificar a quais riscos sua tomada de decisão, no dia a dia, está sujeita.

De acordo com Beck, os riscos permanecem fundamentalmente invisíveis,[66] isto é, escapam à capacidade perceptiva imediata do homem. As ameaças passam, nesse ponto, a serem imperceptíveis aos próprios afetados, baseando-se em interpretações causais, que dependem do *conhecimento*. O conhecimento dos riscos pelos indivíduos, então, torna-se dependente do conhecimento alheio, ou, em outras palavras, da ciência.

Nesse ponto, Beck é claro: o conhecimento determina o ser.[67] O risco ingressa no dia a dia e os sujeitos se veem obrigados a buscar conhecimento acerca dos riscos e tomar decisões com base neste conhecimento.[68] Tal conhecimento, evidentemente, é perseguido dentro das ciências, que seriam, na modernidade, as portadoras da verdade e racionalidade. Contudo, na teoria da sociedade de risco as ciências desempenham um papel paradoxal na medida em que passam por um processo de desencantamento. Como dito anteriormente, a modernização reflexiva produz um fator novo: a ciência é confrontada com os produtos e problemas de sua própria criação. Quebra-se o "monopólio de racionalidade das ciências".[69] Os conceitos e as pesquisas são revistos. Nada é definitivo. E, nesse contexto, diferentes setores da sociedade, em especial aqueles que criam os riscos e aqueles que os suportam, se valem de seus próprios cientistas e especialistas

---

65. BECK, Ulrich. Op. cit., 2010, p. 64.
66. "Contrapõem-se fome e fartura, poder e impotência. A miséria não exige qualquer medida de autoafirmação. Ela existe. Sua imediatez e obviedade correspondem à evidência material da riqueza e do poder. As certezas das sociedades de classe são, nesse sentido, as certezas da cultura da visibilidade: a fome esquelética contrasta com a robusta saciedade, os palácios, com as choças, o fausto com as migalhas. Justamente essas evidências do tangível deixam de valer nas sociedades do risco. O visível incorre nas sombras de ameaças invisíveis. Aquilo que escapa à percepção já não coincide com o irreal, podendo chegar mesmo a possuir um grau elevado de concretude em termos de ameaça. A necessidade imediata rivaliza com o teor do risco". BECK, Ulrich. Op. cit., 2010, p. 54.
67. BECK, Ulrich. Op. cit., 2010, p. 64.
68. TULLOCH, John. Op. cit., 2008, p. 148.
69. BECK, Ulrich. Op. cit., 2010, p. 34.

para levantar ou refutar supostos riscos.[70] Não há mais uma "verdade"; tudo é contestado. Se algum estudo científico aponta que determinado produto e/ou serviço traz consigo possíveis riscos, prontamente surgem inúmeras pesquisas científicas que "desmistificam" aquele primeiro. O que é real e o que não é? Quais as efetivas causas dos danos sofridos? A modernidade reflexiva traz consigo a incerteza, que é a característica da sociedade de risco.

Para Beck, a solução passa por reconhecer que a noção de risco é integrada a partir das perspectivas realista e construtivista. Para ele, no âmbito das pesquisas científicas (tais como as ciências naturais, a engenharia etc.), o risco é encarado como uma realidade objetiva. Ele é formulado e testado a partir de hipóteses, resultando em modelos de prognósticos específicos de riscos. No entanto, a ideia de risco, para o autor, não prescinde da percepção do risco. A percepção e a definição culturais constituem o risco ou, nas palavras do autor, risco e "*a definição (pública) de risco*" são um só.[71] Em sua teoria, os riscos, na qualidade de cálculos matemáticos, estão, direta e indiretamente, relacionados com definições culturais.

A identificação do risco, portanto, parte do conhecimento que inclui, além da ciência, o entendimento dos "leigos", dos grupos de cidadãos, das organizações, das instituições sociais, sendo, em regra, mediada pelos meios de comunicação. Assim, a definição de risco é construída por uma variedade de agentes sociais e pela evidência científica. Riscos são socialmente trazidos a partir de *relações de definições*. Estas são produzidas pelas regras, normas, instituições e capacidades que facilitam a identificação e avaliação dos riscos em um contexto sociocultural específico.[72]

As relações de definições são expostas ao público e politizadas a cada nova catástrofe. No ponto mais delicado de sua tese, Beck afirma que a combinação de relações de definições antiquadas e a politização da ciência produz uma irresponsabilização sistemática, isto é, uma situação em que os sujeitos, as organizações e as instituições fogem da responsabilidade de uma variedade de ameaças e desastres, apesar das leis e regulações existentes. Por exemplo, afirma o autor, quanto mais

---

70. "Para onde quer que aponte o holofote que rastreia as causas, irrompe o fogo, por assim dizer; é preciso que os 'bombeiros argumentativos', rapidamente mobilizados e parcamente equipados, apaguem e salvem, com um forte jato de contrainterpretação, o que ainda der para apagar e salvar. Quem quer que subitamente se veja exposto no pelourinho da produção de riscos, acabará refutando, na medida do possível, com uma 'contraciência' paulatinamente institucionalizada em termos empresariais, os argumentos que o prendem ao pelourinho, trazendo outras causas e portanto outros réus à tona" BECK, Ulrich. Op. cit., 2010, p. 38.
71. BECK, Ulrich. Risk Society revisited: theory, politics and research programmes. *The risk society and beyond* – critical issues for social theory. London: Sage Publications, 2000, p. 213.
72. ZINN, Jens O. Risk society and reflexive modernization. *Social theories of risk and uncertainty*: an introduction. Oxford: Blackwell Publishing, 2008, p. 26.

poluentes são emitidos por múltiplos atores sociais, menor é a possibilidade de qualquer deles vir a ser responsabilizado.

É nessa nova ordem social que Beck traz a discussão do risco: para ele (i) a origem dos riscos decorre, em regra, das forças produtivas e, dessa forma, tem como origem decisões humanas, (ii) embora dotados de uma objetividade real, os riscos são, também, uma construção social, sendo que sua definição depende de relações de definições, atualmente politizadas e trazidas ao debate público, (iii) todos estamos expostos aos riscos, independentemente da posição de classes – não obstante alguns riscos acabem por acentuar a distinção de classe, (iv) a desigualdade na posição do risco exige uma nova lógica de distribuição dos riscos na sociedade, e (v) a necessidade de frear a lógica da irresponsabilização sistemática dos mais variados atores.

Assim, embora a teoria da sociedade de risco pareça, à primeira vista, profundamente pessimista,[73] Beck busca estabelecer caminhos que permitam o desenvolvimento institucional de mecanismos mais eficientes no tratamento do risco.[74] Para este autor, são necessários novos mecanismos que aumentem a arena da tomada de decisão. Como os riscos da modernidade avançada envolvem, além das probabilidades e elementos analíticos, uma multiplicidade de outros fatores sociais, políticos e psicológicos, a governança e o gerenciamento dos riscos exigem a consideração deles. Voltaremos a tratar da teoria de Beck ao analisar o conceito de risco (Capítulo II, Tópico 5.2) e a lógica da distribuição de riscos (Capítulo II, Tópico 6).

2.2 A contribuição de Anthony Giddens: *runaway world*

Como vimos anteriormente, o debate acerca do risco em Beck decorre de uma nova ordem social constituída pela modernidade reflexiva. Giddens, assim como Beck, também parte da premissa de que a sociedade contemporânea passa por um processo de modernização tardia e que, portanto, "estamos alcançando um período em que as consequências da modernidade estão se tornando mais

---

73. Neste ponto reside uma crítica contundente ao trabalho de Beck. Beck nega o caráter ambivalente do risco, caracterizando a sociedade de risco a partir do medo dos efeitos futuros negativos do progresso. Contudo, é preciso registrar que o risco tem um aspecto positivo e não apenas uma conotação negativa. O futuro é aberto e incerto e podem trazer inúmeras vantagens. Nesse sentido, cf. MOTTA, Renata. Risco e modernidade – uma nova teoria social? *Revista brasileira de ciências sociais*. v. 29, n. 86. São Paulo: ANPOCS, 2014, p. 22).
74. O mais claro deles é a visualização de espaços para participação pública acerca da decisão sobre riscos. Para Beck, não apenas os cientistas devem ter voz no gerenciamento do risco, mas, antes, ele decorre de uma negociação envolvendo autoridades, empresas, representantes políticos, enfim, todos os atores sociais.

radicalizadas e universalizadas do que antes".[75] Como se percebe, Giddens também traz grande contribuição ao debate da teoria da modernidade reflexiva, o que representa uma grande afinidade com a obra de Beck, apesar de se distanciar deste último nas causas e soluções para essa nova ordem social que se coloca.[76]

Para Giddens, o final do século passado foi marcado por sentimentos de desorientação e mal-estar a ponto de conjecturar o fim da modernidade.[77-78] O autor afirma que a razão de ser decorre do momento de transição, em todo o mundo, para uma sociedade pós-tradicional. Giddens não busca uma narrativa evolucionista da transformação social, mas, antes, argumenta que a modernidade representa uma descontinuidade das eras passadas, isto é, uma "descontinuidade" que separam as instituições sociais modernas das ordens sociais tradicionais.

Essa descontinuidade pode ser visualizada a partir de três características das suas instituições sociais.[79] Em primeiro lugar, (i) o *ritmo de mudança* nítido que a era da modernidade trouxe. Se as sociedades modernas eram consideravelmente mais dinâmicas que as pré-modernas, a rapidez da mudança atualmente é extrema. Tal feito é evidentemente notado, especialmente, no que diz respeito à tecnologia.[80] A era da tecnologia trouxe mudanças aceleradas. Há uma sensação de aceleração do tempo de transformações culturais. A segunda característica é (ii) o *escopo da mudança*. O efeito da mudança é global. A interconexão que existe com as mais variadas áreas do globo leva as ondas de transformação a penetrarem toda a superfície da Terra. E, por fim, (iii) a *natureza intrínseca das instituições modernas*. O autor percebe uma continuidade enganosa das ordens sociais preexistentes, como por exemplo, as cidades que, embora se afigurem semelhantes àquelas de eras anteriores, são dotadas de uma configuração completamente diferente. Mas não é só. Giddens visualiza novas formas sociais que não existiram em períodos históricos precedentes, como o Estado-nação ou a dependência por atacado da produção de fontes de energia inanimadas.

Esses seriam os fatores determinantes que explicam o dinamismo da modernidade, a quem ele conceitua como *multidimensional no âmbito das instituições*.

---

75. GIDDENS, Anthony. *As consequências da modernidade*. São Paulo: Editora Unesp, 1991, p. 13.
76. Giddens também é crítico da noção de "pós-modernidade". Para maior aprofundamento, v. GIDDENS, Anthony. Op. cit., 1991.
77. GIDDENS, Anthony. A vida em uma sociedade pós-tradicional. In: BECK, Ulrick; GIDDENS, Anthony; LASH, Scott. Trad. Magda Lopes. *Modernização reflexiva*: política, tradição e estética na ordem social. São Paulo: Editora da Universidade Estadual Paulista, 1997, p. 73.
78. Para Giddens, modernidade refere-se a "estilo, costume de vida ou organização social que emergiram na Europa a partir do século XVII e que ulteriormente se tornaram mais ou menos mundiais em sua influência". (GIDDENS, Anthony. Op. cit., 1991, p. 11).
79. Idem, p. 16.
80. Sobre a tecnologia, v. Capítulo I, Tópico 3.

Em seguida, afirma que esse dinamismo deriva de três fatores: (i) separação do tempo e do espaço, (ii) do desencaixe dos sistemas sociais e (iii) da "ordenação e reordenação reflexiva das relações sociais à luz das contínuas entradas de conhecimento, afetando as ações de indivíduos e de grupos".[81]

Segundo Giddens, a separação do tempo e espaço é crucial para o extremo dinamismo da modernidade. Até então o tempo estava conectado com o espaço (lugar), pois as dimensões espaciais da vida social estavam, para a maior parte da população, dominadas pela presença. A modernidade, por sua vez, rasga essa conexão, permitido a interação (ou relações) entre ausentes, geograficamente distantes. Nesse sentido, os "locais são penetrados e moldados em termos de influências sociais bem distantes deles".[82] Assim, as "novas" organizações sociais têm a capacidade de conectar o local e o global de formas impensáveis em outros períodos.

O desencaixe dos sistemas sociais, para Giddens, consiste no "deslocamento das relações sociais de contextos locais de interação e sua reestruturação através de extensões indefinidas de tempo-espaço".[83] Para o autor existem dois tipos de mecanismos de desencaixe, que seriam as fichas simbólicas (e.g., dinheiro) – meios de intercâmbio sem considerar as particularidades específicas de um indivíduo ou um grupo – e os sistemas de peritos – sistemas de excelência técnica ou competência profissional (e.g., ciência). A sua importância como mecanismos de desencaixe decorre do fato de que ambos removem as relações sociais das imediações do contexto ao fornecerem garantias das expectativas – seja porque as pessoas *confiam* na representação que o dinheiro produz, seja porque *confiam* na racionalidade das ciências.

Por fim, a reflexividade da modernidade é o último fator que explica o dinamismo da modernidade. Para Giddens, no mesmo sentido de Beck, a reflexividade é o processo de constantemente examinar e reexaminar as práticas sociais, reformando-as à luz de informação renovada sobre estas mesmas práticas.[84] Para ele, as práticas sociais são continuamente alteradas a partir das novas

---
81. Idem, p. 26-27.
82. Idem, p. 29.
83. Idem, p. 31.
84. Idem, p. 49. "Mesmo para aqueles que trabalham em disciplinas intelectuais, a 'ciência' estava investida de suprema corte. O que parece ser atualmente uma questão puramente intelectual – o fato de todas as reivindicações de conhecimento, despojadas da verdade formular, serem possíveis de correção (incluindo metadeclarações feitas a respeitos deles) – tornou-se uma condição existencial nas sociedades modernas. As consequências para o indivíduo leigo, assim como para a cultura como um todo, são ao mesmo tempo libertadoras e perturbadoras. Libertadoras, pois a obediência a uma única fonte de autoridade é opressiva; provadora de ansiedade porque o chão desaparece sob os pés do indivíduo. Segundo Popper, a ciência é construída sobre a areia movediça; não tem nenhum fundamento estável. Entretanto, atualmente não é apenas à investigação científica que esta metáfora se aplica, mas, em

descobertas. A revisão das convenções é radicalizada para se aplicar a todos os aspectos da vida cotidiana. Em sua visão, o mundo é inteiramente constituído através do conhecimento reflexivamente aplicado, mas que acaba por criar uma incerteza, uma vez que nunca podemos estar seguros de que qualquer elemento dado deste conhecimento não será, futuramente, revisado.

Giddens afirma que as sociedades modernas têm quatro dimensões institucionais centrais. As quatro dimensões seriam o (i) capitalismo (sistema de produção, centrado na acumulação de capital no contexto de trabalho), o (ii) industrialismo (uso de fontes inanimadas de energia material na produção de bens e transformação da natureza), a (iii) vigilância (controle da informação e supervisão social), e o (iv) controle dos meios de violência (o centro político passa a assegurar apoio militar estável, isto é, há um controle monopolizado dos meios de violência dentro de seus territórios).

O autor acaba por separar o capitalismo do industrialismo, e identifica o segundo como a principal força transformadora das sociedades tradicionais em modernas. Para ele, o industrialismo se torna "o eixo principal da interação dos seres humanos com a natureza em condições de modernidade".[85] Essas dimensões institucionais acabam por resultar em dois fatores primordiais que produzem o caráter errático da modernidade. De um lado, o impacto das *consequências indesejadas*.[86] Não há conhecimento suficiente acumulado sobre a vida de modo a abranger todas as circunstâncias de sua aplicação, o que faz com que se tornem cada vez mais presentes as consequências indesejadas. A complexidade cada vez maior dos sistemas, inclusive dos processos produtivos, traz consigo incertezas fabricadas que podem resultar em riscos. Por outro lado, a reflexividade do conhecimento não permite a estabilização do conhecimento perito e o conhecimento aplicado em ações leigas. Dessa forma a modernização reflexiva leva a novos conhecimentos que alteram a natureza do mundo ou, nas palavras do autor, quando a "natureza é invadida – e até 'destruída' – pela socialização, e a tradição é dissolvida, novos tipos de incalculabilidade emergem".[87]

Esse conjunto de fatores faz com que o mundo pareça cada vez mais fora de controle, cada vez mais perigoso, o que Giddens denomina de "runaway world". A sociedade atual, ao mesmo tempo que buscou criar mecanismos para conter

---

maior ou menor grau, a toda a vida cotidiana" (GIDDENS, Anthony. A vida em uma sociedade pós--tradicional. In: BECK, Ulrick; GIDDENS, Anthony; LASH, Scott. Trad. Magda Lopes. *Modernização reflexiva*: política, tradição e estética na ordem social. São Paulo: Editora da Universidade Estadual Paulista, 1997, p. 108).
85. GIDDENS, Anthony. Op. cit., 1991, p. 72.
86. Idem, p. 55.
87. GIDDENS, Anthony. Op. cit., 1997, p. 76.

os riscos que ela mesma criou, fez com que nos deparemos com novos riscos e incertezas que nos afetam, independentemente de onde vivemos ou quão privilegiados sejamos.

A ideia de risco, segundo Giddens, deveria estar ligada a um meio de regular o futuro, normalizando-o e mantendo-o sob o domínio dos homens. Isto é, controlar o futuro. No entanto, no período atual, restou claro que não é possível dominar o futuro, o que levaria, segundo o autor, a procurar novas formas de lidar com a incerteza. Giddens, então, diferencia dois tipos de riscos. O primeiro, denominado *risco externo*, diz respeito ao risco derivado de fatores externos, notadamente oriundos da natureza e da tradição, tais como caprichos da natureza, desastres naturais, que regeram o destino da humanidade em outras eras. São riscos que afetam os indivíduos de forma inesperada, mas com regularidade e frequência, que permitem a sua previsibilidade. A esse tipo de risco, é possível desenvolver importantes instrumentos de distribuição de risco, como são os seguros público e privado.

O segundo, que é a base de sua teoria do risco, consiste no *risco fabricado*.[88] Este significa o risco criado pelo próprio progresso do desenvolvimento humano, notadamente da ciência e da tecnologia,[89] do desenvolvimento de nosso conhecimento sobre o mundo.[90] Nossa sociedade passa a ser marcada pelo risco que nós mesmos fabricamos a partir do que produzimos no mundo. O desenvolvimento industrial, tecnológico e científico, na mesma linha da teoria de Beck, traz consigo riscos. O risco é, portanto, fabricado a partir de decisões humanas, expandindo-se para quase todas as áreas da vida humana e potencializados pela globalização. Essas incertezas fabricadas introduzem-se na vida pessoal e social, sendo certo que, muitas vezes, não se sabe realmente quais são os riscos, muito menos como estimá-los com precisão em termos probabilísticos.[91] Para Giddens, portanto, a modernidade tardia se diferencia das eras anteriores, pois, na atual, a sociedade fabrica os próprios riscos, que são globais, que têm potencial catastrófico e dos quais não podemos fugir.

---

88. *Manufactured risk*, no original.
89. GIDDENS, Anthony. *Conversas com Anthony Giddens*: o sentido da modernidade. Rio de Janeiro: Editora FGV, 2000, p. 143.
90. "In all traditional cultures, one could say, and in industrial society right up to the threshold of the present day, human beings worried about the risks coming from external nature – from bad harvests, floods, plagues or famines. At a certain point, however – very recently in historical terms – we started worrying less about what nature can do to us, and more about what we have done to nature. This marks the transition from the predominance of external risk to that of manufactured risk" (GIDDENS, Anthony. *Runaway World* (p. 26-27). Profile Books. Edição do Kindle.
91. GIDDENS, Anthony. Op. cit., 2000, p. 143.

Problema central para Giddens é a dificuldade em lidar com os riscos e identificá-los adequadamente, o que produz uma dificuldade na sua avaliação. O autor, na esteira de Beck, alerta para o desencantamento com as ciências. A crença nelas é abalada na medida em que não é mais possível simplesmente "aceitar" os achados produzidos pelos cientistas,[92] porquanto os cientistas estão sempre discordando entre si – a ciência encontra-se em constante fluxo, sem que haja uma única verdade. Ele, portanto, acredita que o risco é real, isto é, dotado de objetividade, embora afirme que a ideia do risco emerge de construções sociais. Ou seja, assim como Beck, Giddens conjuga as perspectivas realista e construtivista para definição do risco.

Por fim, este autor entende que o único caminho é lidar com o risco. A solução do problema, então, passaria por dar alguma forma institucional a esse engajamento dialógico, ampliando o debate para além dos grupos de interesse. Para ele, mais articulação pública com a ciência e a tecnologia permitiriam atenuar algumas das consequências mais graves do alarmismo e da dissimulação. É preciso dar um tratamento ao risco, observando-se que a assunção de riscos em nossa sociedade é um elemento nuclear de uma economia dinâmica e de uma sociedade inovadora. Segundo Giddens, é preciso ser ousado, em vez de cauteloso, no apoio à inovação científica e outros meios de mudança, trazendo o debate dos riscos à arena política de modo mais direto.[93]

2.3 A contribuição de Niklas Luhmann: risco e atribuição

Assim como Beck e Giddens, Niklas Luhmann dedicou grande esforço teorizando o risco. Em seu trabalho "Sociologia do Risco",[94] de 1993, buscou aprofundar e ampliar o entendimento sociológico acerca do risco. A abordagem de Luhmann, no entanto, é completamente diferente dos demais autores e assenta na sua teoria dos sistemas. Dessa forma, para compreender sua teoria é preciso considerar o seu entendimento acerca da ordem social e dos sistemas. Evidentemente que a extensão e complexidade da obra de Luhmann demandaria um aprofundamento que supera o escopo do presente trabalho. Assim, restringir-nos-emos aos elementos da sociologia de Luhmann relevantes à concepção do risco.

Para Luhmann, o mundo social é um sistema complexo. Sua principal tese é que as sociedades humanas são organizadas como uma variedade de sistemas

---

92. Giddens, Anthony. Runaway World (p. 31). Profile Books. Edição do Kindle.
93. Idem, (p. 35). Profile Books. Edição do Kindle.
94. Tradução livre do original *"Soziologie Des Risikos"*. A versão traduzida para o inglês foi denominada *"Risk: a sociological theory"*.

autopoiéticos[95] que definem sua própria realidade. O termo "sistema autopoiético" foi originalmente cunhado por Francisco Varela e Humberto Maturana[96] para designar, nas ciências biológicas, o fenômeno da vida. Luhmann transporta o conceito para as ciências sociais de modo a explicar a característica autoconstitutiva da sociedade, definindo-o como um sistema que especifica e produz sua própria organização através da produção de seus próprios componentes. Luhmann vai além e explica que o sistema autopoiético não é apenas um sistema de auto-organização, mas esse processo autorreferencial se aplica à produção de outros componentes também: todos os componentes, inclusive aqueles individuais, são produzidos pelo sistema.

Os sistemas, que compreendem subsistemas, como a lei, a economia e a ordem política,[97] têm por função a apreensão e a redução da complexidade social, entendido como "a totalidade dos acontecimentos possíveis".[98] Eles servem "para a mediação entre a extrema complexidade do mundo e a capacidade muito menor, dificilmente alterável por razões antropológicas, do homem para a elaboração consciente da vivência".[99] Para Luhmann, essa função é desempenhada na medida em que se admite a estabilização de uma diferença entre dentro e fora. Isto é, compreender que o ponto de referência da sociologia é a diferença entre o ambiente e o sistema social. Nesse sentido, o sistema social aprende a distinguir-se do seu meio ambiente e, dessa forma, pode discriminar a sua complexidade em relação à complexidade do mundo.

---

95. Sistemas autopoiéticos são, para Luhmann, sistemas que produzem, por si próprios, não apenas suas estruturas, mas, ainda, os elementos que consistem na rede desses mesmos elementos. (LUHMANN, Niklas. *Theory of Society*. Translated by Rhodes Barret. California: Stanford University Press, 2012, v. 1, p. 32). Em outras palavras, autopoiético, nesse ponto, significa a presunção de que o mundo social consiste em processos autônomos, ou semiautônomos, de auto-organização. Nesse ponto, Luhmann é crítico da teoria estrutural-funcional, que tem como maior expoente Talcott Parsons. Embora influenciado pela teoria de Parsons, Luhmann acredita que o estrutural-funcionalismo, por ser uma teoria que pressupõe sistemas sociais com estruturas pré-definidas, subtrai a possibilidade de problematizar as estruturas, o que poderia servir à manutenção do *status quo* (LUHMANN, Niklas. Sociologia como teoria dos sistemas. In: SANTOS, José Manuel (Org.). *O pensamento de Niklas Luhmann*. Covilhã: Universidade da Beira Interior, 2005, p. 71-119).
96. Afirmam os autores: "Una máquina autopoiética es una máquina organizada como un sistema de procesos de producción de componentes concatenados de tal manera que producen componentes que: i) generan los procesos (relaciones) de producción que los producen a través de sus continuas interacciones y transformaciones, y ii) constituyen la máquina como una unidad en el espacio físico" (MATURANA R., Humberto e VARELA GARCÍA, Francisco J. *De máquinas y seres vivo* – autopoiesis: la organización de lo vivo. 5. ed. Santiago do Chile: Ed. Universitaria, 1998, p. 68). Para mais sobre o tema, v. MATURANA R., Humberto. *Cognição, ciência e vida cotidiana*. Organização e tradução Cristina Magro, Victor Paredes. Belo Horizonte: Ed. UFMG, 200.
97. ROSA, Eugene A., et al. *The risk society revisited*. Social theory and governance. Philadelphia: Temple University Press, 2014, p. 102.
98. LUHMANN, Niklas. Op. cit., 2005, p. 77.
99. LUHMANN, Niklas. Op. cit., 2005, p. 80.

Partindo de uma concepção radicalmente construtivista de sociedade, portanto, Luhmann afirma que a noção autopoiética está diretamente conectada à comunicação como a base do sistema social.[100] A comunicação se torna parte central de sua tese, porquanto ela é a unidade elementar do processo autorreferencial. Na medida em que todos os sistemas e subsistemas dependem de uma ordem interna e interações sistemáticas com outros sistemas,[101] produzem-se específicos meios de comunicação.[102] Segundo Luhmann, a comunicação é condicionada por meios simbólicos, tais como dinheiro, informação, amor, poder, lei etc., em sistemas autorreferenciais, produzindo realidades distintas, critérios distintos de sucesso e relevância e, consequentemente, diferentes percepções de legitimidade.[103] Política, direito e economia não podem ser tratados como algo fora e separado da sociedade, mas como atos da sociedade em suas operações comunicativas. A sociedade, portanto, é, por intermédio da comunicação, uma ordem autossubstitutiva que só pode se modificar dentro de si e por si.

Luhmann afirma que uma característica nova que surge dentro dos sistemas na era da modernidade avançada é a construção social do risco. Segundo o referido autor, o tratamento tradicional do risco sempre foi pautado pelo cálculo estatístico e, posteriormente, acrescido do estudo da economia e da teoria dos jogos e decisões.[104] Contudo, lembra, a avaliação do risco e a vontade de aceitar riscos são problemas psicológicos e, acima de tudo, sociais. Nesse sentido, para Luhmann, as discussões sobre cálculo, percepção e aceitação do risco são acrescidas da questão da seleção dos riscos a serem considerados ou ignorados – essa seleção não se dá por acaso, mas, antes, fatores sociais controlam esse processo de seleção.[105]

---

100. "For a theory of autopoietic systems, only communication is a serious candidate for the position of the elementary units of the basic self-referential process of social systems. Only communication is necessarily and inherently social; action is not. Moreover, social action implies communication, implies at least the communication of the meaning of the action or the intent of the actor; but it also implies the communication of the definition of the situation, of the expectation of being understood and accepted, and so on and so forth. And above all, communication is not a kind of action because it always contains a far richer meaning than uttering or sending messages alone. (LUHMANN, Niklas. *Essays on self-reference*. New York: Columbia University Press, 1990, p. 6)."
101. "Importantly, communication thus always is distributed over at least two participating systems. It cannot be 'done' by only one participating system. It cannot be causally related to single actors – and their intentions and/or actions. At least two systems have to be involved, and the three part structure of communication (information, utterance, and understanding) refers to and includes both of them" (VANDERSTRAETEN, Raf. The Autopoiesis of Social Systems. *Constructivist Foundations* (9) 2. 2014, p. 182).
102. ROSA, Eugene A. et al. *The risk society revisited*. Social theory and governance. Philadelphia: Temple University Press, 2014, p. 103.
103. HOLMSTRÖM, Susanne. Niklas Luhmann: contigency, risk, trust and reflection. *Public relations review*, 33, 2007, p. 257.
104. LUHMANN, Niklas. *Risk: a sociological theory*. New Jersey: Transaction Publishers, 2008, p. 1.
105. Idem, p. 3-4.

Como, então, o sistema social trata a questão do risco? Para Luhmann, o risco não é uma questão de segurança, como idealizam as ciências estatísticas, mas uma questão de atribuição.[106] Para ele, é necessário distinguir *risco* e *perigo*. O risco, diferentemente do que dizem os estatísticos, não é apenas uma questão de cálculo de custos; sua noção reside na compreensão de que certas vantagens só podem ser obtidas quando alguma coisa pode ser perdida e, nesse sentido, o risco é uma questão de *decisão*.

O *risco*, para Luhmann, consiste num dano potencial – pode ocorrer ou não diante da incerteza que o caracteriza – atribuível a uma decisão humana, ao passo que o *perigo* é a perda potencial que é atribuível a um fator externo, que foge à decisão.[107] De fato, Luhmann afirma que o futuro depende das decisões que são tomadas no presente e, portanto, só se pode falar em risco quando se identifica uma decisão, entre alternativas razoáveis, sem a qual o dano não teria ocorrido. Segundo esse conceito, a percepção do risco pelo tomador da decisão é irrelevante,[108] assim como o momento em que o dano veio a ocorrer – se concomitante ou posterior. O único requisito é a possibilidade do dano ser evitado. Assim, perigo é o que as pessoas estão expostas enquanto risco é o que elas decidiram assumir.[109]

Como se vê, a atribuição do risco tem um papel central na tese de Luhmann. A classificação de um dano como risco ou perigo é um problema de atribuição a uma decisão humana.[110] Na medida em que os sistemas sociais buscam definir o futuro e influenciar no destino das pessoas, mais eles definem as condições para internalizar as ameaças à saúde e ao ambiente, ou seja, mais perigos são internalizados e, por via de consequência, mais riscos são criados.[111] Os riscos são, assim, perigos que os sistemas decidiram internalizar.[112] Nesse sentido, na tese de Luhmann, os riscos são inteiramente uma construção social.

---

106. HOLMSTRÖM, Susanne. Op. cit., 2007, p. 258.
107. LUHMANN, Niklas. Op. cit., 2008, p. 21-22.
108. "For an attribution can be made to a decision only if a choice between alternatives is conceivable and appears to be reasonable, regardless of whether the decision maker has, in any individual instance, perceived the risk and the alternative, or whether he has overlooked them" (LUHMANN, Niklas. Op. cit., 2008, p. 26).
109. ROSA, Eugene A. et al. Op. cit., 2014, p. 104.
110. JAPP, Klaus P., KUSCHE, Isabel. Systems theory and risk. *Social theories of risk and uncertainty: an introduction*. Oxford: Blackwell Publishing, 2008, p. 146. No mesmo sentido DAVID, Marília Luz. Sobre os conceitos de risco em Luhmann e Giddens. *Revista eletrônica dos pós graduandos em sociologia política da UFSC*. v. 8, n. 1, 2011, p. 34.
111. Idem, p. 104.
112. LUHMANN, Niklas. Op. cit., 2008, p. 46. Em outra passagem, lembra o autor: "(...) modern society considers danger from the point of view of risk and takes it seriously only as risk" (LUHMANN, Niklas. Op. cit., 2008, p. 27).

Luhmann, dentro da concepção da teoria dos sistemas, constata a existência de um hiato comunicacional[113] entre aqueles que participam e tomam decisões e aqueles que, apesar de excluídos do processo decisional, suportam as consequências das decisões.[114] Esta crescente assimetria informacional entre decisores e afetados, entre peritos e leigos conduz, necessariamente, a um menor nível de confiança nas relações entre os membros da sociedade, produzindo relações desiguais de poder.

O caminho para solucionar o impasse acerca dos conflitos sobre risco passa, obrigatoriamente, pela melhora dos meios de comunicação. A base da teoria dos sistemas é a comunicação e, dessa forma, torna-se necessário o diálogo deliberativo entre os vários sistemas, o que permitiria a redução da pressão dos conflitos. As deliberações ajudam a reformular o contexto das decisões, permite ao sistema de governo ter ciência das demandas públicas e realça a legitimidade de decisões coletivas.[115]

2.4 A contribuição de Mary Douglas: cultura e risco

Mary Douglas foi uma antropóloga cuja obra "Risco e Cultura: um ensaio sobre a seleção de riscos tecnológicos e ambientais"[116] teve grande destaque na análise sociocultural do risco. Nesse ponto, é relevante destacar, como dito anteriormente, que os estudos de Mary Douglas se inserem na abordagem cultural/simbólica do risco. Para Douglas a percepção do risco é um produto da organização social.[117] As decisões em relação ao risco estão diretamente ligadas ao ambiente e ao tipo de organização social sendo, consequentemente, condicionada por mecanismos de visibilidade ou de invisibilidade determinados pelos poderes políticos e econômicos.

Segundo a autora, três peculiaridades afetam diretamente a discussão em torno do risco. Primeiramente, ela reconhece que a questão do risco é profundamente disseminada nos países ocidentais. Em segundo lugar, diferentes pessoas preocupam-se com diferentes riscos como, por exemplo, guerras, poluição, quebra do mercado financeiro etc. Por fim, há um descompasso entre conhecimento e ação. Nesse ponto, Douglas afirma que o risco deveria ser entendido como um produto do conhecimento que se tem do futuro e do consenso quanto às perspectivas mais desejadas. Assim, a depender do conhecimento produzido acerca

---

113. MENDES, José Manuel. *Sociologia do risco*: uma breve introdução e algumas lições. Coimbra: Imprensa da Universidade de Coimbra, 2015, p. 28.
114. Idem, p. 105.
115. ROSA, Eugene A., et al. Op. cit., 2014, p. 104.
116. No original *Risk and Culture*.
117. MENDES, José Manuel. Op. cit., 2015, p. 32.

de um determinado risco e do consenso sobre como lidar com ele, maiores são as chances de um tratamento adequado.

Em outras palavras, ela leva o debate do risco a um processo dialógico entre o conhecimento e o consenso. Quanto mais certo o conhecimento e maior o consenso, melhor será a solução atinente ao tratamento do risco – nesse caso o problema será técnico e a solução consistirá no cálculo. De fato, se os objetivos são acertados e todas as alternativas conhecidas, basta a elaboração de um plano de ação que se concretizará por meio de um cálculo. Se, no entanto, o conhecimento é certo, mas não há consenso, o problema recairá sobre a discordância quanto à avaliação das consequências e, dessa forma, tendo em vista o impasse acerca das ações a serem adotadas ou se caminhará para a coerção da decisão ou dar-se-á continuidade ao debate. Nas situações em que o consenso é total, mas o conhecimento é incerto, o problema é caracterizado pela informação insuficiente e a solução será, necessariamente, mais pesquisa. O dilema atual, para a referida autora, reside na situação em que o conhecimento é incerto e não há consenso.[118]

Douglas afirma que a percepção dos riscos é um processo social e que os princípios sociais pelos quais os comportamentos se pautam afetam "o julgamento de quais perigos devem ser mais temidos, quais riscos valem a pena e a quem se deve permitir corrê-los".[119] A autora procura descrever, então, uma teoria cultural da percepção dos riscos que considera o ambiente social, os princípios de seleção e o sujeito que percebe partes integrantes de um mesmo sistema. E continua: segundo sua tese, qualquer forma de sociedade produz e escolhe a própria maneira de ver o ambiente natural, o que influencia a escolha dos perigos dignos de atenção. Dessa forma, não há outro caminho a não ser reconhecer que a seleção dos riscos com que se preocupar depende, necessariamente das formas sociais escolhidas e, portanto, cada arranjo social eleva certos riscos às alturas e rebaixa outros a ponto de perdê-los de vista,[120] o que traz consigo, inevitavelmente, uma questão moral.

Diferentemente de Beck, que reconhece a existência de riscos qualitativamente mais graves que de outras eras, Douglas afirma que não existem evidências suficientes a demonstrar que a vida seja menos segura.[121] Isto é, para ela não há,

---

118. DOUGLAS, Mary, e WILDAVSKY, Aaron. *Risco e cultura*: um ensaio sobre a seleção de riscos tecnológicos e ambientais. Trad. Cristiana de Assis Serra. Rio de Janeiro: Elsevier, 2012, p. 5.
119. Idem, p. 6.
120. Idem, p. 8. Em outro ponto afirma Douglas: "Uma vez aceita a ideia de que as pessoas selecionam sua ênfase em determinados perigos a fim de se conformar a determinado estilo de vida, segue que aqueles que aderem a diferentes formas de organização social dispõem-se a correr (e evitar) tipos distintos de riscos. Logo, alterar a seleção e a percepção dos riscos dependeria de mudanças na organização social". (Idem, p. 9)
121. Idem, p. 13. Afirma a autora: "(...) pelo contrário, os primeiros indícios sinalizam no sentido oposto – a expectativa de vida em aumentando, não caindo; as condições de saúde vêm melhorando, não piorando."

de fato, um aumento do risco nos tempos contemporâneos, mas apenas um aumento da percepção sobre os mesmos.[122] E tal aumento da percepção decorre, segundo a autora, em razão de um conjunto de atores sociais muito influentes ter reivindicado, com considerável força, que há um aumento dos perigos reais. Para ela, o ponto não é a realidade dos riscos, mas, antes, que os riscos são construídos por esse particular grupo de atores sociais, pois "qualquer forma de sociedade produz e escolhe a própria maneira de ver o ambiente natural – ponto de vista que influencia a escolha dos perigos dignos de atenção".[123]

Seu ponto de partida para a análise dos riscos diz respeito à ideia de que a raça humana se encontra ameaçada de degradação e extinção e, nesse sentido, os riscos são tão grandes que se tornam inaceitáveis para qualquer indivíduo que tenha a capacidade de reconhecê-los. Dessa forma, eles são mantidos em segredo, o que evidencia a catástrofe: segundo Douglas, os perigos a que estamos expostos se caracterizam por alguns elementos essenciais, quais sejam, são (i) involuntários, pois não os aceitaríamos de livre e espontânea vontade, (ii) irreversíveis, na medida em que não há volta, e são (iii) desconhecidos, pois não serão reconhecidos quando nos confrontarmos com eles.[124]

Em seu trabalho, ela argumenta, também, que os cálculos probabilísticos não bastariam para definir a questão dos riscos que valem a pena. Segundo seu raciocínio, o probabilismo é caracterizado por uma característica de certo tipo de pensamento sobre o mundo. Além do mais, as probabilidades são calculadas a partir de dados, que não serão úteis se não tiverem sido considerados dados relevantes em quantidade suficiente. Por fim, optar entre fatores importantes – dados relevantes – tem implicações morais, pois o ato de escolher está diretamente relacionado com o futuro. Diz a autora que para "escolher, é preciso selecionar, o que, por sua vez, requer um julgamento não só a respeito do que 'é', mas do que 'deveria ser' no futuro".[125] Logo, não seria possível afastar o julgamento moral sobre os dados.

---

122. LASH, Scott. Risk culture. *The risk society and beyond* – critical issues for social theory. London: Sage Publications, 2000, p. 48.
123. DOUGLAS, Mary, e WILDAVSKY, Aaron. Op. cit., 2012, p. 7.
124. DOUGLAS, Mary, e WILDAVSKY, Aaron. Op. cit., 2012, p. 15. "No one person can know more than a fraction of the dangers that abound. To believe otherwise is to believe that we know (or can know) everything. Yet even if we did, it would still be necessary for us to agree on a ranking of risks. In the absence of complete knowledge, and in the presence of disagreement between scientists and laymen alike, how can anyone choose to zero in on any particular set of dangers?" (DOUGLAS, Mary et WILDAVSKY, Aaron. How can we know the risks we face? why risk selection is a social process. *Risk Analysis*, v. 2, n. 2, 1982, p. 49-50).
125. DOUGLAS, Mary, e WILDAVSKY, Aaron. Op. cit., 2012, p. 81.

A autora faz uma importante distinção entre o centro, a periferia e o sectário. Segundo sua tese, na vida real, o processo social transfere a tomada de decisões e a edição prévia de escolhas para as instituições sociais.[126] Nesse ponto, os "valores compartilhados fazem mais que sopesar o cálculo dos riscos; trabalham na estimativa das probabilidades, bem como na percepção da magnitude das perdas".[127] Para Douglas, é necessário reconhecer que o *centro,* caracterizado pelo processo hierárquico – aí se incluem as igrejas, corporações industriais, hierarquias políticas – consistem em formas institucionais que estabelecem valores e acabam por absorver os sujeitos nos riscos percebidos – seria uma resposta a um problema de escala. O centro corresponde ao *locus* formal de poder e autoridade[128] e, assim, seria constituído por uma cultura hierárquico-institucional e por uma cultura de individualismo de mercado.[129]

A *periferia* corresponde à consciência das pessoas que percebem sua vida como descomprometida e essencialmente crítica a alguma outra parte definida da sociedade humana, onde reside o poder. Ela pode ser caracterizada como um ponto de vista dissidente do centro, remotas e distantes do poder e da influência. Trata-se de uma organização voluntária, que se encontra à margem. Na medida em que esses grupos se hierarquizam, com alto grau de voluntariedade da pertença ao grupo, surge o que a autora denomina de *sectário.*

Nesse ponto, Douglas reconhece três grandes culturas de risco. A primeira a cultura hierárquica-institucional, que tende a selecionar riscos sociais; a segunda, a cultura de individualismo de mercado, tendente a selecionar riscos econômicos e; por fim, a cultura de periferia sectária, que tende a selecionar riscos naturais. Essas três culturas produziriam as mudanças estruturais. A importância dessa distinção reside na discussão dos riscos, pois a análise hierárquica, individualista ou sectária influencia diretamente os valores sociais e a percepção dos riscos escolhidos.

A autora advoga que a percepção pública dos riscos, portanto, é um constructo coletivo. Sua tese central é de que a seleção de perigos e a escolha da forma de organização social caminham de mãos dadas e as percepções de certo e errado dependem de categorias culturais criadas junto com as relações sociais em cuja defesa são empregadas.[130] Nesse sentido, torna-se imperioso definir, em qualquer

---

126. Idem, p. 82.
127. Idem, p. 82.
128. LINSLEY, Philips M. et SHRIVES, Philip J. Mary Douglas, risk and accounting failures. *Critical perspectives on accounting,* 20, 2009, p. 496.
129. LASH, Scott. Risk culture. *The risk society and beyond* – critical issues for social theory. London: Sage Publications, 2000, p. 50.
130. Idem, p. 177.

discussão sobre risco, um consenso com relação a quais são as ameaças mais preocupantes. Aqui, é preciso reconhecer que a escolha nunca é feita de forma direta, mas, antes, é definida em razão de uma preferência entre tipos de instituições sociais favorecidas.[131] Douglas lembra que nas sociedades complexas, as pessoas que aderem a formas de organização social similares assumem ou evitam tipos de riscos similares e que, portanto, é somente pela mudança da organização social que a seleção e percepção dos riscos podem ser alteradas.[132]

Para a autora, é indiferente concentrar esforços em "melhorar" a comunicação, nos moldes de Luhmann, pois a questão não é de percepção equivocada, mas o resultado de uma luta política, moral e estética acerca do risco.[133] Para Douglas, os sujeitos das várias culturas de risco iniciam suas análises de risco a partir dos grupos sociais que pretendem responsabilizar e, a partir de então, iniciam suas inferências acerca dos riscos a serem escolhidos. Em outras palavras, os riscos partem de "quem responsabilizar" e não do risco em si. Por sua vez, o "a quem responsabilizar"[134] influencia diretamente o sistema de justiça.[135] Segundo sua visão, o sistema de responsabilização e o sistema de justiça são sintomas da forma de organização da sociedade. Assim, na medida em que, cada vez mais as pessoas estão expostas a riscos produzidos por outros, a noção de risco substituiu a noção de causa dos infortúnios[136] e, consequentemente, o sistema de responsabilização em que vivemos hoje está quase inteiramente pronto para atribuir responsabilidade a qualquer indivíduo.[137]

O trabalho de Mary Douglas, embora não tenha tido grande repercussão entre os juristas – e por muito tempo também não foi objeto de estudos pelos próprios sociólogos –, é de extrema importância na medida em que critica a visão da perspectiva realista do risco. Sua abordagem cultural/simbólica reconhece e enfatiza que a análise de risco é política, moral e estética, construída a partir da organização social.

---

131. Idem, p. 178.
132. CAPLAN, Patricia. *Risk revisited*. London: Pluto Press, 2000, p. 9.
133. LUPTON, Deborah. Op. cit., 2013, p. 55.
134. A autora afirma que é possível encontrar algumas formas de responsabilizar. Pode-se imputar a culpa à vítima, a adversários ou a inimigos forasteiros (DOUGLAS, Mary. *Risk and* Blame – essays in cultural theory. New York: Taylor & Francis e-Library, 2003, p. 5-6).
135. Idem, p. 6.
136. LUPTON, Deborah. Op. cit., 2013, p. 64.
137. "Of the different types of blaming system that we can find in tribal society, the one we are in now is almost ready to treat every death as chargeable to someone's account, every accident as caused by someone's criminal negligence, every sickness a threatened prosecution. Whose fault? is the first question. Then, what action? Which means, what damages? what compensation? What restitution? and the preventive action is to improve the coding of risk in the domain which has turned out to be inadequately covered" (DOUGLAS, Mary. Op. cit., 2003, p. 15-16).

Essa é uma importante consideração, pois informa que os riscos devem ser encarados de forma subjetiva. Scott Lash, ao analisar o tema, argumenta sobre tal importância, afirmando que a forma como o risco é encarado, percebido e experimentado deve, necessariamente, ser levado em consideração.[138] Ulrich Beck, revisitando seus conceitos acerca do risco, acaba por admitir que é a percepção e a definição culturais que constituem o risco.[139] Ele argumenta que o risco não é puramente factual, nem apenas uma reivindicação valorativa (*value claims*), mas ambos na medida em que os riscos estão associados a definições culturais.[140] Nesse diapasão, o autor expressa que a distinção entre risco e percepção cultural do risco vem se tornando cada vez mais embaçada. Alega o autor que o risco não tem uma existência abstrata em si mesma, mas, antes, ele adquire realidade no julgamento contraditório dos grupos e populações, o que justificaria, por exemplo, que um mesmo risco se torne real de maneiras distintas a partir das diferentes perspectivas de países e culturas e, conseguintemente, sejam avaliadas diversamente.[141]

3. O FUTURO COMO RISCO: A VOCAÇÃO TECNOLÓGICA DA HUMANIDADE

Pensar o risco na contemporaneidade exige entender como ele se relaciona com a tecnologia e com a passagem do tempo. Na medida em que a compreensão do risco está ligada a uma decisão tomada no presente, mas cuja repercussão, conhecida ou não, eventualmente, há de se realizar adiante, fica fácil perceber que o risco se projeta para o futuro. Além disso, como demonstrado anteriormente, a mudança no tratamento do risco leva em consideração os avanços tecnológicos que são profundamente sentidos na realidade social, especialmente a partir da metade do século XVIII e que ganham nova dimensão no final do século XX.

Não é incomum encontrarmos inúmeros autores defendendo uma mudança significativa no campo da reparação dos danos em decorrência dos avanços

---

138. LASH, Scott. Op. cit., 2000, p. 54.
139. BECK, Ulrich. Risk Society revisited: theory, politics and research programmes. *The risk society and beyond* – critical issues for social theory. London: Sage Publications, 2000, p. 213.
140. Idem, p. 215.
141. BECK. Ulrich. *World at risk*. Cambridge: Polity Press, 2009, p. 12-13. Continua o autor na mesma passagem: "Risks are lurking everywhere. Some are accepted, others not. Are some risks rejected because they are more dangerous than others? Certainly not – but if so, then because the same risk looks like a dragon to some, but like a worm to others. Acceptable risks are those which are accepted. This apparent tautology goes to the heart of the matter: the greater and more objective a risk appears, the more its reality depends on its cultural evaluation. In other words, the objectivity of a risk is a product of its perception and its staging (also by experts)."

tecnológicos.[142] Essa visão, que já se teve a oportunidade de ver a partir da análise sociológica dos riscos, é extremamente importante para que se possa identificar adequadamente a atribuição do risco ao seu produtor. Torna-se, assim, imperioso compreender o significado de *tecnologia*.

Na estrutura social contemporânea, a tecnologia adquire contornos centrais, tornando-se a pauta das discussões políticas e econômicas.[143] Mas o que se entende por tecnologia? Nesse ponto, há de se considerar a distinção entre técnica e tecnologia.[144] Embora os conceitos apareçam com alguma proximidade, é necessário considerar o significado e a etimologia das palavras, que remontam a um entendimento amplo, diferentemente de como é utilizada em geral pela imprensa e pelas pessoas.[145]

Técnica deve ser encarada como um conjunto de conhecimentos eficazes que o homem desenvolveu ao longo dos séculos de maneira a viver de forma prática, melhorando sua forma de viver.[146] Como se percebe do conceito exposto, a técnica é tão antiga como a própria história do homem, com a utilização de objetos que foram transformados em instrumentos, complexados com o processo de desenvolvimento e construção das sociedades.[147] Pode-se dizer que

---

142. Por todos, v. LIMA, Alvino, *Culpa e Risco*. 2. ed. rev. e atual. pelo Prof. Ovídio Rocha Barros Sandoval. São Paulo: Ed. RT, 1998.
143. Nesse sentido, é curioso o documento apresentado pelo JP Morgan Asset Management discutindo tecnologia, produtividade e força de trabalho. Em resumo, o relatório afirma que a tecnologia afetará o crescimento econômico e o mercado de capital de tal maneira que se torna difícil prever. O documento continua afirmando que a inteligência artificial, ao mesmo tempo que poderá trazer um ganho de produtividade, poderá produzir uma substancial perda de empregos. JP MORGAN ASSET MANGEMENT. *The impact of technology on long-term potential economic growth*. Disponível em: http://www.jpmorganassetmanagement.de/dms/JPM50455%20LTCMA%202018%20-%20TECHNOLOGY.pdf. Acesso em: 15 out. 2018. O mesmo se verifica nos diversos meios de comunicação. Confira-se ISTOÉDINHEIRO. *O futuro do mundo*. Disponível em: https://www.istoedinheiro.com.br/noticias/economia/20170106/futuro-mundo/447843. Acesso em: 15 out. 2018. WIRED. *Creating the tech economy of the future*. Disponível em: https://www.wired.com/brandlab/2018/03/dxc-creating-tech-economy-future/. Acesso em: 15 out. 2018. SOUTH CHINA MORNING POST. *Technology remains the economic driver of the future, despite recent data access scares*. Disponível em: https://www.scmp.com/comment/insight-opinion/article/2143572/technology-remains-economic-driver-future--despite-recent. Acesso em: 15 out. 2018.
144. O esforço do autor neste particular é demonstrar que cada uma das palavras está diretamente ligada a um ramo do saber humano. Isso não exclui, no entanto, entendimentos diversos e a profunda confusão que tem lugar no tema.
145. MAGRANI, Eduardo. *A internet das coisas: privacidade e ética na era da hiperconectividade*. Tese de doutorando em direito pelo programa de Pós-Graduação em Direito da Pontifícia Universidade Católica do Rio de Janeiro, março de 2018, p. 21.
146. AGAZZI, Evandro. El impacto epistemológico de la tecnología. *Argumentos*, [s.d.]. Disponível em: www.argumentos.us.es/numero1/agazzi.htm. Acesso em: 15.10.2018.
147. VERASZTO, Estéfano Vizconde et al. Tecnologia: buscando uma definição para o conceito. *Prisma.com*, n. 7, p. 60-85, 2008. Disponível em: http://revistas.ua.pt/index.php/prismacom/article/viewFile/681/pdf. Acesso em: 15 out. 2018.

a técnica é a maneira de viver típica dos homens, adaptando o meio ambiente a si próprio, diferentemente dos animais que se adaptam ao meio ambiente.[148] Técnica, portanto, tem uma noção mais próxima dos aspectos materiais, isto é, de uma dimensão prática.[149]

Contudo, com o desenvolvimento das civilizações ocidentais, adicionou-se à dimensão prática da técnica as dimensões teórica e científica. Assim, ao somar os conhecimentos teóricos à trajetória da técnica, o que permite compreender e explicar a razão do que é concretamente eficaz, pode-se falar em tecnologia. Trata-se, então, da adição do estudo científico, com metodologia própria e uma teoria que a embasa. A tecnologia, assim, pode ser compreendida como o conjunto de conhecimentos, argumentos e razões acerca de uma arte ou de um fazer determinado.[150]

É preciso reconhecer, no entanto, que a tecnologia tem uma estrutura ampla, devendo ser considerada como um corpo sólido de conhecimentos, que exorbita a mera aplicação de conceitos e teorias científicas, aplicável aos mais variados campos da pesquisa. A tecnologia é fruto de novas demandas sociais e acaba por modificar todo o conjunto de costumes e valores, agregando-se à cultura.[151] Ela combina teoria com produção e eficácia.

A tecnologia é, portanto, uma produção humana e, assim, é inerente à sua própria natureza. Com o desenvolvimento das sociedades, a noção de tecnologia foi, também, evoluindo, de tal modo que adquiriu novos contornos, com profundas transformações, caracterizada por uma extensa rede de pesquisadores e projetos interdisciplinares. Nesse diapasão, é preciso compreender que a técnica exorbitou os objetivos pragmaticamente delimitados de outrora. Se a técnica era um tributo exigido a partir da necessidade de transformar a vida dos homens, aperfeiçoando-a e tornando-a melhor, hoje, a tecnologia transformou-se no fim escolhido pela humanidade, tornando-se o impulso da espécie humana.[152] O problema, como visto nos tópicos anteriores, é que os avanços tecnológicos trouxeram a reboque toda sorte de prejuízos, aumentando exponencialmente os prejuízos causados.[153] A promessa de tecnologia, portanto, se converteu, nas palavras de Hans Jonas, em ameaça ou, ao menos, "esta se associou àquela de forma indissolúvel".[154]

---

148. AGAZZI, Evandro. Op. cit.
149. A própria noção da palavra *techné* consistia muito mais em se alterar o mundo de forma prática a efetivamente compreendê-lo.
150. MAGRANI, Eduardo. *A internet das coisas*: privacidade e ética na era da hiperconectividade. Tese de doutorado em direito pelo programa de Pós-Graduação em Direito da Pontifícia Universidade Católica do Rio de Janeiro, março de 2018, p. 22.
151. VERASZTO, Estéfano Vizconde et al. Op. cit., 2008.
152. JONAS, Hans. *O princípio responsabilidade*: ensaio de uma ética para a civilização tecnológica. Rio de Janeiro: Contraponto: Ed. Puc-Rio, 2006, p. 43.
153. TUNC, André. *La responsabilité civile*. 2. ed. Paris: Ed. Économica, 1989, p. 1.
154. JONAS, Hans. Op. cit., 2006, p. 21.

O grande problema, e que nos leva à segunda consideração acerca do risco, é que o desenvolvimento tecnológico projeta os riscos (conhecidos e desconhecidos) para o futuro. Assim, o conceito de risco indica a forma para confrontar o problema representado pelo futuro.[155] A distinção entre presente, passado e futuro é determinante para que se possa estabelecer a atribuição de responsabilidade pela tomada de decisão do agente ofensor.

Ao encarar o risco como um produto do conhecimento que se tem do futuro,[156] é possível reconhecer que o futuro depende das decisões que são feitas no presente, não obstante elas sejam tomadas com base no conhecimento existente ao tempo da tomada de decisão. Então, por exemplo, quando uma indústria farmacêutica decide colocar no mercado de consumo um determinado medicamento que pode, eventualmente, produzir danos à saúde dos consumidores, esta decisão é tomada no presente, mas terá, a toda evidência, repercussões no futuro. Diversas questões se colocam nesse ponto: 1) qual era o conhecimento ao tempo da colocação do produto no mercado de consumo? 2) era possível conhecer os riscos ao tempo da tomada de decisão? 3) a tecnologia até então vigente permitiria conhecer eventual vício ou risco do produto? 4) foi informada a possibilidade de o risco vir a se concretizar no futuro? Todas essas questões estão diretamente ligadas à concepção da passagem do tempo.

Consequentemente, na análise dos riscos, tem cada vez mais importância a atenção ao futuro, compreendendo que as decisões adotadas hoje devem observar o conhecimento que se tem do futuro e as consequências que podem ser produzidas para a humanidade. Nesse sentido, Hans Jonas fala em uma "ética do futuro", que leva em consideração esse novo agir humano – pautado pela tecnologia –, segundo a qual traz em seu bojo o seguinte imperativo: "inclua na tua escolha presente a futura integridade do homem como um dos objetos do teu querer".[157] Essa formulação do autor parece adequada quando tratamos da atribuição de riscos de modo que a assunção de riscos na sociedade deve considerar, em especial, a segurança da própria humanidade e o seu futuro. Assim, a assunção de riscos, necessariamente, deverá observar o impacto da atividade na sociedade e quais danos podem advir.[158]

---

155. LUHMANN, Niklas. Op. cit., 2008, p. 51.
156. DOUGLAS, Mary, e WILDAVSKY, Aaron. Op. cit., 2012, p. 5.
157. O autor faz alusão ao imperativo categórico de Kant, adequando-o à nova realidade. JONAS, Hans. Op. cit., 2006, p. 47-48.
158. A esse respeito, é extremamente interessante a decisão tomada pelo Supremo Tribunal Federal Brasileiro no julgamento da ADI 5.501, em que se discutia a inconstitucionalidade de Lei Nacional que autorizava a distribuição de fosfoetanolamina, conhecida como "pílula contra o câncer" – fosfoetanolamina. A ação fora proposta pela Associação dos Médicos do Brasil contra a Lei 13.269/2016, que autorizava a distribuição da referida pílula, sem estudos que comprovem sua eficácia. Restou consignado que

Aspecto determinante, portanto, é que na análise do risco e, especialmente, da atribuição do risco, diversos fatores devem ser levados em consideração. De um lado, o tempo em que a decisão de explorar determinada atividade é tomada será fundamental. Certamente o conhecimento acumulado até o momento em que a decisão é tomada terá uma relevância importante para a definição do dever de indenizar. Nesse ponto, interessante reconhecer que a responsabilidade é indissociável da liberdade, como nos diz Ana Mafalda de Miranda Barbosa, isto é, a possibilidade de autodeterminação – decidir entre diversas alternativas de ação.[159] Contudo, é preciso reconhecer que o conhecimento produzido até então ingressa na equação. De outro, não se pode desconsiderar, de forma alguma, os efeitos de longo prazo que as atividades potencialmente lesivas podem produzir no ambiente social. Conjugar esses dois fatores nos ajudará a equacionar melhor as formas de atribuição de responsabilidade, em especial quando se fala da teoria do risco no desenvolvimento de atividades potencialmente lesivas.

4. O PROBLEMA DO MERCADO DE CONSUMO

A análise do risco não pode ser feita desconsiderando as profundas mudanças no tráfego jurídico de massas e o seu impacto nas relações de consumo. O Direito e as relações de consumo, designadamente no que diz respeito às relações entre fornecedores e consumidores, constituem aspecto indissociável da realidade econômica atual.[160] E toda a evolução, que tivemos oportunidade de ver nos tópicos anteriores, também afetou essas relações.

O ponto mais sensível em se tratando de relações de consumo está diretamente ligado à compreensão de que o modelo tradicional de contratação – e a eventual utilização de produtos ou serviços – alterou-se substancialmente.

é, no mínimo, *"temerária – e potencialmente danosa – a liberação genérica do medicamento sem a realização dos estudos clínicos correspondentes, em razão da ausência, até o momento, de elementos técnicos assertivos da viabilidade da substância para o bem-estar do organismo humano"*. Como se sabe, o desenvolvimento de qualquer novo fármaco se submete a uma série de imposições, de modo a garantir a saúde e segurança do consumidor, tais como (i) descoberta de um composto com atividade terapêutica; (ii) estudos pré-clínicos e (iii) estudos clínicos. A referida lei, no entanto, desconsiderou todas as ferramentas científicas acima determinando uma liberação genérica do uso da substância, em dissonância com os estudos técnicos até então produzidos pela ANVISA – Agência Nacional de Vigilância Sanitária, que não permitira, ainda, o seu registro. Sobre o tema, cf. ZEBULUM, José Carlos. O julgamento do caso fosfoetanolamina e a jurisprudência do Supremo Tribunal Federal. *Revista de direito sanitário*. v. 17, n. 03, p. 212-223. São Paulo, nov. 2016-fev. 2017.

159. BARBOSA, Ana Mafalda Castanheira Neves de Miranda. *Responsabilidade civil extracontratual* – novas perspetivas em matéria de nexo de causalidade. Cascais: Princípia, 2014, p. 24.
160. CALDAS, Luís Miguel Simão da Silva. *Direito à informação no âmbito do direito do consumo*. Disponível em: http://julgar.pt/wp-content/uploads/2013/09/11-Silva-Caldas-Direito-%C3%A0-informa%C3%A7%C3%A3o-direito-do-consumo.pdf. Acesso em: 22 out. 2018.

O advento da sociedade de consumo de massas e da nova forma de produção industrial, notadamente em tempos de automação crescente, de informatização e de cultura uniformizante e massificada,[161] aliada à incitação desenfreada ao consumo,[162] demonstrou, inequivocamente, que as pessoas, em especial o consumidor, podem ocupar uma posição de desigualdade nas relações econômicas.[163]

O problema da relação de consumo, portanto, é o problema da *vulnerabilidade* do consumidor, característica que, segundo Claudia Lima Marques, pode ser conceituada como "uma situação permanente ou provisória, individual ou coletiva, que fragiliza, enfraquece o sujeito de direitos, desequilibrando a relação".[164] No contexto mundial, a vulnerabilidade se tornou a pedra angular do sistema protetivo do consumidor,[165] que encontra sua explicação justamente na necessidade de proteger uma parte que se encontra em posição inferior na relação jurídica. Em 1985 as Nações Unidas (ONU) já haviam reconhecido a necessidade de se proteger o consumidor. À época foi aprovada, pela Assembleia Geral, a Resolução 39/248/1985, que expressamente previu a proteção contra riscos à saúde e segurança do consumidor e o acesso à informação.[166] Posteriormente,

---

161. MARQUES, Claudia Lima. A pessoa no mercado e a proteção dos vulneráveis no direito privado brasileiro. *Direito privado, constituição e fronteiras: encontros da associação luso-alemã de juristas brasileiros*. São Paulo: Ed. RT, 2014, p. 294. No mesmo sentido lembra Baudrillard: "Hoy nos rodea por completo una especie de evidencia fantástica del consumo y de la abundancia, conformada por la multiplicación de los objetos, de los servicios, de los bienes materiales y que constituye un tipo de mutación fundamental en la ecología de la especie humana" (BAUDRILLARD, Jean. *La sociedade de consumo*: sus mitos, sus estructuras. Madrid: Siglo XXI, 2009, p. 3).
162. Assim lembra Luis Enrique Alonso: "El consumidor es, pues, el que no se para em la satisfacción de sus necesidades reales, sino que aspira, por la mediación del signo, a satisfacer sin parar necesidades imaginarias, necesidades estimuladas por la publicidad e incitadas por el sistema de retribuciones simbólicas". (ALONSO, Luis Enrique. Estudio introductorio: la dictadura del signo o la sociología del consumo del primer baudrillard. *La sociedade de consumo*: sus mitos, sus estructuras. Madrid: Siglo XXI, 2009, p. XLVI)
163. MIRAGEM, Bruno. *Curso de direito do consumidor*. 5. ed. São Paulo: Ed. RT, 2014, p. 42.
164. MARQUES, Claudia Lima. *Contratos no Código de Defesa do Consumidor*. São Paulo: Ed. RT, 2014, p. 322.
165. THEODORO JUNIOR, Humberto. *Direitos do consumidor*: a busca de um ponto de equilíbrio entre as garantias do Código de Defesa do Consumidor e os princípios gerais do Direito Civil e do Direito Processual Civil. Rio de Janeiro: Forense, 2013, p. 27.
166. Resolução 39/248/1985 ONU. "Guidelines for consumer protection.
    I. Objectives, 1. *Taking into account the interests and needs of consumers in all countries, particularly those in developing countries; recognizing that consumers often face imbalances in economic terms, educational levels, and bargaining power; and bearing in mind that consumers should have the right of access to non-hazardous products*, as well as the right to promote just, equitable and sustainable economic and social development, these guidelines for consumer protection have the following objectives: (a) To assist countries in achieving or maintaining adequate protection for their population as consumers; (b) To facilitate production and distribution patterns responsive to the needs and desires of consumers; (c) To encourage high levels of ethical conduct for those engaged in the production and distribution of goods and services to consumers; (d) To assist countries in curbing abusive business practices by all enterprises at the national and international levels which adversely affect consumers; (e) To facilitate

em 2015, a ONU viria a aprovar a Resolução 70/186/2015, revendo a proteção do consumidor. Nesta, além de se manter a proteção contra toda sorte de riscos à saúde e segurança, acrescentou-se aos princípios gerais a "proteção dos consumidores vulneráveis".[167] A União Europeia também reconheceu a necessidade de proteção dos consumidores, aprovando a Diretiva 1999/44/CE, que regula a relação de consumo. Muito embora este texto normativo não fale expressamente em "vulnerabilidade", percebe-se, facilmente, a intenção presente na Diretiva de tutelar o consumidor,[168] em especial quanto aos riscos e infortúnios relativos aos produtos e serviços – algo que se verifica, também, na Diretiva 2011/83/EU, cujo escopo é garantir o bom funcionamento do mercado interno europeu relativo às vendas a distância.[169] No Brasil, a proteção do consumidor foi elevada a garantia

---

the development of independent consumer groups; (f) To further international co-operation in the field of consumer protection; (g) To encourage the development of market conditions which provide consumers with greater choice at lower prices.

II. General principles 2. Governments should develop, strengthen or maintain a strong consumer protection policy, taking into account the guidelines set out below. In so doing, each Government must set its own priorities for the protection of consumers in accordance with the economic and social circumstances of the country, and the needs of its population, and bearing in mind the costs and benefits of proposed measures. 3. The legitimate needs which the guidelines are intended to meet are the following: (a) *The protection of consumers from hazards to their health and safety*; (b) The promotion and protection of the economic interests of consumers; (c) *Access of consumers to adequate information to enable them to make informed choices according to individual wishes and needs*; (d) Consumer education; (e) Availability of effective consumer redress; (f) Freedom to form consumer and other relevant groups or organizations and the opportunity of such organizations to present their views in decision-making processes affecting them. (...)" (grifou-se)

167. Resolução 70/186/2015 ONU. "III. General principles. 4. Member States should develop, strengthen or maintain a strong consumer protection policy, taking into account the guidelines set out below and relevant international agreements. In so doing, each Member State must set its own priorities for the protection of consumers in accordance with the economic, social and environmental circumstances of the country and the needs of its population, and bearing in mind the costs and benefits of proposed measures. 5. The legitimate needs which the guidelines are intended to meet are the following: (a) Access by consumers to essential goods and services; (b) *The protection of vulnerable and disadvantaged consumers*; (c) *The protection of consumers from hazards to their health and safety*; (d) The promotion and protection of the economic interests of consumers; (e) *Access by consumers to adequate information to enable them to make informed choices according to individual wishes and needs*; (f) Consumer education, including education on the environmental, social and economic consequences of consumer choice; (g) Availability of effective consumer dispute resolution and redress; (h) Freedom to form consumer and other relevant groups or organizations and the opportunity of such organizations to present their views in decision -making processes affecting them; (i) The promotion of sustainable consumption patterns; (j) A level of protection for consumers using electronic commerce that is not less than that afforded in other forms of commerce; (k) The protection of consumer privacy and the global free flow of information. (...)" (grifo nosso)

168. É o que se vê do art. 1º da Diretiva 1999/44/CE: "1. A presente diretiva tem por objectivo a aproximação das disposições legislativas, regulamentares e administrativas dos Estados-Membros relativas a certos aspectos da venda de bens de consumo e das garantias a ela relativas, com vista a assegurar um nível mínimo uniforme de defesa dos consumidores no contexto do mercado interno".

169. No item 5 dos considerandos da Diretiva, consta, segundo o Parlamento Europeu, que "(...) a harmonização total da informação aos consumidores e o direito de retractação relativo aos contratos à

fundamental, conforme previsto no art. 5º, XXXII, da Constituição Brasileira,[170] que trata dos direitos e garantias fundamentais.[171] Aliás, o Direito Brasileiro promulgou, em 1990, o Código de Defesa do Consumidor, reconhecendo como princípio de todo o sistema de consumo a vulnerabilidade do consumidor (art. 4º, I, do CDC[172]). Como se vê, a proteção do consumidor em virtude de sua vulnerabilidade é fundamental.[173]

Mas no que consiste a vulnerabilidade do consumidor? Inicialmente, há de se reconhecer que a vulnerabilidade é própria do homem e está diretamente conectada com a ideia de fraqueza, fragilidade da pessoa. Não se deve confundir, porém, a vulnerabilidade com a infantilização do consumidor. Conquanto, no Direito do Consumo, seja reconhecido que o consumidor não possa ser considerado o homem ativo, educado, diligente e bom pai de família, que se cogitara no Código Napoleão, seria absolutamente demasiado acreditar que vulnerável implicaria num regime de incapacidade.[174]

---

distância e aos contratos celebrados fora do estabelecimento comercial contribuirão para um nível elevado de protecção dos consumidores e para um melhor funcionamento do mercado interno entre empresas e consumidores."

170. Art. 5º, CRFB/88. "Todos são iguais perante a lei, sem distinção de qualquer natureza, garantindo-se aos brasileiros e aos estrangeiros residentes no País a inviolabilidade do direito à vida, à liberdade, à igualdade, à segurança e à propriedade, nos termos seguintes: (...) XXXII – o Estado promoverá, na forma da lei, a defesa do consumidor;"

171. Em Portugal também se encontra previsão constitucional da proteção do consumidor como direito fundamental, nos termos do art. 60 da Constituição Portuguesa. Sobre o tema, v. MIRANDA, Jorge. Os direitos fundamentais na ordem constitucional portuguesa. *Revista española de derecho constitucional*. Año 6, núm. 18, Septiembre-Diciembre 1986, p. 129. Assim dispõe o art. 60.º, CRP: "Direitos dos consumidores 1. Os consumidores têm direito à qualidade dos bens e serviços consumidos, à formação e à informação, à proteção da saúde, da segurança e dos seus interesses económicos, bem como à reparação de danos.

2. A publicidade é disciplinada por lei, sendo proibidas todas as formas de publicidade oculta, indireta ou dolosa.

3. As associações de consumidores e as cooperativas de consumo têm direito, nos termos da lei, ao apoio do Estado e a ser ouvidas sobre as questões que digam respeito à defesa dos consumidores, sendo-lhes reconhecida legitimidade processual para defesa dos seus associados ou de interesses coletivos ou difusos."

172. Art. 4º, I, CDC. "A Política Nacional das Relações de Consumo tem por objetivo o atendimento das necessidades dos consumidores, o respeito à sua dignidade, saúde e segurança, a proteção de seus interesses econômicos, a melhoria da sua qualidade de vida, bem como a transparência e harmonia das relações de consumo, atendidos os seguintes princípios: I – reconhecimento da vulnerabilidade do consumidor no mercado de consumo; (...)".

173. Deve-se referir que a doutrina vem caminhando na compreensão de uma hipervulnerabilidade dos consumidores, caracterizada por uma vulnerabilidade especial, isto é, potencializada ou agravada pela vulnerabilidade técnica e fática. São exemplos de hipervulnerabilidade o consumidor criança e o consumidor idoso. Sobre o tema, cf. MIRAGEM, Bruno. Op. cit., 2014, p. 125-130.

174. CHAZAL, Jean-Pascal. *Vulnerabilite et droit de la consommation*. Colloque sur la vulnérabilité et le droit, organisé par l'Université P. Mendès-France, Grenoble II, le 23 mars, 2000, p. 1.

Nesse ponto, o direito, naturalmente, apreende a vulnerabilidade a partir da fraqueza do indivíduo, o que corresponde à manifestação material mais visível da própria vulnerabilidade. O direito, por assim dizer, aborda a noção de vulnerabilidade por meio de sua origem material, tal como uma doença, uma deficiência, a idade, mas, também, a partir de uma situação econômica ou social difícil.[175] A reconstrução do direito privado a partir do século XX reconheceu a necessidade de rever a concepção liberal de igualdade formal, calcada no individualismo do século XVIII, para perceber a necessidade de alcançar a igualdade substancial,[176] identificando as diferenças existentes entre os agentes econômicos.

Vulnerabilidade é a característica do que é vulnerável, isto é "o que pode ser ferido".[177] A vulnerabilidade, portanto, segundo Frédérique Fiechter- Boulevard, refere à ideia de um risco possível, mais ou menos previsível, para todos. Em outras palavras, como um problema fatal, que surge nas relações que os homens mantêm entre si ou como expressão da própria natureza.[178] Assim vulnerável é todo aquele suscetível de ser ferido no sentido físico do termo – compreendendo, ainda, a integridade psíquica –, mas, também, capaz de ser vítima de um ataque ao seu patrimônio, à sua propriedade ou aos seus interesses.

Se a vulnerabilidade não é restrita às relações de consumo, a verdade é que o caso do consumidor a evidencia de forma nítida. De fato, este encontra-se exposto aos mais variados riscos pela simples disponibilização de produtos e serviços no mercado de consumo por parte dos fornecedores. A sua vulnerabilidade se revela em dois aspectos: de um lado, no *plano econômico*, na medida em que se encontra em uma situação de inferioridade diante de um profissional que desenvolve uma atividade que busca lucro. A diferença de finalidade entre o profissional (fornecedor), que busca lucro, e o consumidor, que, em regra, busca a satisfação de uma vantagem pessoal, explicita a diferença dos instrumentos jurídicos, financeiros e econômicos à sua disposição. A posição econômica ocupada pelo fornecedor lhe permite fazer prevalecer suas previsões, inclusive quanto a todos os riscos que incorre, o que está fora do domínio do consumidor. Ademais, o fornecedor

---

175. Poder-se ia afirmar que a vulnerabilidade pode ter origens *intrínsecas* ou *extrínsecas*. As primeiras dizem respeito a um estado de fraqueza psíquica ou mental e, portanto, são exemplos a idade (jovem ou avançada), a enfermidade, a doença física ou psíquica, a gravidez, enquanto as segundas são reveladas a partir das mais variais fontes legais, que decorrem de uma situação social, econômica ou cultural. Sobre o tema, cf. DUTHEIL WAROLIN, Lydie. *La notion de vulnerabilite de la personne physique em droit prive*. Thèse de doctorat présentée et soutenue en public le 1 octobre 2004. Faculté de droit et de sciences économiques. Université de Limoges, p. 41.
176. MARQUES, Claudia Lima et MIRAGEM, Bruno. *O novo direito privado e a proteção dos vulneráveis*. 2. ed., rev. atual. e ampl. São Paulo: Ed. RT, 2014, p. 112.
177. FIECHTER-BOULEVARD, Frédérique. *La notion de vulnérabilité et sa consécration par le droit*. Disponível em: https://www.pug.fr/extract/show/107. Acesso em: 20 out. 2018, p. 14.
178. Idem, p. 14. No mesmo sentido, CHAZAL, Jean-Pascal. Op. cit., p. 1.

pode alocar recursos significativos para a organização de sua atividade ao passo que o consumidor não tem outra escolha a não ser contratar, aceitando todas as imposições feitas pelo fornecedor. Este fenômeno é ainda mais evidente quando se percebe que o fornecedor pode dedicar tempo e dinheiro à reflexão jurídica que rege a organização de sua atividade e à elaboração de cláusulas contratuais.[179] Mas, a vulnerabilidade ainda se revela a partir da inferioridade cognitiva do consumidor. O fornecedor é dotado de conhecimento técnico acerca do produto ou do serviço disponibilizado no mercado de consumo, à medida que o consumidor é leigo e desconhece as atividades desenvolvidas pelos profissionais. A informação tem verdadeiro valor na sociedade contemporânea. Os dois planos de análise demonstram como os consumidores são vulneráveis quando confrontados com profissionais.

Tal vulnerabilidade pode ser identificada sob dois prismas, a depender do ordenamento jurídico. Ela pode ser determinada *a priori*, caracterizando-se por uma presunção por parte do legislador ou, *a posteriori*, a depender da efetiva demonstração *in concreto* do estado de fragilidade.[180] O ordenamento jurídico brasileiro optou pela presunção de vulnerabilidade[181] no sentido de que todos os consumidores são considerados vulneráveis. Nesse ponto, consolidou-se na jurisprudência brasileira uma presunção absoluta de vulnerabilidade para as pessoas físicas enquanto às pessoas jurídicas caberá a demonstração, *in concreto*, de sua fragilidade frente ao fornecedor.[182] Aliás, o Superior Tribunal de Justiça brasileiro adotou o que se convencionou denominar *teoria do finalismo aprofundado* em relação ao conceito de consumidor previsto no art. 2º, do CDC,[183] segundo a qual o consumidor-intermediário, isto é, aquele que adquire produtos ou serviços que serão reinseridos no mercado de consumo, ainda que indiretamente, pode ser qualificado como consumidor em razão de sua vulnerabilidade.[184] Assim, em determinadas hipóteses, o STJB tem

---

179. No mesmo sentido é a posição de Rosalice Fidalgo Pinheiro e Derlayne Detroz ao exporem que a "(...) fragilidade e impotência frente ao poder econômico é que caracteriza a vulnerabilidade do consumidor (...)" (PINHEIRO, Rosalice Fidalgo et DETROZ, Derlayne. A hipervulnerabilidade e os direitos fundamentais do consumidor idoso no direito brasileiro. *Revista luso-brasileira de direito do consumo*. v. II, n. 4, p. 134, dez. 2012.
180. Cf. FIECHTER-BOULEVARD, Frédérique. La notion de vulnérabilité et sa consécration par le droit. Disponível em: https://www.pug.fr/extract/show/107. Acesso em: 20 out. 2018, p. 17-23.
181. MIRAGEM, Bruno. Op. cit., 2014, p. 122.
182. BENJAMIN, Antonio Herman V et al. *Manual de direito do consumidor*. 6. ed. São Paulo: Ed. RT, 2014, p. 103.
183. Art. 2º Consumidor é toda pessoa física ou jurídica que adquire ou utiliza produto ou serviço como destinatário final.
184. Nesse sentido, cf. o acórdão do julgamento do Recurso Especial 1.195.642/RJ, julgado em 2012, do STJB: "Direito do Consumidor. Recurso especial. Conceito de consumidor. Critério subjetivo ou finalista. Mitigação. Pessoa Jurídica. Excepcionalidade. Vulnerabilidade. Constatação na hipótese

admitido, em hipóteses específicas, que a pessoa jurídica adquirente de um produto ou serviço possa ser equiparada a condição de consumidora desde que caracterizada a sua vulnerabilidade,[185] "princípio-motor da política nacional das relações de consumo".[186]

---

dos autos. Prática abusiva. Oferta inadequada. Característica, quantidade e composição do produto. Equiparação (art. 29). Decadência. Inexistência. Relação jurídica sob a premissa de tratos sucessivos. Renovação do compromisso. Vício oculto.

– A relação jurídica qualificada por ser "de consumo" não se caracteriza pela presença de pessoa física ou jurídica em seus polos, mas pela presença de uma parte vulnerável de um lado (consumidor), e de um fornecedor, de outro.

– Mesmo nas relações entre pessoas jurídicas, se da análise da hipótese concreta decorrer inegável vulnerabilidade entre a pessoa-jurídica consumidora e a fornecedora, deve-se aplicar o CDC na busca do equilíbrio entre as partes. Ao consagrar o critério finalista para interpretação do conceito de consumidor, a jurisprudência deste STJ também reconhece a necessidade de, em situações específicas, abrandar o rigor do critério subjetivo do conceito de consumidor, para admitir a aplicabilidade do CDC nas relações entre fornecedores e consumidores-empresários em que fique evidenciada a relação de consumo.

– São equiparáveis a consumidor todas as pessoas, determináveis ou não, expostas às práticas comerciais abusivas.

– Não se conhece de matéria levantada em sede de embargos de declaração, fora dos limites da lide (inovação recursal).

Recurso especial não conhecido." (REsp 476.428/SC, Rel. Ministra Nancy Andrighi, Terceira Turma, julgado em 19.04.2005, DJ 09.05.2005, p. 390, grifou-se). Trata-se da posição que prevalece até hoje no STJB, como se pode observar dos seguintes julgamentos: AgInt no AREsp 1285559 / MS, AgInt no AREsp 964780 / RJ, AgInt no REsp 1598957 / SP, AgInt no AREsp 1046439 / RJ, AgInt no AREsp 728797 / RS, AgInt no REsp 1719344 / RO.

185. TROPARDI, Nelcina Conceição de Oliveira. Alguns temas pontuais em direito do consumidor. In: LOPES, Teresa Ancona; AGUIAR, Ruy Rosado de (Coord.). *Contratos de consumo e atividade econômica*. São Paulo: Saraiva, 2009, p. 371.

186. Consumidor. Definição. Alcance. Teoria finalista. Regra. Mitigação. Finalismo aprofundado. Consumidor por equiparação. Vulnerabilidade.

1. A jurisprudência do STJ se encontra consolidada no sentido de que a determinação da qualidade de consumidor deve, em regra, ser feita mediante aplicação da teoria finalista, que, numa exegese restritiva do art. 2º do CDC, considera destinatário final tão somente o destinatário fático e econômico do bem ou serviço, seja ele pessoa física ou jurídica.

2. *Pela teoria finalista, fica excluído da proteção do CDC o consumo intermediário, assim entendido como aquele cujo produto retorna para as cadeias de produção e distribuição, compondo o custo (e, portanto, o preço final) de um novo bem ou serviço. Vale dizer, só pode ser considerado consumidor, para fins de tutela pela Lei 8.078/90, aquele que exaure a função econômica do bem ou serviço, excluindo-o de forma definitiva do mercado de consumo.*

3. *A jurisprudência do STJ, tomando por base o conceito de consumidor por equiparação previsto no art. 29 do CDC, tem evoluído para uma aplicação temperada da teoria finalista frente às pessoas jurídicas, num processo que a doutrina vem denominando finalismo aprofundado, consistente em se admitir que, em determinadas hipóteses, a pessoa jurídica adquirente de um produto ou serviço pode ser equiparada à condição de consumidora, por apresentar frente ao fornecedor alguma vulnerabilidade, que constitui o princípio-motor da política nacional das relações de consumo, premissa expressamente fixada no art. 4º, I, do CDC, que legitima toda a proteção conferida ao consumidor.* (...)" (REsp 1195642/RJ, Rel. Ministra Nancy Andrighi, Terceira Turma, julgado em 13.11.2012, DJe 21.11.2012, grifou-se)

A vulnerabilidade se apresenta sob três tipos: a técnica, a jurídica e a fática.[187] A vulnerabilidade técnica se caracteriza pela ausência de conhecimentos especializados sobre os diferentes produtos e serviços disponibilizados no mercado de consumo e adquiridos na relação concretamente considerada. O fornecedor, por sua vez, é o detentor dos conhecimentos específicos e, portanto, tem o conhecimento aprofundado acerca dos produtos e serviços. A vulnerabilidade jurídica consiste na falta de conhecimentos pelo consumidor a respeito dos direitos e deveres na relação, especialmente quanto às consequências jurídicas, contábeis e econômicas em relação ao contrato celebrado. Por fim, a vulnerabilidade fática, também denominada socioeconômica, é assinalada a partir do reconhecimento da debilidade do consumidor frente ao fornecedor de produtos ou serviços. Dito diversamente, ela é reconhecida em consideração ao parceiro contratual, seja em razão de seu poder econômico na relação ou em razão da essencialidade do serviço ou produto disponibilizado.[188] Considerada em suas particularidades, portanto, a vulnerabilidade se apresenta das mais variadas formas, abrangendo noções e técnicas específicas na busca pelo reequilíbrio de uma relação naturalmente desequilibrada.[189]

Como se percebe, a vulnerabilidade é um conceito que decorre da noção de risco a que está exposto o sujeito. O problema da vulnerabilidade no mercado de consumo, portanto, tem um impacto significativo na análise do risco e no seu tratamento, seja no plano preventivo ou, no que nos interessa para fins do presente estudo, no plano ressarcitório em que o risco já se concretizou na esfera jurídica da vítima. Consequentemente, não é incomum perceber o tratamento conferido pelo legislador nas relações de consumo, que notadamente busca impor os ônus àquele que desenvolve uma atividade potencialmente lesiva. Este ponto voltará a ser abordado quando da análise das hipóteses de interrupção do nexo de causalidade a excluir a responsabilidade do causador do dano (Capítulo VI).

---

[187]. Registre-se que ainda se fala em vulnerabilidade informacional e psíquica, embora não apareçam na jurisprudência brasileira. A primeira é caracterizada pelo déficit informacional ou, nas palavras de Cláudia Lima Marques, "*se, na sociedade atual, é na informação que está o poder, a falta desta representa intrinsecamente um minus, uma vulnerabilidade tanto maior quanto mais importante for esta informação detida pelo outro*" (MARQUES, Claudia Lima. Op. cit., 2014, p. 324). A autora cita como exemplos da vulnerabilidade informacional a ausência de informação sobre produtos alimentares, em especial aqueles que contenham elementos geneticamente modificados. Quanto à vulnerabilidade psíquica, também chamada de biológica, ela se caracteriza a partir da imposição de fortes campanhas de marketing a ponto de transformar o consumidor em "*escravo de desejos criados*" (BESSA, Leonardo Roscoe. *Aplicação do código de defesa do consumidor*. Brasília: Brasília Jurídica, 2007, p. 41.

[188]. Sobre o tema, cf., por todos, MARQUES, Claudia Lima. Op. cit., 2014.

[189]. FIECHTER-BOULEVARD, Frédérique. *La notion de vulnérabilité et sa consécration par le droit*. Disponível em: https://www.pug.fr/extract/show/107. Acesso em: 20 out. 2018, p. 28.

Capítulo II
O RISCO NAS CIÊNCIAS JURÍDICAS

5. COLOCAÇÃO DO PROBLEMA

A discussão em torno do risco, como já se pôde perceber, não é fácil. Ao revés, trata-se de tema espinhoso e de difícil conceituação,[190] não havendo unanimidade entre os autores na medida em que o risco é tratado a partir das mais variadas acepções e dentro das mais distintas áreas do saber, o que apenas torna mais difícil o trabalho do operador do direito na busca pela definição de uma teoria adequada para os tempos atuais.

O problema em torno do risco começa a partir do próprio significado da palavra, cuja origem é desconhecida, pois, como afirma Luhmann, "não existem estudos compreensivos sobre a etimologia e a história conceitual do termo",[191] o que não quer dizer que não se encontrem elementos históricos e etimológicos dispersos. Apesar de aparentar ser importante analisar a origem da palavra, de forma a subsidiar um conceito mais adequado, torna-se imperioso registrar que não se pretende, nesse curto espaço, realizar uma digressão histórica aprofundada do termo, pois, além de não ser o escopo do presente trabalho, demandaria um estudo extremamente complexo e aprofundado. Pretende-se, ainda que sucintamente, apenas apontar as dificuldades que a terminologia sempre enfrentou e que permanecem até hoje.

Sylvain Piron esclarece que a noção de risco nas línguas romanas e germânicas[192] deriva de uma mesma palavra do latim medieval, cujo surgimento pode ser datado em meados do século XII.[193] Pierre-Charles Pradier recorda que a Pe-

---

190. Como lembra Caio Mário da Silva Pereira, risco "é um conceito polivalente" (PEREIRA, Caio Mário da Silva. *Responsabilidade civil*. Atual. Gustavo Tepedino. 10. ed. rev. atual. Rio de Janeiro: GZ, 2012, p. 369).
191. LUHMANN, Niklas. Op. cit., 2008, p. 9.
192. Rischio, riesgo, risk, risiko, risque, risco etc.
193. PIRON, Sylvain. *L'apparition du resicum em Méditerranée occidentale, XII*ᵉ*-XIII*ᵉ *siècles. Pour une historire culturelle du risque*. Strasbourg: Editions Histoire et Anthropologie, 2004, 59. Em seu profundo estudo, o autor apresenta evidências do uso dos termos *ad tuum resicum, ad risicum sive fortunam* entre os anos de 1154 e 1164. Posteriormente, em 1193, a primeira atestação da palavra em linguagem vulgar aparece num contrato de venda de terrenos, escrito em latim, em que uma das cláusulas especifica que os riscos de perda serão compartilhados entre as partes, expressando a ideia de risco com o termo

nínsula Italiana constitui o centro do aparecimento do fenômeno – muito embora não se possa precisar exatamente qual região seria o seu berço; aparecendo, em seguida, a partir da rota econômica e política de Gênova, em Marselha, Catalunha, Provence e, a partir do século XV, na Croácia e, posteriormente, junto aos alemães, castelhanos e franceses.[194] A ideia de risco, nesse período, no entanto, não estava ligada a qualquer concepção de seguro ou do estado de bem-estar social. Ela é estritamente pessoal, não coletiva, de modo que é absolutamente ausente, no período medieval, qualquer apreensão institucional de riscos coletivos.[195]

Há de se distinguir dois períodos da propagação da palavra risco. De um lado, o período moderno em que a designação da palavra se expande rapidamente e, de outro, a era contemporânea em que a palavra se tornou, na maior parte, abstrata.[196] No século XVII, ao lado de um uso específico para a Marinha, encontra-se uma aceitação geral da palavra *risco* com um significado econômico ligado diretamente aos avanços do empreendedorismo, isto é, aos riscos e perigos da atividade econômica. O conceito de risco, em verdade, reflete "um julgamento sobre a natureza da coisa ameaçada".[197] Nesse período, o termo *risco* tem uma conotação normativa e justifica um lucro, um ganho, no contexto de uma atividade econômica, seja ela aventureira ou, até mesmo, ilegal.[198]

Explica Pierre-Charles Pradier que no século XVIII opera-se uma evolução linguística do termo, acompanhada das transformações sociais que se operaram ao longo das décadas.[199] A partir de então, a palavra é cada vez mais usada, afetando outros termos do mesmo campo semântico, especialmente as palavras *aventura, perigo, ameaça, sorte* e *fortuna*. Essa ideia de aventura, identificada com o destino do indivíduo, acaba por ser influenciada, cada vez mais, por um elemento de vontade e habilidade, a ponto de abandonar o termo *aleatório*, sen-

---

ad resicu. É em 1233 que aparece a cláusula *rezegue e perilh* (em risco e perigo). O primeiro atestado do *rischio* italiano figura numa tradução do latim datada de 1260, enquanto que, na mesma época, se encontra o uso do termo *rischium* em documentos sieneses ou o uso de *riscum* nos notários pisans. Para o autor, posteriormente, "[l]e meilleur témoignage d'une superposition de ces deux strates de diffusion d'un terme de même origine est fourni par la coexistence en Catalan médiéval d'un reec vernaculaire, comparable au rezegue provençal, généralement transcrit par le latin redegum, et d'un risc reconstruit sur le modèle d'un riscum de provenance probablement toscane. C'est à une convergence de ces deux formes qui doit être rattaché le castillan riesgo qui est attesté au début du XIVe siècle".

194. PRADIER, Pierre-Charles. *La notion de risque en économie*. Paris: La Découverte, 2006, p. 8.
195. PIRON, Sylvain. Op. cit., 2004, p. 61.
196. PRADIER, Pierre-Charles. Op. cit., 2006, p. 13.
197. Idem, p. 14. No mesmo trecho, o autor reforça o uso da palavra com os seguintes exemplos: "On hasarde une mise, on risque un placement; la première décision est hasardeuse, la seconde, risquée".
198. Idem, p. 14. Nesse ponto, o autor frisa que uma aposta ou a loteria não são considerados riscos, pois não são investimentos sérios, o que denota o caráter de expectativa de ganho do termo risco a partir de uma atividade econômica efetiva.
199. PRADIER, Pierre-Charles. Op. cit., 2006, p. 14.

do substituído pelo termo *acaso*.²⁰⁰ A partir do início do século XX, a ideia de uma sociedade profundamente pautada pelo risco produz mais um fenômeno linguístico. Nesse momento, o risco passa a ter uma noção de *perigo provável*²⁰¹ ou, na linguagem das seguradoras, a probabilidade ou a expectativa matemática de que o perigo irá se manifestar. O risco passa a ser entendido (ou confundido) com a sua medição, obtendo largo uso no âmbito das ciências naturais e, especialmente, no campo do seguro.²⁰²

O conceito de risco, como se pôde verificar, embora tenha mantido a proximidade do conceito da Península Italiana,²⁰³ teve sua designação gradual e tardiamente ampliada. As transformações de meados do século XX, por sua vez, influenciaram diretamente no conceito, especialmente a partir da década de 1980. Consequentemente, a palavra *risco* adquire uma polissemia, que se expande, de modo quase infindável, num enorme jogo de metonímias, o que acarreta a diversidade de usos e aplicações que toma lugar, no referido século, nas ciências naturais, biológicas, sociais, assim como na administração pública e na definição de políticas públicas.²⁰⁴ Esse conceito polivalente deixou profundas marcas no uso metodológico e operacional do termo ao longo do último século. Nesse sentido, é preciso, ainda, buscar um conceito adequado às ciências jurídicas para os dias atuais.

5.1 Risco: entre economia e direito

O risco nunca foi um desconhecido das sociedades e, tampouco, dos pensadores antigos. Como já foi dito, o risco sempre esteve presente, mas a mudança no tratamento dele é o que define os tempos modernos.²⁰⁵ A partir do momento em que é possível o conhecimento, a avaliação e o gerenciamento do risco, percebe-se que a noção de futuro não é mais um arbítrio dos deuses e que os homens e as mulheres não são passivos diante da natureza.

É somente a partir da década de 1780, sob o pálio dos matemáticos, que o *risco* recebe, pela primeira vez, uma designação abstrata e geral.²⁰⁶ O seu tratamento probabilístico decorre, em grande parte, da crença, à época, de que todo o conhecimento humano é baseado em probabilidade e de que todos os eventos

---
200. Idem, p. 14.
201. Idem, p. 15.
202. Idem, p. 15.
203. PIRON, Sylvain. Op. cit., 2004, p. 59.
204. MENDES, José Manuel. Op. cit., 2015, p. 17.
205. Bernstein, Peter L. *Against the Gods: The Remarkable Story of Risk*. New York: John Wiley & Sons Inc., 1998. (Locais do Kindle 152-154). Wiley. Edição do Kindle.
206. PRADIER, Pierre-Charles. Op. cit., 2006, p. 14.

decorrem de uma causa definida, de tal modo que os eventos presentes estão conectados com os pretéritos e serão a causa dos futuros.[207] Segundo Laplace, existiria uma vasta inteligência humana capaz de entender todas as causas e efeitos, o que acabaria por fazer desaparecer qualquer incerteza, apesar do mesmo reconhecer a impossibilidade de compreender todas as forças da natureza.[208] Assim, com o desenvolvimento das ciências ao longo do século XVIII e XIX, o risco viria a ter um tratamento quase que exclusivamente probabilístico, livre de quaisquer conotações normativas. Isto é, a previsão do futuro dependeria da experiência e análise do passado de tal maneira que se pudesse ter certeza do que acontecerá.[209]

Posteriormente, ao tratamento probabilístico tradicional, adicionar-se-ia a pesquisa econômica. Uma das obras mais importantes é "Risk, uncertainty and profit",[210] de Frank Knight, tendo recebido impressionante destaque pela comunidade científica, cujos conceitos de risco e incerteza se tornaram a base dos estudos econômicos que viriam a se seguir ao longo do século XX.

Frank Knight explica que a teoria econômica desenvolvida pressupõe a noção correlata de simplificação das condições, isto é, ela compreende uma abstração de tal maneira que se possa elaborar princípios gerais e abstratos, excluindo-se todas as flutuações, modificações e acidentes que decorrem dos mais variados fatores concretamente considerados.[211] Somente a partir de uma teoria econômica

---

207. Em 1795, Laplace advogava pelo axioma conhecido pelo nome de *princípio da razão suficiente*, segundo o qual nada pode acontecer sem uma causa que a produza. (LAPLACE, Pierre Simon Marquis. *A philosophical essay on probabilities*. Translated by Frederick Wilson Truscott and Frederick Lincoln Emory. Londres: Chapman & Hall Ltd, 1902, p. 3).
208. Idem, p. 4. O autor esclarece a importância do conhecimento e da probabilidade de modo a minimizar a incerteza com o exemplo do cometa Halley. Lembra o autor que em 1456, a passagem do cometa com longa cauda espalhou terror por toda a Europa. Mas, após quatro passagens, a estrela produziria um interesse completamente diferente em 1795. O conhecimento das leis do sistema do mundo descobertas no referido interregno havia dissipado os medos decorrentes da ignorância das leis do universo; afinal Halley havia reconhecido a identidade do cometa que passara em 1531, 1607 e 1682 e, portanto, havia alertado que o mesmo cometa retornaria ao fim do ano de 1758 ou início de 1759. O novo mundo, pautado pela razão, então, aguardaria impacientemente o retorno que seria confirmado como uma das maiores descobertas das ciências. Com esse exemplo, Laplace procurou demonstrar que o conhecimento a partir da probabilidade permitiria a busca pela verdade, separando os homens dos animais e o progresso, de tal maneira que chegaria o dia em que "pelo estudo perseguido por várias eras, as coisas atualmente ocultas aparecerão com evidências; e a posteridade ficará atônita de como diversas verdades tão claras passaram despercebidas" (LAPLACE, Pierre Simon Marquis. Op. cit., 1902, p. 5).
209. Para Keynes, os termos certeza e probabilidade descrevem diversos graus de crença racional acerca de uma proposição cujas diferentes quantidades de conhecimento nos permitem ter em atenção. KEYNES, John Maynard. *A treatise on probability*. London: Macmillan and Co., 1921, p. 2.
210. KNIGHT, Frank Hyneman. *Risk, uncertainty and profit*. New York: Houghton Mifflin Company, 1921.
211. Idem, p. 9. No mesmo trecho, afirma o autor: "Economics is the study of a particular form of organization of human want-satisfying activity which has become prevalent in Western nations and spread over the greater part of the field of conduct. It is called free enterprise or the competitive system. It is obviously not at all completely or perfectly competitive, but just as indisputably its general principles

abstrata é que se poderia projetar o futuro de tal maneira a se pensar a tomada de decisões a partir de um comportamento racional.

O autor prossegue no sentido de que a construção de uma teoria econômica relativa a um mercado competidor perfeito exigiria condições estáticas,[212] a partir das quais poder-se-ia prever o futuro e, conseguintemente, tomar decisões de forma a maximizar as riquezas. Contudo, como o próprio autor aponta, em verdade, vivemos num mundo de contínuas transformações e incertezas,[213] concluindo que "sabemos alguma coisa sobre o futuro; enquanto os problemas da vida, ou, ao menos, de conduta, surgem do fato de que conhecemos tão pouco".[214] Nesse contexto, Frank Knight lembra que é preciso reconhecer que o conhecimento é limitado, muito embora o mundo seja constituído de objetos praticamente infinitos, o que impossibilitaria o total conhecimento de todas as coisas que se colocam no mundo e todos os eventos futuros que poderiam vir a ter lugar. Diante desse fato, critica o uso "solto" da palavra risco, normalmente equiparada às incertezas e busca diferenciar *risco* e *incerteza*, cuja diferenciação parte da ideia de mensuração.[215]

Na obra de Frank Knight haverá *risco* quando os agentes conhecem os possíveis cenários futuros e conseguem associar probabilidades aos resultados. Ou seja, estamos diante de risco quando a magnitude do evento e suas consequências são relativamente bem conhecidas e a distribuição das probabilidades pode ser razoavelmente atribuída.[216] Haverá *incerteza*, por sua vez, sempre que não for possível fazer essa associação e, assim, estar-se-á diante de uma situação em que existe um conjunto de possíveis resultados desconhecidos. Ou seja, sabe-se, em alguma medida, a direção das mudanças, mas sua magnitude e a probabilidade dos eventos e das consequências, bem como daqueles que suportarão os riscos, não podem ser determinados com precisão.[217]

---

are those of free competition. Under these circumstances the study, as a first approximation, of a perfectly competitive system, in which the multitudinous degrees and kinds of divergence are eliminated by abstraction, is clearly indicated".

212. Idem, p. 198.
213. Idem, p. 199.
214. Idem, p. 199.
215. Idem, p. 232.
216. Idem, p. 233.
217. Idem, p. 233. A distinção é um dos conceitos econômicos mais difundidos na literatura econômica do século XX, como lembra Posner (POSNER, Richard A. *Catastrophe: risk and response*. New York: Oxford University Press, 2004, p. 171). Acrescenta-se, atualmente, ao lado dos conceitos de risco e incerteza, àqueles referentes à ignorância, resiliência e profunda incerteza (*deep uncertainty*). Os seus significados seriam: i) ignorância: quando nem mesmo as direções do evento podem ser determinadas, ou seja, não há qualquer conhecimento; ii) resiliência: a habilidade de um sistema impactado absorver os choques e persistir, mesmo diante dos múltiplos tipos de perturbações e eventos; e iii) profunda incerteza (*deep uncertainty*): situações de incerteza em que o fenômeno que se coloca como perigoso

A distinção entre estas situações, portanto, pode ser observada a partir do nível de conhecimento acerca do resultado de uma decisão particular.[218] Em se tratando de risco, é dado ao decisor antever mais de um resultado possível decorrente de uma decisão e a probabilidade de cada resultado é conhecida ou pode ser obtida por intermédio de fórmula atuarial. Já na incerteza, existem múltiplos resultados para cada alternativa e as probabilidades dos resultados não são conhecidas, seja por conta de informação incompleta, pelas preferências pessoais ou pela percepção subjetiva.

A proposta de Frank Knight, cujo objetivo inicial era explicar os ganhos dos empresários, foi abraçada pela comunidade econômica. A principal importância da referida definição é reconhecer que a existência de probabilidades que não podem ser estimadas – no caso a *incerteza* – não paralisa a tomada de decisão.[219] Pelo contrário, não seria possível o funcionamento das sociedades sem que fossem tomadas decisões diante de incertezas. E, a partir da referida proposição, podem ser construídos *modelos racionais de tomada de decisão*, mesmo diante de incertezas, valendo-se, especialmente, da probabilidade subjetiva,[220] em que se combinam diversas informações e fatores para, a partir do julgamento pessoal, alcançar a probabilidade de ocorrência de um determinado resultado.

O trabalho elaborado pelos economistas e estatísticos ao longo dos últimos séculos é, sem sombra de dúvida, de uma cientificidade e profundidade impressionantes, o que possibilitou um amplo desenvolvimento social, econômico e tecnológico. A percepção de que, mesmo diante de incertezas, é possível construir um modelo racional de tomada de decisão permite reconhecer a opção preferível do ponto de vista econômico (custo-benefício). O debate estatístico e econômico acaba por se concretizar em um debate de mensuração do risco e da incerteza. Nesse sentido, é de se indagar se é realmente possível mensurar e quantificar um risco.

às sociedades humanas são caracterizados por alto grau de ignorância e são pouco compreendidos cientificamente, sendo necessária a modelação e julgamentos subjetivos – em substituição a modelos baseados na experiência –, ou, então, de regras éticas em substituição a decisões baseadas no risco (KASPERSON, Roger E. Coping with deep uncertainty: challenges for environmental assessment and decision-making. *Uncertainty and risk* – multidisciplinary perspectives. London: Earthscan, 2009, p. 338). Cf, também, WYNNE, Brian. Uncertainty and environmental learning – reconceiving Science and policy in the preventive paradigm. *Global environmental change*. v. 02, Issue 2, 1992, p. 114; DOVERS, Stephen et al. Uncertainty, complexity and the environment. *Uncertainty and risk* – multidisciplinar perspectives. London: Earthscan, 2009, p. 249.

218. DONÁRIO, Arlindo Alegre e SANTOS, Ricardo Borges. *A incerteza e o risco*. Disponível em: http://repositorio.ual.pt/bitstream/11144/3154/3/A%20INCERTEZA%20E%20O%20RISCO.pdf. Acesso em: 13 nov. 2018, p. 4.
219. POSNER, Richard A. Op. cit., 2004, p. 171.
220. Sobre o tema, cf. JEFREY, Richard. *Subjective probability*: the real thing. Cambridge: Cambridge University Press, 2004, p. 79. Disponível em: https://www.princeton.edu/~bayesway/Book*.pdf. Acesso em: 13 nov. 2018.

A pergunta a ser respondida leva em consideração uma clássica distinção,[221] muito difundida, entre risco real, objetivo, verdadeiro quantificável, que se submete às ciências e o risco subjetivo, impreciso, reconhecido pelos leigos.[222] Se não há dúvidas que a teoria econômica e estatística contribuem profundamente para a tomada de decisões – inclusive diante de incertezas – e, em especial, para se pensar a melhor forma de regulação dos riscos, parece que, talvez, no campo da reparação dos danos – isto é, quando o risco já se concretizou e o dano se realizou – este não seja o melhor caminho a ser adotado. A teoria econômica, como dito anteriormente, estabelece princípios gerais e abstratos, mas acaba por esconder uma multidão de problemas na medida em que boa parte do que é necessário à elaboração de uma boa regulação dos riscos consiste em informações que se encontram indisponíveis.[223] Tal fato fica claro no que diz respeito às incertezas, afinal, não é incomum que, ao longo das décadas, sejam descobertas novas "verdades" oriundas de novas pesquisas que demonstram como determinadas "certezas" estavam equivocadas.

Diuturnamente verifica-se nos meios de comunicação notícias acerca de novos efeitos (sejam vantagens ou desvantagens) relativos ao uso ou consumo de determinados produtos, alimentos ou serviços. Esses efeitos, que foram, anteriormente, tidos pelas ciências probabilísticas, assim como pelas ciências econômicas e naturais, como simples *riscos*, pois existiria suficiente informação para conhecer com razoável precisão os possíveis resultados da tomada de decisão, são, posteriormente, reconhecidos como inexatos ou, pior, são descobertos novos efeitos nocivos que, até então, eram absolutamente desconhecidos/ignorados. Inúmeros casos ilustram o que se expõe aqui, mas pode-se citar, de modo exemplificativo, o caso do medicamento Vioxx.

Em 1999, a indústria Farmacêutica Merck obteve a aprovação da FDA – US Food & Drug Administration – para comercialização do medicamento Vioxx no tratamento da artrite, medicamento que não possuía os efeitos colaterais relativos a úlceras e sangramentos gastrointestinais, identificados em boa parte de seus concorrentes. Por conta dessas impressionantes características, em um curto período, o medicamento chegou a ser um dos mais comercializados no mundo. Entretanto, em 2004 (apenas 05 anos após sua entrada no mercado de consumo),

---

221. A referida distinção já havia sido reconhecida oficialmente pela Britain's Royal Society ao publicar em 1983 um relatório denominado *Risk assessment*. No relatório de 1992, a própria Royal Society reviu suas considerações, estabelecendo que a distinção entre risco objetivo e subjetivo deixou de ser uma posição prevalecente.
222. ADAMS, John. *Risk*: the policy implications of risk compensation and plural rationalities. London: Routledge, 1995, p. 10.
223. FRIEDMAN, David D. *Law's order* – what economics has to do with law and why it matters. New Jersey: Princeton University Press, 2000, p. 56.

a própria Merck, por meio de um estudo interno, identificou que o uso contínuo do Vioxx aumentaria consideravelmente o risco de infartos e derrames. Assim, em setembro de 2005 o medicamento foi voluntariamente retirado do mercado de consumo.[224] Repare-se que a ausência de informação suficiente, que sequer era conhecida, impediria qualquer tipo de quantificação do risco à luz do caso concreto – entenda-se do consumidor individualmente considerado que veio a fazer uso contínuo. Uma vez que um dos consumidores tenha sofrido um dano decorrente do medicamento, deveria a Merck indenizá-lo? Trata-se de um *risco* que deve ser atribuído à indústria farmacêutica ou ao consumidor?

Esse exemplo demonstra a impropriedade, pelo menos no âmbito da reparação dos danos, em dividir os riscos naqueles calculados objetivamente e naqueles pautados em percepções individuais de viés subjetivo. Mesmo em situações em que se exige a máxima racionalidade, os riscos não são calculados quantitativamente, ao menos não da forma que a convencional teoria da decisão propõe.[225] De fato, a avaliação do risco e a vontade de assumi-lo não são apenas problemas psicológicos, mas problemas sociais.[226] Como lembra Rafaelle Di Giorgi, se "é verdade que estas indeterminações [eventos considerados danosos] podiam ser evitadas, é mais verdade que a estatística não nos diz nada, e que é possível evitá-las desde que se esteja disposto a tornar possíveis outras indeterminações que não se pode conhecer". Como exemplo, o autor cita o caso de um reator nuclear: o cálculo probabilístico de que um reator pode explodir a cada um milhão de anos, não exclui que tal fato possa ter lugar amanhã. Como lidar com esse fato? Deve-se atribuir responsabilidade ao operador ou este risco deve ser suportado pelos prejudicados?

O cálculo probabilístico falha do ponto de vista social, pois na análise social, todas as eventualidades restam abertas para o caso concreto e, nesse sentido, a avaliação do risco irá variar naturalmente se o decisor acredita que o dano possa acontecer no início ou no final do desenrolar dos fatos ou simplesmente nunca acontecer. Dito diversamente, a aceitação dos riscos é uma questão de juízo e, nesse sentido, "entre a percepção privada e subjetiva e a ciência pública e física, estende-se a cultura, um campo intermediário de crenças e valores comuns".[227] Consequentemente, a questão envolvendo o cálculo, a percepção e a aceitação

---

224. Para maiores informações, cf. o Memorandum elaborado pelo Diretor de Novas Drogas e Direto de Farmacologia e Ciências Estatísticas do FDA de 6 de abril de 2005. Disponível em: https://www.fda.gov/downloads/Drugs/DrugSafety/PostmarketDrugSafetyInformationforPatientsandProviders/UCM106201.pdf. Acesso em: 13 nov. 2018.
225. LUHMANN, Niklas. Op. cit., 2008, p. 2.
226. Idem, p. 3.
227. DOUGLAS, Mary, e WILDAVSKY, Aaron. Op. cit., 2012, p. 184.

dos riscos são acrescidas da questão da seleção dos riscos a serem considerados ou ignorados.

O ponto que chama atenção é que a percepção dos riscos, embora seja dotado, em alguns pontos, de um aspecto objetivo, ele é necessariamente um processo social.[228] Nesse sentido, na linha de pensamento de Douglas, a percepção pública do risco e de seus níveis aceitáveis são constructos coletivos o que acaba por levar à conclusão, também, que as percepções de "certo" e "verdade" dependerão de categoriais culturais criadas junto com as relações sociais.[229] Não se pretende afirmar que não existam *fatos* ou que não se possa comprová-los cientificamente. O que se afirma no presente estudo é que o conhecimento humano é limitado e as escolhas metodológicas, bem como a interpretação dos fatos consistem, em si mesmo, julgamentos valorativos. Nem mesmo o cálculo probabilístico é puramente objetivo. Mesmo que se pudesse garantir a precisão e confiabilidade dos dados utilizados para o cálculo probabilístico, ainda assim, permaneceria a questão atinente à interpretação deles como medida objetiva de risco a indivíduos concretamente considerados.[230] De fato, a interpretação decorreria de medidas do risco passado e assumido por um conjunto de pessoas e, conseguintemente, significariam parte de evidências que moldam a percepção dos riscos que influenciará os futuros indivíduos a assumirem riscos.[231]

No mundo dos fatos as pessoas modificam seus níveis de exposição e de resposta ao perigo em consideração à sua percepção subjetiva do risco.[232] Em outras palavras, o risco não é uma análise puramente objetiva, ele não existe por si só, mas apenas na realidade do decisor. Parece, portanto, que os modelos gerais e abstratos não se colocam adequadamente ao tempo da decisão concretamente considerada quando diante de uma série de fatores que não são considerados do ponto de vista probabilístico. De fato, a tomada de decisão envolve elementos de natureza factual e valorativa. Se de um lado o decisor se vale de proposições factuais, observáveis no mundo, tais como pregam as ciências naturais, de outro,

---

228. DOUGLAS, Mary, e WILDAVSKY, Aaron. Op. cit., 2012, p. 5.
229. Idem, p.177.
230. Nesse sentido, afirma John Adams: "Although the propensity to take risks is widely assumed to vary with circumstances and individuals, there is no way of testing this assumption by direct measurement. There is not even agreement about what units of measurement might be used" (ADAMS, John. Op. cit., 1995, p. 21).
231. ADAMS, John. Op. cit., 1995, p. 14. Nesse ponto, John Oberdiek lembra que o risco objetivo carece, embora possua pontos fortes, também é dotado de críticas. Alude, o autor, ao fato de que um conceito de risco objetivo carece de uma estrutura moral, necessária à uma imposição normativa: "In the absence of uniquely correct objective risk, no moral framework of risk imposition would seem to be able to incorporate objective risk, for no objective risk imposition can bear determinate moral status. In this way, objective risk so construed fails to pass the test of practicality, as moral indeterminacy threatens the very possibility of justifiable action" (OBERDIEK, John. Op. cit., 2017, p. 31 de 163).
232. Idem, p. 14.

ele adotará uma decisão considerando o estado futuro de coisas, o que demanda um conteúdo ético em sua decisão.[233]

Assim, as alternativas dadas para a tomada de decisão não são totalmente conhecidas e as preferências dos atores envolvidos não são reveladas, o que impede, concretamente, a adoção da maximização da utilidade esperada como o critério de escolha. Os indivíduos se pretendem racionais, mas sofrem profundas restrições em razão de sua capacidade cognitiva e informacional.[234]

Diante do que foi exposto até então, a escolha no presente estudo é de não adotar os critérios propostos para risco e incerteza originados da teoria da decisão econômica para fins de compreensão da teoria do risco no direito da reparação dos danos. Não se descuida, porém, da importância do conceito e da relevância da Análise Econômica do Direito no âmbito da responsabilidade civil, mas é preciso buscar um conteúdo para *risco* nas ciências jurídicas.

5.2 Uma proposta para as ciências jurídicas no século XXI

I. Como era de se esperar, as ciências jurídicas também não permaneceram alheias ao debate do risco. O desenvolvimento tecnológico produziu um impacto significativo no âmbito da reparação dos danos, sobretudo na questão da responsabilidade pelo risco, cujo desenvolvimento foi intensificado em virtude do aumento exponencial dos prejuízos. Com a evolução tecnológica, as atividades humanas foram se expandindo e se tornando menos controláveis e os riscos foram se multiplicando: o prejuízo deixou de ser uma fatalidade e passou a ser uma probabilidade.[235] O surgimento desenfreado dos danos implicou numa mudança da consciência jurídica e humana para evitar o "cometimento de injustiças"[236] e, consequentemente, o fundamento clássico da culpa tornou-se insuficiente para

---

233. SIMON, Herbert A. *Administrative behavior*: a study of decision-making processes in administrative organizations. New York: The Free Press, 1997, p. 55.
234. PEDROSO, Marcel. Racionalidade limitada e uso de informações técnicas em modelos de análise de políticas públicas: proposições sobre a perspectiva integradora da Análise Multicritério de Decisão Espacial Construtivista. *Revista de pesquisa em políticas públicas*. p. 63. Edição 02, dez. 2013.
235. "a repetição do mesmo gênero de prejuízos, causados pela mesma categoria de pessoas à mesma categoria de vítimas, atesta a existência duma desigualdade resultante da vida social e cria um nervosismo maior que não permite mais conceber o prejuízo como fatal" (RIPERT, Georges. *A regra moral nas obrigações civis*. Campinas: Bookseller, 2002, p. 213).
236. "O entrechoque, entretanto, cada vez mais crescente de interesses, aumentando as lesões de direitos em virtude da densidade progressiva das populações e da diversidade múltipla das atividades na exploração do solo e das riquezas; a multiplicação indefinida das causas produtoras do dano, advindas das invenções criadoras de perigos que se avolumam, ameaçando a segurança pessoal de cada um de nós; a necessidade imperiosa de se proteger a vítima, assegurando-lhe a reparação do dano, em face da luta díspar entre as empresas poderosas e as vítimas desprovidas de recursos; as dificuldades, dia a dia maiores, de se provar a causa dos acidentes produtores de danos e dela se deduzir a culpa, à vista dos fenômenos ainda não bem conhecidos na sua essência, como a eletricidade, a radioatividade e

abarcar todas as situações desse novo mundo, pois ela abandonava a vítima e permitia que esta ficasse irreparada em inúmeras situações.[237]

Inicialmente, parece conveniente distinguir responsabilidade sem culpa, também denominada objetiva, da responsabilidade pelo risco. A doutrina, comumente, identifica a responsabilidade objetiva, ou sem culpa, com a responsabilidade derivada do risco. Embora esta última possa caracterizar uma hipótese de responsabilidade objetiva, a recíproca não é verdadeira. A responsabilidade objetiva, também denominada de imputação objetiva ou imputação sem culpa, consiste no sistema de responsabilidade em que não se faz necessária a existência de um agir culposo do ofensor para a imputação de sua responsabilidade.[238] Como se sabe, o juízo da reparação tem como objeto a declaração da existência de responsabilidade e a verificação da extensão dos danos a serem ressarcidos.[239] Já se disse, que quando ambos os elementos forem revelados, terá sido cumprido integralmente o seu objetivo.[240] Assim, é necessária a declaração de existência da responsabilidade (*an respondeatur*) e a perquirição do montante a ser fixado na reparação do dano (*quantum respondeatur*). No âmbito da responsabilidade objetiva, portanto, para fins de imputação (*an respondeatur*), tornam-se desnecessárias quaisquer digressões acerca da existência da culpa. Ao revés, mesmo diante de uma atuação diligente, haverá responsabilidade do causador do dano, bastando a identificação do liame causal entre a conduta do agente e o dano experimentado pela vítima. A responsabilidade pelo risco, por sua vez, deriva de um nexo de imputação que deve ser demonstrado: o elemento de atribuição na responsabilidade pelo risco deriva *da criação ou controle de uma fonte de perigo*

---

outros, não podiam deixar de influenciar no espírito e na consciência do jurista" (LIMA, Alvino, *Culpa e Risco*. 2. ed. rev. e atual. pelo Prof. Ovídio Rocha Barros Sandoval, São Paulo: Ed. RT, 1998, p. 114).
237. Cumpre salientar aqui as lições de Wilson Melo da Silva: "Se o dano se tornou, por bem dizer, anônimo, e se já não existe mais em nossos dias o conformismo dos homens de outrora em face do dano e do fortuito, por que essa tentativa inútil de se pretender enclausurar ainda o direito por trás do abstracionismo de umas tantas ou quantas ideias já bolorentas e decrépitas? (...) O ciclo da culpa, não obstante aquilo que em contrário se diga, já vai chegando ao termo de seu apogeu" (SILVA, Wilson Melo da. *Responsabilidade sem culpa*. 2. ed. São Paulo: Saraiva, 1974, p. 163).
238. CASTRO, Guilherme Couto de. *A responsabilidade civil objetiva no direito brasileiro*. 3. ed. Rio de Janeiro: Forense, 2000, p. 31.
239. Esses são os dois momentos pelos quais se desenvolve o mecanismo da reparação de danos: "Vale dizer: primeiro, se reconhece o direito a obter a reparação; depois, se calcula o valor da mesma – eis a linha de raciocínio fundamental, subentendida sempre em tema de responsabilidade civil" MONTEIRO FILHO, Carlos Edison do Rêgo. *Elementos de responsabilidade civil por dano moral*. Rio de Janeiro: Renovar, 2000, p. 125.
240. DE CUPIS, Adriano. *El daño – Teoria general de la responsabilidad civil*. Traducción de la 2. edición italiana y estudio preliminar por Angel Martínez Sarrión. Barcelona: Bosch, 1975, p. 797. Para o autor: "El ámbito del juicio del resarcimiento es precisamente el que corresponde al contenido que inviste el problema jurídico de daño y los presupuestos de responsabilidad, como su entidad cuantitativa que es tanto como decir el límite de la responsabilidad".

que implica num aumento de risco para terceiros. A diferença não é meramente terminológica, pois influencia diretamente a discussão acerca do nexo de imputação e, consequentemente, da atribuição de responsabilidade. No direito brasileiro, por exemplo, existem diversas hipóteses de responsabilidade objetiva sem que, no entanto, haja qualquer relação com a criação de um risco. A título de exemplo, é possível citar o disposto no art. 932, I, do CCB/02,[241] que trata da responsabilidade objetiva dos pais pelos atos dos filhos,[242] nos termos do art. 933 do mesmo diploma.[243] Pode-se citar, ainda, a responsabilidade pela coisa do direito francês, cuja imputação é objetiva, aplicável a qualquer coisa, ainda que não perigosa, porquanto o seu fundamento reside na custódia da própria coisa.[244] Em ambos os casos, percebe-se que a responsabilidade é objetiva, pois independe de culpa; contudo, não pode ser enquadrada na hipótese de responsabilidade pelo risco, pois não há uma fonte de risco no sentido técnico.[245] Percebe-se, portanto, que o fundamento da responsabilidade objetiva pode ser variado,[246] embora tenha

---

241. "Art. 932. São também responsáveis pela reparação civil:
  I – os pais, pelos filhos menores que estiverem sob sua autoridade e em sua companhia".
242. Alguns autores defendem que a responsabilidade pelos atos lesivos do incapaz decorreria do *risco dependência*, justificada pela relação existente entre pais e filhos, entre curadores e curatelados etc. (Sobre o tema, cf. SIMÃO, José Fernando. *Responsabilidade do incapaz*. São Paulo: Atlas, 2008 e TARTUCE, Flávio. *Responsabilidade civil objetiva e risco* – a teoria do risco concorrente. São Paulo: Método, 2011, p. 169). Tal solução, por mais provocativa que possa parecer, não aparenta a mais adequada, pois, parece que leva ao desvirtuamento da noção de risco que está intimamente ligada a um prejuízo eventual que pode ou não ocorrer a partir de uma tomada de decisão. Consequentemente, embora se trate de hipótese de responsabilidade objetiva no direito brasileiro, o fundamento é, ainda, decorrente da figura do guardião oriunda do direito francês.
243. "Art. 933. As pessoas indicadas nos incisos I a V do artigo antecedente, ainda que não haja culpa de sua parte, responderão pelos atos praticados pelos terceiros ali referidos".
244. TORNEAU, Philippe le. *La responsabilité civile*. 12. ed. Paris: Dalloz, 1976, p. 618. No mesmo sentido, cf. WAGNER, Gerhard. *Strict liability in European private law*, p. 2. Disponível em: http://ssrn.com/abstract=1766112. Acesso em: 16 nov. 2018.
245. Observe-se que no Direito Português, por exemplo, a responsabilidade objetiva dos animais fundamenta-se no risco. De fato, o art. 502 do CCP estabelece que aquele que "no seu próprio interesse utilizar quaisquer animais responde pelos danos que eles causarem, desde que os danos resultem do perigo especial que envolve a sua utilização". Nada obstante, o direito português estabelece que a responsabilidade decorrente de animais também pode ter como fundamento a *culpa in vigilando*, conforme disposto no art. 493, do CCP. Ambos os fundamentos podem concorrer *in concreto* (cf. CORDEIRO, Antonio Menezes. *Tratado de direito civil*. Coimbra: Almedina, 2017, v. VIII, p. 657).
246. De fato, atualmente, parece claro que a sua fixação não decorre unicamente do risco da atividade, mas, antes da conscientização e necessidade de promover uma responsabilização pelo resultado. Como afirma Anderson Schreiber: "Se é certo que o legislador atribui à criação do risco um papel relevante no mecanismo da responsabilidade objetiva – como se vê da cláusula geral de responsabilidade objetiva por atividade de risco excessivo ou anormal –, não se pode dizer que consista na sua única fonte. Hipóteses legais há em que a criação de um risco pelo sujeito responsável mostra-se de difícil ou artificial identificação" (SCHREIBER, Anderson. *Novos paradigmas da responsabilidade civil*: da erosão dos filtros da reparação à diluição dos danos. São Paulo: Atlas, 2007, p. 28).

surgido, notadamente, em decorrência da teoria do risco, que é, certamente, sua mais importante e vasta categoria.[247]

II. Estabelecida a distinção, há de se notar, inicialmente, que a responsabilidade sem culpa aparece na história antiga. Mesmo no âmbito do direito romano existiam situações em que, atualmente, viriam a ser enquadradas como hipóteses de responsabilidade objetiva.[248] Nada obstante, tal análise foi abandonada ao longo dos séculos seguintes, quando, então, desenvolveu-se a teoria geral da responsabilidade civil fundada na culpa, que veio a ocupar o centro da reparação dos danos quando da elaboração do Código Civil Francês de 1804 e da onda das codificações do século XIX.

A primeira vez que se tem notícia de uma responsabilidade pelo risco nos tempos modernos tem lugar na Alemanha em 1838 com o projeto da Lei Prussiana dos Caminhos de Ferro, elaborado por Savigny, que previa a responsabilidade do operador das linhas de ferro, mesmo sem culpa.[249] Tal preceito objetivo viria a aparecer na Alemanha, novamente, em 1871, no diploma acerca dos acidentes de trabalho. Muito embora a teoria tenha tido um início promissor na Alemanha, o BGB adotou uma teoria geral da responsabilidade civil fundada na culpa, relegando a imputação objetiva unicamente para os danos causados por animais, conforme disposto no § 833.[250] Consequentemente, a responsabilidade pelo risco

---

247. COSTA, Mário Júlio de Almeida. *Direito das obrigações*. 10. ed. Coimbra: Almedina, 2006, p. 613.
248. "The great variations in strict liability are rooted in history and also in political choices. Fault based liability has been an institution of European legal systems since the days of antiquity, as it developed from the Roman lex Aquilia. It is true that Roman law had established actions that, today, would be brought under the flag of strict liability, for example with respect to damage caused by domestic or wild animals (actio de pauperie, edictum de feris), with regard to objects thrown from houses onto the street (action de deiectis vel effusis) or certain types of innkeeper's liability (actio de damno aut furto adversus nautas, caupones, stabularios)" (WAGNER, Gerhard. Op. cit., p. 4).
249. WAGNER, Gerhard. Op. cit., p. 4. Cf., também, CORDEIRO, Antonio Menezes. Op. cit., 2017, p. 592. Apesar disso, Boris Starck lembra que a Lei 21 de abril de 1810, que tratava da concessão da exploração de minas, estabelecia, em seu art. 15, uma hipótese de responsabilidade sem culpa, ainda que sem culpa ou negligência. Confira-se: "Art. 15. Il doit aussi, le cas arrivant de travaux à faire sous des maisons ou lieux d'habitation, sous d'autres exploitations ou dans leur voisinage immédiat, donner cautionne payer toute indemnité, en cas d'accident: les demandes ou oppositions des intéressés seront, en ce cas, portées devant nos tribunaux et cours" (STARCK, Boris et al. *Obligations. Responsabilité délictuelle.* 4. ed. Paris: Éditions Litec, 1991, p. 21).
250. § 833, BGB. "If a human being is killed by an animal or if the body or the health of a human being is injured by an animal or a thing is damaged by an animal, then the person who keeps the animal is liable to compensate the injured person for the damage arising from this. Liability in damages does not apply if the damage is caused by a domestic animal intended to serve the occupation, economic activity or subsistence of the keeper of the animal and either the keeper of the animal in supervising the animal has exercised reasonable care or the damage would also have occurred even if this care had been exercised". No original: "Wird durch ein Tier ein Mensch getötet oder der Körper oder die Gesundheit eines Menschen verletzt oder eine Sache beschädigt, so ist derjenige, welcher das Tier hält, verpflichtet, dem Verletzten den daraus entstehenden Schaden zu ersetzen. Die Ersatzpflicht tritt nicht ein, wenn der Schaden durch ein Haustier verursacht wird, das dem Beruf, der Erwerbstätigkeit

ficou restrita a regras específicas fora do Código Civil alemão, cujas hipóteses, atualmente, estão previstas na lei e vão sendo expandidas na medida em que a ciência e a tecnologia criam novas fontes de perigo.[251]

No Reino Unido a responsabilidade objetiva apareceu a partir do caso *Rylands v Fletcher*, julgado pela antiga Câmara dos Lordes em 1868. No referido caso, Fletcher construiu, em seu prédio, uma espécie de reservatório de água artificial que viria, posteriormente, sem sua culpa, a inundar o terreno vizinho de Rylands, que se ligavam por antigas galerias. No caso em questão, Fletcher acabou condenado a indenizar, pois, nas palavras de Mr. Justice Blackburn, que encerrou a opinião da corte, a pessoa que, para seus propósitos individuais, "brings on his lands and collects and keeps there anything likely to do mischief, if it escapes, must keep it in at his peril, and if he does not do so, is prima facie answerable for all the damage which is the natural consequence of its escape".[252] Entretanto, tal precedente cedeu espaço às ingerências de seu tempo, não se desenvolvendo uma cláusula geral de responsabilidade objetiva. Pelo contrário, a Câmara de Lordes, além de negar a extensão do caso às atividades ou instalações perigosas (*Read v Lyons*, 1947, ac 156), viria a exigir a previsibilidade do dano (*Cambridge Water Co. v Eastern Counties Leather Plc.* [1994] 2 AC 264), afastando-se definitivamente da responsabilidade objetiva, que ficaria restrita às hipóteses legalmente previstas.

É na França, porém, que a teoria do risco ganha notoriedade e profunda repercussão. Em 1897, diante de uma decisão da Corte de Cassação Francesa de 1896, Raymond Saleilles publicou a obra "Les accidents de travail et la responsabilité civile (essai d'une theorie objective de la responsabilite délictuelle)", segundo a qual discorreu acerca do louvável progresso da decisão que reconheceu a responsabilidade do proprietário de um rebocador em virtude de explosão que vitimou seu empregado, com fulcro no art. 1.384, do Código Civil Francês. Para Saleilles, tratou-se de importantíssima decisão, pois reconheceu uma "responsabilidade puramente objetiva, derivada do fato da coisa

---

oder dem Unterhalt des Tierhalters zu dienen bestimmt ist, und entweder der Tierhalter bei der Beaufsichtigung des Tieres die im Verkehr erforderliche Sorgfalt beobachtet oder der Schaden auch bei Anwendung dieser Sorgfalt entstanden sein würde".

251. WAGNER, Gerhard. Op. cit., p. 4.
252. Em seu voto, *justice* Blackburn deixa clara a hipótese de responsabilidade objetiva: "He can excuse himself by showing that the escape was owing to the plaintiff's default; or, perhaps, that the escape was the consequence of vis major, or the act of God; but as nothing of this sort exists here, it is unnecessary to inquire what excuse would be sufficient. The general rule, as above stated, seems on principle just. The person whose grass or corn is eaten clown by the escaping cattle of his neighbor, or whose mine is flooded by the water from his neighbor's reservoir, or whose cellar is invaded by the filth of his neighbor's privy, or whose habitation is made unhealthy by the fumes and noisome vapors of his neighbor's alkali works, is damnified without any fault of his own" (BOHLEN, Francis H. *The rule in Rylands v. Fletcher. Part I*. Disponível em: https://scholarship.law.upenn.edu/cgi/viewcontent.cgi?referer=https://www.google.com.br/&httpsredir=1&article=7183&context=penn_law_review. Acesso em: 17 nov. 2018.

mesma e de sua materialidade".[253] Louis Josserand, em seguida, publicaria a obra "De la responsabilité du fait des choses inanimées", em que defenderia, também, a teoria objetiva, que poderia ser resumida em três proposições: (i) o demandante de uma indenização não necessita provar a culpa do proprietário, (ii) o proprietário não se exonera de sua responsabilidade demonstrando que não cometeu nenhuma falta ou negligência, e (iii) a responsabilidade que pesa sobre ele é estranha a qualquer noção de culpa, pois deriva diretamente da lei.[254] A partir das teses de Saleilles e Josserand, a doutrina, impressionada pela industrialização da época, iniciou profundos estudos na construção de uma regra geral acerca do risco. Em 1898, então, seria promulgada na França a Lei de 9 de abril referente aos acidentes de trabalho, que estabeleceria uma indenização ao empregado mesmo na ausência de culpa do empregador, pois "la responsabilité du chef d'entreprise était automatique".[255] Esta se tornaria o exemplo, até então, mais emblemático da teoria do risco.[256] Marcel Planiol e Georges Ripert viriam a reconhecer que o fundamento que justificaria a teoria objetiva da responsabilidade seria a "característica particularmente perigosa de certas coisas ou atividades e a frequência dos danos causados por elas".[257]

Em Portugal, o Código Seabra afirmou a regra de que não há responsabilidade sem culpa. Conforme dispunha o art. 707º, do Código Civil Português de 1867, só poderiam ser indenizadas as perdas e danos que necessariamente resultassem "de falta de cumprimento do contrato".[258] Como se percebe, adotou-se, à época, a responsabilidade fundada na culpa, decorrente da forte influência que o Código Civil Francês exerceu no ordenamento jurídico português do século XIX. A Elaboração do Código Vaz Serra, cujos objetivos consistiam em garantir a certeza e segurança do direito,[259] proclamou a responsabilidade baseada na culpa como regime geral,[260] fixando a responsabilidade pelo risco apenas nas hipóteses especificamente previs-

---

253. SALEILLES, Raymond. *Les accidents de travail et la responsabilité civile (essai d'une theorie objective de la responsabilite délictuelle)*. Paris: Arthur Rousseau Éditeur, 1897, p. 3.
254. JOSSERAND, Louis. *De la responsabilité du fait des choses inanimées*. Paris: Arthur Rousseau Éditeur, 1897, p. 74.
255. TORNEAU, Philippe le. Op. cit., 1976, p. 7.
256. Idem, p. 7.
257. PLANIOL, Marcel e RIPERT, Georges. *Traité pratique de droit civil français*. Paris: R Pichon et R. Durand-Auzias, 1952, t. VI. Obligations, remière partie par Paul Esmein. p. 651.
258. Art. 707, CCP/1867. "Só podem ser tomados em conta de perdas e damos, as perdas e damnos, que necessariamente resultam da falta do cumprimento do contracto".
259. MENDONÇA, Luís Correia. As origens do Código Civil de 1966: esboço para uma contribuição. *Análise social*, v. xviii (72-73-74), 1982-3.º-4, p. 845.
260. É o que dispõe o art. 483 do CCP: "Artigo 483.º (Princípio geral)
    1. Aquele que, com dolo ou mera culpa, violar ilicitamente o direito de outrem ou qualquer disposição legal destinada a proteger interesses alheios fica obrigado a indemnizar o lesado pelos danos resultantes da violação.".
    2. Só existe obrigação de indemnizar independentemente de culpa nos casos especificados na lei.

tas,[261] nos termos do art. 499 e seguintes do CCP: danos causados pelo comissário, pelos órgãos, agentes ou representantes do Estado ou de outras pessoas coletivas públicas, por animais, por veículos e por instalações de energia elétrica ou de gás. Nesse ponto, é importante notar que o direito português chegou a regular os danos causados por atividade perigosa no art. 493, 2, do citado código.[262] Contudo, em vez de estabelecer uma responsabilidade objetiva, fundada no risco, o direito português adotou uma responsabilidade aquiliana, com presunção de culpa.[263]

O direito italiano também caminhou nesse sentido. O Código Civil Italiano de 1942 estabeleceu no art. 2.043 uma cláusula geral de responsabilidade subjetiva.[264] Nada obstante, por intermédio de técnicas de interpretação literal e teleológica, doutrina e jurisprudência caminharam no sentido de reconhecer diversas hipóteses de responsabilidade objetiva em diferentes artigos do Código,[265] em especial no que diz respeito à responsabilidade dos patrões e comitentes,[266]

---

261. ANTUNES VARELA, João de Matos. *Das obrigações em geral*. 10. ed. Coimbra: Almedina, 2000, v. I, p. 636. No mesmo sentido, cf. RANGEL, Rui Manuel de Freitas. *A reparação judicial dos danos na responsabilidade civil* – um olhar sobre a jurisprudência. Coimbra: Almedina, 2006, p. 49.
262. "Artigo 493.º (Danos causados por coisas, animais ou actividades)
1. Quem tiver em seu poder coisa móvel ou imóvel, com o dever de a vigiar, e bem assim quem tiver assumido o encargo da vigilância de quaisquer animais, responde pelos danos que a coisa ou os animais causarem, salvo se provar que nenhuma culpa houve da sua parte ou que os danos se teriam igualmente produzido ainda que não houvesse culpa sua.
2. Quem causar danos a outrem no exercício de uma actividade, perigosa por sua própria natureza ou pela natureza dos meios utilizados, é obrigado a repará-los, excepto se mostrar que empregou todas as providências exigidas pelas circunstâncias com o fim de os prevenir."
263. LIMA, Pires de et ANTUNES VARELA, João de Matos. *Código Civil anotado*. 4. ed. rev. e atual. Coimbra: Coimbra Editora, 2010, v. I (artigos 1º a 761º), p. 495. Sobre o tema, já decidiu o Supremo Tribunal de Justiça de Portugal quando do julgamento do Recurso de Revista 6091/03.5TVLSB.L1.S1: *"I – Não definindo a lei o que deve entender-se por atividade perigosa, apenas conexiona, genericamente, essa perigosidade com a própria natureza da atividade ou dos meios utilizados pelo agente, como acontece com o lançamento e queima do fogo de artifício, legalmente, sujeito à observância de determinados preceitos legais, a que é aplicável o disposto no artigo 493.º, n. 2, do CC, ou seja, o da responsabilidade assente na culpa, embora presumida, não se regendo pelos princípios da responsabilidade objetiva ou independentemente de culpa, em que o agente suportaria as consequências do facto ilícito sem que se demonstrasse a culpa. (...)
III – A inversão do ónus da prova, ou seja, a presunção de culpa por parte de quem exerce uma atividade perigosa, consagrada pelo art. 493.º, n. 2, do CC, não altera o princípio matricial de que a responsabilidade depende da culpa, salvo nos casos especificados na lei, portanto se trata de responsabilidade delitual e não de responsabilidade pelo risco ou objetiva, agravando o dever normal de diligência, não bastando, para afastar a responsabilidade, a prova de ter agido sem culpa, sendo necessário demonstrar que se adotaram todas as providências destinadas a evitar o dano. (...)."* (grifo nosso).
264. "Art. 2.043. Risarcimento per fatto illecito. Qualunque fatto doloso o colposo, che cagiona ad altri un danno ingiusto, obbliga colui che ha commesso il fatto a risarcire il danno (Cod. Pen. 185)."
265. ALPA, Guido et BESSONE, Mario. *La responsabilità civile* – illecito per colpa, rischio d'impresa, assicurazionei. Milano: Dott. A. Giuffrè Editore, 1976, p. 259.
266. "Art. 2049 Responsabilità dei padroni e dei committenti. I padroni e i committenti sono responsabili per i danni arrecati dal fatto illecito dei loro domestici e commessi nell'esercizio delle incombenze a cui sono adibiti."

responsabilidade pelo fato da coisa sob custódia,[267] responsabilidade pelo fato dos animais,[268] responsabilidade pela ruína de edifício[269] e responsabilidade pela circulação de veículos.[270]

O legislador italiano estabeleceu uma profunda inovação no art. 2.050 do Código Civil ao prever a responsabilidade pelos danos causados em decorrência de atividades perigosas. Segundo o dispositivo, qualquer um que causar dano a outrem ao realizar uma atividade perigosa, seja pela sua natureza ou pela natureza dos meios empregados, fica obrigado a reparar o dano se não provar que adotou todas as medidas apropriadas para evitar o dano.[271] Acerca da interpretação do dispositivo, surgiram profundas dúvidas. A parte final do art. 2.050 estabelece a possibilidade de exoneração daquele que cria a atividade, caso demonstre que adotou todos os meios para impedir a ocorrência do dano. Dessa forma, indagava-se se o referido dispositivo tratava efetivamente de uma responsabilidade objetiva ou se seria apenas uma responsabilidade subjetiva, com presunção de culpa, nos moldes do direito português. Três posições se firmaram no direito italiano: (i) uma corrente mais tradicional afirmava que o art. 2.050 se limitava a uma inversão do ônus da prova, sem que isso implicasse num grau de diligência distinto do previsto no art. 2.043; (ii) uma segunda corrente, chamada intermediária, identificava no dispositivo uma responsabilidade fundada na culpa, mas pressuporia uma exacerbação dos deveres de cuidado e diligência; e, por fim (iii) uma terceira posição, que enquadra o art. 2.050 em uma hipótese

---

267. "Art. 2051 Danno cagionato da cosa in custodia Ciascuno e responsabile del danno cagionato dalle cose che ha in custodia, salvo che provi il caso fortuito (1218,1256)."
268. "Art. 2052 Danno cagionato da animali. Il proprietario di un animale o chi se ne serve per il tempo in cui lo ha in uso, è responsabile dei danni cagionati dall'animale, sia che fosse sotto la sua custodia, sia che fosse smarrito o fuggito, salvo che provi il caso fortuito (1218,1256; Cod. Pen. 672)."
269. "Art. 2053 Rovina di edifício Il proprietario di un edificio o di altra costruzione è responsabile dei danni cagionati dalla loro rovina, salvo che provi che questa non e dovuta a difetto di manutenzione o a vizio di costruzione (1669; Cod. Pen. 677)."
270. "Art. 2054 Circolazione di veicoli Vedere anche Leggi Speciali su Assicurazioni
    Il conducente di un veicolo senza guida di rotaie è obbligato a risarcire il danno prodotto a persone o a cose dalla circolazione del veicolo, se non prova di aver fatto tutto il possibile per evitare il danno.
    Nel caso di scontro tra veicoli si presume, fino a prova contraria, che ciascuno dei conducenti abbia concorso ugualmente a produrre il danno subito dai singoli veicoli.
    Il proprietario del veicolo, o, in sua vece, l'usufruttuario (978 e seguenti) o l'acquirente con patto di riservato dominio (1523 e seguenti), è responsabile in solido (1292) col conducente, se non prova che la circolazione del veicolo è avvenuta contro la sua volontà.
    In ogni caso le persone indicate dai commi precedenti sono responsabili dei danni derivati da vizi di costruzione o da difetto di manutenzione del veicolo."
271. "Art. 2.050. Responsabilità per l'esercizio di attività pericolose. Chiunque cagiona danno ad altri nello svolgimento di un'attività pericolosa, per sua natura o per la natura dei mezzi adoperati, e tenuto al risarcimento, se non prova di avere adottato tutte le misure idonee a evitare il danno."

de responsabilidade objetiva.[272] A jurisprudência italiana caminhou no sentido de que a responsabilidade prevista no referido artigo não pode ser ilidida pelo simples argumento de que não há culpa. É necessário que aquele que desenvolve a atividade perigosa demonstre que adotou todas as "medidas de precaução específicas sugeridas pela lei, pela tecnologia, pela experiência e pelo progresso científico para evitar a ocorrência de danos".[273] Embora ainda haja divergência, vem prevalecendo, na doutrina e jurisprudência, o fundamento da responsabilidade objetiva para atividades perigosas no direito italiano.

O direito brasileiro também se debruçou acerca da responsabilidade objetiva e, notadamente a partir de 2002, da responsabilidade pelo risco. É importante registrar, no entanto, que o Código Civil brasileiro de 1916 adotou expressamente a responsabilidade fundada na culpa, nos termos do art. 159,[274] não havendo espaço para a responsabilidade objetiva, salvo nos casos expressamente previstos em lei. Curiosamente, o direito brasileiro viria a estabelecer a responsabilidade objetiva pelo risco antes mesmo da entrada em vigor do Código Civil de 1916, com a Lei das Estradas de Ferro, Decreto 2.681/12.[275] Segundo o art. 17 da referida lei, as estradas de ferro respondem pelos desastres que nas suas linhas sucederem aos viajantes, cuja culpa é presumida. Note-se que, apesar da lei mencionar "culpa presumida", a responsabilidade daqueles que exploram as estradas de ferro só pode ser excluída se comprovado que o dano adveio de *caso fortuito, força maior* ou *culpa do viajante*.[276] Nesse sentido, é possível perceber que a presunção de culpa é absoluta, pois todas as excludentes de responsabilidade, em verdade, operam no campo da interrupção do nexo de causalidade, como se demonstrará mais à frente (Capítulo V). Logo, eventual irresponsabilização das estradas de ferro só

---

272. COLANGELO, Massimo. *La responsabilità per l'esercizio di attività pericolose*: l'interpretazione giurisprudenziale dell'art. 2050 c.c. Dal 1942 al 1987 (Italian Edition). Edição do Kindle (Posição 1090 de 2522). Cf., ainda, TRIMARCHI, Pietro. *Instituzioni di diritto civile*. Padova, 1966.
273. COLANGELO, Massimo. Op. cit. (Posição 1090 de 2522).
274. "Art. 159. Aquele que, por ação ou omissão voluntária, negligência, ou imprudência, violar direito, ou causar prejuízo a outrem, fica obrigado a reparar o dano. A verificação da culpa e a avaliação da responsabilidade regulam-se pelo disposto neste Código, arts. 1.521 a 1.532 e 1.542 a 1.553."
275. Sobre a responsabilidade das estradas de ferro, Agostinho Alvim lembra que a teoria do risco era muito moderna em 1912 e, portanto, ainda não tinha muita repercussão no Brasil, mas, mesmo assim, a sua conservação na legislação brasileira "a inclui entre as que consagram aquela teoria [do risco], porque só assim ela estará de acordo com o ambiente jurídico da atualidade e corresponderá às necessidades do comércio jurídico" (ALVIM, Agostinho. *Da inexecução das obrigações e suas consequências*. 4. ed. atual. São Paulo: Saraiva, 1972, p. 317).
276. "Art. 17 – As estradas de ferro responderão pelos desastres que nas suas linhas sucederem aos viajantes e de que resulte a morte, ferimento ou lesão corpórea.
    A culpa será sempre presumida, só se admitindo em contrário alguma das seguintes provas:
    1ª – Caso fortuito ou força maior;
    2ª – Culpa do viajante, não concorrendo culpa da estrada."

poderia operar a partir da prova da inexistência do nexo de causalidade, o que denota que a inexistência de culpa é inapta à exoneração.

Posteriormente, no Brasil, começam a aparecer inúmeras leis que, em razão da periculosidade da atividade, estabelecem hipóteses de responsabilidade sem culpa. Pode-se citar a legislação sobre acidentes de trabalho (Decreto 3.724/15, que viria a ser substituída, ao final, pela Lei 6.367/76), o Código Brasileiro do Ar (Decreto-Lei 483/38, posteriormente substituído pelo Código Brasileiro de Aeronáutica – Lei 7.565/86, que manteve a responsabilidade objetiva), o Código de Minas (Decreto-Lei 227/67), a Lei de responsabilidade civil pelos danos nucleares (Lei 6.453/77), a lei de proteção ao meio ambiente (Lei 6.938/81), a Constituição Brasileira, que estabeleceu no art. 37, § 6º a responsabilidade objetiva do Estado por ato de seus agentes, o Código de Defesa do Consumidor (Lei 8.078/90), que estabeleceu a responsabilidade objetiva nas relações consumeristas, à exceção dos profissionais liberais, que permanecem sujeitos à responsabilidade subjetiva, e, finalmente, o Código Civil de 2002.

O Código Civil de 2002 produziu uma inovação significativa no âmbito da responsabilidade civil objetiva com destaque para a teoria do risco. O referido diploma normativo enumerou diversas hipóteses de responsabilidade objetiva, quais sejam, a responsabilidade do empresário pelos seus produtos,[277] a responsabilidade pelo fato de outrem,[278] a responsabilidade pela coisa lançada de prédio[279] (*actio de effusius et objectus*), a responsabilidade pela ruína de edi-

---

277. "Art. 931. Ressalvados outros casos previstos em lei especial, os empresários individuais e as empresas respondem independentemente de culpa pelos danos causados pelos produtos postos em circulação."
278. Dos pais pelos filhos; dos tutores e curadores pelos tutelados e curatelados; do empregador ou comitente, por seus empregados ou prepostos; dos donos de hotéis, hospedarias, casas ou estabelecimentos onde se albergue por dinheiro, mesmo para fins de educação, pelos seus hóspedes, moradores e educandos, assim como aqueles que gratuitamente houverem participado nos produtos do crime. Tal disposição consta no art. 932 e 933: "Art. 931. Ressalvados outros casos previstos em lei especial, os empresários individuais e as empresas respondem independentemente de culpa pelos danos causados pelos produtos postos em circulação.
    Art. 932. São também responsáveis pela reparação civil:
    I – os pais, pelos filhos menores que estiverem sob sua autoridade e em sua companhia;
    II – o tutor e o curador, pelos pupilos e curatelados, que se acharem nas mesmas condições;
    III – o empregador ou comitente, por seus empregados, serviçais e prepostos, no exercício do trabalho que lhes competir, ou em razão dele;
    IV – os donos de hotéis, hospedarias, casas ou estabelecimentos onde se albergue por dinheiro, mesmo para fins de educação, pelos seus hóspedes, moradores e educandos;
    V – os que gratuitamente houverem participado nos produtos do crime, até a concorrente quantia.
    Art. 933. As pessoas indicadas nos incisos I a V do artigo antecedente, ainda que não haja culpa de sua parte, responderão pelos atos praticados pelos terceiros ali referidos."
279. "Art. 938. Aquele que habitar prédio, ou parte dele, responde pelo dano proveniente das coisas que dele caírem ou forem lançadas em lugar indevido."

fício[280] e a responsabilidade pelo fato dos animais.[281] Todavia, estabeleceu-se a responsabilidade civil objetiva pelo risco no art. 927, parágrafo único. Segundo o referido dispositivo, haverá responsabilidade sem culpa nos casos expressamente previstos em lei ou "quando a atividade normalmente desenvolvida pelo autor do dano implicar, por sua natureza, risco para os direitos de outrem".[282] Registre-se que, diferentemente do direito português, não se trata de uma responsabilidade pautada pela culpa presumida, mas de uma cláusula geral de responsabilidade civil objetiva quando se estiver diante de uma atividade criadora de perigos especiais. Também não se enquadra na responsabilidade pelo risco do direito italiano, que admite a exoneração da responsabilidade quando aquele que desenvolve a atividade perigosa comprovar que adotou todas as medidas necessárias para impedir o dano.

O ordenamento jurídico brasileiro, portanto, estabeleceu uma regra de responsabilidade pelo risco, independentemente de culpa, superando a técnica de regulamentação casuística, cujo escopo seria "prever e regular grupos de casos especificados, através da tipificação dos pressupostos da consequência jurídica".[283] Assim, o legislador brasileiro, percebendo o aumento crescente das atividades potencialmente lesivas, e diante da impossibilidade de estabelecer normas positivas que atendessem aos imperativos de todos os casos concretos,[284] optou pela técnica legislativa por *cláusulas gerais*, permitindo uma maior autonomia do julgador frente à lei,[285] pois, enquanto tida como maleável,[286] desempenha o papel de ajustar e fazer evoluir a lei em conformidade com as mudanças e particularidades das

---

280. "Art. 937. O dono de edifício ou construção responde pelos danos que resultarem de sua ruína, se esta provier de falta de reparos, cuja necessidade fosse manifesta."
281. "Art. 936. O dono, ou detentor, do animal ressarcirá o dano por este causado, se não provar culpa da vítima ou força maior."
282. "Art. 927. Aquele que, por ato ilícito (arts. 186 e 187), causar dano a outrem, fica obrigado a repará-lo. Parágrafo único. Haverá obrigação de reparar o dano, independentemente de culpa, nos casos especificados em lei, ou quando a atividade normalmente desenvolvida pelo autor do dano implicar, por sua natureza, risco para os direitos de outrem."
283. MACHADO, J. Baptista. *Introdução ao direito e ao discurso legitimador*. Coimbra: Almedina, 1985, p. 116.
284. FRANÇA, Rubens Limongi. *Elementos de hermenêutica e aplicação do direito*. São Paulo: Saraiva, 1984, p. 70.
285. MACHADO, J. Baptista. Op. cit., 1985, p. 113. Para Pietro Perlingieri: "Legislar por cláusulas gerais significa deixar ao juiz, ao intérprete, uma maior possibilidade de adaptar a norma às situações de fato" PERLINGIERI, Pietro. *Perfis de direito civil*. Trad. Maria Cristina De Cicco. 2. ed. Rio de Janeiro: Renovar, 2002, p. 27.
286. "(...) às cláusulas gerais é assinalada a vantagem da mobilidade, proporcionada pela intencional imprecisão dos termos da *fattispecie* que contém, pelo que é afastado o risco do imobilismo porquanto é utilizado em grau mínimo o princípio da tipicidade (...)" MARTINS COSTA, Judith Hofmeister. O direito privado como um "sistema em construção": as cláusulas gerais no Projeto do Código Civil brasileiro. *Jus Navigandi*, Teresina, a. 4, n. 41, maio 2000. Disponível em: http://www1.jus.com.br/doutrina/texto.asp?id=513. Acesso em: 22 set. 2003.

situações da vida.[287] Desse modo, as cláusulas gerais, graças "à sua generalidade, (...) tornam possível sujeitar um mais vasto de grupos de situações, de modo lacunar e com possibilidade de ajustamento, a uma consequência jurídica".[288]"

A importância da fixação da cláusula geral de risco no ordenamento jurídico brasileiro reside no fato de que o magistrado, ainda que não haja expressa previsão na lei, ao verificar que o autor do dano desenvolve uma atividade perigosa, poderá, direta e independentemente de provocação das partes, aplicar o sistema de responsabilidade civil objetiva. O ordenamento brasileiro, portanto, altera o clássico sistema em que a regra é a responsabilidade civil subjetiva e adota um sistema dualista em que convivem uma cláusula de responsabilidade subjetiva e uma cláusula de responsabilidade objetiva (art. 186 e 927, parágrafo único do Código Civil).[289]

III. O que é o risco do ponto de vista jurídico? Não é incomum que os textos jurídicos reconduzam a noção de risco à teoria do risco, cuja ideia predominante pode ser exteriorizada da seguinte forma: a especial periculosidade de certas atividades cria determinados riscos típicos de produção de danos, que justifica a imposição de reparar os danos àquele que domina a fonte do risco, independentemente da prática de um ato culposo.[290] Em outras palavras, aquele que desenvolve uma atividade potencialmente lesiva deve responder pelos danos derivados da própria atividade.

Tentando justificar essa noção de risco, a doutrina costuma diferenciar diversos tipos de risco, que permitiriam a responsabilização daquele que explora uma atividade. Embora se possam buscar várias configurações, apresentaremos aquelas mais importantes e que figuram com maior frequência na literatura jurídica, quais sejam: (i) risco proveito, (ii) risco criado, (iii) risco profissional; (iv) risco administrativo; (v) risco integral.

O *risco proveito* se qualifica pela ideia de que aquele que retira o proveito ou vantagem do fato de ser causador de um dano, fica obrigado a repará-lo,[291] e é comumente exteriorizado pelo brocardo *ubi emolumentum, ibi onus*. Trata-se de um conceito de conteúdo claramente econômico, segundo o qual o critério de

---

287. MACHADO, J. Baptista. Op. cit., 1985, p. 113.
288. ENGISCH, Karl. *Introdução ao pensamento jurídico*. Trad. J. Baptista Machado. Lisboa: Fundação Calouste Gulbenkian, 1996, p. 233. Nesse sentido, também AMARAL. Francisco. A equidade no Código Civil brasileiro. *Revista de direito do tribunal de justiça do estado do Rio de Janeiro*: doutrina e jurisprudência. n. 57, out./dez. 2003.
289. SCHREIBER, Anderson. Op. cit., p. 22.
290. MONTEIRO, Jorge Sinde. Op. cit. Coimbra, 1983, p. 19.
291. PEREIRA, Caio Mário da Silva. *Responsabilidade civil*. Atual. Gustavo Tepedino. 10 ed. rev. atual. Rio de Janeiro: GZ, 2012, p. 372.

risco é inerente à atividade econômica do sujeito:[292] aquele que tem um ganho, tem também o custo, cuja inspiração atribui-se à lei de acidentes de trabalho.[293] Contudo, é comum afirmar-se que ela é inadequada, posto que insuficiente considerando que nem todos os danos decorrentes de atividades perigosas envolvem necessariamente uma vantagem para o ofensor, como sói acontecer, por exemplo, com a responsabilidade civil do Estado, que, a toda evidência, não obtém qualquer proveito econômico do desempenho de sua atividade.

A teoria do *risco criado* trata de uma concepção genérica que abarca um maior número de situações, pois exige, para sua configuração, o mero exercício de uma atividade perigosa. Em outras palavras, pela teoria do risco criado, aquele que desenvolve uma atividade que, por sua própria natureza, coloca em risco os direitos de outrem, responde pelos danos causados. Isto é, o sujeito que é a fonte de riscos deve repará-los.[294] Assim, aquele que exerce uma atividade criadora de perigos responde pelos danos que ocasionalmente cause a terceiros. Tal teoria foi adotada por Caio Mário da Silva Pereira e fez parte de seu anteprojeto do Código de Obrigações de 1965.[295] Registre-se que tal teoria tem sido frequentemente informada pela doutrina brasileira como a mais aceita como adequada à hipótese do art. 927, parágrafo único do Código Civil Brasileiro.[296]

No *risco profissional* a obrigação de reparar os danos decorre do desempenho de uma atividade profissional, ou laborativa. Tal risco poderia ser inserido, por exemplo, nos casos de acidentes de trabalho ou, ainda, nas hipóteses em que o empregado causa danos a terceiros.[297] Há uma importante diferença entre o risco criado e o risco profissional. Enquanto o primeiro está diretamente ligado à natureza da atividade em si ou à natureza dos meios empregados, que são perigosos por si só, no risco profissional há a necessidade de uma qualificante: uma atividade profissional ou laboral é exigida para a responsabilização do agente.

Fala-se, ainda em *risco administrativo*, diretamente ligado às pessoas jurídicas de direito público. Ora, segundo essa modalidade, o ente público, na busca pelo bem comum, ao desenvolver suas atividades, deve assumir a obrigação de indenizar os administrados que eventualmente sofram algum tipo de lesão, pulverizando-se os referidos danos por toda a coletividade de contribuintes.[298]

---

292. ALPA, Guido. *Trattato di diritto civile* – la responsabilità civile. Milano: Giuffrè Editore, 1999, p. 291.
293. STARCK, Boris et al. Op. cit., 1991, p. 30.
294. UEDA, André Silva Rasga. *Responsabilidade civil nas atividades de risco* – um panorama atual a partir do Código Civil de 2002. São Paulo: Arte & Ciência, 2011, p. 171.
295. PEREIRA, Caio Mário da Silva. Op. cit., 2012, p. 377.
296. UEDA, André Silva Rasga. Op. cit., p. 171.
297. TARTUCE, Flávio. Op. cit., 2011, p. 162.
298. NORONHA, Fernando. *Direito das obrigações*: fundamentos do direito das obrigações: introdução à responsabilidade civil. 2. ed. rev. e atual. São Paulo: Saraiva, 2007, p. 485.

Por fim, é comum referir-se às hipóteses de *risco integral*. Influenciada pelo campo do direito ambiental, consistiria numa obrigação de indenizar que não admite qualquer excludente de responsabilidade civil e, por via de consequência, obriga o sujeito a indenizar a vítima, ainda que os prejuízos sejam provenientes de causas estranhas à ação ou omissão. Trata-se de uma responsabilidade civil objetiva agravada.[299-300]

Embora as ciências jurídicas tenham se empenhado em definir um critério para explicar a teoria do risco a ponto de fazer incidir a responsabilidade definitiva, criando diversas modalidades de risco para as mais variadas situações, parece que nenhuma dessas configurações se afigura adequada na realidade atual. Os modelos de risco até então presentes nas ciências jurídicas mantêm um viés claramente ligado à noção de industrialização, profundamente enraizada ao final do século XIX e início do século XX. Seja o risco criado, proveito, profissional, administrativo ou integral, todos eles caminham na mesma direção: reconhecer o fenômeno da industrialização nos séculos antecedentes e, portanto, imputar a responsabilidade a quem desenvolve uma atividade perigosa. De certo que todos os modelos têm importante valor teórico e não podem ser desconsiderados, espe-

---

299. Idem, p. 485.
300. Fala-se, ainda, em *risco residual ou tolerável*, *risco intolerável* e *risco*. O primeiro é caracterizado como um risco que não se pode eliminar, isto é, insuprimível numa sociedade tecnológica. Consiste num risco aceito pela sociedade que aprecia o progresso e o acréscimo do bem-estar produzido pela tecnologia. O risco intolerável pode ser entendido como a possibilidade de ocorrência de danos que uma sociedade, temporalmente identificada, rejeita em razão de uma ética vigente. E, por fim, o risco *tout court*, correspondente à margem de incerteza relacionada com a utilização da tecnologia pela sociedade, que traz benefícios gerais, mas pode acarretar danos graves. Essa distinção é interessante do ponto de vista legislativo em que *policymaker* pode definir *a priori* os tipos de riscos que a sociedade está disposta a aceitar e tolerar, como é o caso das usinas nucleares, uso de agrotóxicos, uso de produtos que emitem radiação (caso dos celulares) etc. Essa distinção, portanto, tem grande valor quando tratamos do risco residual e do risco intolerável. O problema reside, no entanto, no risco *tout court*, enquanto realidade de contornos incertos e que dependerá de aprofundamento da análise política, técnica, cultural e social, para ser caracterizado como residual ou intolerável. Essa distinção foi traçada inicialmente na década de 70 na decisão Kalkar, julgado pelo Tribunal Constitucional Alemão. No caso, discutia-se a constitucionalidade do art. 7, § 2°, n. 3, da Lei de Energia Atômica em decorrência da anulação judicial de uma autorização administrativa para implantação de um novo reator na central nuclear de Kalkar. O Tribunal Constitucional, considerando que compete à Administração a avaliação e a gestão do risco, definido a partir da cláusula do "estado da técnica", que operacionaliza uma "proteção dinâmica" dos direitos fundamentais, permitindo uma técnica de minimização de riscos, entendeu que o risco residual constitui um preço civilizacional e um garante da liberdade do espírito humano e, consequentemente, nenhuma responsabilidade poderia advir dele. Ao lado dele, decidiu o Tribunal, contrapõe-se o risco intolerável, cuja gestão encontra-se sob gestão da Administração. Sobre o tema, cf. GOMES, Carla Amado. *Risco e modificação do acto autorizativo concretizador de deveres de proteção do ambiente*. Dissertação de doutoramento em ciências jurídico-políticas da Faculdade de Direito da Universidade de Lisboa. Lisboa: Edição da Autora, 2012 e GOMES, Carla Amado. Risco(s) de civilização, responsabilidades comunicacionais e irresponsabilidades residuais. *Novos temas da responsabilidade civil extracontratual das entidades públicas*. Lisboa: Instituto de Ciências Jurídico-Políticas, 2013, p. 135-157.

cialmente o conceito de *risco criado* que, de todos, é o que ainda guarda maiores aplicações nos ordenamentos jurídicos analisados.

Contudo, ainda que se admitisse que a teoria do *risco criado* é adequada, permaneceria uma dúvida: quais são os riscos criados? O que se insere no âmbito dos riscos criados pelo agente que explora a atividade perigosa? Veja-se, por exemplo, que o Poder Judiciário Brasileiro, por intermédio do Tribunal de Justiça do Rio de Janeiro, já se manifestou no sentido de que a sucção de pássaro por turbina de avião *"constitui risco inerente à atividade empreendida* [de transporte]".[301] Para se chegar a tal conclusão, parece necessária a existência de um critério científico e objetivo que justifique tal afirmação. A teoria do risco criado, por mais louvável que seja, não explica o que efetivamente constitui o risco da atividade e, tampouco, o que é uma atividade perigosa. Nesse ponto, o Tribunal da Relação do Porto já decidiu que para fins do art. 493, 2 do Código Civil Português – cuja redação é semelhante à do Código Civil Brasileiro, apesar de estabelecer uma responsabilidade por culpa presumida – a qualificação de uma atividade como perigosa só poderá ser apurada face às circunstâncias do caso concreto.[302] Ou seja, a configuração da atividade perigosa dependerá sempre da análise *in concreto* do magistrado. Nesse sentido, embora todas as teorias sejam louváveis, elas não fornecem instrumentos que permitam ao magistrado identificar com alguma segurança jurídica (ou precisão) o que efetivamente é uma atividade perigosa e quais fatos estão inseridos no "risco da atividade". Tal fato é extremamente relevante, pois implicará na possibilidade, ou não, de exoneração do agente que explora a atividade perigosa.

Não se pode olvidar, também, que as transformações das últimas décadas do século XX e início do século XXI promoveram profundas alterações acerca do conceito de risco, que não pode mais ser encarado como algo relativamente estável e de fácil apreensão. Como se viu acima, o conceito de risco vem sendo alterado radicalmente e acaba sofrendo influência de aspectos objetivos e sub-

---

301. Julgamento da apelação cível 0108185-57.2005.8.19.0001 (2007.001.26364), que restou assim ementado: "Responsabilidade civil. Transporte aéreo. Atraso de voo. A responsabilidade da empresa concessionária de serviço público é objetiva. A sucção de pássaros deve ser considerada como fortuito interno e não elide a responsabilidade da empresa. Dano moral configurado, pelo aborrecimento e transtorno causados à passageira. O seu valor deve ser fixado moderadamente. Aplicação dos arts. 37 § 6º da CF, 3º, 6º, X, 14 e 22 do CDC. Provimento parcial do recurso, para reduzir o valor da indenização."

302. Acórdão do Tribunal da Relação do Porto 1496/14.9 T8PRT.P1: "I – O que determina a qualificação de uma atividade como perigosa é a sua especial aptidão para produzir danos, o que resultará da sua própria natureza ou da natureza dos meios empregados e só poderá ser apurado face às circunstâncias do caso concreto.

II – O corte e desmantelamento de uma central de betão para sucata através da utilização de um maçarico [que se trata de um aparelho que produz uma chama contínua e emite faúlhas] ao ar livre e em tempo quente e seco constitui atividade perigosa para os efeitos do art. 493º, n. 2 do Cód. Civil."

jetivos. Mas, mesmo diante dessas alterações, as concepções de risco em que as ciências jurídicas se baseiam, em geral, permanecem adstritas àquelas elaboradas no início do século passado, construídas na era das certezas, propugnadas pela modernidade, como se o risco ainda pudesse ser evidente e facilmente percebido e controlado pelos agentes inseridos na sociedade.

IV. Como ficou claro até o presente momento, a nova configuração social, especialmente a partir do final do século passado trouxe à luz a ideia de que a sociedade não tem mais como evitar o risco, mas apenas escolher quais riscos assumir.[303] Como lembra Menezes Cordeiro, "o progresso industrial conduziu a um aumento quantitativo e qualitativo do risco".[304] A noção de risco permeia a ideia de ações possíveis e tomadas de decisão. O que se pretende é antecipar contingências futuras e, assim, adotar a melhor ação possível a fim de reduzir perigos.[305] Risco diz respeito à possibilidade de futuras ocorrências; eles fazem presente um estado de mundo que não existe (ainda). Dessa forma, os riscos são eventos futuros que podem ocorrer, e que ameaçam a todos nós. O risco é, portanto, a antecipação da catástrofe[306] e o propósito de sua investigação é, justamente, a sua redução.[307] Contudo, uma vez que ele tenha ocorrido, será necessário identificar a quem compete suportá-lo.

Já tivemos a oportunidade de demonstrar que as teorias objetivas ou tecno-científicas do risco[308] pecam ao tratar o risco como um fato exclusivamente objetivo do mundo, independente do homem. É certo que existem fatos aceitos como reais. É o exemplo da queda de um avião, da existência do câncer, de mortes prematuras de pessoas expostas a altos níveis de radiação etc. No entanto, se aceitamos que esses fatos não decorrem de causas mágicas, divinas ou cósmicas, mas, de causas específicas, é porque esses riscos decorrem da nossa compreensão e da construção do conhecimento a partir do mundo socialmente existente.[309] Ou seja, o risco não existe independentemente do conhecimento humano, mas ele só

---

303. KAPLAN, Stanley et GARRICK, B. John. On the quantitative definition of risk. *Risk analysis*. v. I, n. 1, p. 11. 1981.
304. CORDEIRO, António Manuel da Rocha e Menezes. *Tratado de direito civil*. X – direito das obrigações, garantias. Coimbra: Almedina, 2017, p. 82.
305. ROSA, Eugene A., et al. Op. cit., 2014, p. 2.
306. BECK, Op. cit., 2009, p. 9.
307. ADAMS, John. Op. cit., 1995, p. 30.
308. Ver Tópico 1 do Capítulo I.
309. No mesmo sentido, Menezes Cordeiro: "O risco é uma realidade compreensiva. Apesar das aproximações lógicas acima efetuadas, ela exprime, antes de mais, um sentir socioeconômico relativo ao devir humano e aos desconfortos a que ele possa estar associado" (CORDEIRO, António Manuel da Rocha e Menezes. *Tratado de direito civil*. X – direito das obrigações, garantias. Coimbra: Almedina, 2017, p. 32). V., também, CORDEIRO, António Manuel da Rocha e Menezes. *Direito dos seguros*. 2. ed. Coimbra: Almedina, 2016, p. 539.

é verificado e compreendido a partir da perspectiva humana. Logo, a construção social e a percepção cultural influenciam decisivamente o conteúdo do risco.

A forma como o risco é encarado, percebido e experimentado deve ser considerado em sua análise. O risco não é um fato puro, desprovido de uma análise social; ele é reconhecido e discutido no meio social. Dito diversamente, os riscos são reais, embora permaneçam construções sociais.[310] Nesse sentido, pode-se afirmar que a assunção do risco com a consequente tomada de decisão decorre, também, de uma relação de confiança. Aquele que assume um determinado risco o faz baseado na sua percepção dos riscos quanto à tomada de decisão e na confiança despertada a partir do conhecimento científico construído na sociedade, e, também, da percepção cultural e social decorrente de experiências passadas, dos meios de comunicação, das instituições e de outras fontes variadas.[311]

A confiança acaba por se tornar elemento decisivo nas sociedades contemporâneas. A complexidade social aumenta profundamente o nível de desconfiança. É justamente a confiança que reverte esse ambiente para uma atmosfera de aparente segurança, necessária ao enfrentamento das incertezas que podem advir das tomadas de decisão[312] e, no que importa ao presente estudo, das atividades humanas. Como exposto anteriormente, o desenvolvimento tecnológico potencializou o desempenho de atividades perigosas, cujos processos são continuamente invisíveis e não transparentes aos sujeitos[313] (ao menos àqueles que potencialmente suportarão os riscos). Assim, a confiança depositada nas instituições e no conhecimento técnico e social tem um papel importante no enfrentamento do risco, porquanto este envolve um problema de conhecimento do futuro e do consenso quanto às soluções pretendidas:[314] quanto maior o conhecimento e o consenso sobre um determinado risco, mais simples será a solução com a consequente redução dos riscos. No entanto, na medida em que a ausência de informação se torna significativa, maior o papel da confiança.

A confiança pode ser entendida como *a crença na fiabilidade de uma pessoa ou sistema, considerado um determinado conjunto de resultados ou eventos, cuja crença expressa uma fé na correção de princípios abstratos*[315] (leia-se conhecimento). A crença depositada no conhecimento técnico, assim como naquele colhido da experiência humana não técnica influencia a tomada de decisão, o que

---

310. ROSA, Eugene A., et al. Op. cit., 2014, p. 2.
311. GIDDENS, Anthony. Op. cit., 1991, p. 103.
312. FACCI, Lucio Picanço. Confiança e modernidade: uma abordagem sociológica. *Revista da Emerj*, v. 15, n. 58. p. 242. Rio de Janeiro: EMERJ, 2012.
313. GIDDENS, Anthony. Op. cit., 1991, p. 44.
314. DOUGLAS, Mary. Op. cit., 2012, p. 5.
315. GIDDENS, Anthony. Op. cit., 1991, p. 45.

demonstra que o problema do risco é, também, um problema de confiança, pois esta última é o motor que permite a formação de um juízo adequado à tomada de decisão dentro de padrões legitimamente esperados dos riscos.

Assim a construção de um conceito de risco deve levar em consideração que: (i) existem determinados fatos no mundo que são objetivos, ainda que a relação de causa e efeito seja dotada de incerteza, mas cuja (ii) identificação, reconhecimento, entendimento, mensuração e tratamento são limitados pelas restrições sociais e cognitivas, isto é, o conhecimento (técnico e leigo), bem como a percepção existente ao tempo da tomada da decisão[316] e a confiança tanto daquele que produz o risco como daqueles que o suportam, e (iii) o reconhecimento de que a partir dessa tomada de decisão vigora uma incerteza relativa e perene a alguma característica do mundo que afeta a realidade humana existente.[317] Diante do que foi exposto até então, é de se propor uma noção, para fins de imputação de responsabilidade civil.

Nesse ponto, propõe-se que o *risco da atividade* seja compreendido *como uma situação ou um evento legitimamente esperado, atribuível a uma decisão humana, comissiva ou omissiva, em que um interesse juridicamente protegido se encontra sujeito a uma lesão potencial, mas cujo resultado concreto é incerto*.

Este conceito tem uma premissa evidentemente realista, pois reconhece que o risco é *real*, ele é um fato dado no mundo que resulta da pressuposição de que algum resultado é possível, mas não predeterminado, o que demonstra inegavelmente a incerteza que circunda a noção de risco. Este ponto é relevante, pois expressa o entendimento de que o risco existe ainda que não seja possível percebê-lo com o conhecimento humano produzido ao tempo da tomada de decisão.

Mas, ao mesmo tempo, identifica o risco a partir da construção social, pois exige, para a atribuição do dever de indenizar, que a situação seja legitimamente esperada, isto é, que seja apreendida e reconhecida no meio social como uma causa possível da *tomada de decisão consistente na exploração da atividade perigosa*. Isto permite que, futuramente, haja alterações na compreensão do risco, que não é estático, mas, antes, mutável e em constante transformação. Realmente, a noção de normalidade se altera à medida que despontam novos conhecimentos, o que permite uma revisão dos conceitos envolvendo os riscos de uma determinada atividade. Por fim, estabelece que o problema do risco só se coloca no campo da responsabilidade civil quando algum interesse juridicamente relevante está sujeito a alguma lesão real ou potencial, o que atrairá a incidência do dever de reparar.

---

316. LUHMAN, Niklas. Op. cit., 2008, p. 22.
317. ROSA, Eugene A., et al. Op. cit., 2014, p. 21.

Parece que a proposta aqui formulada é suficientemente abrangente e maleável de modo a abarcar os mais diversos tipos de risco, sem engessamento do poder judiciário, a ponto de permitir sua adequação às mais variadas situações que existem ou venham a existir futuramente. Mas é delimitado o suficiente para permitir a construção de critérios científicos que permitam afastar eventual fato ou evento da esfera jurídica do tomador da decisão de modo que não exista qualquer obrigação de indenizar. Retomaremos esse ponto ao tratar das excludentes de responsabilidade no Capítulo VI.

6. O FUNDAMENTO DA REPARAÇÃO DOS DANOS COMO TÉCNICA DE DISTRIBUIÇÃO/ATRIBUIÇÃO DE RISCOS

I. Por fim, para entender a razão da escolha de um conceito de risco para as ciências jurídicas, é preciso entender o fundamento da reparação na atualidade. Como afirmado por Ulrich Beck, tanto nas sociedades do período pré-moderno como nas sociedades industriais, os riscos eram visíveis e, portanto, passíveis de fácil identificação, distinguindo-se, ainda, com relativa segurança, as suas causas.[318] No entanto, a sociedade contemporânea acaba por romper o paradigma até então vigente trazendo a produção do risco a novos patamares: a produção industrial vem acompanhada de inúmeros riscos, distintos e mais graves àqueles de outras eras. As decisões tomadas ao longo da cadeia produtiva têm a capacidade de criar riscos quantitativamente expressivos e qualitativamente graves.

Nesse ponto há de se indagar, então, qual o papel que a responsabilidade civil ainda desempenha. A importância de identificar a função que o direito dos danos ocupa tem especial relevância para aplicação da teoria do risco e o fator de atribuição dos danos. Como esclarecido nos tópicos anteriores do presente capítulo, no campo da teoria do direito prevaleceu durante muito tempo o domínio de uma abordagem estruturalista em detrimento de uma abordagem funcionalista.[319] Contudo, a partir de meados do século XX inicia-se um forte movimento contra a ideia de que o Direito se esgota na análise de sua estrutura. Passa a se reconhecer que o Direito visa à uma finalidade e, esta, é determinante para a adequada organização e regulação das regras jurídicas. Nesse sentido, uma teoria crítica da sociedade, que tenha como meta, além de reconhecer como uma sociedade funciona, mas, também, como ela não funciona ou deveria funcionar,

---
318. TULLOCH, John. Op. cit., 2008, p. 146.
319. Para Norberto Bobbio: "(...) enquanto a análise estrutural introduziu e elaborou um conceito como o de ordenamento dinâmico, o qual nenhuma teoria do direito, burguesia ou proletária, pode dispensar, a análise funcional permaneceu estacionada no conceito de ordenamento coativo (...)" (BOBBIO, Norberto. Op. cit., 2007, p. 60).

não pode prescindir de uma análise funcional,[320] porquanto a "crítica de um instituto começa exatamente pela crítica à sua função, isto é, pela consideração da sua eventual função 'negativa'".[321] Só se pode avaliar efetivamente o uso de um instituto a partir do momento em que se reconhece a sua função. É nesse sentido que se torna possível entender adequadamente o funcionamento dos institutos e se eles estão em desconformidade com a finalidade pretendida. Perceber, portanto, se a responsabilidade civil é um instrumento eficaz dentro da sociedade exige entender para que ela serve, pois a criação ou regulação de seus institutos derivará, conseguintemente, de quais funções exerce (se reparatória, punitiva, preventiva etc.). Nessa linha de raciocínio, é preciso esclarecer que a função do direito não se resume a manter a ordem constituída, mas, especialmente, em modificá-la, modernizando-a às mudanças e anseios sociais.[322] No campo da reparação dos danos, as mudanças são grandes, intensas e constantes, o que exige do intérprete, ao identificar a função, considerar os princípios e valores do ordenamento jurídico.[323]

Por fim, cumpre promover um alerta preventivo quando se trata de enfrentar conceitos no campo da reparação civil. Tentar encontrar, seja uma definição, seja uma função para o direito dos danos, é uma tarefa árdua e complicada, que demanda o enfrentamento de inúmeras escolhas. Como abordado anteriormente, o tema de responsabilidade civil passou por profundas transformações que romperam os modelos tradicionais imperantes ao final do século XVIII.[324] Essas alterações decorrem em razão das particularidades da matéria afeta à responsabilidade civil. De fato, alguns ramos do direito sofrem maior ou menor influência das mudanças promovidas no tecido social. O ordenamento jurídico, em constante transformação, deve considerar as necessidades do grupo social na medida em que a comunidade evolui permanentemente, demandando novas respostas que satisfaçam novas exigências. O direito da responsabilidade civil é um desses ramos que sofre profundamente com as transformações da realidade social na medida em que trata de questões morais ligadas à concepção de justiça. Este reconhecimento leva necessariamente à outra conclusão: dificilmente há de se encontrar unanimidade nas definições presentes no debate da reparação civil, quer se trate do seu conceito ou de suas finalidades. Mas é preciso salientar que as divergências que se apresentam no campo da reparação civil não são meramente terminológicas ou elucubrações teóricas. Pelo contrário. As distinções na doutrina

---

320. BOBBIO, Norberto. Op. cit., 2007, p. 92.
321. BOBBIO, Norberto. Op. cit., 2007, p. 92.
322. Idem, p. 94.
323. PERLINGIERI, Pietro. Op. cit., 2008, p. 642.
324. PIZARRO, Ramon Daniel. *Responsabilidad civil por riesgo creado y de empresa* – contractual y extracontractual. Parte General. Tomo I. Buenos Aires: La ley, 2006, p. 3.

e na jurisprudência estão diretamente ligadas à própria noção da obrigação de indenizar. Assim, é preciso alertar que, qualquer análise que se pretenda realizar acerca do conceito ou da função da responsabilidade civil, sempre trará, consigo, a possibilidade de ser completada por novas contribuições.

II. O que significa responsabilidade? O ponto de partida para a compreensão do que se busca com a reparação dos danos consiste na compreensão de que o termo "responsabilidade" engloba um significado a indicar mudanças na autocompreensão e no estado de espírito das sociedades modernas.[325] Trata-se de um grande mecanismo de distribuição de responsabilidades entre o Estado e a sociedade e entre os próprios cidadãos, que está diretamente ligada às regras e instituições que permeiam toda a organização social. Por meio dela é possível estruturar o fluxo, quase infinito, dos acontecimentos, de tal maneira que se possa atribuir determinados fatos a uma pessoa como consequência de sua ação ou omissão.[326] Evidentemente que a busca do nexo causal entre o fato e a ação do indivíduo não pode ser arbitrária, mas, antes, é necessário ter em conta critérios de imputação[327] legitimamente construídos no processo democrático. Considerando que o ponto de partida consiste no reconhecimento de que a produção de um dano gera um desequilíbrio em toda a ordem social,[328] e que essa alteração precisa ser corrigida de modo a se restabelecer o equilíbrio outrora comprometido, é nesse contexto que se deve buscar a função que trará legitimidade aos critérios estabelecidos.

O problema das funções da responsabilidade civil não é simples. Mesmo diante do fato da responsabilidade civil ser tão antiga quanto a própria humanidade, não se encontra unanimidade acerca das suas funções.[329] Pode-se argumentar acerca de três grandes funções que seriam desempenhadas pela reparação dos danos:[330] (i) função ressarcitória ou reparatória, (ii) função punitiva e (iii) função preventiva.

---

325. GÜNTHER, Klaus. Responsabilização na sociedade civil. *Teoria da responsabilidade no estado democrático de* direito: textos de Klaus Günther. São Paulo: Saraiva, 2009, p. 2.
326. Idem, p. 6.
327. Idem, p. 6.
328. PIZARRO, Ramon Daniel. Op. cit., 2006, p. 5.
329. André Tunc lembra que ao longo dos séculos é possível identificar cinco funções: a) punição de um culpado, b) vingança da vítima, c) reparação da vítima, d) restabelecimento da ordem social, e) prevenção de comportamento antissociais. Nesse ponto, há de se considerar o magistério do autor francês para quem, a partir do século XIX, restou evidente a perda da justificativa das funções tradicionais de punição do auto do dano e de restabelecimento da ordem social. Consequentemente a responsabilidade civil manteria apenas duas funções: indenização da vítima e prevenção por dissuasão (TUNC, Andre. Op. cit., 1989, p. 133).
330. Ainda nesse ponto, poder-se-ia tratar de uma "função de demarcação". Nesse sentido, a responsabilidade civil estabeleceria uma delimitação de fronteiras entre os âmbitos de liberdade de atuação e aqueles em que se outorga uma certa proteção a determinados bens e interesses (DÍEZ-PICAZO, Luis, et LEÓN,

Como abordado anteriormente, o direito da responsabilidade civil teve uma significativa evolução ao longo dos últimos séculos, passando de uma responsabilidade coletiva nas sociedades primitivas, à uma responsabilidade individual, moralmente imputável ao causador do dano.[331] É justamente a partir do antigo direito francês, então, que há uma forte segregação entre a responsabilidade penal e civil. Apesar de que em ambas as responsabilidades há uma característica comum, isto é, a existência de um fato contrário ao direito (violação da norma jurídica), a diferença se acentua nas consequências.[332] Enquanto o direito penal visa a punir o fato cometido pelo ofensor, a responsabilidade civil mira reparar um dano cometido. E, é nesse ponto, que, a partir do século XIX, a doutrina tradicional coloca que o direito dos danos encontra seu verdadeiro e próprio fundamento.[333]

Com efeito, o decurso do tempo e a evolução da história levaram a um afastamento do caráter punitivo da responsabilidade civil,[334] muito embora tal questão não seja pacífica ou isenta de críticas. A construção da responsabilidade civil no Estado Liberal fora pautada por um forte fundamento moral,[335] lastreada na reprovabilidade do exercício da liberdade individual, valor inerente ao liberalismo vigente a ponto de se afirmar que "(...) impossível e, aliás, indesejável, banir a moral das questões de responsabilidade. Não se pode, portanto, fixar as perdas e danos

---

Ponce. *Derecho de daños*. Madrid: Civitas Ediciones, 1999, p. 43). Apesar de não ser tradicionalmente abordada na doutrina, parece que a referida função é inerente à teoria da responsabilidade civil na medida em que ela efetivamente estabelecerá os limites do exercício da liberdade individual ao fixar o standard de conduta a ser adotado pelos indivíduos ou, ao menos, fixar mecanismos para reduzir os comportamentos danosos.

331. Sobre o tema da responsabilidade civil nas sociedades primitivas, cf. Posner, Richard A. A Theory of Primitive Society, with Special Reference to Law. The *Journal of Law & Economics*, v. 23, n. 1 (Apr. 1980), p. 1-53. Sobre a questão da responsabilidade coletiva, afirma o autor: "The principle of collective responsibility-so abhorrent to modern sensibilities-may be efficient in the conditions of primitive society. The fact that any of a killer's kinsmen is fair game to the victim's kinsmen avenging his death, or, in the later stage of development, that the killer's kinsmen are collectively liable to the victim's kinsmen should the killer fail to pay the compensation that is due from him, gives the killer's (or potential killer's) kinsmen an incentive to control his conduct. They may decide to kill him themselves to avert the danger to them. More generally, they have an interest in weeding out the potential killers in their midst in order to avoid the costs in retaliation or compensation should they be harboring a killer" (Idem, p. 44). Como esse tema já foi objeto de discussão nas notas de rodapé do Capítulo I, do Título I, ater-se-á ao debate das funções da responsabilidade civil na contemporaneidade.
332. DIAS, José de Aguiar. *Da responsabilidade civil*. 11. ed. rev., atual. de acordo com o Código Civil de 2002 e aumentada por Rui Bedford Dias. Rio de Janeiro: Renovar, 2006, p. 14.
333. DE CUPIS, Adriano. *El daño – Teoria general de la responsabilidad civil*. Traducción de la 2. edición italiana y estudio preliminar por Angel Martínez Sarrión. Barcelona: Bosch, 1975, p. 750.
334. "A separação entre pena e indenização foi, assim, uma consequência dessa mentalidade, e bem se justificava, tendo em vista os objetivos a serem alcançados: era, então, imprescindível retirar da indenização qualquer conotação punitiva; a pena dirá respeito ao Estado e a reparação, mediante indenização, exclusivamente ao cidadão". MORAES, Maria Celina, Bodin de. *Danos a pessoa humana*: uma leitura civil-constitucional dos danos morais. Rio de Janeiro: Renovar, 2003, p. 202.
335. RIPERT, Georges. *A regra moral nas obrigações civis*. Campinas: Bookseller, 2002, p. 333.

completamente independentes da maior ou menor culpabilidade do réu".[336] Mas o processo industrial, aliado ao movimento de socialização dos riscos, levou a reparação dos danos a novos rumos, mitigando aquela noção de responsabilidade civil, modificando seu fundamento ético-jurídico, que passou a centrar seus esforços na proteção das vítimas e na criação de mecanismos de diluição de riscos. Nesse ponto, não há dúvidas de que a responsabilidade civil efetivamente desempenha uma função ressarcitória ou reparatória, necessária à recolocação da vítima na situação em que se encontrava antes da causação do dano.[337]

Contudo, nesse início de século XXI, embora seja notável a profusão dos mecanismos de pulverização dos riscos, percebe-se, tanto na jurisprudência como na doutrina, pautado por uma realidade social que encontra na justiça retributiva algum tipo de alento, a busca pela inclusão de uma função punitiva e preventiva, para além da ressarcitória. De um lado visualiza-se (i) uma exacerbação do caráter punitivo no âmbito da reparação dos danos, de modo a inibir comportamento agressivos, especialmente na figura do dano moral. Por outro, diante da gravidade dos danos existenciais, que afetam a pessoa humana na sua integridade, isto é, naqueles atributos inerentes à condição de pessoa, cuja reparação é notadamente impossível, observa-se (ii) um movimento doutrinário na busca pela prevenção e/ou precaução.

A ideia de função punitiva da responsabilidade civil, objeto da tese "L'idée de peine priveé en droit civil contemporain" de Hugueneym,[338] foi aprofundada e defendida por Boris Starck em sua obra "Essai d'une théorie générale de la responsabilité civile considerée en sa double fonction de garantie et de peine privée". Nesta obra, Boris Starck defendia que qualquer ordenamento jurídico que ignora a necessidade de prevenção careceria de qualquer valor positivo, razão pela qual

---

336. SAVATIER, RENEÉ. *Traité de responsabilité civile*. Paris : L.G.D.J : R. Pichon et R. Durand-Auzias, 1951, p. 187.
337. O conteúdo do direito à reparação da vítima reside na ideia de remover ou reparar um dano ou prejuízo sofrido por outrem (COSTA, Mário Júlio Almeida. *Direito das obrigações*. 10. ed. reelaborada. Coimbra: Almedina, 2006, p. 759. Nesse sentido, também: ANTUNES VARELA, João de Matos, *Das obrigações em geral*. 10. ed. Coimbra: Almedina, 2000, t. I, p. 878), de modo a garantir o retorno ao *status quo ante*. Contudo, não se pode olvidar que uma vez ocorrido o dano é impossível desfazê-lo (DE CUPIS, Adriano. *El daño – Teoria general de la responsabilidad civil*. Traducción de la 2. edición italiana y estudio preliminar por Angel Martínez Sarrión. Barcelona: Bosch, 1975, p. 748). Nesse sentido, já se afirmou que que, quando da reparação, "...poder-se-á fazer cessar os seus efeitos presentes e futuros mediante o emprêgo de medidas apropriadas, mas nunca converter acontecimentos que realmente se deram no passado em acontecimentos não produzidos" (FISCHER, Hans Albrecht. Op. cit., 1938, p. 139). Assim, o direito à reparação consistirá na remoção das consequências jurídicas presentes e futuras do fato danoso, proporcionando uma compensação àquele que em virtude de certos atos sofreu um dano ou um menoscabo (LARENZ, Karl. *Derecho de obligaciones*. Tomo I. Madrid: Editorial Revista de Derecho Privado, 1958-1959, p. 190).
338. HUGUENEY, Louis. *L'idée de peine privée en droit contemporain, thèse de doctorat*. Paris: A. Rousseau, 1904.

o direito civil desempenharia o papel de complementar o direito penal de modo a prevenir comportamentos danosos.[339] O autor afirmava que entre a prática de um crime e uma simples falsidade, há mil graus intermediários que o direito penal não pode alcançar e que permaneceriam sem qualquer sanção jurídica, a menos que o direito civil tivesse esse caráter de pena privada.[340] Apesar de sedutora, a tese de Boris Starck não foi endossada pela doutrina dominante à época. A tese central de Starck foi profundamente criticada pela doutrina dominante ao argumento de que (i) repousaria sobre a ideia bárbara de vingança, (ii) contrariaria a evolução histórica da constante abolição de penas privas e da objetivação da responsabilidade civil, (iii) a pena privada atenta contra a organização jurídica das democracias liberais fundadas na separação entre direito civil e penal, e (iv) a pena privada, ao se afastar da regra de reparação integral, conduz ao empobrecimento ou enriquecimento injusto da vítima.

Em relação à primeira crítica, Starck afirmava que seria um exagero, pois não haveria qualquer similitude entre a responsabilidade civil atual e àquela das sociedades primitivas. Afirmava, o autor, que a ideia de vingança das épocas primitivas era desprovida de qualquer senso moral, o que não é o caso atualmente, cuja pena privada recairia apenas sobre o indivíduo imputável por uma conduta ilícita. Quanto à segunda crítica Boris ressalta que na realidade não há uma abolição da pena, mas apenas uma evolução da técnica do direito, isto é, um aperfeiçoamento dos meios empregados e afirma que a pena privada é uma constante. Em relação à terceira crítica, o autor lembra que a oposição entre direito penal e civil é puramente contingente e que o uso da culpa pode permitir ao juiz colaborar por seus próprios meios à regra geral de prevenção. Por fim, quanto à última crítica, esclarece que não há qualquer injustiça, porquanto existem diversas regras no Código Civil Francês que levam a uma indenização não integral e que, nem por isso, seriam ilegais. A ideia de pena privada se pautaria, assim, numa indenização equitativa.

A tese do caráter punitivo, embora tenha ganhado adeptos, não foi seguida majoritariamente na doutrina e jurisprudência de meados do século passado. Contudo, ao final do século XX percebe-se um incremento exponencial da aplicação de um "caráter punitivo" ou "socioeducativo" na prática judicial, cujo escopo é reduzir a ocorrência de danos. Atualmente, é possível visualizar uma posição quase sedimentada na jurisprudência e majoritária na doutrina[341] em afirmar

---

339. STARCK, Boris. *Essai d'une théorie générale de la responsabilité civile considerée en sa double fonction de garantie et de peine privée*. Paris: L. Rodstein, 1947, p. 355.
340. Idem, p. 368.
341. "Uma certa ineficácia do instrumento ressarcitório, sobretudo no campo de lesões a interesses coletivos e extrapatrimoniais, no eco de um 'sentimento de insatisfação com os institutos tradicionais', veio

que, na reparação dos danos morais, a responsabilidade civil exerce uma dupla função compensatória e punitiva,[342] semelhante aos *punitive damages* do direito norte-americano.[343] A justificativa permanece aquela oferecida por Boris Starck: a insuficiência do direito penal para lidar com a enormidade de situações.[344]

Apesar das notáveis construções teóricas para justificar o caráter punitivo, tal função não parece adequada à noção de reparação civil. Em verdade, a reparação dos danos não pode consistir numa punição. Como o próprio nome informa, o direito dos danos gira em torno do dano, de modo a fazer cessar os efeitos que a lesão produziu. Admitir um caráter punitivo poderia levar à um enriquecimento sem causa da vítima ou, ainda, a uma indenização aquém dos prejuízos sofridos, a depender do grau de culpa do ofensor. Mas, para além disso, a partir do século XIX há, efetivamente uma modificação do pensamento jurídico acerca das finalidades da responsabilidade civil que perde seu caráter moralizador.[345]

---

despertar a doutrina e a jurisprudência para a busca de novos meios de tutela das relações privadas. TEPEDINO, Gustavo e SCHREIBER, Anderson. As penas privadas no direito brasileiro. In: SARMENTO, Daniel e GALDINO, Flavio (Org.). *Direitos Fundamentais:* Estudos em homenagem ao professor Ricardo Lobo Torres. Rio de Janeiro: Renovar, 2006, p. 501.

342. PEREIRA, Caio Mário da Silva. *Responsabilidade Civil*. Rio de Janeiro: Forense, 1989. CAVALIERI FILHO, Sergio. *Programa de responsabilidade civil*. 7. ed. São Paulo: Atlas, 2007. Não obstante, boa parte da doutrina critica a ideia de conferir um caráter punitivo ao dano moral: MORAES, Maria Celina, Bodin de. Danos a pessoa humana: uma leitura civil-constitucional dos danos morais. Rio de Janeiro: Renovar, 2003. Da mesma autora, Punitive damages em sistemas civilistas: problemas e perspectivas. *Revista Trimestral de Direito Civil*, v. 18, Rio de Janeiro: Padma. V., também, SCHREIBER, Anderson. *Novos paradigmas da responsabilidade civil: da erosão dos filtros da reparação à diluição dos danos*. São Paulo: Atlas, 2007. Ainda esse autor, SCHREIBER, Anderson. Arbitramento do dano moral no novo Código Civil. *Revista Trimestral de Direito Civil*, v. 12, Rio de Janeiro: Padma, 2002. Ainda: SILVA, Wilson Melo da. *O dano moral e sua reparação*. 3. ed. Ver. e ampl. Rio de Janeiro: Forense, 1983. GONÇALVES, Carlos Roberto, *Responsabilidade civil*. 9. ed. rev. de acordo com o novo Código Civil, São Paulo: Saraiva, 2006.

343. Importante o alerta de Anderson Schreiber ao afirmar que "Sob o ponto de vista técnico, é importante notar que, diferentemente, do que vem ocorrendo no Brasil, o caráter punitivo não se encontra no sistema norte-americano vinculado à reparação do dano moral. Ao contrário: os punitive damages aparecem geralmente em casos de danos meramente materiais. Isto porque as hipóteses de compensação de dano exclusivamente moral (rectius: sem lesão patrimonial ou física) são muito reduzidos no direito norte-americano como um todo. (...) De qualquer forma, os punitive damages aparecem sempre como uma categoria claramente diversa dos compensatory damages, sob os quais se incluem as reparações de danos materiais (material damage) e morais (emotinal damages). Nas decisões das cortes norte-americanas, os valores e os fundamentos das indenizações compensatória e punitiva jamais se misturam, mesmo porque esta última só é autorizada em hipóteses excepcionais, de acordo com a legislação de cada Estado norte-americano, sendo certo que tais hipóteses atualmente vêm sendo cada vez mais restringidas". SCHREIBER, Anderson. Arbitramento do dano moral no novo Código Civil. *Revista Trimestral de Direito Civil*, v. 12, p. 18. Rio de Janeiro: Padma, 2002.

344. Cf. ROSENVALD, Nelson. *As funções da responsabilidade civil*. 2. ed. São Paulo: Atlas, 2014, p. 31 Para o autor, a "insuficiência das soluções oferecidas pelos meios reparatórios de responsabilidade implica a necessidade do ordenamento jurídico ir além da reparação propriamente dita e investir em sanções diversas e mais efetivas, sem que com isto tenha de recorrer ao extremo do direito penal".

345. HOLMES Jr., Oliver Wendel. *The common* law. Boston: Little, Brown and Company, 1923, p. 162.

Reconhece-se que, em vez de uma justiça corretiva, que busca identificar aqueles que cometem ilícito, o direito dos danos deve servir como um instrumento para alcançar objetivos sociais.[346]

De modo a contornar este óbice, procura-se fundamentar a referida tendência punitivista na necessidade de modernizar a responsabilidade civil diante de novas formas de danos irreparáveis ou insuscetíveis de quantificação (tais como danos à saúde, danos biológicos, danos ambientais, danos nucleares) e do enriquecimento injusto do autor do fato ilícito.[347] A função punitiva, assim, levaria à consagração de uma função de prevenção, que teria o condão de inibir comportamentos que viessem a ser insuscetíveis de reparação ou, ao menos, cuja quantificação é tão complexa que jamais poderiam ser corretamente indenizados, de modo a assegurar uma eficaz tutela da pessoa humana.[348]

A ideia de prevenção tem sido objeto de profundos estudos no início de século, obtendo destaque o trabalho de Catherine Thibierge, "Libres propos sur l'évolution du droit de la responsabilité vers un élargissement de la fonction de la responsabilité civile",[349] cujo objetivo era postular um alargamento da noção de responsabilidade de modo a fazer gestão aos novos danos, com a adoção de medidas de antecipação e prevenção. Cyril Sintez explica que a responsabilidade civil estabelece normas de comportamento e, conseguintemente, produz um efeito dissuasivo. Ela busca antecipar a ocorrência do risco de dano grave e irreversível em certos domínios.[350] Se a reparação civil representa um incentivo aos comportamentos socialmente desejáveis, como afirmado anteriormente, parece fácil chegar à conclusão de que ela exerce um papel preventivo.[351] De fato, esta função é inerente ao sistema de responsabilidade civil, pois o ofensor sofrerá um desfalque patrimonial caso venha a produzir um dano injusto, de modo que a

---

346. TILLEY, Cristina Carmody. Tort law inside out. *The yale law journal.* 126:1320, 2017, p. 1326-27.
347. LOURENÇO, Paula Meira. *A função punitiva da responsabilidade civil.* Coimbra: Coimbra Editora, 2006, p. 373.
348. Idem, p. 380. No mesmo sentido, Menezes Cordeiro reforça a necessidade de insistir na operacionalidade do princípio da prevenção. Afirma: "A tutela cível, fundamentalmente alicerçada, na proteção aquiliana, torna-se imprescindível para restituir, ao cidadão, a confiança na lei e nas instituições. Há, pois, que facilitar a imputação aquiliana, no tocante a danos morais, quer aligeirando – tanto quanto a correcta interpretação da lei o permita – os seus pressupostos, quer reforçando as indemnizações. O Objectivo – a tutela das pessoas – justifica-o" (CORDEIRO, Antonio Menezes. Op. cit., 2017, p. 421).
349. THIBIERGE, Catherine. Libres propos sur l'évolution du droit de la responsabilité vers un élargissement de la fonction de la responsabilité civile. *RTDciv.,* 1999, p. 561 e seguinte. Em seu texto, a autora chega sugerir o relaxamento do regime da responsabilidade civil especialmente no que tange à figura do dano.
350. SINTEZ, Cyril. La sanction préventive en droit de la responsabilité civile – contribution à la théorie de l'interprétation et de la mise en effet des normes. Thèse présentée à la Faculté des études supérieures en vue de l'obtention du grade de docteur en droit Universite de Montreal, 2009, p. 35.
351. LOPEZ, Teresa Ancona. *Princípio da precaução e evolução da responsabilidade civil.* São Paulo: Quartier Latin, 2010, p. 78.

função de prevenção de comportamento antissociais está presente,[352] ainda que ela seja mais ampla do que se a doutrina tradicional apontava.[353]

A responsabilidade civil pode desempenhar inúmeras funções, a depender do fim almejado pelo ordenamento jurídico. Parece não haver dúvidas que a responsabilidade civil exerce uma função reparatória ou ressarcitória, cujo escopo é recompor o equilíbrio outrora perdido com a lesão a um interesse juridicamente protegido. Mas ela também exerce uma importante função preventiva,[354] de forma a impedir que certos danos graves, que não podem ser reparados ou são de difícil reparação sejam evitados. Essas funções, ao serem desempenhadas, contudo, estão ao serviço de um projeto mais amplo presente no ordenamento: a *redução dos riscos e, consequentemente, dos danos na sociedade*. Do ponto de vista sociológico, o que se pretende com a reparação dos danos é decidir quem deverá arcar com o fato ou, nas palavras de Klaus Günther, definir *"qual das muitas pessoas entrelaçadas na densa rede das interações sociais será escolhida e isolada para que se atribua o acontecimento (...)".*[355] A prevenção e a reparação implicam, portanto, numa tentativa de redução dos riscos e prejuízos esperados e, nesse contexto, o uso correto dessas funções passa necessariamente pelo reconhecimento do que efetivamente é a responsabilidade civil: uma técnica de atribuição de riscos.

Nesse contexto, a questão mais delicada da responsabilidade civil consiste, hoje, no conceito de atribuição, isto é, identificar a adequada atribuição. A lei não tem como prever de antemão todas as possíveis condutas e todos os possíveis danos que podem resultar dos comportamentos adotados pelos sujeitos inseridos na sociedade. As democracias liberais, ao garantirem a liberdade dos indivíduos, estabeleceram a possibilidade de cada indivíduo adotar os comportamentos que

---

352. Para André Tunc: "La prévention est une fonction de la responsabilité civile qui ne peut gère être discutée. Elle est ancienne, mais elle reste valable, même si des fautes innombrables sont tous les jours commises par des personnes qui espèrent échapper à toute responsabilité et y parviennent et même s'il n'y a aucune chance d'empêcher les hommes de commettre des erreurs" (TUNC, André. *La responsabilité civile*. 2. ed. Paris: Economica, 1989, p. 134). Nesse mesmo sentido, podemos afirmar que as sanções sucessivas, isto é. Aquelas que funcionam como reação a um ato não conforme, também podem conter, incidentalmente um caráter preventivo. BOBBIO, Norberto. *Da estrutura à função*: novos estudos de teoria do direito. Trad. De Daniela Beccaccia Versiani; revisão técnica de Orlando Seixas Bechara, Renata Nagamine. Barueri, SP: Manole, 2007, p. 26.
353. Importante frisar que a função preventiva não se esgota apenas no caráter sancionatório da responsabilidade civil, mas, antes, contemporaneamente, inclui-se uma série de possibilidades à disposição do titular de um interesse juridicamente protegido, que não se esgota naquele modelo clássico de intervenção do direito no momento patológico, quando o dano já fora causado. Nesse sentido, poder-se-á se valer de ações ainda numa fase preventiva de modo a fazer cessar a ameaça de lesão (cf. LOPEZ, Teresa Ancona. Op. cit., 2010, p. 80).
354. Nesse ponto, procura-se se afastar da concepção do caráter punitivo que, diante das problemáticas que suscita, não necessariamente produz o efeito preventivo desejado, muito embora seja uma escolha possível no campo da política que envolve a responsabilidade civil. V. Capítulo II, Tópico 6.
355. GÜNTHER, Klaus. Op. cit., 2009, p. 7.

melhor lhes aprouver. Em outras palavras, as democracias modernas outorgam liberdade para que os produtores de riscos avaliem o risco que podem vir a dar causa, ao mesmo tempo em que estabelece a imputabilidade de danos causados.[356]

A produção de riscos nas sociedades contemporâneas levanta as questões atinentes a quem deve suportá-los, pois como exposto anteriormente, a lógica da nova estrutura social reside na adequada distribuição dos riscos e, conseguintemente, de atribuição.[357] Como afirma Ulrich Beck a complexidade da modernização dificulta a imputação da responsabilidade civil ao acarretar a ausência de causas específicas e responsabilidades isoláveis.[358] Logo, é preciso superar uma concepção tradicional e formalista da responsabilidade civil para encontrar nela *um mecanismo de adequada atribuição de riscos* de modo a garantir a efetiva reparação das vítimas e a prevenção a comportamentos danosos, incentivando os indivíduos a adotarem comportamentos socialmente desejáveis que reduzam a ocorrência de danos no corpo social.

Discorrendo acerca de imputação e justa distribuição de riscos, Ana Mafalda de Miranda Barbosa esclarece que o risco "não é apenas definido segundo o aumento de probabilidade de ocorrência da lesão, mas de acordo com a ideia de responsabilidade pessoal, enquanto responsabilidade pelo outro e enquanto autorresponsabilidade".[359] Continuando, a autora reafirma que o problema da imputação não pode ser resolvido sem uma apropriada distribuição dos riscos. Eis a verdadeira função da responsabilidade civil no contexto do desenvolvimento das atividades que envolvem algum grau de risco, muito embora permaneçam diversas outras funções inerentes, em especial a ressarcitória e preventiva.

A atribuição de riscos à uma conduta humana acaba por ser uma atribuição causal, inerentemente ligada ao axioma da causa e efeito. Contudo, é preciso reconhecer as inúmeras dificuldades em compreender as causas de um dano, o que acaba por impedir a reparação das vítimas. Diante da complexidade da atividade humana tecnológica, a constatação da causalidade nos riscos da modernidade é, por questões teórico-científicas, impossível ou de difícil alcance.[360] A busca pela causalidade, então, desloca-se de modo a identificar uma atribuição adequada aos anseios de proteção, prevenção e reparação. Em outras palavras, a atribuição

---

356. LUHMANN, Niklas. Op. cit., 2008, p. 61.
357. Idem, p. 118.
358. BECK, Ulrich. Op. cit., 2010, p. 15.
359. BARBOSA, Ana Mafalda Castanheira Neves de Miranda. *Do nexo de causalidade ao nexo de imputação* – contributo para a compreensão da natureza binária e personalística do requisito causal ao nível da responsabilidade civil extracontratual. Cascais: Princípia, 2013, v. II, p. 762.
360. BECK, Ulrich. Op. cit., 2010, p. 75. Para Ripstein: "There is no way of drawing boundaries around risks in terms of natural causation, because the risks of causing things are even more indeterminate than the fact of causing things" (RIPSTEIN, Arthur. Op. cit., 2004, p. 45).

da responsabilidade, em verdade, passa a consistir numa atribuição de riscos e uma escolha social sobre a quem deve recair o risco e, consequentemente, o dano sofrido. Aqui, é necessário reconhecer o papel que o princípio da causalidade desempenha na discussão entre risco e direito.

O princípio da causalidade é a chave mestra na discussão da atribuição da responsabilidade civil, pois ele terá a finalidade de (i) reconhecimento ou (ii) refutação do dever de indenizar, pois, afinal, classicamente reconhece-se a responsabilidade civil somente quando constatada "uma relação de causalidade entre a culpa e o prejuízo".[361] Todavia, é de conhecimento que os riscos da modernização, em especial aqueles decorrentes do intenso desenvolvimento tecnológico, em virtude da sua estrutura, absolutamente distintas de outras eras, não são adequadamente lidos segundo o princípio da causalidade.[362] A multiplicidade de "causas", condições, fatores, vicissitudes e suscetibilidades tornam inviável a definição da causa jurídica apta a reconhecer o dever de indenizar. O conceito tradicional de causalidade, então, se torna inadequado à efetiva proteção da vítima, o que exige do operador do direito uma postura ativa e crítica na investigação causal, que tem levado a busca pela causa a novos horizontes com mecanismos de suposição ou presunção de causalidade.[363]

Entendendo-se a reparação dos danos como um grande mecanismo de atribuição de riscos garantindo-se a efetiva reparação das vítimas, assim como a prevenção a comportamentos danosos, incentivando os sujeitos à adoção de comportamento socialmente desejáveis, é possível entender o princípio da causalidade na atualidade.

---

361. PLANIOL, Marcel e RIPERT, Georges. Op. cit., 1952, p. 730.
362. BECK, Ulrich. Op. cit., 2010, p. 76.
363. Sobre o tema, cf. MULHOLLAND, Caitlin. Sampaio. *A responsabilidade civil por presunção de causalidade*. Rio de Janeiro: GZ, 2009.

Capítulo III
O VÍNCULO DE CAUSALIDADE

7. O OCASO DA CULPA E A CRESCENTE IMPORTÂNCIA DO LIAME CAUSAL

A construção da teoria geral da responsabilidade civil clássica, como a compreendemos, é delineada no antigo direito civil francês e consagrada na codificação do século XIX, trazendo como elemento central a culpa, tornando-se, então o seu próprio fundamento.[364]

As constantes mudanças sociais e jurídicas dentro da responsabilidade civil, no entanto, conduziram os intérpretes a novas concepções acerca da noção de culpa.[365] De fato, se durante muito tempo a culpa foi tida como a pedra angular do sistema de responsabilidade civil,[366] atualmente o seu papel encontra-se profundamente atenuado.[367] A superação da concepção psicológica da culpa foi uma evolução natural de seu conteúdo.[368] O abandono de uma noção de culpa atrelada exclusivamente à uma valoração moral, ou melhor, à um juízo de reprovação moral da ação do indivíduo[369] foi uma consequência normal das insuficiências

---

364. PLANIOL, Marcel e RIPERT, Georges. Op. cit., 1952, p. 641.
365. "Esta teoría [fundada na gravidade da culpa] ingeniosa y facticia ya muy combatida en el antiguo Derecho, fué abandonada por el Código. (...) En otros términos, la ley actual sigue la antigua opción romana de la culpa levis in abstracto, y condena la subdivisión en culpa grave, culpa leve y levísima introducida por los comentadores" PLANIOL, Marcel e RIPERT, Georges. *Tratado elemental de derecho civil* – las obligaciones. Trad. Jose M. Cajica Jr. México: Cardenas Editor y Distribuidor, 1983, p. 176.
366. "Durante o decurso do século XIX, os juristas não duvidaram de que a responsabilidade civil assentasse sobre a culpa" RIPERT, Georges. *A regra moral nas obrigações civis*. Campinas: Bookseller, 2002, p. 207.
367. "Poucos conceitos jurídicos sofreram, nos últimos séculos, tantas transformações em sua ontologia quanto a culpa" SCHREIBER, Anderson. *Novos paradigmas da responsabilidade civil*: da erosão dos filtros da reparação à diluição dos danos. São Paulo: Atlas, 2007, p. 33.
368. As concepções sobre a culpa são um tema de fundamental importância. É leitura obrigatória: LIMA, Alvino, *Culpa e Risco*. 2. ed. rev. e atual. pelo Prof. Ovídio Rocha Barros Sandoval, São Paulo: Ed. RT, 1998. SILVA, Wilson Melo da. *Responsabilidade sem culpa*. 2. ed. São Paulo: Saraiva, 1974. MORAES, Maria Celina, Bodin de. *Danos a pessoa humana*: uma leitura civil-constitucional dos danos morais. Rio de Janeiro: Renovar, 2003. SCHREIBER, Anderson. *Novos paradigmas da responsabilidade civil*: da erosão dos filtros da reparação à diluição dos danos. São Paulo: Atlas, 2007. CALIXTO, Marcelo Junqueira. *A culpa na responsabilidade civil* – estrutura e função. Rio de Janeiro: Renovar, 2008.
369. MORAES, Maria Celina, Bodin de. *Danos a pessoa humana*: uma leitura civil-constitucional dos danos morais. Rio de Janeiro: Renovar, 2003, p. 210.

que essa doutrina abarcava. Considerada como um verdadeiro "pecado jurídico", a noção psicológica da culpa exigia que o magistrado adentrasse o estado anímico do agente. Em outras palavras, carregada de uma ideologia fundada em contornos morais, a análise do atuar culposo do ofensor incidia em um subjetivismo exagerado. A crítica feita a essa concepção, e que implicou numa mudança da cultura jurídica,[370] era que a prova da culpa, isto é, a demonstração cabal dos impulsos anímicos do ofensor,[371] constituía um óbice insuperável à reparação da vítima.

Este insuperável óbice teve como consequência a necessária revisão do conceito de culpa. Consagrou-se, então, a sua concepção normativa ou objetiva,[372] segundo a qual passa a ser considerada como um erro de conduta[373] e não mais como o estado anímico do agente.[374] Através desta noção, portanto, compara-se a conduta do lesante com um modelo geral de comportamento. A diferença da concepção clássica para a concepção normativa é que nesta não se exige a busca de elementos subjetivos do agente, mas um agir conforme um padrão de conduta (*standard*). A culpa passou a representar a violação de um arquétipo de conduta.[375]

Esta concepção teve como vantagem atenuar o problema da prova da culpa, pois bastaria confrontar a conduta efetiva do ofensor e a conduta padrão e abstrata que ele deveria ter adotado. No entanto, se por um lado ela facilitou o ônus da prova da vítima, por outro, trouxe, como consequência, a dificuldade em se estabelecer o padrão de conduta,[376] pois qual seria o padrão de comportamento

---

370. Essa mudança incluiu diversas tendências, desde os processos técnicos de ampliação da culpa, a multiplicação das presunções de culpa até a adoção da responsabilidade objetiva. Para maiores aprofundamento, cf. LIMA, Alvino, *Culpa e risco*. 2. ed. rev. e atual. pelo Prof. Ovídio Rocha Barros Sandoval, São Paulo: Ed. RT, 1998. SILVA, Wilson Melo da. *Responsabilidade sem culpa*. 2. ed. São Paulo: Saraiva, 1974.
371. SCHREIBER, Anderson. Op. cit., p. 16.
372. Não se deve confundir culpa objetiva com responsabilidade objetiva. Na primeira a responsabilidade do agente permanece fundada na culpa, mas esta, ao em vez de ser apreendida de elementos subjetivos, é analisada pela própria conduta do agente. Na segunda, a responsabilidade surge independentemente da existência de culpa.
373. Neste sentido: PEREIRA, Caio Mário da Silva. *Responsabilidade Civil*. Rio de Janeiro: Forense, 1989. CAVALIERI FILHO, Sergio. *Programa de responsabilidade civil*. 7. ed. São Paulo: Atlas, 2007. SCHREIBER, Anderson. *Novos paradigmas da responsabilidade civil*: da erosão dos filtros da reparação à diluição dos danos. São Paulo: Atlas, 2007. MORAES, Maria Celina, Bodin de. *Danos a pessoa humana*: uma leitura civil-constitucional dos danos morais. Rio de Janeiro: Renovar, 2003. LIMA, Alvino, *Culpa e risco*. 2. ed. rev. e atual. pelo Prof. Ovídio Rocha Barros Sandoval. São Paulo: Ed. RT 1998. CALIXTO, Marcelo Junqueira. *A culpa na responsabilidade civil* – estrutura e função. Rio de Janeiro: Renovar, 2008, dentre outros.
374. "Según este artículo el deudor está obligado a poner en el cumplimiento de su obligación todo el cuidado de un buen padre de familia, ya sea que el contrato tenga por objeto la utilidad de una sola de las partes o que sea común" PLANIOL, Marcel e RIPERT, Georges. *Tratado elemental de derecho civil – las obligaciones*. Trad. Jose M. Cajica Jr. México: Cardenas Editor y Distribuidor, 1983, p. 176.
375. MORAES, Maria Celina Bodin de. *Danos a pessoa humana*: uma leitura civil-constitucional dos danos morais. Rio de Janeiro: Renovar, 2003, p. 212.
376. CALIXTO, Marcelo Junqueira. *A culpa na responsabilidade civil* – estrutura e função. Rio de Janeiro: Renovar, 2008, p. 11.

a ser adotado pelo ofensor no caso concreto? De modo a superar esta questão, procurou-se estabelecer um padrão de diligência razoável que um homem prudente adotaria.[377] A definição de quem seria o homem prudente, o *bonus pater família*, também levantaria outra dificuldade, afinal, qual seria o comportamento diligente que um sujeito de atenção ordinária adotaria? As críticas se avolumaram no sentido de que um único sujeito não pode adotar o mesmo comportamento diligente para o desempenho de ações tão distintas nas mais variadas facetas da vida cotidiana, porquanto isto levaria a noção do famoso homem médio a um padrão irreal e atemporal[378] na medida em que este sujeito abstrato não existira em lugar nenhum e em tempo algum. A busca por um conceito menos abstrato e mais próximo da realidade e das intempéries da vida levou ao que se denominou de fragmentação dos modelos de conduta,[379] ou seja, a contextualização dos *standards* de conduta às circunstâncias do caso concreto.[380] Em outras palavras, por meio desse mecanismo, de modo a estabelecer um arquétipo de conduta mais próximo da situação do caso concreto, criar-se-ão "tantos modelos de diligência quantos forem os tipos de conduta (...), de modo que os parâmetros, entre os tipos, serão variáveis".[381]

Ocorre que, mesmo diante da flexibilização desse pressuposto da responsabilidade civil, a culpa sofreu uma profunda derrocada nos últimos dois séculos. Ficou patente, especialmente ao longo do século XX, a insuficiência que a teoria geral da responsabilidade civil trazia em seu bojo. A dificuldade de demonstração desse requisito nas ações judiciais, especialmente diante das novas tecnologias e dos chamados danos anônimos levou a teoria dos danos a exorbitar os estreitos limites da culpa e encontrar o fundamento da responsabilidade civil no risco. Assim, o alargamento das hipóteses de responsabilidade civil demonstra inequivocamente o caminho traçado pela responsabilidade civil que relega, na prática

---

377. "Procede com culpa quem age ilicitamente, podendo e devendo, na emergência, ter atuado de maneira diferente". GOMES, Luiz Roldão de Freitas. *Elementos de responsabilidade civil*. Rio de Janeiro: Renovar, 2000, p. 55.
378. CALIXTO, Marcelo Junqueira. Op. cit., 2008, p. 11.
379. SCHREIBER, Anderson. *Novos paradigmas da responsabilidade civil*: da erosão dos filtros da reparação à diluição dos danos. São Paulo: Atlas, 2007, p. 40.
380. CALIXTO, Marcelo Junqueira. Op. cit., p. 11.
381. MORAES, Maria Celina Bodin de. Op. cit., p. 213. Sob esse aspecto, Anderson Schreiber lembra que: "Na construção de tais modelos, as cortes não se têm baseado tão somente na consciência judicial, mas se socorrido, saudavelmente, de parâmetros externos. Mesmo fora do âmbito daqueles casos que tradicionalmente exigem perícia (como os relacionados a erro médico), os magistrados têm buscado recursos na sociedade para a formação dos *standards* de conduta, valendo-se, por exemplo, de diretrizes emitidas por associações profissionais, de códigos de conduta especializados mesmo desprovidos de valor normativo, da oitiva de assistentes judiciais especializados" SCHREIBER, Anderson. Op. cit., p. 40. Para um maior aprofundamento acerca da evolução da noção de culpa normativa vide, ainda, CALIXTO, Marcelo Junqueira. Op. cit., 2008.

brasileira, as hipóteses de responsabilidade civil fundada na culpa para segundo plano. De fato, na experiência brasileira, os dois principais eixos de ações indenizatórias – ações de reparação contra o Estado[382] e ações reparatórias nas relações de consumo[383] – se pautam pela responsabilidade civil independente de culpa.

A escolha legislativa pela prevalência de situações de responsabilidade objetiva, cuja análise da culpa é despicienda, demonstrou, não apenas o seu ocaso, mas também, o reconhecimento de outro elemento determinante na atribuição de responsabilidade. Na medida em que a análise da culpa é irrelevante para configuração do dever de indenizar, o debate fica circunscrito ao efetivo causador do dano, porquanto, em regra, nas ações indenizatórias em curso, dificilmente deixará de existir um prejuízo. Percebe-se dessa maneira uma crescente importância do nexo de causalidade que passa a ser o ponto de destaque das ações indenizatórias.

8. O LIAME CAUSAL: DA CAUSA NATURAL À CAUSA JURÍDICA

I. Como se teve a oportunidade de ver, o princípio da causalidade é, hoje, ponto central no debate acerca da atribuição dos riscos nas sociedades contemporâneas, porquanto o seu correto entendimento e a sua adequada aplicação terão o condão de afirmar ou afastar o dever de indenizar.

Reconhece-se que para a atribuição da responsabilidade civil, além da constatação da ocorrência de um dano, é fundamental a presença de um requisito inconteste:[384] a existência de um vínculo de causa e efeito entre o

---

382. O art. 37, § 6º, da CRFB/88 consagrou a responsabilidade civil objetiva do Estado, não obstante ainda exista grande debate acerca do sistema de responsabilidade aplicável no caso de responsabilidade civil do Estado por ato omissivo. Sobre o tema, cf. TEPEDINO, Gustavo. A evolução da responsabilidade civil no direito brasileiro e suas controvérsias na atividade estatal. *Temas de direito civil*. 3. ed. Rio de Janeiro: Renovar, 2004.
383. O Código de Defesa do Consumidor é expresso ao estabelecer que fabricante, o produtor, o construtor, nacional ou estrangeiro, e o importador, assim como fornecedor de serviços, respondem, independentemente da existência de culpa, pela reparação dos danos causados aos consumidores. A única exceção feita pelo legislador nas relações de consumo diz respeito à responsabilidade dos profissionais liberais, que será apurada mediante verificação de culpa, nos termos do art. 14, §4º, do CDC. Cf. BENJAMIN, Antonio Herman V et al. Op. cit., 2014, p. 192.
384. LALOU, Henri. *Traité pratique de la responsabilité civile*. 6.ed. Paris: Dalloz, 1962, p. 192, TOURNEAU, Philippe le. Op. cit., 1976, p. 188. Parece importante, no entanto, o alerta de Eduardo Nunes de Souza (SOUZA, Eduardo Nunes. Em defesa do nexo causal: culpa, imputação e causalidade na responsabilidade civil. In: SOUZA, Eduardo Nunes de e SILVA, Rodrigo da Guia (Coord.). *Controvérsias atuais em responsabilidade civil*: estudos de direito civil-constitucional. Almedina, 2018, p. 92) ao se posicionar contra um possível movimento doutrinário que busca estabelecer responsabilidade civil, ainda que ausente o nexo de causalidade, independentemente de previsão legislativa. Isto é, parcela da doutrina brasileira tem buscado autorizar o dever de indenizar a partir da verificação apenas do nexo de imputação, inda que inexistente o nexo de causalidade. Nesse sentido, Luiz Edson Fachin afirma: "Situação

fato,[385] comissivo ou omissivo, do ofensor e o prejuízo.[386] É necessário que os prejuízos tenham como causa o ato do ofensor.[387] Se, porém, não há dúvidas ou contestações quanto a necessidade da presença de um vínculo de causalidade, a sua declaração é rodeada de incertezas e tormentosas dificuldades, a ponto de já se ter afirmado que "sempre que um problema jurídico vai ter na indagação ou na pesquisa da causa, desponta a sua complexidade maior".[388]

Se aparentemente pode se apresentar de fácil identificação a causa de um dano, a reflexão mais aprofundada explica as dificuldades inerentes à causalidade. Em regra, um fato dificilmente será a causa única de um prejuízo, pois junto a ele haverá intervindo uma pluralidade de outros fatos que, por sua vez, consistem em parte da causa do dano, posto que no processo causal conducente ao prejuízo, concorre uma multiplicidade de circunstâncias.[389] Mas não é só. Um fato pode não produzir todas as suas consequências imediatamente ou, ainda, ele pode causar um primeiro dano, que causa um segundo que, por sua vez, causa um terceiro e assim sucessivamente. É de se indagar, então, qual fato pode ser efetivamente declarado como a causa do prejuízo, o que demonstra a problemática em torno da causalidade.

As dificuldades se iniciam pela própria terminologia. Não é incomum encontrar os mais variados termos com significados distintos para explicar a relação causal, tais como causalidade, causação, determinação causal, nexo causal etc. Mario Bunge explica que a palavra causalidade pode ter um sentido polissêmico, podendo designar (i) uma categoria, (ii) um princípio, ou (iii) uma doutrina.[390]

---

que também emerge como exemplar é a imputação sem nexo de causalidade na responsabilidade por danos. Não raro se vê a reafirmação tradicional do nexo para imputar responsabilidade, o que, de todo correta, pode não ser, em determinados casos, o mais justo concretamente para a vítima. Quando assim, a direção pode indicar a renovação do conceito de causa, e especialmente do nexo causal. A imputabilidade tem no centro a preocupação com a vítima; a imputação é a operação jurídica aplicada à reconstrução do nexo. Da complexidade e da incerteza nascem fatores inerentes à responsabilização por danos. É de alteridade e de justiça social que deve se inebriar o nexo de causalidade, atento à formação das circunstâncias danosas" (FACHIN, Luiz Edson. *Direito civil*: sentidos, transformações e fim. Rio de Janeiro: Renovar, 2015, p. 113). Não obstante tais vozes, parece que o nexo causal é elemento essencial à imputação do dever de indenizar, seja a partir de um fundamento ético-jurídico que busca a socialização dos riscos, seja a partir de um fundamento econômico em que se busca estabelecer mecanismos de incentivos negativos ou positivos aos mais variados comportamentos na busca pelo bem-estar social.

385. DE PAGE, Henri. *Traité élémentaire de droit civil belge* – principes – doctrine – jurisprudence. 2. ed. Bruxelles: Émile Bruylant, 1948, t. 2º, p. 900. COLIN, Ambroise Victor Charles, et CAPITANT, Henri Lucien. *Cours élémentaire de droit civil français*. Paris: Dalloz, 1945-48, vl. 2. p. 225.
386. MAZEAUD, Henry, MAZEAUD, Léon, e TUNC, André. *Tratado teórico y práctico de la responsabilidad civil delictual y contractual*. Buenos Aires: Ediciones Juridicas Europa-América, 1963, Tomo segundo. Volumen II, p. 1.
387. CARBONNIER, Jean. *Droit civil*. Paris: Presses Universitaires de France, 2004, v. II p. 2193.
388. PEREIRA, Caio Mário da Silva. Op. cit., 2012, p. 106.
389. ANTUNES VARELA, João de Matos. Op. cit., 2000, p. 881.
390. BUNGE, Mario. *Causality and modern science*. 4. ed. New York: Dover Publications, 2009, p. 3.

Para o referido autor, no primeiro sentido, causação seria a conexão geral, assim como toda e qualquer conexão particular, caracterizando a categoria de vínculo de causalidade. O princípio de causalidade, por sua vez, compreenderia a lei da causação, que poderia ser apreendida no aforismo "a mesma causa sempre produz o mesmo efeito". Por fim, em sua terceira acepção se identifica com a doutrina do determinismo causal, também denominado causalismo ou causalidade, que afirma a validade universal do princípio causal.[391] Em outras palavras, pode-se compreender causalidade sob diversos enfoques, significando (1) o próprio nexo de causalidade, isto é a relação de causa e efeito, enquanto categoria, ou (2) no sentido de um princípio que reforça a compreensão humana, decorrente da experiência humana, que reconhece determinados efeitos em relação a fatos antecedentes, ou, ainda, (3) uma doutrina que representa o determinismo causal no sentido de que "tudo tem uma causa" e que "nada existe ou deixa de existir sem uma causa".[392]

Interessa, aqui, a análise da causalidade enquanto nexo causal, isto é, a conexão entre eventos. Nesse sentido, para o fim específico a que se propõe realizar, tratar-se-á unicamente da concepção de causalidade enquanto categoria, ou seja, relação de causa e efeito. Adverte-se, portanto, que embora existam diversos sentidos aos termos utilizados no estudo da causalidade nas mais variadas áreas do saber, utilizar-se-á todas as expressões acima enunciadas de maneira indistinta para designar a relação causal entre eventos[393] que caracteriza o elemento objetivo da teoria da responsabilidade civil.

II. O problema causal não é um problema exclusivo das ciências jurídicas. A sua discussão tem início em debates de origem teológica, filosófica e metafísica, vindo a encontrar aprofundados debates nas ciências naturais.[394] Alfonso de Cossio, ao tratar do tema, recorda que a própria ideia de Criação da filosofia cristã daria fundamental importância à noção de causa na medida em que o mundo e todos os seus elementos decorreriam de uma causa,[395] no caso, o Criador e, assim, todos os seres e todos os acontecimentos estariam ligados a uma causa, que decorre de outra, num encadeamento lógico até a causa primeira. Apesar do debate acerca da cosmogonia causal poder ser reconduzida aos filósofos jônios

---
391. Idem, p. 4.
392. No mesmo sentido GOLDENBERG, Isidoro. *La relácion de causalidad en la responsabilidad civil*. 2. ed. Buenos Aires: La Ley, 2000, p. 1 e MULHOLLAND, Caitlin Sampaio. Op. cit., 2009, p. 97.
393. No mesmo sentido MULHOLLAND, Caitlin Sampaio. Op. cit., 2009, p. 97.
394. DÍEZ-PICAZO, Luis, et LEÓN, Ponce. Op. cit., 1999, p. 43.
395. COSSIO, Alfonso de. La causalidad en la responsabilidad civil: estudio de derecho español. *Estudios monográficos*. Anuario de derecho civil. año 1966, n. 3, p. 530.

do século VII e VI a. C.,[396] atribui-se o início do debate científico sobre causa a Aristóteles, cuja obra buscou identificar quatro causas primeiras, entendidas em diferentes acepções. Para o filósofo grego, as causas poderiam ser compreendidas como (1) substância e essência, ou seja, "aquilo que o ser é" – a forma e o porquê – (causa formal), ou como (2) matéria e substrato (causa material), ou, ainda, como (3) princípio do movimento, aquilo de onde provém o começo primeiro da mudança (causa eficiente) e, por último, no sentido oposto à última, como (4) o fim e o bem (causa final).[397] De todos os sentidos possíveis de causa aristotélica, o único sentido que permaneceu no seio da cultura ocidental até o período do Renascimento foi a de causa eficiente,[398] por ser aquela que se aproxima da noção de relação de causalidade como processo gerador de um resultado.

Assim, considerando que a causa em questão seria aquela tida como eficiente por Aristóteles, caberia identificar o que seria a causa e suas características. Galileo descreveria, em 1632, a causalidade como uma conexão firme e constante entre um efeito e uma única causa.[399] É justamente a partir da obra de Galileo que a investigação do nexo causal assume o centro das especulações teóricas nas ciências naturais dos séculos seguintes. John Locke na obra "An Essay Concerning Human Understanding" viria a abordar, novamente, o tema da causalidade reconhecendo que várias qualidades e substâncias "vem à existência a partir das operações de outras coisas".[400] Assim, explica Locke, que causa é tudo aquilo que produz e efeito seria tudo aquilo que é produzido. Em outras palavras, causa é aquilo que cria alguma coisa. A obra de Locke tem um importante papel na investigação causal, pois ele propõe que a causa é um verdadeiro princípio da razão.[401] O raciocínio que viria a seguir a partir de então, com Berkeley, Hume e Kant, consistiria num afastamento da concepção ontológica do nexo de causalidade, ao considerar a causação como uma categoria de conexões e determinações correspondente a uma característica real do mundo factual.[402]

---

396. GOLDENBERG, Isidoro. *La relácion de causalidad en la responsabilidad civil.* 2. ed. Buenos Aires: La Ley, 2000, p. 3.
397. ARISTÓTELES. *Metafísica.* São Paulo: Edições Loyola, 2002, p. 15. Cf., também, ARISTÓTELES. *Física I-II.* Campinas: Editora da Unicamp, 2009, p. 48 e ARISTÓTELES. *Ética a nicômaco; Poética.* 4. ed. São Paulo: Nova Cultural, 1991, Livro VI.
398. GOLDENBERG, Isidoro. Op. cit., 2000, p. 4.
399. "Thus I say that if it is true that one effect can have only one basic cause, and if between the cause and the effect there is a fixed and constant connection, then whenever a fixed and constant alteration is seen in the effect, there must be a fixed and constant variation in the cause." (GALILEI, Galileo. *Dialogue Concerning the Two Chief World Systems* – Ptolemaic & Copernican. Translated by Stillman Drake, foreword by Albert Einstein. 2. ed. Los Angeles: University of California Press, 1967, p. 445).
400. LOCKE, John. *An Essay Concerning Human Understanding.* Book II – Ideas. The Pennsylvania State University, 1999, p. 307.
401. BUNGE, Mario. Op. cit., 2009, p. 5.
402. O racionalismo do século XVII viria a adotar a concepção ontológica, que procura a causa sob um ponto de vista objetivo, equiparando a causa a razões de natureza matemática. Sobre o tema, cf. BUNGE, Mario. Op. cit., 2009, p. 5.

Hume, viria a dar um tratamento (quase) final[403] à discussão acerca da natureza da causalidade – se ontológica ou uma categoria epistemológica de relação. Alinhando-se ao caminho aberto por Galileo e desenvolvido por Locke, Hume refuta a posição racionalista. Para ele, todas as representações e o conhecimento humano se fundamentam na experiência humana, porquanto foram gerados a partir dela. Assim, todas as percepções, incluindo a noção de causalidade decorrem da experiência do homem.[404] Nesse ponto, sua grande inovação filosófica foi clarificar que a "necessariedade", parte essencial da conexão causal, não consistia numa ligação misteriosa entre determinadas causas e efeitos nem, tampouco, algum tipo de propriedade oculta inerente à causa.[405] Sua obra acaba por constituir um pilar fundamental na construção do conhecimento da Idade Moderna e produzir significativa influência no campo da causalidade. A grande inovação de Hume foi reconhecer que nem todos os eventos que se seguem uns aos outros em uma sequência invariável estão relacionados causalmente.[406] Ele rejeitava a noção de que o conhecimento acerca da causalidade se adquire a partir da percepção sensorial direta de qualidades causais ou forças inerentes a objetos ou eventos.[407] Em vez disso, Hume propunha que o homem apenas observa certas sucessões de eventos, mais ou menos frequentemente repetidos[408] e reconhece que a análise causal decorre de uma observação empírica, sendo fundamental ter cuidado, ao estabelecer a causalidade, em distinguir as condições antecedentes causalmente relevantes dos antecedentes causais causalmente irrelevantes.[409]

---

403. BUNGE, Mario. Op. cit., 2009, p. 6.
404. "Cuando miramos los objetos externos en nuestro entorno y examinamos la acción (operation) de las causas, nunca somos capaces de descubrir de una sola vez poder o conexión necesaria algunos, ninguna cualidad que ligue el efecto a la causa y la haga consecuencia indefectible de aquélla. Sólo encontramos que, de hecho, el uno sigue realmente a la otra. Al impulso de una bola de billar acompaña el movimiento de la segunda. Esto es todo lo que aparece a los sentidos externos. La mente no tiene sentimiento o impresión interna alguna de esta sucesión de objetos. Por consiguiente, en cualquier caso determinado de causa y efecto, no hay nada que pueda sugerir la idea de poder o conexión necesaria" (HUME, David. *Investigación sobre el conocimiento humano*. Trad. Jaime de Salas Ortueta. Madrid: Alianza, 1988, p. 87).
405. HART, H.L.A., HONORÉ, A.M. *Causation in tort law*. 2. ed. Oxford: Clarendon Press, 1985, reprinted 2002, p. 14.
406. "It is only causation, which produces such a connexion, as to give us assurance from the existence or action of one object, that it was followed or preceded by any other existence or action; nor can the other two relations be ever made use of in reasoning, except so far as they either affect or are affected by it. There is nothing in any objects to perswade us, that they are either always remote or always contiguous; and when from experience and observation we discover, that their relation in this particular is invariable, we, always conclude there is some secret cause, which separates or unites them" HUME, David. *A Treatise of Human Nature*. Edição do Kindle, p. 54.
407. WRIGHT, Richard W. Causation in tort law. *California law review*. v. 73, issue 6, 1985, p. 1789.
408. Idem, p. 1789.
409. Idem, p. 1790.

O trabalho de Hume viria a ser retomado por John Stuart Mill. Em "System of Logic", na busca por um método científico de investigação, o autor tratou da Lei Universal da Causa. Influenciado por Hume, Mill afastou-se da teoria humeniana ao buscar uma forma lógica para o problema da causalidade.[410] Hume acreditava que uma certa consequência sempre seria produzida por uma mesma causa, o que Mill discordava. Para ele, todos os fenômenos da natureza estariam relacionados uns aos outros numa relação de simultaneidade ou de sucessão. Em consequência, a partir dos estudos de uma teoria da indução, a análise causal consistiria numa análise de causas físicas, segundo a qual entre o fenômeno, que existe a qualquer tempo, e o fenômeno que existe no instante que o sucede, há uma ordem de sucessão invariável. Nesse sentido, para certos fatos, certos fatos sempre terão lugar. A invariável antecedente, então, denomina-se causa e a invariável consequente, o efeito. E continua: a lei universal da causa consiste em que toda consequência está conectada a algum antecedente particular ou série de antecedentes, concluindo que para todo evento existe uma combinação de objetos ou eventos, uma concorrência de circunstâncias, positivas e negativas, cuja ocorrência é sempre seguida do evento.[411] Mill, corretamente reconheceu que raramente um efeito decorre de um único antecedente, mas, antes, normalmente, é a consequência da soma de diversos fatos antecedentes – este autor traz para a discussão da causalidade, então, as importantes noções de complexidade e pluralidade.[412]

A causalidade, portanto, denota uma ordem de necessidade que estabelece uma relação de causa e efeito. Mas estabelecer essa relação de causa e efeito nas ciências jurídicas não é simples. Afinal, o que constitui a causa de um determinado fato? O que se pode inferir a partir da ideia de nexo de causalidade? Na busca por critérios que ajudem a identificar a causa, inúmeros autores se debruçaram sobre o tema, tentando construir esquemas descritivos ou prescritivos que tivessem a capacidade de estabelecer com absoluta precisão a lei de causa e efeito.

Embora não seja possível extrair um conceito definitivo de *causa*, parece possível afirmar que a causa seria uma condição com situação ou relevo especial[413] no processo causal conducente ao dano.[414] A partir desse enunciado já se

---
410. HART, H.L.A., HONORÉ, A.M. Op. cit., 1985, p. 14.
411. STUART MILL, John. *A system of logic*: Ratiocinative and Inductive, Being a connected view of the Principles of Evidence, and the Methods of Scientific Investigation. The University of Adelaide Library, 2011, p. 311.
412. TURTON, Gemma. *A critical analysis of the current approach of the courts and academics to the problem of evidential Uncertainty in causation in tort law*. A thesis submitted to the University of Birmingham for the degree of doctor of philosophy. Birmingham, 2012, p. 68.
413. ANTUNES VARELA, João de Matos. Op. cit., 2000, p. 886.
414. É comum encontrar, na doutrina, a distinção entre causa, condição e ocasião. A condição é entendida como um mero antecedente do resultado produzido, mas que não tem o condão de implicar na responsabilização, pois para tanto, é preciso que ela assuma um especial papel na produção do resultado. Assim

torna mais claro compreender o que se passa com o estabelecimento do nexo de causalidade. Se como dito por Stuart Mill, todo acontecimento é resultado não de apenas uma causa única, mas do resultado de todo um complexo de condições, cada uma das quais, positiva ou negativamente, têm uma transcendência causal,[415] ao jurista cabe eleger aquela cuja relevância é especial juridicamente. Ora, a investigação do liame causal pode operar de diversas maneiras e pelas mais variadas áreas do saber. Nessa ordem de ideias, se a discussão em torno da causa sempre se caracterizou como um debate filosófico, que foi profundamente explorado pelos alemães, não se pode deixar de abordá-lo do ponto de vista jurídico. É preciso resolver a questão causal também no plano jurídico sobre o terreno da responsabilidade civil. Busca-se, então, a investigação do nexo de causalidade a partir das ciências jurídicas que, a toda evidência, deverá se orientar pelas finalidades específicas do direito, em geral, e da responsabilidade civil em especial,[416] adaptando os conceitos produzidos pela filosofia.[417] Assim, a busca pela causa por parte do jurista não pode repousar unicamente na busca da causa física ou naturalística.[418] A ideia por trás da investigação da causa consiste no exercício intelectual do jurista em identificar, dentre os inúmeros fatores conducentes à ocorrência do dano, aquele com especial relevo e, conseguintemente, hábil a atribuir o dever de indenizar. Como lembram os irmãos Mazeaud, é preciso reconhecer que nem todos os acontecimentos que desempenham um papel na realização de um prejuízo representam um papel decisivo ou um papel verdadeiramente criador.[419]

Nesse sentido, embora a noção do liame naturalístico auxilie na análise jurídica, na medida em que é assente que todo efeito decorre de uma causa antecedente, não haverá necessariamente uma coincidência de conclusões no processo investigativo da causa entre uma investigação meramente naturalística

---

toda causa seria sempre uma condição do dano, mas nem toda condição é uma causa. A ocasião, por sua vez, consiste numa condição que favorece ou torna viável a atuação da verdadeira causa do dano, pois permite, facilita ou potencializa sua aptidão causal. Costuma-se atribuir tal distinção à Pirson e De Villé (PIRSON, Roger, et DE VILLÉ, Albert. *Traité de la responsabilité civile extra-contractuelle*. Tome second. Paris: Librairie Génerale de Droit et de Jurisprudence, 1935, p. 37). Sobre o tema, cf., também, PIZARRO, Rámon Daniel. *Responsabilidad civil por riesgo creado y de empresa*. Contractual y extracontractual. Parte General. Tomo I. Buenos Aires: La ley, 2006, p. 92 e MULHOLLAND, Caitlin Sampaio. Op. cit., 2009, p. 96.

415. COSSIO, Alfonso de. Op. cit., 1966, p. 530.
416. ANTUNES VARELA, João de Matos. Op. cit., 2000, p. 883.
417. MAZEAUD, Henry, MAZEAUD, Léon, e TUNC, André. Op. cit., 1963, p. 7.
418. "Lógicamente que, para llegar a esta idea, es necesario tener en cuenta que la mera causalidad física o material exige una depuración a efectuarse con un enfoque humano" (GESUALDI, Dora M. *Responsabilidad civil* – factores objetivos de atribución. Relación de causalidad. 2. ed. Buenos Aires: Hammurabi, 2000, p. 72).
419. Idem, p. 21.

e uma jurídica. Há que se diferenciar, então, a causa material da causa jurídica.[420] O que se está a dizer é que no processo causal se impõe uma valoração das condições para que se possa saber qual delas é a causa em cada caso e, parece intuitivo, que tal valoração é exercida atendendo aos critérios propriamente jurídicos.[421]

Apesar de a análise da causa envolver uma questão de fato, não se pode deixar de reconhecer que ela não é puramente factual, pois determinar ou refutar a atribuição de responsabilidade e, por conseguinte, o estabelecimento de uma causa pressupõe a produção de um conhecimento detalhado e conflitante não apenas do que aconteceu, mas do que poderia ter acontecido se a conduta do ofensor tivesse sido diferente.[422] Eis uma importante dificuldade que precisa ser clarificada.

Em seu trabalho *"Ruminations on Cause-In-Fact"*, Malone explica que no estabelecimento da causalidade há uma misteriosa relação entre fato e *policy*,[423] que se apresenta em primeiro plano. Para ao autor, uma causa não é um fato no sentido de que sua existência possa ser explicada meramente pela produção de um testemunho dos fatos. Apesar das evidências factuais empíricas fornecerem o material necessário à uma investigação causal, segundo Malone, algo deve ser feito primeiramente pelo investigador, seja ele o juiz ou o júri,[424] acerca dos dados disponíveis. Em outras palavras, aquele que analisa a causalidade deve estabelecer os eventos tidos como evidência em algum tipo de relação que possa eventualmente ser definida como causa, o que caracteriza uma dedução dos fatos probatórios. Assim, prossegue o autor, as evidências que levam à identificação da causa exigem uma interpretação, que se refere diretamente à experiência do intérprete para que adquira algum tipo de significado. Nesse sentido, a experiência passada e a personalidade do intérprete terão um papel determinante na fixação da causa, pois, as determinações causais, não obstante sejam uma questão de fato, são, antes, uma questão de julgamento ou avaliação.[425]

Malone busca demonstrar como a avaliação do intérprete será necessariamente afetada pela finalidade da análise causal que se opera, pois, segundo o autor,

---

420. ENNECCERUS, Ludwig, et KIPP, Theodor. *Tratado de derecho civil.* Barcelona: Bosch, 1933, v. I. Segundo tomo, Derecho de obligaciones. p. 66.
421. COSSIO, Alfonso de. Op. cit., 1966, p. 531. Para Karl Larenz: "El concepto natural de causa no contiene ciertamente dicha limitación de las consecuencias, tal como lo exige la idea de responsabilidad" (LARENZ, Karl. *Derecho de obligaciones.* Madrid: Editorial Revista de Derecho Privado, 1958, t. I, p. 199.
422. MALONE, Wex S. Ruminations on causa-in-fact. *Stanford Law Review.* v. 9, n. 1, p. 60. Dec. 1956.
423. Nesse caso, o termo *policy* não deve ser entendido como política propriamente dita, mas como modo de haver-se, em assuntos particulares, a fim de se obter o que se deseja.
424. MALONE, Wex S. *Op. Cit.*, 1956, p. 61.
425. Idem, p. 62.

causa seria uma dedução aceitável dos fatos probatórios, que são obtidas por meio de um propósito específico. Ele ilustra com um exemplo prático: um carro está sendo conduzido em alta velocidade por um jovem irresponsável em uma via que fora recentemente coberta com uma grande quantidade de cascalho solto. Uma das rodas pega um pedaço de rocha e a arremessa em direção ao rosto de um pedestre que vem a sofrer danos. Segundo Malone, a análise que esse incidente evocará dependerá do observador. Um vizinho do jovem atribuirá a responsabilidade aos pais do jovem, que não deveriam ter deixado que ele dirigisse e, portanto, essa seria a causa do dano. Um engenheiro viário enxergará como causa do acidente a construção imprópria da via ao não respeitar as normas técnicas, permitindo cascalho solto. Um professor de física, por sua vez, poderia dizer que o mesmo acidente é uma ilustração do impacto de uma dada velocidade sobre um objeto de determinados peso e dimensões, o que seria a causa do fenômeno. Malone conclui que cada observador utiliza o termo "causa" para o uso que lhe interessa,[426] o que não é diferente nos casos dos tribunais. Para ele, o juiz não examina a relação de causalidade abstratamente, mas no interesse da administração da justiça.[427] Nesse sentido, todos os fatos introduzidos como evidências sugerem sequências entre eventos que, ou foram previamente observados, ou que trazem para a análise derivações genéricas de observações anteriores e que consideramos mais ou menos confiáveis, como é o caso do fogo que causa queimaduras. Dessa forma, diz o autor, *policy* e estimativas do que factualmente acontece se tornam irremediavelmente interligadas uma com a outra.[428]

Nesse ponto, Mackie, ao tratar da causalidade, recorda que aspectos de presunções morais e legais afetam a análise da causalidade. Em sua obra *The Cement of the Universe*, este autor ressalta que, na análise causal, estamos todos mais propensos a declarar como causa de um determinando efeito os eventos anormais ou errados em vez de condições normais. Ou seja, o que é normal, correto e próprio dificilmente será caracterizado como causa enquanto um fato anormal ou errado, prontamente o será.[429] Poderíamos exemplificar o caso da seguinte maneira: em um incêndio em uma residência, como é normal que as pessoas fumantes acendam cigarro, mas é anormal um vazamento de gás, a conclusão que naturalmente se chega é de que a explosão que destruiu o conjunto

---

426. Idem, p. 62.
427. "(...) 'simple' causation is not merely an abstract issue of fact and that the solution of the cause problem depends largely upon the purpose for which cause is to be used (...) [T]he resolution of the cause problem depends largely upon the purpose for which cause is to be used. (...) It is through the process of selecting what is to be regarded as a cause for the purpose of resolving a legal dispute that considerations of policy exert their influence in deciding an issue of cause-in-fact." Idem, p. 64.
428. Idem, p. 72.
429. MACKIE, J. L. *The cement of the universe*: a study of causation. New York: Oxford University Press, 2002, p. 34.

de casas foi causada pela presença de gás em vez do acendimento do cigarro. A análise causal, portanto, leva em consideração aspectos morais, além de ser realizada dentro de um contexto que inclui presunções dentro de um campo causal (*causal field*) determinado pelo intérprete.[430]

Malone pode ser identificado como um autor realista. Segundo os realistas norte-americanos, então, haveria uma total separação entre a "causalidade de fato" e a "causalidade normativa". Para essa corrente de pensamento, seria necessário separar a análise factual das considerações normativas,[431] isto é o nexo de causalidade deveria ser sempre reavaliado à luz de um critério jurídico, podendo, até mesmo, prescindir-se de uma avaliação naturalística ou meramente factual.[432] Consequentemente, ao argumento de que os conceitos legais e o uso ambíguo da terminologia causal serviriam apenas a obscurecer a análise causal, haveria uma equivalência entre a causação e a responsabilidade, ao argumento de que a determinação da responsabilidade adviria de uma *policy*.[433] Contudo, a tese dos realistas, como lembra Rui Soares Pereira, com base nas lições de Richard Wright, é problemática. Essa desconstrução das categorias e fórmulas legais, deixou uma herança perniciosa ao adotar uma perspectiva inaceitável sobre o direito como um conjunto de regras isoladas, desconectadas de qualquer teoria moral coerente.[434]

---

430. Idem, p. 35.
431. STAPLETON, Jane. Choosing what we mean by causation in the law. *Missouri law review*. v. 73, Issue 2, 2008. Disponível em: http://scholarship.law.missouri.edu/mlr/vol73/iss2/6. Acesso em: 09 jul. 2019, p. 456.
432. PEREIRA, Rui Soares. *O nexo de causalidade na responsabilidade delitual* – fundamento e limites do juízo de condicionalidade. Almedina, 2017, p. 61 e 116.
433. "Although causal relation cannot be reduced to any lower terms and cannot be measured by any yardstick other than the good judgment of judge and jury, various tests have been suggested and utilized for its determination. The tests usually befuddle far more than they clarify. The 'but-for' test is quite widely supported as a reliable test for causal relation. 'But for A would B have happened?' The question focuses inquiry on another issue more difficult than the original and may not be answerable. 'Event A is not a cause if event B would have happened without A.' This may or may not be true in many cases and its truth can never be demonstrated for sure. Tests of this character have the same vice as any 'if,' or any analogy. They take the eye off the ball. They are essentially argumentative, and may fall short even as arguments, for when they seem to work they are not needed, and where light is needed they throw another shadow. A defendant's conduct may contribute to the victim's injury even though there are other causal factors that would have caused the same or similar injury to the victim. This is demonstrated in the fire cases multiple fires (some of innocent, some of unknown, and some of negligent origin), merging fires, and fires contributed to by the victim's own conduct. Suffice it to say that the issue of causal relation is seldom difficult in these cases though the extent of duty, the defendant's negligence, and the damages suffered may be exceedingly difficult" (GREEN, Leon. The causal relation issue in negligence law. *Michigan law review*. v. 60, n. 5, p. 563, p. 556. March 1962). É de se notar a preocupante afirmativa de Leon Green no sentido de que a única forma de medir a relação causal se dá pelo bom julgamento do juiz e do júri.
434. PEREIRA, Rui Soares. *O nexo de causalidade na responsabilidade delitual* – fundamento e limites do juízo de condicionalidade. Almedina, 2017, p. 117.

Malone, assim como os realistas norte-americanos, tem o mérito de reconhecer que as determinações causais decorrem, também, de avaliações e propósitos do intérprete. Dito diversamente, ele reconhece que todas as decisões que buscam identificar como "causa" um dentre diversos fatores que contribuem para a ocorrência de um dano, repousam em considerações de ordem pessoal (*policy considerations*) do intérprete. Contudo, o seu argumento pode causar confusões conceituais a partir da análise da responsabilidade civil. Afinal, a conclusão da tese de Malone no sentido de que a causalidade poderia prescindir da análise naturalística, é exagerada na medida em que supõe que a causalidade não desempenha qualquer papel relevante para análise da responsabilidade.[435] Realmente, como lembra Rui Soares Pereira, no campo da responsabilidade, em regra, além da demonstração da existência de uma conduta antijurídica por parte do ofensor, "tanto o direito penal como o direito civil costumam exigir a demonstração de um nexo causal entre essa conduta e um determinado resultado e ainda outras considerações normativas".[436]

A influência que o propósito e as considerações de ordem pessoal (ou *policy*) produzem na análise do nexo de causalidade alcançam tão somente as questões não causais do processo de seleção da causa.[437] Isto é, as questões subjetivas desempenham papel importantes na análise de quais causas e consequências uma determinada regra legal busca proteger, ao mesmo tempo que identifica um comportamento danoso a ser sancionado, mas não terão a capacidade de alterar os fatos demonstrados. Wright, se valendo de outro exemplo de Malone explica a importante distinção. Se um trabalhador idoso, com uma doença coronária de longa data, vier a morrer enquanto desempenhava alguma tarefa trivial para seu empregador, há que se indagar a causa da morte. Malone tenta demonstrar como a experiência do observador influencia. Para ele, um médico diria que a execução da tarefa não foi a causa da morte, pois o coração já não aguentaria mais, enquanto um juiz analisaria os riscos assumidos pelo empregador e pelos quais ele responde e, consequentemente, poderia atribuir a responsabilidade ao empregador. Wright, então, explica a confusão: o juiz não analisaria se o trabalho

---

435. Idem, 2017, p. 121. Sobre o tema, Richard Wright afirma que os realistas "were so preoccupied with breaking through boilerplate doctrine to expose the real issues that they denied the existence of any underlying principles that might make up a coherent moral scheme" (WRIGHT, Richard. Causation, Responsibility, Risk, Probability, Naked Statistics, and Proof: Pruning the Bramble Bush by Clarifying the Concepts. *Iowa Law Review*, 1001, 1998, p. 1007. Disponível em: https://scholarship.kentlaw.iit.edu/fac_schol/698. Acesso em: 25 jul. 2021).
436. Idem, p. 121. Continua o autor no mesmo trecho: "E, ao avaliar a conduta de agentes que tenham actuado negligentemente, é também habitual traçar uma diferença entre as situações em que tenham sido causadas lesões e as situações em que nenhuma lesão ocorreu, sendo tal diferença jurídica e moralmente justificável".
437. WRIGHT, Richard W. Op. cit., 1985, p. 1743.

causou a morte, mas quais causas e consequências o estatuto dos trabalhadores busca cobrir, concluindo que, no mínimo, tais estatutos exigem que as condições de trabalho do empregado tenham contribuído para o prejuízo. Ou seja, Wright explica que só serão analisadas como potenciais causas do dano as atividades e condições relativas ao trabalho relevantes como potenciais causas.[438] Esta seria uma decisão política (*policy*): a atividade trivial é uma atividade relacionada ao trabalho. Mas a partir dessa decisão, é preciso indagar se ela contribuiu para a falência do coração do empregado. Eis a indagação causal, que reside numa questão factual. Moore expõe um exemplo que clarifica o problema envolvendo causa: suponha-se que um réu dá uma facada em sua vítima que posteriormente vem a morrer em virtude de suas convicções religiosas, pelas quais se recusa a qualquer tratamento médico. O réu seria legalmente o causador do dano? A resposta, nesse caso, dependeria dos valores e finalidades estabelecidas pela teoria da responsabilidade civil presentes no ordenamento jurídico e não numa questão fática, pois, do ponto de vista factual, a facada com certeza causou a morte da vítima.[439]

Como se pode perceber há efetivamente uma interligação entre as valorações de ordem pessoal do investigador do nexo causal e do processo causal conducente ao prejuízo. Nesse ponto, as considerações que envolvem a experiência de vida e o conhecimento do investigador contribuem para uma efetiva análise do nexo de causalidade, embora esteja limitada por um critério objetivo: os fatos que se sucederam. Não se pode, entretanto, admitir que os princípios de atribuição de responsabilidade estejam baseados em *policies*.[440]

Na análise do nexo de causalidade, em especial a análise jurídica, os interesses juridicamente protegidos e as finalidades estabelecidas pelo ordenamento jurídico em seus respectivos estatutos contribuirão decisivamente na busca pela causa, mas o magistrado não poderá se afastar dos fatos estabelecidos – nesse ponto o auxílio das demais áreas do conhecimento certamente terão o condão de ajudar na investigação causal.

III. Explicando o processo investigativo do nexo de causalidade, Isidoro Goldenberg esclarece que ele se dá em três etapas distintas[441]. Na primeira, o liame é apreendido a partir do processo naturalístico, observando todas as condições que concorreram para a produção do dano. No segundo momento, é realizado o referido juízo de valor em que será eleita, dentre todas as condições, o ato tido

---

438. Idem, p. 1743.
439. MOORE, Michael S. *Causation and responsibility*: an essay in law, morals and metaphysics. New York: Oxford University Press, 2010, p. 84.
440. PEREIRA, Rui Soares. *O nexo de causalidade na responsabilidade delitual* – fundamento e limites do juízo de condicionalidade. Almedina, 2017, p. 132.
441. GOLDENBERG, Isidoro. Op. cit., 2000, p. 8.

como causador do dano no plano da antijuridicidade. Por fim, na última etapa, verificar-se-á se existem justificativas suficientes para a atribuição do dever de indenizar, ao mesmo tempo em que se analisa se está presente alguma situação que exclua tal dever (tal como fato exclusivo da vítima, caso fortuito, força maior etc.).[442] Tal orientação acerca do processo investigativo é comumente difundido pelos mais variados autores, que reconhecem, ao menos, duas etapas: uma primeira em que se apura a cadeia causal naturalística para a produção do dano e uma segunda em que se investiga, dentre todas as condições do resultado danoso, qual deve ser tratada como a causa legal.[443]

Malone critica a ideia de que é possível segregar as etapas da análise do nexo de causalidade. Para este autor, o esforço em segregar o que não se pode separar, faz com que se perca o significado do próprio fenômeno que se investiga. Em sua opinião, a análise causal decorreria de um processo único em que o investigador verifica, ao mesmo tempo, os fatos e deduz a causa jurídica.[444] Parece que, realmente, tentar separar formalmente o processo de investigação causal é um esforço incompatível com a própria análise da causa. A interpretação do processo causal não opera isoladamente,[445] em fases compartimentadas, mas é um processo cognitivo e, como todo processo cognitivo, é dotado de certa subjetividade do intérprete.[446] Contudo, se o processo cognitivo envolve a subjetividade do intérprete, é imperioso reconhecer a exigência de uma objetividade na medida em que ao investigador do nexo causal cabe exteriorizar, fundamentadamente, as condições e os eventos conducentes ao dano. Assim, não há uma absoluta liberdade ao magistrado na investigação do nexo de causalidade, cabendo a ele fundamentar adequadamente como alcançou a causa juridicamente válida à atribuição do dever de indenizar.

Como dito acima, não se pode admitir, como pretendia Malone, que a investigação da causalidade seja subjetiva, pautada exclusivamente em critérios de *policy*. Contudo, é preciso repensar os modelos jurídicos até então propostos pela doutrina tradicional no sentido da distinção entre questão de fato e questão de direito na busca da causalidade. Rui Soares Pereira, ao tratar deste tema, argumenta que "questão-de-facto e questão-de-direito não são consideradas duas entidades independentes, autónomas e incomunicáveis, mas sim entidades que mutuamente

---

442. GOLDENBERG, Isidoro. Op. cit., 2000, p. 8. No mesmo sentido, MULHOLLAND, Caitlin Sampaio. Op. cit., 2009, p. 97.
443. MARKESINIS, Basil S., UNBERATH, Hannes. *The german Law of torts: a comparative treatise*. 4. ed. Oregon: Hart Publishing, 2002, p. 103.
444. MALONE, Wex S. Op. cit., 1956, p. 66.
445. GREEN, Sarah. *Causation in negligence*. Oxford: Hart Publishing, 2015, p. 45.
446. BETTI, Emilio. *Interpretação da lei e dos atos jurídicos: teoria geral e dogmática*. São Paulo: Martins Fontes, 2007, p. XLI.

se condicionam, pressupõem e remetem".[447] Lembra o autor que a questão de fato/questão de direito deve ser considerada na análise metodológica e na decisão,[448] pois não poderá pôr em causa a unidade do caso jurídico decidindo.[449]

Assim, parece possível afirmar que não há uma separação absoluta entre causalidade de fato e causalidade jurídica como se fossem duas entidades independentes e autônomas, mas, antes, categorias que "mutuamente se condicionam, pressupõem e remetem".[450] Nesse sentido, essa distinção parece reconduzir ao esmiuçamento dos momentos na apreciação do nexo de causalidade. Nesse ponto, as etapas descritas por Isidoro Goldenberg não têm como escopo estabelecer um procedimento formal segregado da realidade do investigador do nexo causal. Em verdade, o processo ajuda a esclarecer como o julgador alcançou o juízo de causalidade, identificando o liame naturalístico, a causa jurídica e eventuais excludentes de responsabilidade – análise metodológica. Em outras palavras, deve-se, num primeiro momento, averiguar se o ato do agente foi, em concreto, uma condição *sine qua non* da produção do dano, reconstruindo-se o encadeamento de acontecimentos que precederam a ocorrência do dano e identificando apenas aquelas causas que potencialmente poderiam atrair a incidência da responsabilidade.[451] Se, com a retirada do referido ato da cadeia causal se concluir que o dano não teria se verificado, então o ato do agente é tido como condição de sua verificação, consubstanciando um fenômeno naturalístico, pertencente ao plano empírico dos fatos. Os americanos denominam este primeiro passo de *cause-in-fact*, consistente no verdadeiro componente causal pautada pela noção de causalidade científica.[452] Mas, como dito, há que se proceder à segunda etapa, inquirindo se está presente a causa jurídica, denominada no direito anglo-saxão de "proximate cause" ou "legal cause".[453] Ou seja, é necessário corrigir as imperfeições lançadas pelo juízo físico e ontológico, buscando os critérios jurídicos que justifiquem que o ato do agente deva ser considerado a causa do dano.[454] O processo investigativo da causalidade consiste, desse modo, num modelo mental[455] ou num modelo cognitivo

---

447. PEREIRA, Rui Soares. Op. cit., 2017, p. 522.
448. Idem, p. 521.
449. Idem, p. 522.
450. Idem, p. 522.
451. WRIGHT, Richard W. Op. cit., 1985, p. 1744.
452. MOORE, Michael S. Op. cit., 2010, p. 83.
453. Idem, p. 83.
454. COSTA, Patrícia Cordeiro da. *Causalidade, dano e prova*: a incerteza na responsabilidade civil. Almedina. 2016. Edição do Kindle, posição 466 de 3316. Para Wright: "We are not interested in all the possible causes, but only those that were tortious. This is the tortious-conduct inquiry. Policy considerations determine whether certain conduct will be treated as tortious" (WRIGHT, Richard W. Op. cit., 1985, p. 1744).
455. JOHNSON-LAIRD. Causation, mental models, and the law. *Brooklyn Law Review*. v. 65, issue 1, 1999. Segundo este autor, a mente humana constrói modelos de mundo, que são utilizados para antecipar decisões e guiar as decisões. Os modelos mentais são construídos como resultado da percepção do mundo.

idealizado, isto é, um marco psicológico que se utiliza com o propósito de dar forma a conexões entre os fatos.[456] Assim, embora não se possa efetivamente falar em uma absoluta separação de fases do processo investigativo da causa, pois ela opera num momento único, caberá ao investigador expor fundamentadamente que (1) a ação do agente está inserida no processo causal conducente ao dano – a dita primeira fase da investigação – e (2) que esse ato é a causa jurídica do dano, considerando os interesses juridicamente protegidos, bem como as finalidades perseguidas pelo ordenamento jurídico e pelos estatutos protetivos.[457] Essa bifurcação na análise causal permite uma verificação mais acurada, distinguindo causa das condições, que não são aptas a gerar o dever de indenizar,[458] indicando os elementos não empíricos e os modelos não teorético-científicos,[459] que inte-

---

456. TARUFFO, Michele. *La prueba, artículos y conferencias*. Editorial Metropolitana, 2008, p. 151. Michele Taruffo ainda diferencia o nexo de causalidade geral do nexo de causalidade específico. A causalidade geral é aquela que permite estabelecer um vínculo entre dois tipos de eventos segundo os quais a produção de um evento de um certo tipo é mais provável do que de outro. A causalidade geral permite concluir que um certo fato pode determinar a ocorrência de outro fato, estabelecendo o nível de risco relativo de um fato em conexão com outro. A causalidade geral se dá em termos de probabilidade. Já o nexo de causalidade individual estabelece que em uma específica e concreta situação um fato particular tenha sido causado em razão da ocorrência de outro fato específico e determinado. Afirma o autor: "Un nexo de causalidad general puede expresarse adecuadamente – como suele hacerse – em términos de probabilidad. (...) Aquí [nexo de causalidad individual] se hace referencia a un evento particular que afecta a un sujeto específico, no a clases de eventos que se producen em el ámbito de una determinada población o muestra" (TARUFFO, Michelle. *La prueba*. Madrid: Marcial Pons, 2008, p. 256). O direito, contudo, e em especial a responsabilidade civil, ocupa-se da causalidade individual ou específica. Nesse sentido: Arthur Thompson Carpes: "A causalidade específica é o fenômeno que constitui o autêntico nexo de causalidade. Trata-se de considerar o evento já ocorrido, isto é, de modo a examinar a relação de causa e efeito entre um evento (a causa) e outro (o dano), sendo ambos os acontecimentos fenômenos que ocorreram no passado. Ao contrário da causalidade geral, não se examina a probabilidade ex ante, isto é, probabilidade de que o evento venha a ocorrer. Na perspectiva da prova judiciária, examina-se a hipótese de o evento narrado ter ocorrido; ou seja, em juízo de probabilidade ex post" (THOMPSEN CARPES, Artur. *A prova do nexo de causalidade na responsabilidade civil* (Coleção O Novo Processo Civil). São Paulo: Thompson Reuters, 2019, Edição do Kindle, posição 929-5169).
457. Rui Soares Pereira advogando por uma visão holística da causalidade no direito, enfatiza que esta sempre terá uma natureza normativa, mesmo quando se está a falar da investigação causal relativa à chamada causalidade de fato.
458. Hart e Honoré descrevem com precisão o que se passa com a bifurcação da análise causal: "The bifurcation of causal questions has, however, real merits which are independent of this theoretical background and of the vocabulary thus chosen to emphasize the conviction that the only element in causation which is 'factual' or independent of legal policy or rule is the relation of sine qua non. These merits are real, because even if it is the case that some principles of selection and limitation used by the law in answering the second half of the bifurcated questions are not inventions of the law but mirror principles characterizing ordinary non-legal thought, none the less the central and most common form of causal relation has two different aspects which correspond roughly with the two halves of the bifurcated question. The first is that a cause is in some sense necessary for the production of the consequence: the second is that the cause of an event is in some way distinguishable from other factors which are, in the same sense, necessary" (HART, H.L.A., HONORÉ, A.M. Op. cit., 1985, p. 110).
459. PEREIRA, Rui Soares. Op. cit., 2017, p. 524.

graram a decisão judicial, o que, por certo, permite o exercício da ampla defesa e do contraditório por parte do suposto ofensor.

Em suma, na imputação do dever de indenizar, o jurista persegue a causa jurídica, que não pode prescindir das próprias finalidades específicas da responsabilidade civil. Pode-se afirmar, nesse ponto que a causalidade se biparte, metodologicamente, em dois, identificando-se, de um lado, a causalidade material que estabelece uma relação entre o dano e seu causador e, de outro, a causalidade jurídica cuja função consiste em "apontar, dentro da delimitação realizada pela causalidade material, as consequências indenizáveis e o limite desta indenização, isto é, quais, dentre os prejuízos econômicos sofridos pela vítima, deverão ser indenizados (...)".[460]

A causalidade encontra, assim, um aspecto importante no campo do direito. Ela deve ser analisada a partir de cada sistema e, nesse ponto, ela pode ser compreendida de acordo com o sistema sociojurídico em que emerge, desenvolve-se e interage com os demais sistemas jurídicos. Mas o direito é, em si, preceito. Consequentemente, a norma jurídica positiva não se realiza sem estatuir relações entre condutas, entre fatos do mundo social e do mundo natural. Assim, será juridicamente relevante como causa, o fato do mundo (natural e social) que se torna suporte de incidência de uma norma que lhe atribui efeitos.[461] De fato, no *iter* investigativo do processo causal, o jurista só levará em conta os efeitos que considera relevantes enquanto puderem ser objeto de atribuição normativa em conformidade com as pautas legalmente predeterminadas.[462] Por conseguinte, quando se fala em causa juridicamente relevante, deve ser entendido que se trata de uma noção cujo sentido só pode ser extraído a partir da normatividade. A causalidade jurídica no âmbito da responsabilidade civil resolver-se-á nas escolhas legislativas que estabelecerão os critérios a serem perquiridos na busca pelo nexo de causalidade.

---

460. MULHOLLAND, Caitlin Sampaio. Op. cit., 2009, p. 99. Em sentido contrário, Arthur Thompsen Carpes critica a distinção entre causa jurídica e causa material, pois, em sua visão, "[e]mbora o nexo de causalidade não tenha natureza absolutamente fática, pois, como se observou supra, demanda para sua aferição, significativo grau de interpretação, o certo é que a este se atribui a condição de fattispecie da responsabilidade civil no direito brasileiro" (THOMPSEN CARPES, Artur. Op. cit., 2019, Edição do Kindle, posição 545/5169). Assim, o autor advoga que a exigência do processo interpretativo não retira a dimensão fática do nexo de causalidade. Parece, contudo, que há um equívoco na análise do referido autor. Como se verificou ao longo deste capítulo, afirmar a causalidade jurídica não implica em desconsiderar a dimensão fática do nexo de causalidade. Ao revés, a ideia é justamente reconhecer o nexo de causalidade como uma situação fática. Contudo, reconhecer a causalidade jurídica implica em se afastar das perspectivas racionalistas das ciências naturais, reconhecendo os aspectos normativos impostos e reconhecidos pelo próprio Direito na análise do nexo causal.
461. VILANOVA, Lourival. *Causalidade e relação no direito*. 4. ed. São Paulo: Ed. RT, 2000, p. 52.
462. GOLDENBERG, Isidoro. Op. cit., 2000, p. 9.

É possível inferir, portanto, que a causalidade não pode ser considerada uma pura questão de fato. Não apenas o ordenamento jurídico pode determinar as fórmulas, critérios ou testes que entender adequados à busca pela causa, como pode recusar aqueles tradicionalmente utilizadas para apurar a causalidade.[463] A expressão mais consistente desta última hipótese, talvez, seja a identificação do fortuito interno – expressão consagrada no ordenamento jurídico brasileiro e que será abordado nos Capítulos V e VI –, critério orientador de responsabilidade civil, ainda que ausente a causalidade factual. Trata-se, em suma, de atribuição de responsabilidade jurídica a partir do exercício de uma atividade perigosa, ainda que não se possa estabelecer, com precisão absoluta, a relação causal factual entre uma ação ou omissão daquele que explora a atividade e o dano causado. Nesse caso, de incerteza factual, nota-se a utilização de critérios normativos para imputação da responsabilidade, compatíveis com a natureza e a estrutura do direito da reparação dos danos.[464]

Diante de tudo o que se tratou até então, é possível concluir que os juízos de causalidade no Direito sempre têm uma natureza normativa, ainda que se trate da causalidade de fato. Consequentemente, o modelo legislativo vigente no ordenamento jurídico, acabará produzindo significativa alteração na busca da causa jurídica.[465] Já se pode adiantar que a depender das teorias adotadas no ordenamento jurídico, poder-se-á produzir resultados distintos na investigação do nexo de causalidade.

8.1 Risco, responsabilidade pelos resultados e causalidade

O nexo de causalidade fora tratado nas mais diversas áreas do saber, buscando-se estabelecer, tradicionalmente, no campo do Direito, um liame entre a conduta ilícita e os danos sofridos pela vítima.[466] Muito embora observe-se um profundo e complexo debate jurídico sobre o tema ao longo dos séculos, permanecem inúmeras dúvidas e divergências acerca de sua noção.

No que tange às dúvidas, cabe, conforme alerta Rui Soares Pereira e Ana Mafalda de Miranda Barbosa, traçar o debate acerca da chamada responsabilidade pelos resultados, apresentada ao final do século passado,[467] problema especial-

---

463. PEREIRA, Rui Soares. Op. cit., 2017, p. 530.
464. PEREIRA, Rui Soares. Op. cit., 2017, p. 532.
465. Analisar-se-ão as principais teorias no Capítulo V.
466. BARBOSA, Ana Mafalda Castanheira Neves de Miranda. *Lições de responsabilidade civil*. Cascais: Princípia, 2017, p. 249.
467. PEREIRA, Rui Soares. *O nexo de causalidade na responsabilidade delitual* – fundamento e limites do juízo de condicionalidade. Almedina, 2017, p. 101, e BARBOSA, Ana Mafalda Castanheira Neves de Miranda. *Do nexo de causalidade ao nexo de imputação* – contributo para a compreensão da natureza binária e personalística do requisito causal ao nível da responsabilidade civil extracontratual. Cascais: Princípia, 2013, v. I, p. 535-566.

mente relevante no campo da responsabilidade pelo risco. O desempenho de atividades perigosas, que não permitem uma fácil constatação da conexão entre a ação e o resultado produziram uma cultura de irresponsabilização, que não passou despercebida pela comunidade jurídica à época. Tornou-se necessário buscar mecanismos que pudessem superar os inúmeros óbices até então colocados na sociedade.

Apesar da tese da responsabilidade pelos resultados ter gerado profunda discussão no espaço anglo-saxônico, ela vem ganhando destaque, também, nos ordenamentos pautados pelo *civil law*, influenciando a doutrina brasileira. Ana Mafalda de Miranda Barbosa, tratando do tema, reconhece que, sendo a finalidade precípua da responsabilidade civil a reparação dos danos, então é urgente considerar o resultado lesivo.[468] Nesse sentido, transmuta-se uma lógica simplesmente comutativa para um sistema de repartição de riscos de modo a *"prestar uma especial atenção à figura da vítima"*.[469]

Tony Honoré é tido como um dos principais autores sobre o tema. Em sua obra *Responsibility and Fault*, Honoré buscou identificar inúmeros questionamentos acerca da *tort liability*. Seu objetivo era tentar compreender diversos aspectos, dentre eles, o que justificaria a possibilidade de uma pessoa, cujos interesses foram violados, exigir uma compensação do causador. Nesse ponto, Honoré reconheceu a noção pela qual as pessoas são responsáveis pelos resultados ("outcome responsibility"). Sua ideia central reside na proposta de que os indivíduos, se estão em plena capacidade e em posição de controlar seus comportamentos, são responsáveis pelos resultados de suas condutas, comissivas ou omissivas.[470] Para este autor, quando uma pessoa age, ela lança a si mesma sobre o mundo e implicitamente escolhe ser responsável pelo que faz, inclusive os resultados de suas ações.[471] Dito diversamente, quando o ser humano realiza alguma ação, ele produz alguma mudança no mundo[472] e, consequentemente, deve ser responsável por essa mudança.

Para Honoré, a responsabilidade pelos resultados traz em seu bojo uma visão mais ampla da justiça corretiva, mesclada à justa distribuição de riscos na

---

468. BARBOSA, Ana Mafalda Castanheira Neves de Miranda. *Do nexo de causalidade ao nexo de imputação* – contributo para a compreensão da natureza binária e personalística do requisito causal ao nível da responsabilidade civil extracontratual. Cascais: Princípia, 2013, v. I, p. 536.
469. BARBOSA, Ana Mafalda Castanheira Neves de Miranda. *Estudos a propósito da responsabilidade objetiva*. Cascais: Princípia, 2014, p. 82.
470. HONORÉ, Tony. *Responsibility and fault*. Portland: Oxford, 1999, p. 76.
471. Idem, p. 77.
472. RIPSTEIN, Arthur. Private law and private narratives. *Oxford journal of legal studies*. v. 20, n. 4, 2000, p. 683.

sociedade.[473] Afirma o autor que a justiça corretiva é uma forma genuína de justiça somente porque a justa distribuição de riscos na sociedade requer que as pessoas plenamente capazes suportem o risco de serem responsáveis pelos prejuízos que causam a outras por suas condutas, ainda que não tenham agido culposamente.[474]

Este ponto tem especial relevância no contexto atual. A sociedade contemporânea, altamente desenvolvida e tecnológica, com atividades cada vez mais perigosas, faz com que o mundo pareça cada vez mais fora de controle, com intensa produção de riscos. Riscos esses que não podem ser completamente dominados, levando todos a profundas incertezas, inclusive quanto ao futuro. Esses riscos decorrem da natureza, mas em grande parte, também, do ser humano: os chamados *riscos fabricados* ou *man-made disasters*, ou seja, riscos criados pelo progresso do desenvolvimento científico, tecnológico e econômico, e que são, direta ou indiretamente, reconduzíveis a uma decisão humana. Esses riscos, como visto anteriormente, devem ser corretamente distribuídos.

A tese de Honoré, apesar de interessante, traz dificuldades, o que impossibilitaria sua adoção como paradigma geral para a responsabilidade. Contudo, é de se reconhecer os méritos da construção do autor, na medida em que este tipo de responsabilidade aflora numa *sociedade de risco*, tornando-se inevitável admitir uma responsabilidade pelos resultados associada à atuação humana nesse mundo de perigos produzidos, ainda que não subscrevendo todas as proposições de Honoré.

A responsabilidade pelos resultados parece essencial, mas em sentido relativamente diverso daquele proposto. Como afirma Ana Mafalda de Miranda Barbosa, em uma sociedade em que o risco é presente, constrói-se um modelo ressarcitório em que cada um deve suportar o risco de a sua conduta causar danos a terceiros.[475] Neste ponto, a responsabilidade pelo resultado, lembra a autora, "surge como um sistema de alocação de resultados".[476] Parece possível argumentar que essa alocação de resultados decorre de uma correta atribuição dos riscos que leva necessariamente ao debate da causalidade. É preciso, portanto, buscar um critério causal que ligue o comportamento do sujeito ao seu resultado.

No campo das atividades perigosas, objeto do presente estudo, compreende-se que a correta atribuição não pode se pautar desprezando a causalidade, muito embora a causalidade não seja um critério puramente naturalístico. Ao revés, como se discutiu ao longo deste capítulo, a causalidade não pode ser considerada

---

473. HONORÉ, Tony. *Responsibility and fault*. Portland: Oxford, 1999, p. 80.
474. Idem, p. 80.
475. BARBOSA, Ana Mafalda Castanheira Neves de Miranda. *Estudos a propósito da responsabilidade objetiva*. Cascais: Princípia, 2014, p. 544.
476. Idem, p. 551.

uma pura questão de fato: o ordenamento jurídico pode determinar as fórmulas, critérios ou testes que entender adequados à busca pela causa, como pode recusar aqueles tradicionalmente utilizadas para apurar a causalidade.[477] O certo, no entanto, é que não se pode desconsiderar o dado ontológico envolvente,[478] pois será ele a chamar a atenção à complexidade causal e ao imbricamento condicional.

O risco é, desse modo, chamado para o centro do debate. Compreender que a análise causal é contaminada pelo debate do risco não significa, contudo, como exposto anteriormente, que se pode desconsiderar a causalidade. Ora, se a finalidade precípua da responsabilidade civil reside na reparação dos danos, afigura-se determinante considerar o resultado lesivo, e é justamente ele que torna a causalidade imprescindível na análise.[479] As hipóteses de responsabilidade objetiva, notadamente aquelas decorrentes do risco, devem se fundar em alguma *ratio* que "vá para lá da simples causação do dano".[480] É necessário reconhecer que os critérios normativos orientadores da reparação dos danos estabelecem como causa não apenas a ação direta causadora do dano no plano naturalístico, mas outros antecedentes à ocorrência do dano podem ser reconduzidos à esfera jurídica do decisor: parece possível reconhecer que, no plano das atividades perigosas, ao se estabelecer uma cláusula de responsabilidade pelo risco, busca-se como causa da ocorrência de determinados resultados danosos *a decisão de explorar a própria atividade perigosa*. Esta deve ser tida como a causa jurídica dos riscos que lhe são inerentes.

A escolha de explorar uma atividade – o exercício dessa liberdade – traz consigo a ideia de responsabilidade, porquanto essa responsabilidade se caracteriza pela assunção de uma esfera de risco orientada pelo respeito que cada pessoa provoca e que, acarretando um determinado resultado lesivo, se converte inegavelmente numa responsabilidade pelo dano.[481] Nesse ponto, a imputação que se pretende se encontra na esfera de risco que se assume[482] ao se decidir explorar

---

477. PEREIRA, Rui Soares. Op. cit., 2017, p. 530.
478. BARBOSA, Ana Mafalda Castanheira Neves de Miranda. *Responsabilidade civil extracontratual* – novas perspetivas em matéria de nexo de causalidade. Cascais: Princípia, 2014, p. 26.
479. BARBOSA, Ana Mafalda Castanheira Neves de Miranda. *Lições de responsabilidade civil*. Cascais: Princípia, 2017, p. 268.
480. BARBOSA, Ana Mafalda Castanheira Neves de Miranda. *Do nexo de causalidade ao nexo de imputação* – contributo para a compreensão da natureza binária e personalística do requisito causal ao nível da responsabilidade civil extracontratual. Cascais: Princípia, 2013, v. I, p. 408.
481. BARBOSA, Ana Mafalda Castanheira Neves de Miranda. *Responsabilidade civil extracontratual* – novas perspetivas em matéria de nexo de causalidade. Cascais: Princípia, 2014, p. 32.
482. BARBOSA, Ana Mafalda Castanheira Neves de Miranda. *Lições de responsabilidade civil.*. Cascais: Princípia, 2017, p. 269. No mesmo sentido, v. BARBOSA, Ana Mafalda Castanheira Neves de Miranda. Do nexo de causalidade ao nexo de imputação. *Novos olhares sobre a responsabilidade civil* – jurisdição civil. Lisboa: Centro de Estudos Judiciários, 2018, p. 65. Disponível em: http://www.cej.mj.pt/cej/recursos/ebooks/civil/eb_ReponsCivil_2018.pdf. Acesso em: 06 set. 2021.

uma atividade de risco. Percebe-se, assim, que a análise da causalidade e do risco são tratados a partir da seleção dos resultados atribuíveis ao desempenho de uma atividade de risco em que a causa jurídica estabelecida será a própria decisão de explorar a atividade potencialmente lesiva, desde que se possa reconhecer, com alguma segurança que o evento é legitimamente esperado da atividade, como discutido ao longo do Capítulo II. Nesse sentido, o debate da causalidade será travado, também, na identificação de quais são os riscos controláveis, ou, ao menos, que deveriam ser controláveis e que consequentemente se inserem na esfera jurídica do ofensor pelos danos que sua atividade produz.[483]

9. A DUPLA FUNÇÃO EXERCIDA PELO NEXO CAUSAL

I. A reparação dos danos opera, mandatoriamente, por intermédio de dois planos sucessivos de investigação. Nesse ponto, a atribuição do dever de indenizar implica em declarar o causador do dano, mas, também, identificar os prejuízos sofridos pela vítima. Até então debateu-se como o nexo de causalidade atua no plano do *an debeatur*, isto é, no juízo de imputação de responsabilidade.

Contudo, a imposição de reparar um prejuízo não implica, necessariamente, que o ofensor seja responsável pela reparação de todos os danos sofridos pela vítima. Isto é, em decorrência do dever de indenizar, não se inserem todos os prejuízos verificados em seguida ao fato danoso, mas apenas os que se mostrem produzidos pelo próprio ofensor.[484] Em outras palavras, é importante compreender que o autor da ofensa não responderá por todos os prejuízos sobrevindos ao fato gerador do direito à reparação.[485] É requisito essencial que entre o fato e o dano exista um estreito liame que os una, pois o que se repara é o dano *causado* pelo fato.[486] O nexo causal adquire, consequentemente, uma importância fundamental na extensão da indenização, uma vez que ele é quem determinará

---

483. Em sentido semelhante, Ana Mafalda Miranda Barbosa para quem "Dois tipos de riscos são permanentemente tidos em conta: riscos naturais, mais controláveis hoje do que ontem; e riscos induzidos por um comportamento humano. Temos de indagar até que ponto esse risco, assumido pelo comportamento culposo e indiciado pelo resultado lesivo constatado, confluindo presuntivamente na imputação delineada, pode ou não ser controlável e até que ponto é exigível esse controlo. Ao que acresce a necessidade de abandonar uma visão atomizada do problema para o enfrentarmos dialogicamente. Isto é, conscientes que estamos do imbricamento condicional, da presença instante e constante de fenómenos de sobredeterminação causal, importa levar a cabo uma tarefa de cotejo de esferas de risco" (BARBOSA, Ana Mafalda Castanheira Neves de Miranda. *Do nexo de causalidade ao nexo de imputação* – contributo para a compreensão da natureza binária e personalística do requisito causal ao nível da responsabilidade civil extracontratual. Cascais: Princípia, 2013, v. II, p. 759).
484. COSTA, Mário Júlio de Almeida. *Direito das obrigações*. 10. ed. Coimbra: Almedina, 2006, p. 760.
485. Ibidem, p. 879.
486. PEREIRA COELHO, Francisco Manuel. *O problema da causa virtual na responsabilidade civil*. Coimbra: Livraria Almedina, 1998, p. 187.

quais prejuízos serão indenizados.[487] Decorre, portanto, que, ao lado da imputação da responsabilidade, o debate em torno da quantificação do dano também será resolvido pela *causalidade*.[488] Como dito anteriormente, um dano causado implica numa sucessão de efeitos danosos para a vítima e, nesse aspecto, é preciso identificar em que momento o prejuízo não se coloca na esfera do ofensor cabendo à vítima suportá-lo. Como lembra Adriano De Cupis, o conteúdo do dano está em função da causalidade uma vez que a fixação do montante do dano requer, primeiramente, que se estabeleça os limites dentro dos quais o dano pode ser considerado causado por um fato humano preenchedor dos atributos necessários à responsabilização do agente,[489] pois, como afirmava Hans Fischer, o problema da extensão dos prejuízos faz sobressair a importância da causalidade na medida em que a "maior parte dos casos, o dano não consiste apenas no prejuízo provocado pela lesão do bem jurídico imediatamente atingido; quase sempre o acontecimento danoso vai mais longe trazendo consigo novas consequências".[490]

Nesse sentido, faz-se notar a *dupla função do nexo de causalidade* que, além de servir como pressuposto da reponsabilidade civil (*an debeatur*), é o critério da medição da extensão da reparação (*quantum debeatur*),[491] também denominada, respectivamente, de causalidade fundamentadora e causalidade preenchedora da responsabilidade.[492] E, como expressado no tópico anterior, a causalidade não se dá meramente no plano empírico, isto é, não se verifica o liame exclusivamente naturalístico, mas, ao contrário, procura-se a causa jurídica geradora do dano. Dessa forma, é preciso buscar os prejuízos que se mostrem produzidos pelo fato formador do direito à reparação[493] e, dessa forma, solucionado o problema da

---

487. "Por conta dos responsáveis devem correr, apenas, começam os autores por observar – e di-lo, aliás, frequentemente, a lei (arts. 798, 804, 1; 807,1) – os danos causados pelo facto, e não todos os danos cronologicamente sobrevindos ao facto" ANTUNES VARELA, João de Matos. Op. cit., p. 880.
488. "O que importa é que o dano seja consequência do fato (ato ilícito, ato-fato ilícito, ou fato ilícito stricto sensu) que cria a responsabilidade. O princípio da causação vige em toda a extensão (...) As perdas e danos não se estendem ao que está fora da relação de causalidade". MIRANDA, Pontes de. *Tratado de direito privado*. Campinas: Bookseller, 2003, t. 22, p. 217.
489. DE CUPIS, Adriano. *El daño – Teoria general de la responsabilidad civil*. Traducción de la 2. edición italiana y estudio preliminar por Angel Martínez Sarrión. Barcelona: Bosch, 1975, p. 246.
490. FISCHER, Hans Albrecht. *A reparação dos danos no direito civil*. Trad. António de Arruda Ferrer Correia. S. Paulo: Livraria Acadêmica Saraiva & C.a – Editores, 1938, p. 10.
491. "Aqui [reparação integral] a ideia de causalidade parece ser a única a atuar, porque a reparação aplica-se a todos os prejuízos" RIPERT, Georges. *A regra moral nas obrigações civis*. Campinas: Bookseller, 2002, p. 241. Cf., também, CRUZ, Gisela Sampaio da. *O problema do nexo causal na responsabilidade civil*. Rio de Janeiro: Renovar, 2005, p. 22.
492. BARBOSA, Ana Mafalda Castanheira Neves de Miranda. Haftungsbegründende kausalität e haftungsausfüllende kausalität/causalidade fundamentadora e causalidade preenchedora da responsabilidade. *Revista da faculdade de direito e ciência política*. n. 10, p. 14. Universidade Lusófona do Porto, 2017.
493. COSTA, Mário Júlio Almeida. *Direito das obrigações*. 10. ed. reelaborada. Coimbra: Almedina, 2006, p. 760.

causalidade, isto é, estabelecido o nexo de causalidade, ter-se-á resolvido, também, quais danos devem ser reparados.[494]

Ana Mafalda de Miranda Barbosa reconhece que no Direito português – o que é perfeitamente aplicável ao Direito brasileiro –, concorrem, lado a lado, a causalidade fundamentadora da responsabilidade e a causalidade preenchedora da responsabilidade. Enquanto a primeira liga o comportamento do agente à lesão do direito ou interesse protegido, enquanto a segunda liga a lesão do direito ou interesse protegido aos danos consequenciais verificados.[495] Assim, diante da lesão a um direito ou interesse juridicamente protegido, para imputação da responsabilidade, será necessário desvendar se a lesão é atribuível a sujeito diverso de quem titulariza o direito ou interesse e se os danos são indenizáveis ou não.[496]

É, portanto, por intermédio do nexo de causalidade[497] que será medido o dano[498] a ser indenizado. É inegável, desse modo, que, além de (i) servir à atribuição do dever de reparação, ao identificar a autoria do dano, o nexo de causalidade terá (ii) o condão de delimitar quais prejuízos efetivamente serão indenizados pela vítima.[499]

10. A MULTIPLICIDADE DE CAUSAS E O PROBLEMA FLEXIBILIZAÇÃO DO NEXO DE CAUSALIDADE NA BUSCA PELA ADEQUADA DISTRIBUIÇÃO DE RISCOS

I. A identificação de uma causa jurídica não é tarefa simples. Como tivemos a oportunidade de analisar nesse capítulo, raramente um efeito decorre de um único antecedente, mas, antes, normalmente, é a consequência da soma de diversos fatos antecedentes.[500] Busca-se, assim, pela investigação causal, estabelecer a

---

494. PEREIRA COELHO, Francisco Manuel. *O problema da causa virtual na responsabilidade civil*. Coimbra: Livraria Almedina, 1998, p. 187.
495. BARBOSA, Ana Mafalda Castanheira Neves de Miranda. *Do nexo de causalidade ao nexo de imputação* – contributo para a compreensão da natureza binária e personalística do requisito causal ao nível da responsabilidade civil extracontratual. Cascais: Princípia, 2013, v. I, p. 12. V., também, BARBOSA, Ana Mafalda Castanheira Neves de Miranda. *Lições de responsabilidade civil*. Cascais: Princípia, 2017, p. 249.
496. BARBOSA, Ana Mafalda Castanheira Neves de Miranda. Op. cit., 2017, p. 249.
497. "Não é o grau de culpa, mas o grau de participação na produção do evento danoso, reduzindo ou até excluindo a responsabilidade dos demais, que deve indicar a quem toca contribuir com a cota maior ou até com toda a indenização" (DIAS, José de Aguiar. Op. cit., 2006, p. 47).
498. "Conforme já visto, em mais de um passo, a indenização visando tornar a indene a vítima deve atender a todo o efetivo prejuízo, além de repor os lucros cessantes". RODRIGUES, Silvio. *Direito civil*. 20. ed. rev. e atual. de acordo com o novo Código Civil. São Paulo: Saraiva, 2003, v. 4. Responsabilidade civil, p. 187.
499. PIZARRO, Rámon Daniel. Op. cit., 2006, p. 89.
500. STUART MILL, John. *A system of logic*: Ratiocinative and Inductive, Being a connected view of the Principles of Evidence, and the Methods of Scientific Investigation. The University of Adelaide Library, 2011, p. 312.

causa jurídica geradora do prejuízo de modo a atribuir o dever de indenizar ao ofensor. Isto é, identificar, na multiplicidade de fatores, o evento que é juridicamente reconhecido como apto a desencadear o mecanismo da reparação civil.

Todavia, como se percebe da experiência comum, um dano pode ser resultado de uma única causa – muito embora já se tenha demonstrado a dificuldade em identificar a causa jurídica – ou, como acontece na maior parte das vezes, o prejuízo pode ser o resultado de uma série de acontecimentos logicamente encadeados, todos contribuindo causalmente para sua ocorrência. Nesta última hipótese estar-se-á tratando do fenômeno denominado concorrência ou concurso de causas. A ideia de concorrência de causas decorre, portanto, do fato de que o dano possa ser resultado de mais de um evento na cadeia causal. Assim, estar-se-ia diante de concausas quando concorrerem várias causas, todas elas dotadas de especial relevância na produção do dano.

A cocausação do dano pode operar no plano subjetivo ou no plano objetivo, quer se verifique uma pluralidade de autores atuando causalmente na ocorrência do dano, quer se trate de pluralidade de eventos que levam ao prejuízo sofrido pela vítima, respectivamente.[501] O concurso subjetivo está diretamente ligado à pluralidade de sujeitos que atuam na ocorrência do dano. Este, por sua vez, pode ser heterogêneo ou homogêneo. Será (i) homogêneo sempre que "o mesmo dano provoque imputações diversas, mas todas do mesmo tipo".[502] Ou seja, do mesmo dano derivam várias imputações de responsabilidade civil, mas todas com o mesmo fundamento, como por exemplo, todas delituais ou todas pautadas pelo risco. Ilustra-se com a hipóteses de A e B danificarem um bem de C. A responsabilidade tanto de A como de B será delitual. O concurso subjetivo (ii) heterogêneo, por sua vez, deriva da verificação de que, do mesmo dano, venham a surgir várias imputações de diversos tipos, como, é a hipótese do art. 507 do Código Civil Português, que estabelece a responsabilidade solidária pelo risco, ainda que haja culpa de uma ou algumas pessoas.[503] Interessante notar que o concurso heterogéneo, como afirma Menezes Cordeiro, é apenas aparente na medida em que as respectivas previsões normativas acabam por compreender, além da estatuição, a saída para a situação do concurso. É o que acontece nos casos de responsabilidade solidária no Código de Defesa do Consumidor Brasileiro que permite ao fornecedor que efetivar o pagamento ao consumidor prejudicado o "direito de regresso contra os demais responsáveis,

---

501. MULHOLLAND, Caitlin Sampaio. Op. cit., 2009, p. 106.
502. CORDEIRO, Antonio Menezes. Op. cit., 2017, p. 737.
503. "Art. 507 (Responsabilidade solidária) 1. Se a responsabilidade pelo risco recair sobre várias pessoas, todas respondem solidariamente pelos danos, mesmo que haja culpa de alguma ou algumas."

segundo sua participação na causação do evento danoso".[504] Isidoro Goldenberg, denominando a concausalidade subjetiva de causalidade *conjunta* ou *comum*, a explica como a ação de várias pessoas causalmente relevante para a produção de uma determinada consequência, cuja ocorrência tenha cooperado com sua conduta.[505] Importante ressaltar que, no ordenamento jurídico brasileiro, a causalidade conjunta importará na solidariedade entre todos os coautores do dano, nos termos do art. 942, do CCB[506] como no ordenamento jurídico português (art. 497, do CCP[507]) a causalidade conjunta importará na solidariedade entre todos os coautores do dano.

O concurso objetivo está ligado à várias ações distintas. Dito diversamente, na concorrência objetiva a imputação decorrerá da variedade de eventualidades que aos mesmos danos conduzam.[508] Quanto ao concurso objetivo, costuma-se classificar[509] o fenômeno das concausas em (1) causas complementares,[510] (2) causas cumulativas ou concorrentes e (3) causas alternativas. As causas complementares e as causas cumulativas ainda podem ser classificadas em (4) causas simultâneas ou (5) causas sucessivas.

Chama-se *causas complementares* quando duas ou mais causas concorrem para a produção do dano de tal modo que cada uma delas, isoladamente, não teria a capacidade de alcançar o resultado.[511] Nesse sentido, dois ou mais fatores concorrem para produção do dano, sendo essa concorrência elemento determinante para a verificação do resultado danoso. Nas *causas cumulativas* dois ou mais eventos causam o dano, mas qualquer delas seria suficiente, por si só, de produzir o resultado danoso, independentemente da outra, muito embora ambas tenham contribuído para o resultado final. Nesse caso, "a eficácia causal dos dois

---

504. "Art. 13. O comerciante é igualmente responsável, nos termos do artigo anterior, quando: (...)
    Parágrafo único. Aquele que efetivar o pagamento ao prejudicado poderá exercer o direito de regresso contra os demais responsáveis, segundo sua participação na causação do evento danoso."
505. GOLDENBERG, Isidoro. Op. cit., 2000, p. 117.
506. Art. 942. Os bens do responsável pela ofensa ou violação do direito de outrem ficam sujeitos à reparação do dano causado; e, se a ofensa tiver mais de um autor, todos responderão solidariamente pela reparação.
507. O ordenamento jurídico português confere o mesmo tratamento, como determina o art. 497, do Código Civil Português: "Artigo 497º (Responsabilidade solidária)
    1. Se forem várias as pessoas responsáveis pelos danos, é solidária a sua responsabilidade.
    2. O direito de regresso entre os responsáveis existe na medida das respectivas culpas e das consequências que delas adviram, presumindo-se iguais as culpas das pessoas responsáveis."
508. CORDEIRO, Antonio Menezes. Op. cit., 2017, p. 738.
509. ANTUNES VARELA, João de Matos. Op. cit., 2000, p. 922-923.
510. Também denominado concurso de causas necessário. Contudo, para evitar confusões conceituais, evita-se o uso da palavra necessário, que tem implicações diretas com a teoria da necessariedade na definição da causa jurídica, como se verá no Capítulo V.
511. Gisela Sampaio da. Op. cit., 2005, p. 28.

factos, cada um dos quais seria capaz de produzir o efeito só por si, cooperou efectivamenente para o dano verificado".[512]

Tanto as causas complementares como as causas cumulativas podem ocorrer de forma *simultânea* ou *sucessiva*. Na primeira hipótese (causas *simultâneas*), as causas operam ao mesmo tempo enquanto na segunda (*causas sucessivas*) uma é posterior à outra. Em todas essas hipóteses, há responsabilidade solidária por parte de todos os autores do dano que contribuíram causalmente para a produção do dano. Contudo, é justamente na questão das causas sucessivas que se coloca a difícil missão de diferenciar a causalidade sucessiva da interrupção do nexo causal. Isto se dá porque no âmbito de causas que se operam uma após a outra, pode ser que, em verdade, não haja uma concausalidade, mas a interrupção do nexo de causalidade pela segunda causa, que rompe a linha conducente ao dano que se sucederia com a primeira. Há, nesse ponto, grande confusão. Como explica Pereira Coelho, o fato das causas serem simultâneas ou sucessivas não explicam muito e, tampouco, é suficiente para imputar ou excluir a relevância causal. Isso porque uma reflexão mais aprofundada demonstra que pode acontecer que dois fatos sejam simultâneos, muito embora só a eficácia causal de um deles tenha efetivamente produzido o efeito danoso, ao passo que pode acontecer de dois fatos serem sucessivos e o resultado só ter se verificado como consequência da eficácia causal de ambos.[513]

Tem lugar a causalidade interrompida quando um fato teria provocado um determinado efeito, porém a verificação deste mesmo efeito foi impedida por outro fato que, por sua parte e isoladamente, o produziu com anterioridade.[514] Percebe-se, assim, uma profunda diferença entre causalidade sucessiva e causalidade interrompida. Enquanto na primeira todas as causas, que operam sucessivamente, tem relevância causal, na segunda a relevância causal é perdida em razão da causa posterior, que rompe o nexo com a primeira. Este tema será enfrentado mais detidamente no Capítulo V.

Por fim, fala-se em causalidade alternativa quando dois ou mais eventos são potencialmente causadores do resultado sendo impossível determinar qual deles concretamente é o provocador do dano. Ou seja, nesses casos não é possível determinar qual dos vários participantes em certo ato causou o dano.[515] Na causalidade alternativa existem, pelo menos, duas causas absolutamente independentes que, por si só, são capazes de produzir o evento danoso, mas que não se pode identificar com precisão qual delas é a efetiva causa. Tal tema foi objeto de tratamento expresso no BGB. Segundo o art. 830, do Código Civil Alemão, se não for possível identificar

---
512. PEREIRA COELHO, Francisco Manuel. Op. cit., p. 25.
513. Idem, p. 26-27.
514. Idem, p. 28.
515. Idem, p. 24, nota 5.

quem, dentre várias pessoas, foi a causadora do dano, todas respondem solidariamente.[516] Repare-se que o Código Civil Alemão, portanto, estabelece o que se denomina responsabilidade coletiva do grupo. Trata-se de importante mecanismo que busca, ao final, a reparação da vítima pelo resultado e não necessariamente em razão da injustiça do dano. O Código Civil Brasileiro não possui norma semelhante, o que dificulta um entendimento pacífico sobre a ideia de causalidade alternativa. Duas posições podem advir da questão. De um lado, é possível atribuir responsabilidade a qualquer e a todos do grupo e, de outro, a total irresponsabilização na medida em que não é possível provar qual dos indivíduos é o efetivo causador do dano.[517]

No Brasil, alguns autores têm tentado justificar a aplicação da causalidade alternativa e consequente responsabilização do grupo com fundamento no princípio da solidariedade social e da dignidade da pessoa humana[518] ou, ainda, na potencial lesividade da atividade desenvolvida pelo grupo[519]. Embora louváveis as construções, tal posicionamento não teve a acolhida pacífica na jurisprudência brasileira, apesar do STJ já ter decidido pela causalidade alternativa para hipóteses de objetos lançados de edifícios com base no art. 938, do Código Civil (art. 1.529, do CCB de 1916).[520]

II. No tratamento do vínculo de causalidade, é preciso considerar, ainda, as hipóteses em que a causa corresponde a uma omissão. Ora, se, por um lado, a ação comissiva do agente ofensor que vem a produzir um dano pode ser considerada a sua causa, é forçoso perquirir se a não atuação também pode ser considerada como causa jurídica. Torna-se de extrema relevância avaliar em que medida a abstenção do indivíduo pode ser tida como a causa produtora do resultado danoso e, nesse particular, apresenta-se como a principal dificuldade na responsabilidade por omissão a ideia de que um fato negativo não tem, a princípio, aptidão para modificar a realidade exterior. Ou seja, do nada, nada pode resultar (*ex nihilo nihil fit*).[521]

---

516. Section 830. Joint tortfeasors and persons involved. (1) If more than one person has caused damage by a jointly committed tort, then each of them is responsible for the damage. The same applies if it cannot be established which of several persons involved caused the damage by his act.
    (2) Instigators and accessories are equivalent to joint tortfeasors.
517. CORDEIRO, Antonio Menezes. Op. cit., 2017, p. 740.
518. Gisela Sampaio da. Op. cit., 2005, p. 309.
519. MULHOLLAND, Caitlin Sampaio. Op. cit., 2009, p. 235.
520. "Responsabilidade civil. Objetos lançados da janela de edifícios. A reparação dos danos é responsabilidade do condomínio. A impossibilidade de identificação do exato ponto de onde parte a conduta lesiva, impõe ao condomínio arcar com a responsabilidade reparatória por danos causados a terceiros. Inteligência do art. 1.529 do CC brasileiro. Recurso não conhecido" (STJ, REsp 64.682/RJ, 4ª T., j. 10.11.1998, rel. Min. Bueno de Souza, *DJ* 29.03.1999, p. 180.)
521. O referido brocardo latino já foi superado há tempos, pois expressava uma concepção ingênua e equivocada das relações causais. Sobre o tema, cf. NINO, Carlos S. ¿Da lo mismo omitir que actuar? Acerca de la valoración moral de los delitos por omisión. *Revista de derecho penal y criminología*. n. 6, p. 223-240, 2017.

O tema, que outrora já fora deveras espinhoso, gerou profundos debates no meio jurídico.[522] Atualmente, contudo, a noção de que a omissão possa ser a causa de um dano é aceita sem maiores debates. Todavia, nesse caso exige-se que o comportamento que se omite, que se deixa de praticar, seja uma ação esperada.[523] Isto é, para que surja o dever de indenizar em razão da omissão, será fundamental estabelecer a existência de um dever jurídico preexistente que impunha ao demandado (ofensor) agir de uma determinada forma.[524] É dizer que a omissão consiste "en un comportamiento que contrasta con una obligación jurídica de contenido positivo, esto es, con una obligación jurídica de hacer".[525] O Código Civil Português expressamente adota essa concepção normativa de omissão, em seu art. 486, ao estabelecer que a obrigação de reparar o dano por simples omissões só terão lugar quando houver, por força de lei ou de negócio jurídico, o dever de praticar o ato cometido.[526]

Assim, o conceito de omissão é um conceito normativo que envolve um deixar de realizar uma atividade que o ordenamento jurídico exigia. Consequentemente, a responsabilidade civil decorrente da omissão surgirá quando existir a obrigação de evitar a ocorrência do dano[527] em razão de algum comportamento que deveria ter sido adotado.

III. As dificuldades apresentadas até aqui demonstram o difícil papel a ser assumido pelos tribunais que, na qualidade de executores da primeira sentinela da sociedade, se deparam com casos cada vez mais complexos e difíceis de lidar, notadamente com o desenvolvimento tecnológico e a cultura de irresponsabilização que se constrói na contemporaneidade.[528]

A partir dessas dificuldades, iniciou-se, o que se denominou no Brasil, o fenômeno da flexibilização do nexo de causalidade, também chamado de nexo causal flexível.[529] Esse movimento é caracterizado por uma recusa tanto dos

---

522. GOLDENBERG, Isidoro. Op. cit., 2000, p. 155.
523. TRIMARCHI, Pietro. *Causalità e danno*. Dott. A. Giuffrè: Milano, 1967, p. 14.
524. Idem, p. 155.
525. CABANA, Patrícia Faraldo. Omisión del deber de socorro. Especial referencia a la negativa al tratamiento médico. In: SÁNCHEZ, Miguel Juane; LARRUGA, Javier Sanz (Dir. Congr.), DÍAZ-CASTROVERDE, Jose María Gómez y (Dir. Congr.). *Lecciones de derecho san[i]tario*. 1999, p. 520.
526. Art. 486, CCP – Omissões. "As simples omissões dão lugar à obrigação de reparar os danos, quando, independentemente dos outros requisitos legais, havia, por força da lei ou de negócio jurídico, o dever de praticar o acto omitido." O Código Civil Brasileiro expressamente menciona a omissão como possível causa jurídica de danos, sem, contudo, defini-la, conforme se vê do disposto no art. 186: "Aquele que, por ação ou *omissão voluntária*, negligência ou imprudência, violar direito e causar dano a outrem, ainda que exclusivamente moral, comete ato ilícito" (grifou-se).
527. MULHOLLAND, Caitlin Sampaio. Op. cit., 2009, p. 116.
528. V. Capítulo I.
529. SCHREIBER, Anderson. Op. cit., 2007, p. 61.

tribunais como da doutrina em dar à prova do nexo causal o mesmo tratamento rigoroso e dogmático que se conferiu aos outros pressupostos da responsabilidade civil, chegando ao extremo de alguns julgados, inclusive, se pautarem em apelos de "bom senso"[530] na busca de um adequado mecanismo de reparação da vítima e distribuição de riscos.

O problema é que a flexibilização ou relaxamento do nexo de causalidade com base na justiça do caso concreto acaba por minar a própria finalidade do princípio da causalidade: atribuir corretamente os riscos na sociedade. Poder-se-á, dessa forma, permitir decisões arbitrárias que carecem de legitimidade ou, ainda, a possibilidade de defesa por parte do réu, rompendo-se a unicidade e a segurança do sistema de reparação, tão caras ao Direito.

Nesse sentido, apesar desse movimento ter o mérito de reconhecer que a análise tradicional do nexo de causalidade, no sentido de que não há responsabilidade sem a certeza do seu causador, especialmente diante de uma matéria legislativa consideravelmente lacônica, é insuficiente; não se pode admitir a flexibilização com dispensa dos critérios científicos construídos nos últimos séculos.[531] O nexo de causalidade desempenha um papel central na responsabilidade interpessoal corretiva, em especial na sua função de prevenção seja "em termos de diferença ou maior relevância moral, em termos de praticabilidade e eficiência, para evitar uma excessiva incursão na liberdade de ação ou por integrar a condição prévia à constituição de alguém na obrigação de indenizar".[532] Se se tratar como indiferente a causação do dano, será indiferente, então, o comportamento do agente na medida em que ele será responsabilizado independentemente de ser, ou não, o causador. Ademais, a dispensa do nexo de causalidade, mesmo sob o ponto de vista da socialização dos riscos e reparação pelo resultado, pode criar distorções, criando incentivos indevidos e abrindo espaço para o risco moral. De fato, a consequência evidente é que o incentivo à adoção de comportamentos socialmente desejáveis pode vir a inexistir.

Não se discute que os filtros da reparação civil passam por profundas transformações, dentre eles o nexo de causalidade. Os movimentos de suposição de causalidade demonstram inequivocamente que este elemento não guarda o formalismo de outrora. Contudo, não se pode aceitar, sob um fundamento

---

530. É o alerta de Nelson Rosenvald, Cristiano Chaves e Felipe Braga (FARIAS, Cristiano Chaves, NETTO, Felipe Peixoto Braga, et ROSENVALD, Nelson. *Novo tratado de responsabilidade civil*. São Paulo: Atlas, 2015, p. 458).
531. RODRIGUES JUNIOR, Otavio Luiz. Nexo causal probabilístico: elementos para a crítica de um conceito. *Revista de Direito Civil Contemporâneo*. v. 8. ano 3. São Paulo: Ed. RT, jul.-set. 2016, p. 128.
532. PEREIRA, Rui Soares. Op. cit., 2017, p. 101.

retórico de proteção da vítima, uma completa desconsideração e aplicação de preceitos fora de critérios científicos e metodológicos. É necessário reconhecer que a causalidade permanece como um elemento central da responsabilidade e a busca da causa jurídica é essencial ao adequado funcionamento do mecanismo de responsabilização, ainda que contaminado pelo risco. Voltar-se-á a tratar desse ponto no Tópico 18 do Capítulo VI, quando será analisada a contaminação do nexo de causalidade pelo risco.

Capítulo IV
TEORIAS SOBRE A RELAÇÃO DE CAUSALIDADE

11. INTRODUÇÃO

A busca pela causa jurídica é um dos temas mais complexos no campo da responsabilidade civil. Diversos autores se debruçaram sobre o tema na tentativa de identificar os critérios mais adequados para, na multiplicidade de condições que se colocam na produção do dano, eleger aquela que se apresenta juridicamente como causa do prejuízo.

O debate tem seu início no campo do Direito Penal do século XIX, especialmente no Direito Alemão. Nesse particular, é curioso notar o tratamento dispensado à noção de crime. Segundo os estudos iniciais de nexo de causalidade no Direito Penal, a figura do crime enquanto ação procurou identificar o ato comissivo como a causação do resultado por um ato de vontade, consistente no movimento corpóreo voluntário;[533] buscou-se, também, equiparar a causação ao não impedimento do resultado relativamente às consequências que se produzem – o ato omissivo.[534] O resultado, então, deveria ser produzido pelo movimento corpóreo, sendo necessária a presença de uma relação causal entre ambos. A ação era tida, assim, como a influência exercida consciente e voluntariamente sobre o mundo exterior e provocada pelo movimento corpóreo em virtude da lei de causalidade. Nesse momento, nas ciências jurídicas, o debate em torno do nexo de causalidade ficou circunscrito ao Direito Penal e, em especial, aos crimes de homicídio e lesão, delitos notadamente materiais.[535]

No campo da responsabilidade civil, por ausência de uma sistematização própria, e na busca de um critério que reduzisse o elevado grau de abstração realizado pelos magistrados à época, foram incorporadas as construções doutri-

---
533. "O movimento corpóreo e o resultado constituem os dois elementos igualmente importantes da ideia de acção como comissão" VON LISZT, Franz. *Tratado de direito penal alemão*. Trad. José Hygino Duarte Pereira. Rio de Janeiro: F. Briguet & C Editores, 1899, t. I, p. 198.
534. Idem, p. 207.
535. GOLDENBERG, Isidoro. Op. cit., 2000, p. 13.

nárias do Direito Penal, o que se pode verificar pela utilização das teorias penais nos estudos civilistas da responsabilidade civil. Evidentemente que tal premissa, embora louvável inicialmente na medida em que não existiam critérios científicos próprios no campo civil, demanda cautela na sua análise, especialmente em consideração às finalidades perseguidas entre o direito civil e o direito penal.[536] Iniciou-se, a partir de então, um tratamento específico do nexo de causalidade no campo do direito civil, o que levou a doutrina de responsabilidade civil a propugnar por diversas teorias acerca do nexo de causalidade.

É importante destacar que a escolha legislativa por uma outra metodologia (leia-se teoria) na busca pela causa jurídica produzirá consequências distintas. Cogite-se, por exemplo, que A contrata um motorista B para buscá-lo em certo horário. Suponha que o motorista, agindo negligentemente, perde a hora, o que leva A a comprar uma passagem de trem para não perder seu compromisso. Contudo, o trem em que A estava descarrila, em grave acidente, provocando sua morte. Ou imagine-se que C, culposamente, vem a atropelar D infligindo-lhe leves escoriações sem que haja, contudo, qualquer risco à sua vida. Ao ser encaminhado para o hospital, D contrai uma doença grave, vindo a falecer. Ao se analisar esses exemplos, verifica-se que as ações culposas de B e C estão inseridas no processo causal conducente ao evento morte de A e D. Nesse caso, deve ser atribuída a obrigação de indenizar aos atos culposos? Elas são meras condições ou podem ser alçadas a causas dos resultados? Essa resposta só poderá ser alcançada a depender dos critérios legislativos vigentes: a adoção de uma ou outra teoria do nexo de causalidade certamente acarretará na atribuição ou exclusão da obrigação de reparar o dano. Nesse ponto, é preciso recordar que a causalidade, embora constitua elemento incontestável no campo da reparação civil, tem resistido a todos os esforços em reduzi-lo a uma fórmula útil e compreensiva, o que o leva a ser objeto de uma variedade de análises considerando sua natureza, conteúdo, escopo e significância.[537] De fato, não há uma regra matemática ou exata que possa efetivamente identificar a causa de um dano.

Durante boa parte do início do século passado, a aplicação do nexo de causalidade limitou-se a uma retórica causal. Mas é justamente a partir de meados do século passado que o uso da causalidade sofreu profundas alterações na

---

536. Ainda que se admita a existência de um lastro comum e importantes zonas de interseção entre as construções teóricas para o nexo de causalidade no direito civil e penal na busca por uma teoria sobre a natureza da causação e que as construções teóricas não são fundamentalmente distintas, não se pode perder de vista que a finalidade perseguida pelos diferentes ramos do direito influencia as soluções. Sobre o tema, v. PEREIRA, Rui Soares. *O nexo de causalidade na responsabilidade delitual* – fundamento e limites do juízo de condicionalidade. Almedina, 2017, p. 245-260.
537. WRIGHT, Richard W. Causation in tort law. *California Law Review*. v. 73, Issue 6, 1985, p. 1737.

busca da identificação de uma causa.[538] As mais variadas teorias buscam reduzir a discricionariedade na complexa tarefa de identificar a distinção entre condição e causa. Basicamente se desenharam dois tipos de teorias. De um lado as teorias generalizantes e, de outro, teorias seletivas ou individualizantes. Entende-se como teoria generalizante as teorias que reconhecem que existem leis causais gerais regulares, ao passo que as teorias individualizantes não reconhecem essa regra geral, mas, antes, insistem que há uma qualidade em ser a "causa", não se confundindo com uma simples condição,[539] isto é, distinguem causa de uma mera condição.[540] Em outras palavras, a doutrina caracteriza as teorias generalizantes como aquelas em que basta o liame naturalístico para sua identificação enquanto seriam individualizantes todas as teorias que não se conformam que a causa seria a soma de todas as condições necessárias ao resultado, buscando identificar apenas uma causa dentre as várias condições.[541] Esta classificação não é isenta de críticas, tampouco aceita universalmente.[542] De toda sorte, não há consenso quanto a classificação e sistematização das teorias e perspectivas sobre o nexo de causalidade, pelo que esse debate se torna relativamente desprovido de maior relevância. Cumpre notar, apenas, que, como será melhor desenvolvido posteriormente, segundo Menezes Cordeiro, não é possível se valer de fórmulas universais válidas[543] para identificar o nexo de causalidade, e, portanto, torna-se necessário desenvolver uma metodologia de concretização da causalidade, valendo-se de vários critérios de imputação.[544]

Muito embora se possam identificar inúmeras teorias, a duas principais teorias – e que tiveram profundo destaque no meio acadêmico e jurisprudencial – foram as teorias da *equivalência das condições* e da *causalidade adequada*. Merece destaque, também, a teoria do dando direito e imediato, adotada em algumas codificações. Nesse capítulo tentar-se-á tratar das duas principais e enfrentar-se-á aquelas que chegaram a ter maior destaque.

---

538. Idem, p. 1737.
539. HART, H. L. A., et HONORÉ, A. M. Op. cit., 1967, p. 383. Para este autor: "The fundamental distinction recognized by continental theorists is between those theories which recognize that every particular causal statement is implicitly general, in the sense that its truth is dependent on the truth of some general statement of regularities, and those theories which do not recognize this. Theories of the first kind are known as 'generalizing theories'; those of the second kind as 'individualizing theories.'"
540. ENGISCH, Karl. *La causalidad como elemento de los tipos penales*. Buenos Aires: Hammurabi, 2008, p. 78.
541. GOLDENBERG, Isidoro. Op. cit., 2000, p. 19.
542. PEREIRA, Rui Soares. *O nexo de causalidade na responsabilidade delitual* – fundamento e limites do juízo de condicionalidade. Almedina, 2017, p. 239-240.
543. CORDEIRO, Antonio Menezes. Op. cit., 2017, p. 548.
544. Idem, p. 549.

11.1 Teoria da equivalência das condições

A teoria da equivalência das condições, também denominada por parte da doutrina de teoria *conditio sine qua non*,[545] foi desenvolvida no âmbito do Direito Penal,[546] principalmente, por Maximilian Von Buri,[547] em 1860, marcando o início do tratamento orgânico do problema da causalidade nas ciências jurídicas.[548] Esta teoria,[549] se aproxima do conceito filosófico de causa enquanto

---

545. A doutrina em geral costuma equiparar a teoria da equivalência das condições à teoria da *conditio sine qua non*, tratando-as como sinônimos (MELO, Marco Aurélio Bezerra. *Direito Civil: responsabilidade civil*. 2. ed. Rio de Janeiro: Forense, 2018, p. 207). Não se trata de análise incomum. Pelo contrário, é extremamente rotineiro encontrar essa referência. Tal equivalência, contudo, não é unanimidade.
    A fórmula da *conditio sine qua non* representa um importante critério para solucionar um problema concernente à identificação da causa (PEREIRA COELHO, Francisco Manuel. *O nexo de causalidade na responsabilidade civil*. Coimbra, 1950, p. 121). A busca por um critério de identificação, então, foi feita recorrendo-se à fórmula da *conditio sine qua non*, para o qual o prejuízo deverá ser considerado como *"provocado por quaisquer eventos cuja não verificação tivesse acarretado a inexistência do dano"* (CORDEIRO, Antonio Menezes. Op. cit., 2017, p. 532).
    A *conditio sine qua non* pode ser encarada, em verdade, como uma fórmula ou um traço da teoria da equivalência das condições, que se traduz num controle dos resultados atingidos por esta teoria, de modo a eliminar, por intermédio de um processo mental, os eventos que, caso suprimidos, o dano não teria se produzido. Nesse sentido, Rui Soares Pereira reconhece que a adoção da fórmula da *conditio sine qua non* fez com que o conceito de causa, para a teoria da condição, passasse a ser o conceito de *conditio sine qua non*. É importante, contudo, reconhecer que tal fórmula não deve ser confundida com a teoria da equivalência das condições (PEREIRA, Rui Soares. *O nexo de causalidade na responsabilidade delitual* – fundamento e limites do juízo de condicionalidade. Almedina, 2017, p. 292).
546. No direito brasileiro, essa teoria é adotada no artigo 13 do Código Penal, segundo o qual "O resultado, de que depende a existência do crime, somente é imputável a quem lhe deu causa. Considera-se causa a ação ou omissão sem a qual o resultado não teria ocorrido". A adoção da teoria pelo Direito Penal suscita bem menos dúvidas do que no direito civil, porquanto no direito penal há inúmeras condutas tipicamente proibidas ou exigidas pelo tipo penal ao passo que no âmbito da responsabilidade civil existe uma regra geral de não causar dano injusto a outrem, o que acaba por deixar grande peso sobre a análise da causalidade. Ademais, na imputação criminal, a teoria da equivalência das condições é delimitada pela necessária presença do elemento dolo ou culpa. Ou seja, a intenção passa a ser determinante na configuração do crime.
547. Apesar da doutrina brasileira e portuguesa atribuírem a Von Buri a formulação da teoria da equivalência das condições, tal afirmação não é consenso. Hart e Honoré afirmam que a tese foi primeiramente formulada por Glaser em 1858 (HART, H.L.A., HONORÉ, A.M. Op. cit., 1985, p. 391). Para Rui Soares, tanto Glaser como Von Buri se valeram da regra condicionalística, muito embora Glaser tenha sido o primeiro a referir-se ao procedimento de eliminação hipotética, pautada na fórmula da *conditio sine qua non* (PEREIRA, Rui Soares. *O nexo de causalidade na responsabilidade delitual* – fundamento e limites do juízo de condicionalidade. Almedina, 2017, p. 268). Ainda que se possa reconduzir a originalidade da tese a Glaser, o papel de Von Buri é extremamente relevante conquanto foi ele quem se encarregou de desenvolver e aperfeiçoar a teoria.
548. GOLDENBERG, Isidoro. Op. cit., 2000, p. 15.
549. Costuma-se afirmar que a fórmula da *conditio sine qua non* foi influenciada pela obra de Stuart Mill, como sugerido por Von Bar. Contudo, bem lembra Rui Soares Pereira, a teoria da condição, "ao contrário de Mill, não teria como finalidade estabelecer o conceito de causa, mas apenas responder à questão de saber quando é que um facto particular se encontra em relação causal com outro facto determinado" (PEREIRA, Rui Soares. *O nexo de causalidade na responsabilidade delitual* – fundamento e limites do juízo de condicionalidade. Almedina, 2017, p. 262). Assim, prossegue o autor em outra

conjunto das condições que concretamente produzem um efeito.[550] Para Von Buri, o estabelecimento da conexão causal de um fenômeno concreto deve levar em conta a verificação de uma ordem de todas as forças que tiveram qualquer eficácia para a gênese do fenômeno,[551] pois "a soma total dessas forças deve então ser considerada como a causa do fenômeno".[552]

No bojo dessa teoria está a ideia de que, na medida em que a existência do dano depende de cada um dos antecedentes, positivos ou negativos, não se pode prescindir de nenhum deles e, consequentemente, todos são equiparados à causa.[553] Ou seja, cada uma das condições tornaria as demais causas e receberia sua causalidade das outras condições.[554] Ela, portanto, se aproxima da noção de causalidade fática ou natural, denominada pelos americanos de *cause-in-fact*,[555] não fazendo distinção entre causa e condição, diferentemente das teorias individualistas, que as distinguem.[556] A questão da causalidade, então, é resolvida a partir de uma análise contrafactual a partir da eliminação mental da ação do agente em relação ao somatório dos eventos concorrentes ao dano. Dessa forma, a análise da causa é analisada a partir da seguinte indagação: se o agente não tivesse agido, ocorreria o dano? Nesse ponto o agente só será responsabilizado se, feito o processo mental de verificação da causa, excluída a ação (comissiva ou omissiva) do agente, o dano não teria ocorrido.[557] A referida teoria busca uma

---

passagem: "Mesmo sendo compreensível o objectivo de ver na concepção de Mill o postulado filosófico da teoria da condição e o ponto de partida das demais teorias jurídicas, o que teria aliás possibilitado a sua aparente capacidade de resistência às críticas que lhe foram dirigidas, a verdade é que não é viável realizar aquela equiparação" (Idem, p. 276). Embora se possa apontar similitudes entre a teoria da condição e a teoria de Mill, elas divergem em aspectos essenciais. Como se demonstrou acima, Mill reconheceu que raramente um efeito decorre de um único antecedente, mas, antes, normalmente, é a consequência da soma de diversos fatos antecedentes, mas sua noção de causa não residia na ideia de que toda e qualquer condição possa ser qualificada como causa. Para Mill, apenas o conjunto das condições poderia ser atribuído como causa, enquanto a teoria de Von Buri reconhece como causa qualquer condição ou antecedente individual na cadeia causal. Para um maior aprofundamento sobre a distinção entre as teorias e como Von Buri não foi influenciado por Mill, v. PEREIRA, Rui Soares. *O nexo de causalidade na responsabilidade delitual* – fundamento e limites do juízo de condicionalidade. Almedina, 2017, p. 275-289.

550. COSTA, Mário Júlio de Almeida. Op. cit., 2006, p. 761.
551. COSSIO, Alfonso de. Op. cit., 1966, p. 530.
552. BURI, Maximilian Von. *Ueber Causalität und deren Verantwortung*. Disponível em: http://www.deutschestextarchiv.de/book/show/buri_causalitaet_1873. Acesso em: 31 mar. 2019.
553. GOLDENBERG, Isidoro. Op. cit., 2000, p. 16.
554. PEREIRA, Rui Soares. Op. cit., 2017, p. 262.
555. MARKESINIS, Basil S., UNBERATH, Hannes. Op. cit., 2002, p. 103.
556. FROTA, Pablo Malheiros da Cunha. *Imputação sem nexo causal e a responsabilidade por danos*. 2013. 275 f. Tese (Doutorado em Direito) – Faculdade de Direito. Universidade Federal do Paraná. Curitiba, Paraná, p. 61.
557. MAZEAUD, Henry, MAZEAUD, Léon, e TUNC, André. Op. cit., 1963, p. 18.

relação de necessidade entre a ação do ofensor e o dano da vítima, muito embora não diferencie causa e condição.[558]

Essa análise contrafactual denominada de *conditio sine qua non*, e conhecida no direito anglo-saxão como *but-for test*, ganhou adeptos[559] ao estabelecer que um ato será a causa de um prejuízo se, e somente se, não fosse pelo ato do agente, o dano não teria ocorrido.[560] Dito diversamente, o teste refletiria a crença de que uma condição não poderia ser a causa de um dano a menos que, de alguma maneira, tenha sido *necessária* para a ocorrência do evento. A grande dificuldade desta teoria reside no fato de que no processo causal conducente ao dano, diversas circunstâncias simultâneas e/ou sucessivas concorrem para a sua ocorrência e, assim, dificilmente um fato não será tido como necessário à realização do dano do ponto de vista naturalístico, dependendo consideravelmente do poder imaginativo do juiz. Nesse sentido, na teoria formulada por Von Buri, a respeito de um evento dado, todas as concausas ou condições preexistentes têm o mesmo valor[561] na produção do dano, não havendo quaisquer distinções entre condição e causa. Como lembra Isidoro Goldenberg, para esta teoria, cada "condición -se afirma – origina la causalidad de las otras y el conjunto determina el evento causa causae est causa causati".[562]

Maximilian Von Buri, como magistrado do Tribunal Supremo do "*Reichsgericht*", influenciou a jurisprudência alemã com a sua teoria de relação causal. Von Buri expunha que, dada a indivisibilidade material do resultado, cada uma das condições podia considerar-se, ao mesmo tempo, causa do resultado final. Assim, por tal teoria, na hipótese de o dano ser resultante de causas múltiplas, sucessivas, todas seriam verdadeiras causas.[563] Pode-se concluir, então, que, para a referida teoria, todas as condições são análogas e essa equivalência deriva da assertiva de que todo efeito tem uma variedade de condições causais e cada uma delas é imprescindível para a produção do resultado.[564]

---

558. MOORE, Michael S. Op. cit., 2010, p. 83.
559. Os irmãos Mazeaud lembram que durante muito tempo a jurisprudência francesa se colocou favorável à tese da equivalência das condições (MAZEAUD, Henry, MAZEAUD, Léon, e TUNC, André. Op. cit., 1963, p. 23).
560. WRIGHT, Richard W. Op. cit., 1985, p. 1775.
561. FACIO, Jorge Peirano. *Responsabilidad extracontractual*. 3. ed. Bogotá: Temis, 1981, p. 411.
562. GOLDENBERG, Isidoro. Op. cit., 2000, p. 16.
563. SILVA, Wilson Melo. Op. cit., 1974, p. 115.
564. Diz Von Buri: "Com a mesma lei, no entanto, cada uma dessas forças pode ser considerada a causa do fenômeno, pois sua existência depende tanto de cada força individual, que se excluirmos da conexão causal uma única força individual, então o fenômeno coincide" (BURI, Maximilian Von. Op. cit., p. 1). No mesmo sentido, CRUZ, Gisela Sampaio. *O problema do nexo causal na responsabilidade civil*. Rio de Janeiro: Renovar, 2005. p. 35.

Duas vertentes compõem a teoria da equivalência das condições, denominadas *positiva* e *negativa*. A vertente negativa entende que a análise da causa se desdobra da seguinte maneira: o dano é resultado da soma de concausas no sentido de que nenhuma delas pode ser suprimida sem que aquele ocorra. Do ponto de vista positivo, a causa seria caracterizada quando a consequência danosa é produzida, em sua totalidade, tanto pelo conjunto de condições como por cada condição isoladamente.[565] Von Buri foi um árduo defensor da teoria da equivalência das condições na concepção positiva, o que dificultaria profundamente a análise da causalidade, pois em diversas oportunidades, embora a causa decorresse do conjunto de condições, não necessariamente cada condição isoladamente teria o condão de produzir o dano.

Após profundas críticas[566] na formulação proposta por Von Buri, outros autores buscaram reformular a teoria para garantir sua aplicação. O principal expoente da revisão da teoria da equivalência das condições foi Franz Von Lizst. Este autor sustentou que a relação de causalidade se faz presente quando o resultado não teria lugar não fosse aquela causa e quando esta não pode ser eliminada sem que aquela reste frustrada.[567] Foi justamente a partir do conceito proposto por Von Liszt que a teoria de Von Buri ganhou foros de predominância[568] no final do século XIX na jurisprudência alemã e francesa.

Jorge Peirano Facio lembra que a teoria da equivalência das condições passaria por uma terceira reformulação a partir dos estudos de Trager e Thyren, o que viria a gerar o abandono de seus fundamentos primitivos de modo a atender às necessidades da vida corrente e aos princípios de justiça.[569] Tanto Traeger como Thyren entendiam que algumas concausas não seriam relevantes no processo causal conducente à ocorrência do dano, mesmo quando, do ponto de vista ma-

---

565. FACIO, Jorge Peirano. Op. cit., 1981, p. 411.
566. Karl Binding criticava a teoria de Von Buri, pois ela não permitiria a diferenciação entre autor e partícipe do crime: "El primer requisito para ambos es el de la causacón del hecho antijurídico por parte del autor. El autor crea la causa de su hecho, el partícipe tan sólo las condiciones de un hecho ajeno. Inmediatamente resulta evidente que la teoria causal de von Buri eleva a todo cómplice a la categoria de autor pleno y provoca la desaparición de toda diferencia entre autor, autor-desencadenante (Urheber) y cómplice. Sin embargo, la arbitrariedad de von Buri se dirige contra la ley, que mantiene estas diferencias sin desmayo" (BINDING, Karl. *La culpabilidade em derecho penal*. Buenos Aires: B de F, 2009, p. 155). Alguns dos principais críticos seriam Birkmeyer e Mayer, para quem a causa só poderia ser considerada quando o fato tivesse eficácia predominante, seja qualitativa ou quantitativamente estimada. Cf. COLOMBO, Leonardo A. *Culpa aquiliana (cuasidelitos)*. 2. ed. Buenos Aires: Editora Argentina, 1947, p. 162.
567. Assim afirmava Von Liszt: "Dá-se connexão causal entre o movimento corpóreo e o resultado, quando não se pôde suppor supprimido o movimento corpóreo sem que devesse deixar de occorrer o resultado occorrido (isto é, do modo por que de facto occorreu)". (VON LIZST, Franz. Op. cit., 1899, p. 201).
568. FACIO, Jorge Peirano. Op. cit., 1981, p. 411. No mesmo sentido, SILVA, Wilson Melo. Op. cit., 1974, p. 116.
569. FACIO, Jorge Peirano. Op. cit., 1981, p. 412.

terial, elas devessem ser consideradas. O problema é que essas reformulações da teoria acabariam por romper a própria ideia da fórmula *conditio sine qua non*, traço caracterizador da teoria da equivalência das condições,[570] pois elas partem da distinção fundamental, já vista anteriormente, entre condição e causa.[571]

A teoria da equivalência das condições traz vantagens. Ela foi, sem dúvida, a primeira tentativa no campo jurídico em delimitar o princípio da causalidade, buscando um critério mínimo para a fixação do dever de indenizar, pois, caso não se possa estabelecer o referido teste, a ação indenizatória deverá ser rechaçada.[572] De fato, ela tem o mérito de introduzir uma limitação à noção de causalidade, abandonando a análise puramente naturalística. Sua principal vantagem talvez seja a simplicidade, pois para estabelecer o causador, bastaria provar que sem o acontecimento tido como causa, o dano não teria ocorrido, assegurando às vítimas o máximo de probabilidades de reparação, porquanto o ônus da prova do nexo causal é reduzido ao mínimo.[573]

Suas vantagens, no entanto, são reduzidas se comparadas às desvantagens. De fato, a teoria da equivalência das condições é reconhecidamente exagerada[574] e leva a admitir que todo dano tem um número infinito de causas. Hart e Honoré lembram que a interpretação legal da referida teoria ao considerar cada uma do infinito número de condições antecedentes levaria ao constrangimento de escolhas de proporções cósmicas.[575] Assim, a teoria da equivalência das condições peca ao não diferenciar que nem toda condição presente no processo causal pode ser caracterizada como causa, pois nem toda condição *sine qua non* é um fator causalmente relevante.[576] Ela conduziria ao estranho resultado de que cada homem se tornaria responsável por todos os males que atingem a humanidade. Ademais, existe uma questão probatória intricada: é necessário que a vítima prove que o ato do agente teve efetiva diferença na produção do dano. Ocorre que, em regra, na análise da cadeia causal não há informação suficientemente precisa de modo a verificar se a ausência da conduta do ofensor teria produzido alguma diferença.[577] Tampouco é possível precisar ou reconstruir o mundo existente em que não há a conduta do ofensor. Essa análise contrafactual (responder o que teria acontecido se não tivesse lugar o ato do ofensor) é excessivamente difícil

---

570. PEREIRA, Rui Soares. Op. cit., 2017, p. 268.
571. Ver Tópico 11 do Capítulo IV.
572. MALONE, Wex S. Op. cit., 1956, p. 66.
573. FACIO, Jorge Peirano. Op. cit., 1981, p. 413.
574. ENNECCERUS, Ludwig, et KIPP, Theodor. Op. cit., 1933, p. 66.
575. HART, H. L. A., et HONORÉ, A. M. Op. cit., 1985, p. 109.
576. Idem, p. 107.
577. MOORE, Michael S. Op. cit., 2010, p. 85.

de ser respondida, o que leva os tribunais, em diversos casos, simplesmente a ignorar essas incertezas.[578]

Mas a teoria da equivalência das condições enfrenta, ainda, problemas de ordens diversas, que geram limitações. Como dito, para imputação da responsabilidade por meio desta teoria, é imperioso que o ato tido como causador seja uma condição necessária à ocorrência do dano. Existem situações, no entanto, que resultarão em ausência de causa, ainda que o ato do ofensor em questão tenha contribuído para o dano. São casos em que um fator, diferente do ato específico do ofensor, seria suficiente, por si só, a produzir o dano na ausência daquele, mas seus efeitos foram (i) afetados pelos efeitos mais imediatos do ato do ofensor ou (ii) combinados ou duplicados àqueles do ato do ofensor para produzir a lesão conjuntamente.[579]

O primeiro caso trata da causalidade antecipada, também denominada pelos americanos de *preemptive causation*, segundo a qual o ato do ofensor produziria o dano naturalmente, não fosse a ocorrência de outro fator que operou antecipadamente.[580] Podemos exemplificar no caso em que A efetua um disparo de arma de fogo em B no exato momento em que B iria beber uma xícara de chá envenenada por C. O disparo de A foi uma causa antecipada da morte de B: o envenenamento por parte de C não foi a causa, pois seus efeitos foram interrompidos. O segundo caso trata de concausas cumulativas (*duplicative causation*), conforme tratado no capítulo anterior. Imagine que A e B, cada um, por si só, e independentemente do outro, iniciam um incêndio, cada qual suficiente para destruir a casa de C. Ambos os incêndios convergem e, juntos, queimam a casa de C por completo. Cada um dos incêndios é uma causa *cumulativa* da destruição da casa. Contudo, a aplicação da fórmula *conditio sine qua non* levaria à irresponsabilização de ambos. No primeiro exemplo, ainda, que se excluísse o disparo de arma de fogo, B viria a morrer e no segundo, mesmo que fosse suprimido o incêndio provocado por A, o dano ocorreria.[581] Considerando a teoria da equivalência das condições, na formulação proposta, nenhum dos agentes viria a ser responsabilizado, o que, de certo, causaria estranheza.[582]

---

578. JOHNSON, Eric. A. Criminal Liability for loss of a chance. *Iowa Law Review*, n. 91, 2005, p. 70).
579. WRIGHT, Richard W. Op. cit., 1985, p. 1775.
580. "Trata-se [causalidade antecipada] dos casos em que uma acção provocou um efeito danoso, mas este efeito se verificaria mais tarde em consequência de outra circunstância" (COELHO PEREIRA, Francisco Manuel. Op. cit., 1998, p. 34-35).
581. Os exemplos são de Richard Wright. WRIGHT, Richard W. Op. cit., 1985, p. 1775-76.
582. Importante notar que o exemplo tido na hipótese de *preemptive causes* trata de uma verdadeira hipótese de causa virtual ou hipotética. Diz-se que há causa virtual quando um fato provoca um determinado dano, o qual teria sido igualmente produzido por outro fato, não fosse o primeiro. Para Gisela Sampaio da Cruz, "causa hipotética ou virtual é, portanto, aquela causa que não chegou a provocar o dano, porque este foi, em outras circunstâncias, produzido pela causa real ou operante" (CRUZ, Gisela Sampaio da.

A aplicação da referida teoria, portanto, exigiria um esforço muito grande dos teóricos e dos juízes para alcançar um resultado justo, num profundo exercício de contorcionismo da teoria como um todo.[583] Chegou-se a afirmar que nestas intricadas questões, não haveria critério mais relevante e importante que o bom senso e o tato do juiz[584] o que, em verdade, levaria a profundas incertezas e arbitrariedades a cargo do magistrado, que decidiria com base em seu sentimento em vez dos valores e regras presentes no ordenamento jurídico.

A formulação da teoria da equivalência das condições não deve ser condenada por completo, pois ela configurou, em determinado momento histórico, um progresso na seleção dos danos sobrevindos ao fato constitutivo da obrigação de indenizar[585] e, até hoje, ela desempenha um papel importante. De fato, inúmeros casos podem ser resolvidos tão somente pela sua aplicação, não obstante já se tenha reconhecido que ela é capaz de gerar profundas injustiças, seja pela responsabilização quase infinita, seja pela irresponsabilização. Contudo, ainda assim, ela é importante na análise do nexo causal ao permitir que o investigador verifique, na cadeia causal, as condições que concorreram para a ocorrência do dano, afastando aquelas que não estão ligadas à conexão naturalística e autorizando, a partir de então, a identificação da causa jurídica. De toda sorte, a conclusão a que se chegou é que ela não é, por si, um elemento suficiente na investigação do nexo causal,[586] pois, a princípio, a incidência da responsabilidade civil deve ser limitada àquelas causas que estão intimamente ligadas ao resultado e, portanto, justificam a atribuição do dever de indenizar definitiva, baseada em um ideal social de justiça ou de *política (policy)*.[587]

Isidoro Goldenberg, analisando a referida teoria, levanta três sérias objeções quanto à vigência irrestrita da teoria da equivalência das condições. Inicialmente, o autor afirma que o dever de ressarcir, pela mecânica própria da tese, não poderia ser atenuada em nenhuma hipótese, pelo que a culpa concorrente da vítima seria de todo irrelevante na fixação da indenização. Alega, ainda, que restaria eliminada a noção de concausa e, nesse sentido, persistira a relação causal ainda

---

Op. cit., 2005, p. 208). O instigante tema da causa virtual foi objeto de inúmeras discussões, prevalecendo a tese, tanto no direito brasileiro como no português, de que ela não tem relevância negativa de modo a eximir o causador real do dano da obrigação de indenizar, salvo quando, excepcionalmente, a própria lei admitir a relevância negativa da causa virtual, como sói acontecer em algumas hipóteses, como é o caso, por exemplo, do disposto no art. 399, do Código Civil Brasileiro ou, também, do 491 do Código Civil Português.

583. Sobre os movimentos teóricos para aplicação da teoria buscando resultados mais próximos de critérios de justiça, cf. WRIGHT, Richard W. Op. cit., 1985, p. 1737.
584. COLOMBO, Leonardo A. Op. cit., 1947, p. 162.
585. ANTUNES VARELA, João de Matos. Op. cit., 2000, p. 883.
586. SMITH, Jeremiah. Legal cause in actions of tort. *Harvard Law Review*, v. 25, n. 2, p. 109. Dec. 1911.
587. PROSSER, William L. Op. cit., p. 264.

que para a criação do resultado houvesse concorrido outros motivos de aparição simultânea ou sucessiva. Por fim, o autor conclui que ficam a cargo do agente a reparação de todas as consequências do ato, qualquer que tenha sido sua interação, mesmo que remota e distante. Ou seja, ela possui um alcance desmesurado para o sentido de causa.[588]

Ao reconhecer os profundos problemas que a teoria produzia, procurou-se emendar a referida tese, estabelecendo-se um fator corretivo.[589] O primeiro fator que aparece é a inserção de um elemento subjetivo: a previsibilidade do curso causal.[590] Nesse ponto, ainda que exista um nexo naturalístico, o ofensor só pode ser responsabilizado pelos danos quando for previsível o resultado, bem como todo o desenvolvimento causal.[591] A tese da irresponsabilização pelas consequências imprevisíveis também foi objeto de discussão no direito anglo-saxão, denominado *unforseeable consequences*. Nesse sentido, se o ofensor não pode razoavelmente prever o dano como resultado de suas ações ou se sua ação era razoável à luz do que se poderia antecipar como consequências previsíveis, então, não resta caracterizada a culpa e, consequentemente, não há responsabilidade.[592] Trata-se de um elemento subjetivo, diretamente ligado à noção de culpabilidade, pois acaba por limitar a indenização às consequências que poderiam ser razoavelmente previstas pelo ofensor.[593] Tal tentativa, no entanto, também falha na busca por uma solução adequada. Em primeiro lugar, como é cediço, o dever de indenizar surge, muitas vezes, independentemente da existência de culpa, como se vê dos casos de responsabilidade objetiva. Um segundo argumento, ainda mais forte, consiste no fato de que esse "corretivo" produz verdadeira confusão entre as ideias de culpabilidade e causalidade. Como dito no capítulo anterior, é possível existir culpa sem vínculo de causalidade, assim como causalidade sem culpa. Culpa e nexo causal são elementos distintos do dever de indenizar. Enquanto na análise da culpa se busca verificar a responsabilidade moral do agente, no exame da causalidade procura-se apenas identificar se um fato é um efeito direto de um evento antecedente.[594] Trata-se de um elemento objetivo incompatível com a

---

588. GOLDENBERG, Isidoro H. Op. cit., 1989, p. 17-18.
589. FACIO, Jorge Peirano. Op. cit., 1981, p. 414.
590. Díez-Picazo menciona que para Von Buri, ao lado da causalidade natural, deveria existir um nexo de imputação pautado pela previsibilidade de todo o desenvolvimento causal que conduz ao evento danoso. Mas a previsibilidade, segundo o autor espanhol estaria no campo da culpa, que não resulta necessária no campo da causalidade. (DÍEZ-PICAZO, Luis, et DE LEÓN, Ponce. Op. cit., 1999, p. 336).
591. Idem, p. 336.
592. PROSSER, William L. Op. cit., 1984, p. 280.
593. TRIMARCHI, Pietro. Op. cit., 1967, p. 28.
594. Lembra Wilson Melo da Silva que a inserção da culpa na discussão do nexo "(...) teria estabelecido uma condenável confusão entre a imputatio facti e a imputatio juris, já que uma coisa é que diz respeito ao mundo das causas materiais e objetivas e, a outra, aquilo que se relaciona com o mundo do espírito, psicológico ou moral" (MELO DA SILVA, Wilson. Op. cit., 1974, p. 118).

noção de culpa. Mas, a verdade é que a ideia de fundo sobre a limitação baseada em consequências previsíveis decorre da necessidade de se obter um método de limitar a responsabilidade às consequências que detém alguma razoável conexão com a conduta do ofensor e o perigo que ela originariamente produziria.[595] Nesse ponto, a discussão gera profunda confusão ao não reconhecer a dupla função do nexo de causalidade: se, como se viu,[596] o nexo causal, tem como escopo imputar a responsabilidade, ele também tem como função preencher a responsabilidade fixando a extensão da indenização.[597] Nesse sentido, no plano da delimitação dos danos a serem ressarcidos, o nexo de causalidade tem papel determinante, sem prejuízo de que outros elementos, como sói acontecer com a culpa, também venham a desempenhar importante papel. Ademais, nada impede que seja utilizado um critério (ou teoria) para fundamentar a imputação da responsabilidade e outra, completamente distinta, para estabelecer a extensão dos danos sofridos. Parece que o que contraria a pesquisa causal, no plano da imputação do dano, por romper os critérios científicos necessários ao cumprimento de sua função em sua inteireza, isto é, no momento de identificar a causa jurídica produtora do resultado danoso, é incluir critérios subjetivos numa análise que deveria ser objetiva, pautada na pesquisa empírica do que efetivamente aconteceu, ainda que sujeita a critérios normativos que orientarão, a toda evidência, a identificação da causa jurídica.

De modo a superar os inconvenientes da teoria de Von Buri, diversos autores se voltaram à análise do *fator substancial*,[598] seja como um complemento, seja como um completo substituto à teoria da equivalência das condições.[599] Esse fator foi inicialmente apontado como uma solução à discussão da causa próxima (*proximate cause* do direito anglo-saxão), cujo autor pioneiro foi Jeremiah Smith. Segundo este autor, para a caracterização da causa, a ação do ofensor deveria ser distintamente rastreável como um dos antecedentes substancialmente eficiente, isto é, o ato deveria ter um papel substancial em sujeitar a vítima ao dano.[600] Assim, a causa seria "uma condição com situação ou relevo especial no processo

---

595. Para tanto, diversas vertentes no campo do direito anglo-saxão foram pensadas para identificar o que seriam as consequências razoavelmente previsíveis, dentre as quais pode se citar os seguintes critérios: (i) "limitation of liability to risk", limitação dos danos ao escopo do risco originalmente criado pela conduta do ofensor, (ii) "natural and probable consequences", entendido como consequências normais, não extraordinárias diante do curso normal das coisas, (iii) "time and space", no sentido de que as consequências não podem ser muito afastadas em tempo e espaço da conduta do ofensor, lembrando, em alguma medida a ideia de causa próxima. Para mais análises e vertentes, cf. PROSSER, William L. Op. cit., 1984.
596. Capítulo 4, Tópico 12.
597. BARBOSA, Ana Mafalda Castanheira Neves de Miranda. Op. cit., 2017, p. 14.
598. Sobre o tema, cf. PROSSER, William L. Op. cit., 1984, p. 267.
599. WRIGHT, Richard W. Op. cit., 1985, p. 1781.
600. SMITH, Jeremiah. Op. cit., 1911, p. 109.

concreto formativo do dano"[601] Ela necessitaria ser um elemento material, mas, também, um fator substancial no desenvolver do dano.[602] Não faltaram autores que tentaram estabelecer o fator substancial como condição eficiente ou condição próxima, ou ainda condição decisiva.[603] Em verdade, a ideia de fator substancial também demonstra fragilidades, pois, em boa parte das hipóteses, consistirá num mecanismo que permite aos juízes que sigam suas intuições, o que, embora dotado de pragmatismo, não resolve a questão no plano teórico.[604] O fator substancial é dotado de grande incerteza e dificilmente poderia vir a ser conciliada com uma teoria coerente de causalidade.[605]

Todavia, cumpre notar que a inclusão de um fator substancial na teoria da equivalência das condições implica num rompimento de sua própria lógica. De fato, a teoria da equivalência das condições busca os eventos necessários à ocorrência do dano, sem os quais o dano não teria ocorrido, sem distinção entre causa e condição, pois todas são dotadas do mesmo valor. Exigir, no entanto, que o evento seja dotado de um fator substancial implica em distinguir a causa das demais condições causalmente irrelevantes ou não substanciais, o que coloca por água a própria ideia de equivalência das condições à causa.

Nesse sentido, diante das inúmeras dificuldades produzidas pela teoria da equivalência das condições, foram desenvolvidas teorias outras que buscam critérios particulares que possam identificar a relação de causa e efeito no plano jurídico. São as chamadas teorias individualizantes, que se pautam, logicamente, pelos princípios específicos do direito.

11.2 Teste NESS: um olhar sobre os trabalhos de Hart e Honoré, Mackie e Wright

Na busca por um mecanismo que permitisse uma análise mais detalhada da causa, isto é, aplicando uma correção lógica à condição relacional entre causa e efeito, ainda que se valendo de um modelo pautado por uma causa material

---

601. ANTUNES VARELA, João de Matos. Op. cit., 2000, p. 886.
602. MARKESINIS, Basil S., UNBERATH, Hannes. Op. Cit., 2002, p. 105.
603. ANTUNES VARELA, João de Matos. Op. cit., 2000, p. 886.
604. ADAMS, Eric. The flexibility of description and NESS causation. *The Journal of Philosophy, Science & Law.* v. 10, p. 3. Apr. 12, 2010.
605. HONORÉ, Tony. Condiciones necesarias y suficientes en la responsabilidad contractual. *Revista chilena de derecho*, v. 40, n. 3, p. 1075, 2013. Cf., também, WRIGHT, Richard W. Op. cit., 1985, p. 1782. Importante notar que o fator substancial ganhou destaque nos Estados Unidos, vindo a aparecer na primeira e segunda *Restatements of Tort*, mas após décadas de utilização precária, sem análise crítica ou aprofundamento teórico que explicasse o que efetivamente é o fator substancial, essa ideia foi profundamente criticada e rejeitada no *Restatement of the Law Third, Torts*: Liability for Physical and Emotional Harm.

("actual" ou "factual" cause, para os americanos[606]), de forma a substituir o rigor (e as dificuldades) do teste *but-for*, Richard Wright, com base nos estudos iniciais de Hart e Honoré, desenvolveu a técnica NESS, reconhecida como uma análise contrafactual, a princípio mais satisfatória e compreensiva, e que ganhou foros de destaque na literatura americana.

Hart e Honoré, em 1959, foram os primeiros autores, de que se tem notícia,[607] a fazer uma sugestão consistente no sentido de superar os óbices da teoria *but-for*. Em sua obra *Causation in Law*,[608] os autores buscaram responder se toda condição *sine qua non* seria um fator causalmente relevante ou não. Em seu trabalho, os autores remetem a questão aos estudos formulados por Stuart Mill no que tange ao "sentido comum" da causa. Eles recordam que a ideia central de Mill repousava na noção de causa como um fator especial de um complexo conjunto de condições suficientes a produzir o resultado no sentido de que esse conjunto é invariável e incondicionalmente seguido pelo próprio resultado.[609]

Embora tenhamos visto no capítulo anterior os problemas que surgem da teoria de Mill, Hart e Honoré ressaltaram que sua proposta era significativa e esclarecedora, pois é ela quem permite reconhecer, dentro da análise causal, as noções de "condição suficiente", "condição necessária" e "conditio sine qua non".[610] Nesse sentido, os autores prosseguem afirmando que o entendimento sobre causa leva em consideração a ideia de que ela é (1) *suficiente* para produzir a consequência em conjunto com outras "meras condições", ainda que apenas algumas delas possam ser especificadas, bem como de que ela é (2) *necessária*. A ideia de necessariedade para Hart e Honoré, no entanto, é menos rigorosa que aquela da *conditio sine qua non*. Ela poderia ser entendida sob três prismas. Em um primeiro entendimento, a condição seria necessária no sentido de que é um fator no conjunto de condições suficientes para produzir o dano e, nesse ponto, ela é necessária porque é requerida para completar o conjunto.[611] É o caso de uma pessoa que joga um cigarro aceso em uma lixeira. Nessa hipótese, tanto do ponto de vista material como do jurídico, ela seria responsável causalmente pelo incêndio, pois é claro que a ação dela é requerida, nesse caso, à completude do conjunto de condições suficientes à produção do dano. Uma segunda compreensão da necessariedade decorre de

---

606. Wright, Richard W. The NESS account of natural causation: a response to criticisms. *Critical Essays on "Causation and Responsibility"*. New York: De Gruyter, 2013, p. 13.
607. PUPPE, Ingeborg. The Concept of Causation in the Law. *Critical essays on "causation and responsibility"*, 2013, p. 70. Disponível em: https://ssrn.com/abstract=2744701, p. 70.
608. Muito embora os autores tenham elaborado seu livro em 1959, uma segunda edição foi lançada em 1985, em que os autores buscam continuar a desenvolver suas ideias, com novas análises.
609. HART, H. L. A., et HONORÉ, A. M. Op. cit., 1985, p. 111.
610. Idem, p. 112.
611. Idem, p. 113.

um sentido mais forte, reconhecida como o necessário fator de *todos e qualquer um* dos conjuntos suficientes de um determinado tipo de resultado. Por exemplo, é certo que o oxigênio é uma condição necessária de um incêndio na medida em que nenhum incêndio pode existir sem a presença de oxigênio. Apesar de ser certo que podem existir diversas alternativas de conjuntos suficientes para a ocorrência de um incêndio (um cigarro aceso, uma vela, um curto-circuito), em todas elas o oxigênio figurará como uma condição obrigatória. Por fim, numa terceira perspectiva, uma condição pode vir a ser considerada necessária do ponto de vista das outras duas perspectivas e, mesmo assim, não ser necessária para o resultado numa ocasião particular. No caso de duas pessoas efetuarem um disparo de arma de fogo e, simultaneamente, as balas ficam alojadas no cérebro da vítima ou eles simultaneamente se aproximam de um vazamento de gás com uma vela acesa. Elas fazem parte do conjunto, mas avaliando a situação concreta, o dano viria a ser produzido mesmo sem a presença dela, o que denota que não é necessária para esta ocasião particular.

Para Hart e Honoré, uma condição necessária em qualquer dos sentidos acima será considerada um *fator causalmente relevante*, quer seja uma mera condição, quer seja uma causa. O ponto fundamental de seu trabalho é reconhecer que nem toda *conditio sine qua non* é um fator causalmente relevante.[612] Sua teoria sustenta que um acontecimento é causalmente relevante somente se for um elemento necessário em um grupo de condições que conjuntamente sejam suficientes para produzir a consequência.[613] Em suas palavras, uma condição é "necesaria solo en el sentido de constituir un elemento dentro del grupo de condiciones conjuntamente suficientes para la producción de una consecuencia. La condición es necesaria porque es requerida para completar este conjunto".[614]

Em suma, diferentemente da exigência tradicional da lei e de muitos filósofos de que a causa seja uma condição que fez a diferença, isto é, que foi fortemente necessária, pois sem ela o dano não teria acontecido (*but-for test*), Hart e Honoré se valeram do método científico de Mill para explicar que um fator causalmente relevante precisa ser apenas necessária no sentido de que seja um fator do conjunto de condições suficientes para a produção do dano e, portanto, será necessária porque o conjunto só está completo com ela. Nesse contexto, parece que a ideia de necessidade é *fraca* e que este critério é, em verdade, subordinado ao requisito de suficiência, pois "um fator causalmente relevante precisa apenas ser necessário para a suficiência de um conjunto de condições suficientes para a

---

612. Idem, p. 113.
613. HONORÉ, Tony. Op. cit., 2013, p. 1075.
614. Idem, p. 1075. Para o desenvolvimento da ideia central, cf. HART, H. L. A., et HONORÉ, A. M. Op. cit., 1985.

ocorrência da consequência, em vez de ser necessário para a consequência em si como na condição sine qua non".[615]

Richard Wright viria a criticar a tese de Hart e Honoré, pois, além de não terem apresentado uma teoria efetivamente consistente acerca da noção de causalidade,[616] em sua concepção, a exigência de suficiência, desconsiderando condições concorrentes ou complementares, resultaria na equivocada negação de contribuições causais quando diversas condições causais são a causa do resultado, mas nenhuma delas, individualmente é forte o suficiente para o produzir por si só.[617] Ademais, sua tese faria uma confusão acerca do conceito de causalidade ao inserir na análise causal o elemento anímico do agente. Para Wright os critérios de causa de Hart e Honoré levam à conclusão de que causa se refere, em verdade, à combinação dos três diferentes elementos da responsabilidade civil e, portanto, não clarificaria a questão da causa.[618]

Interessante notar que, embora o trabalho de Hart e Honoré tenha sido um grande avanço na análise da causalidade, inicialmente, o seu trabalho recebeu pouca atenção na literatura jurídica, tendo grande impacto apenas na filosofia. Em 1965, John Mackie, adotando as ideias de Hart e Honoré, desenvolveu o teste INUS[619] – acrônimo para "insuficiente, mas não redundante, parte de uma condição não necessária, mas suficiente".[620] Há uma profunda aproximação entre as concepções de Hart e Honoré e Mackie na medida em que este último se vale da mesma relação lógica daqueles.[621] Para Mackie, C é a causa de E apenas se C for parte insuficiente, mas não redundante, de uma condição não necessária, mas suficiente para a ocorrência de E.[622] Em sua obra "The cement of the universe", Mackie também se vale da noção de condição *suficiente* e *necessária*. Sua proposta consistia, também, numa análise de necessidade *fraca*, reduzindo o rigor da *condi-*

---

615. Wright, Richard W. Op. cit., 2011, p. 15.
616. PUPPE, Ingeborg. Op. cit., 2013, p. 70.
617. Wright, Richard W. Op. cit., 2011, p. 16.
618. "In sum, as Hart and Honoré acknowledge, their two "causal" criteria (voluntary or abnormal conduct) do not have anything to do with the inquiry into actual contribution to the injury, which is the causal aspect of responsibility denoted by the word "cause" in the phrase "the cause." Instead, the two criteria are relevant only in determining whether the defendant's conduct was "the" (responsible) cause. The two criteria accomplish this task by focusing on the tortious (intentional or negligent) character of the conduct that contributed to the injury" (WRIGHT, Richard W. Op. cit., 1985, p. 1747).
619. MACKIE, John L. *The cement of the universe*: a study of causation. New York: Oxford Press, 2002, p. 62.
620. INUS é a sigla para o acrônimo em inglês "insufficient but nonredundant part of an unnecessary but sufficient condition".
621. PUPPE, Ingeborg. Op. cit., 2013, p. 71.
622. STREVENS, Michael. *Mackie's theory of causation revivified*: new oil in old jars, 2013. Disponível em: http://www.webpages.uidaho.edu/inpc/6th-2003/papers/Strevens-long.pdf. Acesso em: 10 abr. 2019, p. 4.

tio sine qua non. Segundo sua teoria, uma parte não redundante de uma condição suficiente significa que essa parte não pode ser removida da condição suficiente sem invalidar o resultado ocorrido. Dito diversamente, John Mackie formulou uma teoria de causa "suficiente" da seguinte forma: uma causa é parte de um conjunto de condições suficientes (daí o uso do S de *sufficient*), mas o conjunto pode ser desnecessário para a realização do resultado (U de *unnecessary*); a condição individual, no entanto, tem que ser um elemento não redundante (*nonredundant*) do conjunto, ou seja, ela precisa ser necessária para que o conjunto seja suficiente (eis o uso do N) e, por fim, esta condição não precisa ser, por si só, suficiente para a realização do efeito (I de *insufficient*), que leva ao acrônimo INUS.[623] A ideia de "fazer a diferença" na produção do resultado para Mackie, assim como para Hart e Honoré, é bem distinta daquela prevista na *but-for*. Nesta, para se verificar se um fato A faz diferença para o resultado B, cria-se um mundo (ou um conjunto de mundos possíveis) em que A não ocorre e, assim, é verificado se o resultado B ocorreria nesse mundo hipotético. Na teoria de Mackie, por sua vez, não se nega A, mas, apenas, há uma falta de afirmação se A ocorre ou não e, em vez de se retirar A de uma única condição (como é o caso do *but-for test*), busca-se remover A de qualquer número de diferentes condições.[624]

As contradições e dificuldades de aplicação de sua tese, em especial a negação, pelo próprio autor, de sua aplicação nos casos de causa singular levou à não adoção da tese,[625] pois, além de contraditória, não explicava com clareza a causa suficiente e necessária não sendo um critério suficiente quando diante de, ao menos, duas condições INUS.[626]

Em 1985, Wright, a partir dos trabalhos de Hart e Honoré, avançando em seus conceitos, desenvolveu o teste NESS (elemento necessário de um conjunto suficiente[627]). A sua teoria incorpora a indispensável noção de necessariedade, mas também a subordina à noção de suficiente.[628] Para Wright, o teste NESS busca capturar o significado essencial do conceito de causalidade, abarcando as noções de Hume e Mill, mas dando um tratamento mais refinado. Segundo ele, a essência do conceito de causação sob este conceito filosófico pode ser resumida da seguinte maneira: uma condição particular é a causa de (condição que contribui para) um resultado específico se, e somente se, ela for um elemento necessário de um conjunto de condições antecedentes reais que foram suficientes para que o resultado ocor-

---

623. MOORE, Michael S. Op. cit., 2010, p. 475.
624. STREVENS, Michael. Op. cit., 2013, p. 7.
625. PUPPE, Ingeborg. Op. cit., 2013, p. 72.
626. TOEPEL, Friedrich. Causal overdetermination. *Critical Essays on "Causation and Responsibility"*. New York: De Gruyter, 2013, p. 113.
627. *Necessary element of a sufficient set*.
628. WRIGHT, Richard W. Op. cit., 1985, p. 1788.

resse.[629] A tese proposta por Wright é tida por muito mais consistente que aquela elaborada por Hart e Honoré, bem como supera alguns inconvenientes da tese de Mackie, na medida em que não nega a possibilidade de que a condição suficiente também seja necessária,[630] apesar de também sofrer objeções.[631]

Segundo Wright, sua tese tem como ponto de partida as propostas de David Hume. Como visto, para este filósofo, o conhecimento causal não resulta diretamente da percepção sensorial das qualidades causais ou forças inerentes aos objetos ou eventos, mas, ao revés, da observação de certas sucessões ou eventos, mais ou menos frequentemente repetidos. A partir dessas observações, é possível obter, indutivamente, a crença de que certos eventos antecedentes não apenas são sempre unidos, mas também são *suficientes* para a ocorrência de certos eventos subsequentes.[632] É diante dessa experiência humana que se torna possível construir determinados entendimentos de leis causais (*causal law or generalizations*), que identificam uma conexão entre causa e consequência. Conseguintemente, dada a existência concreta de um conjunto de condições antecedentes específico, uma determinada consequência ocorrerá: ou seja, extrai-se uma lei causal. Segundo Wright, uma lei causal (*causal law*) pode ser entendida como uma afirmação empiricamente derivada que descreve uma relação sucessional entre um conjunto de condições abstratas (propriedades ou características de possíveis eventos e estado de coisas em nosso mundo real), que constituem o antecedente, acrescido de mais uma ou várias condições de um evento abstrato específico ou estado de coisas, que constituem o resultado de tal maneira que, independentemente do estado de quaisquer outras condições, a instanciação de todas as condições no momento antecedente implica a imediata concretização do resultado, que não teria ocorrido se menos do que todas as condições não estivessem concretamente presentes no momento antecedente.[633]

Baseado no conceito nuclear de causalidade geral[634] humeniano, portanto, o teste NESS estabelece que uma condição será a causa de um resultado se, e

---

629. "The essence of the concept of causation under this philosophic account is that a particular condition was a cause of (condition contributing to) a specific consequence if and only if it was a necessary element of a set of antecedent actual condition that was sufficient for the occurrence of the consequence. (Note that the phrase 'a set' permits a plurality of sufficient sets.) This is the more precise, extended statement of the NESS test" (WRIGHT, Richard W. Op. cit., 1985, p. 1790).
630. FUMERTON, Richard, and KRESS, Ken. Causation and the law: preemption, lawful sufficiency, and causal sufficiency. *Law and contemporary problems*. v. 64, n. 4, p. 90. Autumn 2001.
631. PUPPE, Ingeborg. Op. cit., 2013, p. 74.
632. Remete-se o leitor ao Capítulo IV, Tópico 11.
633. Wright, Richard W. Op. cit., 2011, p. 19.
634. BALDWIN Richard A., NEUFELD Eric. The Structural Model Interpretation of the NESS Test. *Advances in Artificial Intelligence. Canadian AI*. Lecture Notes in Computer Science, v. 3060. Springer, Berlin, Heidelberg, 2004, p. 293.

somente se, ela foi um elemento necessário para a *suficiência* de um conjunto de condições antecedentes que foram *suficientes* para a ocorrência do resultado.[635]-[636] Repare-se que o ponto fundamental da tese de Wright é o sentido de suficiência, denominado por ele de "suficiência causal" (*causal sufficiency*[637]), caracterizada como a identificação e construção *in concreto* de todas as condições no momento antecedente de uma lei causal (parte 'se'), cuja consequência (parte 'então') é concretamente identificada pelo resultado em questão.[638] Exemplificando: um curto-circuito no porão de uma casa é um NESS para o incêndio que destruiu a casa porque havia um conjunto de fatores N que inclui o fato de que o curto-circuito ocorreu onde esses fatores juntos constituem uma condição suficiente para a ocorrência do incêndio.[639]

Ponto fundamental da tese de Wright é que ela incorporou, também, o requisito de necessidade *fraca*. Como dito, segundo o autor, o teste NESS incorpora a noção de necessidade, mas a subordina à noção de suficiência.[640] Nesse particular, o teste NESS é caracterizado como uma solução muito mais branda que aquela da *conditio sine qua non*, pois supera inúmeros inconvenientes daquela outra ao mitigar o requisito da necessidade, desde que o fato seja um elemento individual que, no conjunto de condições antecedentes, é suficiente para a produção do dano. A dimensão assumida pelo teste NESS tem sido de tamanha relevância que o *Restatement of the Law Third, Torts: Physical and Emotional Harm*, produzido pelo *American Law Institute*, acabou por afastar a ideia de *fator substancial*, anteriormente perfilhado nos *Restatements* precedentes, adotando o critério NESS.[641] Pode-se demonstrar a diferença de aplicação das teorias e dos resultados a partir do exemplo formulado pelo próprio *Restatement Third*: imagine-se que três pessoas, independentemente, mas simultaneamente, se apoiam em um carro criando força suficiente para que o veículo despenque de um penhasco. Suponha-se que uma delas tenha feito pouca força para mover o carro e as outras duas tenham feito força suficiente, por si só, para mover o carro. No caso da teoria da equivalência das condições, aquele que aplicou pouca força não seria responsabilizado, pois,

---

635. Wright, Richard W. Op. cit., 2013, p. 18. Note-se que após o seu primeiro trabalho em 1985, Wright reconheceu que a elaboração inicial do critério NESS era excessivamente exigente e demasiadamente restritivo. Assim, ele assume que o requisito da necessidade fraca é suficientemente incorporado numa lei causal quando contém, no momento antecedente apenas as condições abstratas concretamente identificas que são necessárias à suficiência do conjunto de condições para o imediato reconhecimento do resultado. (Wright, Richard W. Op. cit., 2013, p. 21).
636. WEST, Euan. The utility of the NESS test of factual causation in Scots Law. *Aberdeen Student Law Review*, Sep. 2013, p. 1.
637. Wright, Richard W. Op. cit., 2013, p. 18.
638. Idem, p. 18.
639. FUMERTON, Richard, and KRESS, Ken. Op. cit., 2001, p. 94.
640. Wright, Richard W. Op. cit., 1985, p. 1788.
641. *Restatement of the Law Third, Torts*: Physical and Emotional Harm, supra note 35, § 27, cmt. f, at 380–81.

afinal, ainda que fosse suprimida sua ação, o dano ocorreria. Segundo o teste NESS, no entanto, cada indivíduo é, do ponto de vista material, responsável pela destruição do carro, pois o requisito da necessidade é subordinado ao da suficiência. A ação de cada uma das três pessoas em encostar no veículo (*necessary element*) foi parte da instanciação da quantidade mínima de força necessária para mover o carro quando todas as outras condições produzindo o conjunto de condições abstratamente suficientes (*sufficient set*) também estão instanciadas.[642]

O critério NESS, como dito inicialmente é, desse modo, um eficiente teste para a identificação da causa material, pois supera diversos inconvenientes da *condito sine qua non (but-for test)*. O teste NESS expande a ideia de pluralidade de fatores que podem vir a desencadear um tipo particular de resultado. A teoria NESS advogada que um número de fatores concorrentes pode ser suficiente para produzir um resultado específico e, dessa forma, o teste responde a essas instâncias em que aparece uma multiplicidade de causas suficientes. Em outras palavras, o fato antecedente que virá a ser identificado como causa não precisa ser necessário à produção do dano num sentido *forte*, bastando que seja um elemento necessário de um conjunto de condições suficientes à produção do dano. Ou seja, a necessariedade está diretamente ligada à suficiência do conjunto. O fato não precisa, por si só, produzir o resultado, desde que o conjunto de condições, do qual o fato necessariamente faz parte, seja suficiente para produzi-lo. O principal ganho do teste NESS é que ele é um avanço em relação ao *sine qua non*, pois permite resolver os casos de causalidade antecipada e de concausalidade com maior clareza, pois exige que o conjunto de condições suficientes à realização do dano esteja efetivamente operando ao tempo do resultado.[643]

É preciso ressaltar que, a referida teoria não é isenta de críticas. Pelo contrário, o teste NESS foi profundamente criticado por parte da doutrina de responsabilidade civil nos Estados Unidos,[644] embora as críticas não tenham tido o condão de minar o eixo central da teoria.[645] Inclusive, ela tem se popularizado no meio acadêmico, chegando a ser qualificado por David Fischer como o novo suplemento à teoria *sine qua non* para o século XXI.[646] De fato, a teoria tem ganhado adeptos, chegando a ser incorporado, como dito acima, pelo *Restatement of the Law Third, Torts: Physical and Emotional Harm*. Tony Honoré, inclusive, viria a

---

642. WRIGHT, Richard W. and KEREN-PAZ, Tsachi. Liability for mass sexual abuse. *Revista de direito da responsabilidade.* ano 1, p. 941. 2019.
643. ADAMS, Eric. Op. cit., 2010, p. 3.
644. Sobre as críticas, cf. MOORE, Michael S. Op. cit., 2010, Cap. 19. Sobre um panorama das críticas promovidas contra o teste NESS, cf. PEREIRA, Rui Soares. Op. cit., 2017, p. 983-1035.
645. FUMERTON, Richard, and KRESS, Ken. Op. cit., 2001, p. 83.
646. FISCHER, David A. Insufficient causes. *University of Missouri School of Law Scholarship Repository*, 94, Kym L.J. 277, 2006, p. 277.

afirmar que entre a *conditio sine qua non* e o critério NESS, este seria preferível.[647] A grande vantagem é que ela fornece um mecanismo extremamente útil para conceituar a natureza dos problemas causais oferecendo, ao mesmo tempo, um processo racional para identificar causa na hipótese de multiplicidade de fatores.[648]

Há de se reconhecer, contudo, que embora seja um avanço, ela não tem o condão de resolver todas as questões que envolvem a causalidade. Mas, nesse ponto, nenhuma teoria sobre o nexo de causalidade poderia ter essa pretensão ou capacidade. Realmente, como visto no capítulo anterior, encontrar-se-ão casos de causas insuficientes. Nessas situações, as considerações políticas (no sentido de *policy*), aliado às finalidades propostas pela reparação civil, bem como os interesses juridicamente protegidos desempenharão um papel importante na análise do nexo de causalidade, o que denominamos no capítulo anterior de causa jurídica.[649]

No entanto, o teste NESS parece um importante caminho na análise da causa, especialmente considerando que o requisito da necessariedade, por ser fraco, acaba por abrandar a rigidez do nexo de causalidade sem, contudo, renunciar a sua correta identificação. Em outras palavras, o teste NESS não se caracteriza como uma técnica de flexibilização do nexo de causalidade, mas, antes, permite buscar concretamente as condições causalmente relevantes na produção da vítima com critérios identificados, dando maior segurança jurídica às decisões judiciais. Realmente, parece que o teste NESS é compatível com os testes tradicionalmente utilizados na prática judicial para determinar a causação factual.[650]

11.3 Teoria da causa próxima

Ao se referir à teoria da causa próxima, costuma-se atribuí-la ao Lorde Chanceler da Inglaterra, Francis Bacon, em sua obra *The Maxims of the Law*.[651] Segundo afirmam os autores,[652] a partir da máxima *in jure non remota causa sed proxima spectatur*, Francis Bacon teria defendido a tese de que, diante da infinidade de causas, o Direito se contenta em buscar a causa imediata, desconsiderando graus mais distantes de causa.[653] Assim, para identificar a causa bastaria considerar a causa imediata, entendida como aquela que se encontra mais próxima do resultado.

---

647. HONORÉ, Tony. Op. cit., 2013, p. 1096.
648. Idem, p. 281.
649. Idem, p. 317.
650. PEREIRA, Rui Soares. Op. cit., 2017, p. 1076.
651. BACON, Francis. Maxims of the law. *The Works of Francis Bacon*. London, 1803. v. IV.
652. Por todos, cf. GOLDENBERG, Isidoro H. Op. cit., 2000. p. 19.
653. Eis a famosa citação de Bacon: "It were infinite for the law to consider the causes of causes, and their impulsions one of another; therefore it contenteth itself with the immediate cause, and judgeth of acts by that, without looking to any further degree" (BACON, Francis. Op. cit., 1803, p. 16).

Gisela Sampaio da Cruz lembra que, de acordo com esse entendimento, "no complexo dos antecedentes do dano, importaria tão só aquela condição que aparecesse em último lugar na série (...)".[654] No mesmo sentido, Caitlin Sampaio Mulholland[655] e Isidoro Goldenberg[656] afirmam que para a teoria preconizada por Francis Bacon, entende-se como causa próxima a proximidade temporal, ou seja, a causa do dano será a última conduta ou atividade ocorrida antes da consequência danosa. A ideia por trás da referida teoria seria no sentido de que, considerada a infinitude e a multiplicidade incontrolável de nexos causais que emerge da *conditio sine qua non*, o dano deve ser atribuído à última condição necessária,[657] mitigando-se, dessa forma, o desafio (quase) insuperável à equivalência das condições. Nesse sentido, diferenciam-se os prejuízos diretos e os indiretos, sendo certo que apenas os primeiros são indenizáveis.[658]

Há de se esclarecer, entretanto, alguns importantes pontos acerca da teoria da causa próxima. Em primeiro lugar, parece necessário alertar que o termo "causa próxima" (*proximate cause*), em si mesmo, guarda inúmeras dificuldades e imprecisões. A máxima de Francis Bacon, interpretada literalmente, ainda que seja duvidoso se esse foi o entendimento que ele efetivamente manifestou,[659] significa nada mais que *perto* ou *imediato*, o que levou os tribunais, inicialmente, a adotaram o sentido de proximidade em tempo e espaço (*nearest cause*).[660] Essa interpretação, que não necessariamente era a intenção de Bacon, pois, como se anotou,[661] o sentido de sua máxima seria de que a responsabilidade do ofensor resulta *diretamente* da combinação de condições do qual o dano é a consequência,

---

654. CRUZ, Gisela Sampaio. *O problema do nexo causal na responsabilidade civil*. Rio de Janeiro: Renovar, 2005. p. 53.
655. MULHOLLAND, Caitlin Sampaio. Op. cit., 2010. p. 181.
656. GOLDENBERG, Isidoro H. Op. cit., 2000. p. 19.
657. CORDEIRO, Antonio Menezes. Op. cit., 2017, p. 532.
658. TELLES, Inocêncio Galvão. *Direito das obrigações*. 7. ed. Coimbra: Editora Coimbra, 2014, p. 402.
659. Não é possível afirmar se em sua obra Francis Bacon realmente quis dizer próxima. Embora em sua máxima apareça a palavra latina *proxima*, na explicação da Regula I, o autor se vale da expressão "*immediate cause*" e não necessariamente próxima. Para Beale, uma leitura atenta dos trabalhos de Francis Bacon e os exemplos que ele apresenta demonstram justamente o oposto à interpretação literal (BEALE Jr., Joseph H. Recovery for consequences of an act. *Harvard law review*. v. 9, n. 1, p. 81, apr. 25, 1895).
660. PROSSER, William L. *Prosser and Keeton on torts*. Op. cit., 1984, p. 2676
661. BEALE Jr., Joseph H. Op. cit., 1895, p. 81. Beale lembra que, em verdade, Bacon está combatendo a tendência metafísica de buscar tudo e encontrar explicações elaboradas para assuntos relativamente simples. O autor lembra, ainda, que a primeira referência à máxima de Bacon, pelos tribunais ingleses, só viria a ocorrer em 1863 no julgamento *Scott v. Hunter*. Para este autor, ao final, a ideia de proximidade do resultado (*proximity of result*) estaria ligado à noção de causa direta e não causa próxima (BEALE Jr. Joseph H. The proximate consequences of an act. *Harvard law review*. v. 33, n. 5, p. 658, march, 1920).

já foi abandonada há tempos. Como se vê, a palavra *próxima* é um termo infeliz, pois vazia de um conteúdo técnico adequado.[662]

No direito anglo-saxão, atualmente, *proximate cause* significa tão somente a limitação da responsabilidade do ofensor que os tribunais estabelecem sobre as consequências da conduta do próprio ofensor, isto é, causa jurídica.[663] De fato, a responsabilização, sem qualquer tipo de limitação, como visto anteriormente, conduziria à responsabilização infinita de todos os atos antijurídicos, levando a sociedade ao seu limite e gerando uma litigação sem fim. Assim, a toda evidência, a responsabilidade do ponto de vista jurídico (leia-se a responsabilidade civil) deve ser limitada àquelas causas que estão conectadas ao resultado, de tal modo que o ordenamento jurídico entenda adequado impô-la. Nesse sentido, como exposto no Capítulo IV, a doutrina e jurisprudência dos países anglo-saxão, se valem da distinção entre *cause-in-fact* e *proximate cause* para explicar a distinção entre causa material e causa jurídica. Atualmente, portanto, o significado de *proximate cause* está intimamente ligado à concepção de causa jurídica (*legal cause*) e não àquela de proximidade temporal da condição.[664]

Contudo, é bastante comum encontrar autores fazendo referência à teoria da causa próxima naquele sentido de que a indenização devida pelos danos é limitada à conduta ou atividade que estiver temporalmente mais perto do resultado.[665] Esta concepção, que já fora abandonada há muito tempo pelos tribunais,[666] padece de profundas críticas e, portanto, é inaceitável. Ora, é evidente que nem sempre o último evento da cadeia causal, ou seja, o mais próximo do resultado, será a condição com relevo especial no processo causal conducente ao dano. Nesse ponto, é importante recordar o trabalho de Jeremiah Smith, segundo o qual a contiguidade no espaço e a proximidade no tempo são importantes para

---

662. "Is it well to use the term 'proximate' in connection with legal cause? I submit that this word, besides begging the question, is so ambiguous that it is almost impossible to use it consistently, and that it should therefore be abandoned, even if legal consequences were (as they are not) logically direct consequences. It is common, in speaking of causation, to give to the word 'proximate' the sense of legal and at the same time to deprive it of all other sense. But Professor Beale does not intend to use the word in this purely conventional way. By proximate he means 'logically direct'; and by logically direct he means either that no new cause must intervene, or that 'too many new causes' must not intervene, between the act and the result. Yet repeatedly this logically-direct sense of proximate is lost sight of, and the word is used as a mere synonym of legal. The ideas which the word conceals and confuses are much more readily grasped and handled if we say legal when we mean legal, and direct when we mean direct" (EDGERTON, Henry W. Legal cause. *University of Pennsylvania law review*. v. 72, n. 3º, p. 213, march, 1924).
663. PROSSER, William L. *Prosser and Keeton on torts*. Op. cit., 1984, p. 264.
664. MOORE, Michael S. Op. cit., 2010, p. 83.
665. FACIO, Jorge Peirano. Op. cit., 1981, p. 416.
666. PROSSER, William L. *Prosser and Keeton on torts*. Op. cit., 1984, p. 276.

a relação causal existente,⁶⁶⁷ mas, diante do ordenamento jurídico, não são critérios conclusivos de que a ação do ofensor é a causa do dano. Se, por um lado, a exigência de limitar a responsabilidade é universalmente percebida, a ideia de *proximidade* deve ser encarada num sentido figurado⁶⁶⁸ e não literal, pois, como lembra Caitlin Sampaio, "a ideia de proximidade deve ser considerada do ponto de vista lógico e não cronológico".⁶⁶⁹ Realmente, pode ocorrer de a última condição, em termos valorativos, ter pouco ou nada que ver com o dano,⁶⁷⁰ o que levaria a profundas situações de injustiça.⁶⁷¹

Algumas teses similares ainda tentaram identificar uma suposta causa próxima. Teve destaque a teoria do "Last (or Nearest) Wrongdoer", adotada por alguns tribunais à época,⁶⁷² segundo a qual a responsabilidade civil recai sobre a última (ou mais próxima) pessoa culpável encontrada na cadeia de antecedente, ou seja, a última pessoa agindo antes do resultado danoso da vítima.⁶⁷³ A ideia por trás seria no sentido de que a lei cumpriria seu verdadeiro papel ao estabelecer a responsabilidade sobre um indivíduo, sendo supérfluo, antieconômico e confuso buscar mais responsáveis.⁶⁷⁴ Tal regra, no entanto, é, também, inaceitável. Primeiro porque nem sempre a última pessoa humana será responsável seja porque a conduta dela não produz o resultado em particular, seja porque não guarda qualquer conexão causal com os danos sofridos. Ademais, nada impede que uma pessoa antecedente seja responsável a partir de uma obrigação contratual ou legal de proteger a vítima. Em verdade as teorias da causa e próxima e do *last wrongdoer*, hodiernamente, guardam apenas interesse histórico, uma vez que superadas.

É importante ressaltar que a ideia de proximidade acabou por influenciar diversos ordenamentos jurídicos. Apesar de doutrina e jurisprudência não adotarem o termo imediato em seu sentido literal, os Códigos Civis da França,⁶⁷⁵

---

667. SMITH, Jeremiah. Op. cit., 1911, p. 105.
668. TRIMARCHI, Pietro. Op. cit., 1967, p. 20.
669. MULHOLLAND, Caitlin Sampaio. Op. cit., 2010. p. 181.
670. CORDEIRO, Antonio Menezes. Op. cit., 2017, p. 532.
671. FACIO, Jorge Peirano. Op. cit., 1981, p. 416.
672. Sobre o tema, um dos maiores defensores foi Francis Wharton. Cf. WHARTON, Francis. *A treatise in the law of negligence*. Cambridge: Houghton and Co., 1874, p. 130-133.
673. SMITH, Jeremiah. Op. cit., 1911, p. 111.
674. PROSSER, William L. Op. cit., 1984, p. 264.
675. Art. 1.231-4, Código Civil Francês – Dans le cas même où l'inexécution de la convention résulte du dol du débiteur, les dommages et intérêts ne doivent comprendre à l'égard de la perte éprouvée par le créancier et du gain dont il a été privé, que ce qui est une suite *immédiate* et *directe* de l'inexécution de la convention. (grifou-se). Registre-se que o referido artigo reproduziu, em parte, o art. 1.151 original do *Code Napoleon*, cuja redação dispunha: "Dans le cas même où l'inexécution de la convention résulte du dol du débiteur, les dommages et intérêts ne doivent comprendre à l'égard de la perte éprouvée par le créancier et du gain dont il a été privé, que ce qui est une suite immédiate et directe de l'inexécution de la convention".

da Itália[676] e do Brasil[677] acabaram por adotar a expressão *direto e imediato* para limitar o dever de indenizar, em clara alusão à proximidade. De fato, como se verá à frente, o Direito Brasileiro estabeleceu que ainda que a inexecução resulte de dolo do devedor, este responde unicamente pelos "prejuízos efetivos e os lucros cessantes por efeito dela direto e imediato". Registre-se, contudo, que os termos "direto" e "imediato" nesses casos, não tem qualquer ligação com proximidade temporal ou espacial, como acima delineado na interpretação literal de "causa próxima". Em verdade, como afirma Cossio, ao se falar em "causa próxima e imediata", o sentido mais adequado é aquele que afirma ser preciso que "a causa seja a verdadeira causa"[678] que deixa de sê-lo quando intervém um ato posterior capaz, por si só, de causar o dano. Voltaremos a tratar da teoria do dano direto e imediato no tópico 11.7 do Capítulo IV.

11.4 Teoria da causa eficiente

Pela teoria da causa eficiente, num determinado processo que conduz ao dano, identifica-se a causa como a condição, dentre várias, que aparenta maior eficácia.[679] Dito diversamente, a condição só será causalmente relevante de acordo com o grau de eficiência no resultado, afastando-se, dessa forma, da teoria da equivalência das condições.

A teoria da causa eficiente tem seus defensores no último quarto do século XIX.[680] Ela deita suas raízes no conceito aristotélico de causa eficiente[681] e, normalmente, é atribuída aos trabalhos de dois autores alemães, qual sejam Birkmeyer e Köhler.[682] Jorge Peirano Facio lembra que tanto a tese de Birkmeyer como a de Köhler não se enquadrariam à exatidão na teoria da causa eficiente. Facio afirma que a confusão é feita porque em ambas estas teorias aparece o recurso à palavra *eficiente* ou *eficaz*. Contudo, como argumenta o autor colombiano, tanto Birk-

---

676. Art. 1.223, Código Civil Italiano – Risarcimento del danno – "*Il risarcimento del danno per l'inadempimento o per il ritardo deve comprendere così la perdita subita dal creditore come il mancato guadagno, in quanto ne siano conseguenza immediata e diretta (1382, 1479, 2056 e seguenti)*". (grifou-se)
677. Art. 403, Código Civil Brasileiro – "*Ainda que a inexecução resulte de dolo do devedor, as perdas e danos só incluem os prejuízos efetivos e os lucros cessantes por efeito dela direto e imediato, sem prejuízo do disposto na lei processual*". (grifou-se)
678. COSSIO, Alfonso de. Op. cit., 1966, p. 536.
679. CORDEIRO, Antonio Menezes. Op. cit., 2017, p. 532.
680. GOLDENBERG, Isidoro H. Op. cit., 2000, p. 20.
681. HART, H. L. A., et HONORÉ, A. M. Op. cit., 1985, p. 438.
682. Nesse sentido, cf. ORGAZ, Alfredo. *La relación de causalidad entre el acto ilícito y el daño*. Buenos Aires: La ley, 1949, p. 3. Cf., também, ORGAZ, Alfredo. El daño resarcible (actos ilícitos). Buenos Aires: Editorial Bibliografia Argentina, 1952, p. 70, MULHOLLAND, Caitlin Sampaio. Op. cit., 2010, GOLDENBER, Isidoro H. Op. cit., 2000 e CRUZ, Gisela Sampaio. Op. cit., 2005. p. 53.

meyer como Köhler não assimilariam o conceito de "eficiente" em seu sentido filosófico aristotélico, que é própria da teoria da causa eficiente.[683]

Nada obstante, os trabalhos dos referidos autores alemães tiveram expressivo impacto na análise da causa eficiente. Para seus defensores a causa eficiente corresponderia ao influxo proveniente de outro ser que faz com que a coisa seja o que é.[684] A grande questão que sobressai é identificar o que é a causa eficiente. Nesse ponto a influência de Birkmeyer e Köhler é profundamente sentida. O primeiro autor alemão, ao criticar a teoria da equivalência das condições, advogava que a causa deveria ser identificada a partir de um critério quantitativo como a mais *eficaz*, isto é, a condição quantitativamente mais ativa para a produção do resultado danoso.[685] Köhler, por sua vez, propunha um critério qualitativo, buscando identificar a causa como aquela de mais considerável eficácia por sua qualidade intrínseca no processo causal, segundo o curso normal dos fatos.[686] Pirson e De Villé foram grandes defensores da causa eficiente. Segundo esses autores, a causa eficiente é a causa propriamente dita, o *id a quo aliquid fit*.[687] Para encontrá-la, dizem, basta verificar que "a [causa] que produz alguma coisa por sua ação, é a produtora do efeito".[688] A explicação acaba por ser uma linguagem circular, sem explicar o que seria a causa eficiente.

Realmente, a maior dificuldade desta teoria é compreender o que é a causa eficiente, pois, afinal, numa sucessão de condições *todas* necessárias, parece arbitrário, se não impossível, estabelecer a eficiência de cada uma.[689] Não existe, por conseguinte, um critério preciso que possa distinguir uma causa eficiente de uma causa não eficiente o que leva à solução prática de que a identificação da causa decorrerá da absoluta discricionariedade do juiz. Como afirma Varela, considerando que a teoria busca separar causa e condição no plano naturalístico, ela acaba sendo eivada de profunda imprecisão, não fornecendo um critério satisfatório de separação entre isenção e atribuição da responsabilidade.[690] Algumas variantes da teoria, aderindo ao seu conceito fundamental, tentaram explicar a identificação da causa. Elas buscaram identificar a causa como a condição "mais ativa", ou como a condição suficiente em si mesma para produzir o evento, ou, ainda, como a condição que é decisiva no sentido de equilibrar as forças em um

---

683. FACIO, Jorge Peirano. Op. cit., 1981, p. 423.
684. Idem, p. 406.
685. GOLDENBER, Isidoro H. Op. cit., 2000, p. 20.
686. Idem, p. 21.
687. PIRSON, Roger, et DE VILLÉ, Albert. Op. cit., 1935, p. 37.
688. Idem, p. 37.
689. CORDEIRO, António Manuel da Rocha e Menezes. *Código Civil comentado*. Coimbra: Almedina, 2021, p. 568. v. II – Das obrigações em geral.
690. ANTUNES VARELA, João de Matos. Op. cit., 2000, p. 886-887.

estado de equilíbrio. Considerando, entretanto, que a teoria da causa suficiente e suas variantes prescindem do rigor científico que uma teoria jurídica exige,[691] ela encontra-se superada atualmente.

11.5 Teoria da causa adequada

A teoria da causalidade adequada tem seu início com os trabalhos de Von Bar, a partir dos estudos de Glaser, ao enfatizar que a ideia de causa estaria ligada ao regular curso dos eventos.[692] Mas foi o fisiólogo Johannes Von Kries quem deu um tratamento completo e orgânico à referida tese,[693] na busca por um fundamento que identificasse a causa, mas, ao mesmo tempo, fosse capaz de superar os óbices da teoria da equivalência das condições, avançando nas teses iniciais de Von Bar e Glasier, desenvolvendo o que viria a ser consagrada como teoria da causalidade adequada.

Esta orientação, partindo da ideia de *conditio sine qua non*,[694] isto é, da ideia de que o nexo de causalidade decorre de uma conexão causal entre um antecedente de tal modo que o consequente não teria lugar, não fosse o referido antecedente, exige, para além da causa material, que a citada condição *necessária* seja adequada a produzir o dano.[695] Assim, para Von Kries, um acontecimento não poderá ser identificado como a causa do dano pela simples *ratio* da *conditio sine qua non*. Será escolhida como causa, entre todos os acontecimentos antecedentes que concorreram à realização do dano, apenas aquela que deveria produzi-lo normalmente.[696] Dito diversamente, a teoria da causalidade adequada, em sua proposição original, examina se uma causa é "adequada" a partir da "possibilidade e probabilidade de um determinado resultado vir a ocorrer, à luz da experiência comum".[697] Trata-se de uma análise, a princípio objetiva,[698] diretamente ligada à probabilidade de uma regra causal.[699]

Há de se verificar o que comumente ocorre na vida.[700] É justamente a partir das regras de experiência e da normalidade dos fatos, isto é, do curso normal das

---

691. MULHOLLAND, Caitlin Sampaio. Op. cit., 2010, p. 180.
692. HART, H. L. A., et HONORÉ, A. M. Op. cit., 1985, p. 466.
693. TRIMARCHI, Pietro. Op. cit., 1967, p. 32.
694. CORDEIRO, Antonio Menezes. Op. cit., 2017, p. 533.
695. "Em geral, os autores que defendem esta orientação, aceitam simultaneamente a teoria da equivalência das condições: a condição adequada teria sempre de ser condição sine *qua non ou*, por outras palavras, a condicionalidade seria pressuposto da adequação". (Jorge, Fernando Pessoa. *Ensaio sobre os pressupostos da responsabilidade civil*. Coimbra: Livraria Almedina, 1995, p. 393).
696. MAZEAUD, Henry, MAZEAUD, Léon, e TUNC, André. Op. cit., 1963, p. 19.
697. CRUZ, Gisela Sampaio. Op. cit., 2005. p. 64.
698. Diz-se "a princípio", pois, como se verá adiante, a teoria da causalidade adequada, notadamente aquela formulada por Von Kries, em sua aplicação prática, recorre à vertente subjetivista.
699. HART, H. L. A., et HONORÉ, A. M. Op. cit., 1985, p. 466.
700. NORONHA, Fernando. Op. cit., 2007, p. 603.

coisas, que se poderá identificar corretamente o significado de causa. A teoria da causalidade adequada, desse modo, acrescenta mais um requisito para identificação de causa, qual seja, além da condição ter sido necessária ao resultado final, ela deverá ser adequada,[701] cujo sentido pode ser resumido da seguinte forma: existirá adequação sempre que se puder afirmar que o dano causado é consequência normalmente previsível do fato antecedente em questão. Como é possível perceber, a teoria da causalidade adequada procura identificar a causa a partir de um juízo abstrato. Ou seja, em vez de se analisar concretamente a causa do dano, identifica-se qual das condições é abstratamente apta a produzir o resultado a partir do que normalmente acontece na vida.[702]

O ponto determinante da causa adequada, portanto, é que não existe causalidade de casos singulares.[703] Se os fatos se sucedem em decorrência das particularidades e idiossincrasias do caso concreto, então não é possível afirmar pela adequação da causa, mas apenas uma sucessão temporal de fenômenos. A causa só pode ser identificada a partir de uma análise em abstrato e genérica, buscando, neste plano de abstração, se alguma das condições da cadeia causal é provável ou, ao menos, possível de produzir o resultado.[704] Como diz a doutrina portuguesa, o antecedente ser requisito necessário ao dano não será suficiente para que seja considerado como causa,[705] pois dependerá dessa adequação.

Esse processo abstrato de identificação da causa adequada, contudo, traz dois aspectos difíceis, porém importantes. Inicialmente é de esclarecer que a abstração implicará em afastar algumas condições, mas outras terão que ser mantidas, pois como vimos anteriormente, o resultado é sempre decorrente de um conjunto de condições que, isoladamente, não conseguiria alcançá-lo. Assim, embora se afastem diversas condições, algumas permanecerão para a busca da causa adequada. Ocorre que, na medida em que se aumenta o grau de abstração, a possibilidade de encontrar uma condição abstratamente idônea diminui. Como lembra Caio Mário da Silva Pereira, o magistrado deverá, dentre os antecedentes

---

701. ENNECCERUS, Ludwig, et KIPP, Theodor. Op. cit., 1933, p. 68-69.
702. Caitlin Sampaio lembra que "[s]egundo esta teoria, a causa será individualizada sempre que, em circunstâncias idênticas, um determinado comportamento ou atividade for gerador de dado efeito. Em outras palavras, quando analisada a cadeia causal em abstrato, é possível identificar que uma determinada situação gerará um efeito específico todas as vezes que se apresentar" (MULHOLLAND, Caitlin Sampaio. Op. cit., 2010, p. 150).
703. GOLDENBER, Isidoro H. Op. cit., 2000, p. 23.
704. FACIO, Jorge Peirano. Op. cit., 1981, p. 418.
705. ANTUNES VARELA, João de Matos. Op. cit., 2000, p. 889. Para Diez-Picazo e León o "pensamiento fundamental de la teoria de la causalidad adecuada es, de este modo, que para imponer a alguien la obligación de reparar el daño sufrido por otro, no basta que el hecho haya sido, en el caso concreto, condición sqn del daño, sino que es necesario además que, en virtud de los referidos juicios de probabilidad resulte una causa adecuada para ello" (DÍEZ-PICAZO, Luis, et DE LEÓN, Ponce. Op. cit., 1999, p. 338).

do dano, destacar apenas aqueles que estão em condição de engendrar o resultado, eliminando as condições causalmente irrelevantes ou indiferentes.[706] A questão então reside em identificar quais são as condições que devem ser inseridas no processo causal. Esse processo, para Von Kries, é feito por intermédio de dois juízos distintos. O primeiro, em que se identifica um juízo prévio de possibilidade e probabilidade, depende de um saber *ontológico*, isto é, enuncia-se uma relação entre fatos obtidos a partir da experiência como aptos a produzir o dano. Uma vez encerrado o primeiro juízo, inicia-se o segundo, já no campo do saber *gnomológico*, que exige o conhecimento das leis naturais que regem a produção dos fenômenos, em que se questiona se a causa anteriormente identificada é capaz de produzir o resultado também segundo as leis da natureza.[707] Como se percebe, então, a causalidade adequada prescinde da análise concreta, pautando-se por um juízo de probabilidade baseado na experiência da vida e da natureza do que normalmente se sucede com as coisas. De fato, se o nosso saber sobre os fatos e as leis da natureza fosse completo, e conhecêssemos todas as condições que concorrem para a ocorrência de um dano bem como todas as leis naturais que direta ou indiretamente concorrem para ele, o juízo formulado seria unicamente de *necessidade*, mas, como o nosso conhecimento é limitado, o juízo será de *possibilidade*, que poderá ser mais ou menos provável, segundo seja mais ou menos completo e perfeito nosso conhecimento das leis e dos fatos pertinentes.[708]

E como se dá esse processo? Os defensores da causa adequada argumentam que para identificar a adequação é necessário proceder à uma *prognose retrospectiva*, também denominada *prognose póstuma*. Este mecanismo consiste em determinar *ex post facto* a possibilidade de um resultado em função das condições antecedentes.[709] Em outras palavras, trata-se de um juízo de probabilidade retrospectivo segundo o qual o julgador, sabedor do resultado (daí ser retrospectiva) se coloca, por abstração, no momento da prática do fato e decide se os prejuízos que se verificaram eram prováveis consequências daquele.[710] Para Fernando Noronha, "*o observador coloca-se no momento anterior àquele em que o fato ocorreu e tenta prognosticar, de acordo com as regras da experiência comum, se era normalmente previsível que o dano viesse a ocorrer*". Inúmeras dificuldades surgem a partir dessa construção.

A primeira delas diz respeito à efetivação do juízo abstrato, afinal, como deve ser realizada essa prognose retrospectiva? O evento danoso deverá ser des-

---

706. PEREIRA, Caio Mário da Silva. Op. cit., 2012, p. 110.
707. COSSIO, Alfonso de. Op. cit., 1966, p. 531.
708. Idem, p. 531.
709. GOLDENBER, Isidoro H. Op. cit., 2000, p. 24.
710. Jorge, Fernando Pessoa. Op. cit., 1995, p. 394.

crito considerando o conhecimento ontológico daquele que praticou o suposto ato causador do dano ou deve se considerar o critério do homem prudente ou experiente? Nesse ponto, verifica-se, claramente, a distinção entre as vertentes subjetiva e objetiva da causalidade adequada.[711]

A teoria de Von Kries é reconhecidamente de índole subjetiva na medida em que apresenta um caráter absolutamente subjetivo de sua base ontológica. Para este autor, ao se analisar se uma condição é adequada, deve-se tomar em consideração todas as circunstâncias e condições conhecidas pelo agente no momento em que realizou sua ação. Dito diversamente, para o fundador da teoria da causalidade adequada dever-se-á ter como referência, obrigatoriamente, o ponto de vista do autor do ato, considerando o que ele conhecia concretamente ou poderia conhecer de modo a efetivamente avaliar a previsibilidade de sua ação.[712]

Träeger e Thon, por sua vez, caminhando pela teoria objetiva, afastaram-se do ponto de vista do autor do ato para encontrar a resposta acerca do juízo abstrato a partir do que era cognoscível não apenas para o indivíduo, mas para qualquer pessoa colocada naquela situação. Os autores defendiam, então, a utilização da figura do homem médio, ainda que seja deveras criticável essa construção. Busca-se, desse modo, como causa, "toda conduta e atividade que comum e conhecidamente leva ao resultado".[713] É dizer, o julgador deve se colocar no momento anterior ao fato, baseando-se na experiência geral da comunidade, do juízo comum; o que qualquer homem razoavelmente diligente poderia prever.

A vertente da teoria da causalidade de Rümelin, por sua vez, indo mais longe, e caracterizando-se como muito rigorosa,[714] inseriu na análise não apenas as circunstâncias conhecidas e aquelas que o homem prudente deveria conhecer, mas também as que se tornaram conhecidas no curso dos eventos.[715] Esta posição incorpora ao juízo de probabilidade as circunstâncias em concreto existentes, ainda que não conhecidas pelo autor do dano.

Inocêncio Galvão Telles afirma que a melhor compreensão da teoria da causalidade adequada deve ser no sentido de que uma condição deixará de ser causa adequada desde que seja juridicamente irrelevante, segundo as regras da experiência, dada a sua natureza e diante das circunstâncias conhecidas do agente, ou suscetíveis de serem conhecidas por uma pessoa normal, ao tempo

---

711. CORDECH, Pablo Salvador, et CRENDE, Antonio Fernández. Causalidad y responsabilidad. *InDret – revista para el análisis del derecho*. Disponível em: http://www.indret.com/pdf/329_es.pdf. Acesso em: 09 jul. 2019, p. 8.
712. GOLDENBER, Isidoro H. Op. cit., 2000, p. 25.
713. MULHOLLAND, Caitlin Sampaio. Op. cit., 2010, p. 155.
714. TRIMARCHI, Pietro. Op. cit., 1967, p. 35.
715. HART, H. L. A., et HONORÉ, A. M. Op. cit., 1985, p. 482.

da ação.[716] Parece que, de todas as formulações da causa adequada, aquela que traz maior proteção à vítima, sem descurar a imperiosa necessidade de limitar a responsabilidade do ofensor é justamente a que, além do efetivo conhecimento do agente, considera, também, o conhecimento que deveria ter o observador experiente.[717]

Esta concepção acaba por se aproximar bastante da proposição de *unforseeable consequences*[718] do direito anglo-saxão, segundo o qual devem ser reparados os danos que um homem razoável haveria considerado como consequência natural ou provável de sua ação.[719] Aqui é possível fazer a mesma crítica anteriormente formulada, razão pela qual não se estenderá muito neste momento. O conhecimento ou a cognoscibilidade das circunstâncias extraordinárias que produziram o dano é um elemento subjetivo diretamente ligado à noção de culpa e, portanto, foge à concepção do nexo de causalidade, elemento tradicionalmente tratado como objetivo. Isso levaria à aplicação da teoria da equivalência das condições com a variante supracitada. Telles alerta, todavia, que a distinção nesse caso não está no plano da causalidade nem culpabilidade, mas *previsibilidade* da ação, por si só, ser apta a normalmente produzir o resultado danoso, o que justificaria a aplicação da regra, porquanto "pode acontecer que, não obstante aquele conhecimento ou cognoscibilidade, estes prejuízos se mostrem imprevisíveis".[720] O autor traz um exemplo que ajuda a clarificar a questão: o comprador de um bem informa ao vendedor, no ato da compra, que utilizará a coisa para uso próprio, mas, posteriormente, diante de um apreciável ganho, decide revendê-la. Contudo, fica impedido em razão do vendedor permanecer na posição de mora, retardando a entrega e, consequentemente, perde a oportunidade de obter os referidos lucros da revenda. Para Telles, o sentimento jurídico reclama que o vendedor seja responsabilizado, pois o atraso sujeitou o comprador a um risco maior de prejuízos. Assim, apesar de ter agido culposamente na falta da entrega, o vendedor não teve culpa no prejuízo verificado em concreto, isto é, nos lucros cessantes da revenda, pois desconhecia que o comprador iria revender a coisa. Entretanto, "já fora dos quadros de culpabilidade, o comportamento antijurídico do vendedor funciona como causa do dano sofrido pelo comprador, dano pelo qual o vendedor é responsável".[721] Nada obstante, o critério de previsibilidade, além de pecar na

---

716. TELLES, Inocêncio Galvão. Op. cit., 2014, p. 405.
717. ANTUNES VARELA, João de Matos. Op. cit., 2000, p. 892. Hart lembra que "Rümelin view has not met with general acceptance and the prevalent opinion is that of Engisch that the description should incorporate only circumstances known or knowable at the time of acting (...)" HART, H. L. A., et HONORÉ, A. M. Op. cit., 1967, p. 427.
718. Ver tópico 14.1 deste capítulo para maior referência.
719. MAZEAUD, Henry, MAZEAUD, Léon, e TUNC, André. Op. cit., 1963, p. 19.
720. TELLES, Inocêncio Galvão. Op. cit., 2014, p. 407.
721. Idem, p. 408.

confusão entre culpa e nexo, incide em um obstáculo daqueles países, que como o Brasil, seguiram a influência francesa no sentido de que, em matéria delitual, se impõe a reparação do dano, seja ele previsível ou imprevisível.[722]

A segunda dificuldade é caracterizar o que seria uma causa adequada. Na prognose se consideram os efeitos abstratos que possam ser tidos como previsíveis. Dessa forma, se os efeitos concretos forem verdadeiramente coincidentes com os efeitos abstratos haverá nexo de causalidade. Ora, mas qual o critério para identificar se os efeitos serão a causa adequada? Duas formulações, uma *positiva* e uma *negativa*, buscam responder o questionamento. Para os defensores da formulação positiva, só haverá efetiva obrigação de indenizar sempre que o resultado for uma consequência normal ou típica do fato.[723] Ou seja, o dano deve ser encarado como uma consequência ou um efeito provável da ação do ofensor e, nesse contexto, a condição será identificada como causa sempre que favoreça a produção do dano. A vertente negativa, que traz em seu bojo uma formulação mais ampla, afirma que o fato só deixará de ser considerado como causa adequada quando for de todo em todo indiferente para a verificação do dano, sendo certo que este decorreu de fatores excepcionais ou extraordinários.[724] Para a formulação negativa, em vez de se buscar a causa adequada, identifica-se se a causa é inadequada e, portanto, a causalidade só será excluída quando se trate de consequências indiferentes e estranhas ao fato.[725]

Trata-se de ponto extremamente importante, pois a se adotar uma ou outra formulação, o resultado poderá ser diferente, posto que a formulação negativa é bem mais ampliativa. De fato, a proposição positiva advoga que, sempre se puder afirmar que um determinado antecedente favorece a ocorrência de um resultado, de acordo com o juízo de previsibilidade e normalidade, estar-se-á diante de uma causa. Já pela negativa bastará demonstrar que o resultado não decorre de nenhuma circunstância extraordinária, anormal ou imprevisível que não seria considerada por uma pessoa experiente. Varela apresenta um exemplo que ajuda

---

722. MAZEAUD, Henry, MAZEAUD, Léon, e TUNC, André. Op. cit., 1963, p. 18. Não se ignora, contudo, o art. 944, parágrafo único do Código Civil Brasileiro, que prevê a possibilidade de redução equitativa do dano quando houver efetiva desproporção entre o dano e a culpabilidade. Trata-se, no entanto, de uma regra excepcionalíssima, que terá o condão de reduzir o valor da indenização, operando no juízo do *quantum debeatur*, sem implicar na exoneração total do ofensor, conforme se viu no Tópico 12 do Capítulo IV.
723. ANTUNES VARELA, João de Matos. Op. cit., 2000, p. 890.
724. Idem, p. 891.
725. Nas palavras de Fernando Jorge Pessoa, a obrigação de indenizar só se fará presente em relação aos "danos que, tendo resultado da lesão, provavelmente (...) dela teria resultado; ou, numa versão negativa: a obrigação de indemnizar não existe em relação aos danos que, tendo resultado da lesão, todavia, em termos de juízo de probabilidade, dela não resultariam" (Jorge, Fernando Pessoa. Op. cit., 1995, p. 411-412).

a diferenciar a aplicação de cada formulação. Suponha que um indivíduo efetua disparos de uma arma de fogo a uma distância que, *normalmente*, mal poderia ferir alguém, mas, por qualquer circunstância anômala, atinge mortalmente a vítima. Do ponto de vista positivo, o efetuo do disparo da arma de fogo não pode ser considerado causa adequada, pois não favoreceu a ocorrência do dano, pois não é uma consequência natural. Mas, a partir da análise negativa, o disparo de arma de fogo não se mostra de todo indiferente à ocorrência do resultado morte.[726]

Nesse sentido, a doutrina, geralmente, tende a adotar a formulação negativa[727] por ser (1) aquela que mantém o vínculo de causalidade, mesmo quando outras condições tenham contribuído para a ocorrência do dano, e (2) capaz de explicar as situações em que, embora o resultado danoso não seja uma consequência direta do fato, não lhe seja de todo indiferente ou estranho. Assim, a configuração negativa permite uma maior proteção da vítima ao (i) ampliar o âmbito da causalidade, (ii) facilitando, ainda, a produção da prova, que será invertida, pois caberá ao ofensor demonstrar que o dano decorre de um fato extraordinário e não de sua conduta. Atualmente, admite-se a investigação a partir das duas formulações. Inicia-se com a investigação positiva e quando esta for insuficiente, parte-se para a investigação negativa.[728] Embora louvável, tal posicionamento parece supérfluo. Seria suficiente que, desde o início, o intérprete buscasse diretamente a formulação negativa, que já teria o condão de alcançar a finalidade pretendida pela reparação civil.

Se, durante muito tempo, a teoria da equivalência das condições foi dominante na formulação jurisprudencial de diversos países, notadamente a Alemanha, a teoria da causalidade adequada ganhou foros de predominância, gozando de especial prestígio no continente e influenciando inúmeros ordenamentos jurídicos. De fato, a causalidade adequada procura estabelecer uma solução normativa que limite a cadeia infinita de causas sucessivas que produzem um resultado danoso, isto é, ela busca uma limitação indispensável ao sistema de responsabilização legal.[729] Nas palavras de Almeida Costa, a causalidade adequada, enquanto fator corretivo, importa "que se excluam do âmbito da indemnização todos os prejuízos relativamente aos quais não possa afirmar-se, atentas as regras da experiência comum e as particularidades do caso, que constituem o resultado normal (...)".[730] Nesse sentido, ela detém grande vantagem em relação à *conditio sine qua non*

---

726. ANTUNES VARELA, João de Matos. Op. cit., 2000, p. 891.
727. Cf. ANTUNES VARELA, João de Matos. Op. cit., 2000, TELLES, Inocêncio Galvão. Op. cit., 2014, MULHOLLAND, Caitlin Sampaio. Op. cit., 2010, NORONHA, Fernando. Op. cit., 2007, dentre outros.
728. MULHOLLAND, Caitlin Sampaio. Op. cit., 2010, p. 157.
729. PROBST, Thomas. *La causalité aujoud'hui*. Disponível em: http://www.unifr.ch/ius/assets/files/chaires/CH_Probst/files/OR%20AT%20II%20Vorlesung/Causalite.PDF, p. 14.
730. COSTA, Mario Júlio de Almeida. Op. cit., 2006, p. 765.

ao estabelecer critérios científicos que distingam causa e condição, limitando a responsabilidade, supostamente, sob um prisma objetivo. Em Portugal, a doutrina majoritária[731] advogada pela adoção da causalidade adequada em sua formulação negativa,[732] conforme dispõe o art. 563 do Código Civil Português,[733] apesar de se encontrar vozes dissonantes.[734]

A tese, contudo, não é isenta de críticas. Pelo contrário. Mesmo em Portugal, em que foi consagrada a causalidade adequada, os doutrinadores, há muito, reconheciam suas imperfeições, entre elas, a dificuldade em estabelecer a adequação a partir unicamente da causa e do efeito isoladamente considerados, o que poderia vir a criar injustiças. Fernando Pessoa Jorge, nesse ponto, busca explicar que é preciso introduzir uma correção ao entendimento no sentido de que a adequação não deve abranger unicamente os dois polos, causa e efeito, mas deverá considerar todo o processo causal e, portanto, que "o efeito tenha resultado do facto, considerado causa dele, pelo processo por que este é abstractamente adequado a produzi-lo".[735] Isto decorre da noção autoevidente de que o comportamento do agente pode, por si e abstratamente, ser adequado para alcançar o resultado danoso, mas, no caso concreto, decorrer de um processo causal diferente daquele que leva a considerar o comportamento como causa adequada.[736] Assim, poder-se-ia corrigir a teoria para afastar os chamados desvios fortuitos, isto é, os fatos que normalmente não produziriam o resultado, mas, também, aqueles que produziriam, mas por processos diferentes do que concretamente aconteceu.

---

731. COSTA, Mario Júlio de Almeida. Op. cit., 2006, ANTUNES VARELA, João de Matos. Op. cit., 2000, TELLES, Inocêncio Galvão. Op. cit., 2014, Jorge, Fernando Pessoa. Op. cit., 1995, LIMA, Pires de, et ANTUNES VARELA, João de Matos. *Código Civil anotado*. 4. ed. rev. e atual. Coimbra: Coimbra Editora, 2010, v. I (artigos 1º a 761º). GONZÁLEZ, José Alberto Rodríguez Lorenzo. *Direito da responsabilidade civil*. Lisboa: Quid Juris, 2017.
732. Revista 528/09.7TCFUN.L2.S1, 1ª Secção, Alexandre Reis – Relator, Lima Gonçalves e Sebastião Póvoas, Lisboa, 14.02.2017, grifou-se.
733. Artigo 563.º (Nexo de causalidade). A obrigação de indemnização só existe em relação aos danos que o lesado provavelmente não teria sofrido se não fosse a lesão.
734. CORDEIRO, Antonio Menezes. Op. cit., 2017, p. 542. Para este autor: "Antes de prosseguir, tendo em conta a realidade nacional, cumpre esclarecer que o art. 563º, do Código Civil, ao contrário do que se entende em decisões jurisdicionais, não impõe causalidade adequada, como Direito vigente. De resto, nem faria sentido prescrever teorias obrigatórias".
735. Jorge, Fernando Pessoa. Op. cit., 1995, p. 395.
736. Fernando Pessoa, na mesma passagem, exemplifica da seguinte maneira: "Quando se diz que disparar um tiro contra alguém é causa adequada da morte, está naturalmente a pensar-se na hipótese de o projéctil atingir órgãos vitais do visado: é pensando neste processo que podemos afirmar constituir causa adequada da morte o comportamento de quem aponta uma pistola para outrem e prime o gatilho. Suponhamos, porém, que a vítima, apenas ligeiramente ferida, vem a morrer num desastre da ambulância que a conduz ao hospital. Há aqui os dois polos da adequação causal (o disparar da pistola e a morte), simplesmente o resultado não se produziu concretamente pelo processo porque o facto era abstractamente sua causa adequada". (Idem, p. 395).

Mas não é só. Não obstante a confusão que cria entre *causalidade* e *culpabilidade*[737] acima enunciada, a teoria da causalidade encontra outros óbices. Talvez o mais difícil de se rebater reside na própria ideia de causalidade adequada, decorrente de um juízo de possibilidade ou probabilidade. Apesar de se tentar conferir uma aparência de objetividade, esse juízo de probabilidade, em verdade, acaba por ser realizado de modo arbitrário, pautado no conhecimento do julgador, sem qualquer critério certo ou objetivo que o fundamente.[738] Como lembra Menezes Cordeiro, a fórmula proposta pela teoria da adequação é pouco explicativa.[739] É vazia de conteúdo e, no final das contas, permite as mais diversas causas, a depender dos dados a serem acrescentados pelo julgador.[740] O exemplo do autor demonstra as dificuldades e incertezas produzidas. Uma notícia falsa de um evento trágico não é considerada causa adequada da morte de uma pessoa, mas já poderá causar a morte se tal notícia for dada a um cardíaco, embora não seja adequada. Mas se o ofensor, conhecendo o estado clínico da vítima, usar desse conhecimento para matar a vítima? Ora, percebe-se que dependendo da quantidade de dados a serem colocados no processo causal, qualquer antecedente pode se transformar em causa adequada, o que demonstra que a identificação da causa dependerá, e muito, do arbítrio do julgador,[741] carecendo, desse modo, de uma fórmula consistente.[742]

Ana Mafalda de Miranda Barbosa, no mesmo sentido, explica a problemática: quanto mais exata for a descrição do evento, maior a probabilidade do estabelecimento da conexão causal.[743] Desse modo, o nível da descrição dos *relatas*, por si só, já poderá indicar a responsabilização do agente. A referida autora traz como exemplo a questão do golpe na face. A pergunta a ser formulada seria "é normal e provável que um golpe na face provoque a morte de uma pessoa?", cuja resposta seria negativa. Contudo, a pergunta "é normal e provável que um pequeno golpe na face provoque a morte e um hemofílico em último grau?", já levaria a

---

737. PIRSON, Roger, et DE VILLÉ, Albert. Op. cit., 1935, p. 35.
738. GOLDENBERG, Isidoro. Op. cit., 2000, p. 28.
739. CORDEIRO, Antonio Menezes. Op. cit., 2017, p. 535.
740. TRIMARCHI, Pietro. Op. cit., 1967, p. 41.
741. FACIO, Jorge Peirano. Op. cit., 1981, p. 421.
742. "A causa adequada pode ser qualquer uma, consoante, consoante as circunstâncias. E se são as circunstâncias que definem a adequação de determinada causa, então é fácil concluir que são as circunstâncias que definem a própria causa. Afinal, a adequação é apenas uma expressão cômoda para traduzir a idoneidade de determinado processo causal, idoneidade essa que terá de ser procurada noutros fatores. Além disso, a causa adequada não permite ultrapassar causalidades indiretas ou mediatas, causalidades cumulativas e causalidades alternativas" (CORDEIRO, António Manuel da Rocha e Menezes. *Código Civil comentado*. Coimbra: Almedina, 2021, v. II – das obrigações em geral, p. 568).
743. BARBOSA, Ana Mafalda Castanheira Neves de Miranda. *Do nexo de causalidade ao nexo de imputação* – contributo para a compreensão da natureza binária e personalística do requisito causal ao nível da responsabilidade civil extracontratual. Cascais: Princípia, 2013, v. I, p. 106.

uma resposta positiva, ao que conclui a autora que "consoante a descrição que se faça dos eventos, assim a resposta já vai contida na indagação".[744]

Por fim, mas não menos importante, a teoria da causalidade adequada acaba por fazer um juízo abstrato e, portanto, deixando de lado as vicissitudes do caso concreto. Este é um ponto fundamental, pois a distinção entre efeito normal ou adequado e efeito anormal ou inadequado pode produzir distorções,[745] entrando em rota de colisão com o sentimento de justiça ao permitir a irresponsabilização do ofensor, sempre que o dano decorrer de condições particulares ou singulares do caso concreto.[746] Como lembra Pirson e De Villé, "que importa à vítima que o dano que ela sofreu seja normal ou anormal, se o ofensor é o causador do dano?".[747] Se o ofensor tiver *in concreto* causado o dano à vítima, ela pode vir a ser exonerada de qualquer obrigação de indenizar caso, abstratamente, o fato não seja normalmente apto a produzir o referido dano. Essa é uma das desvantagens mais graves da teoria: o dano injusto será atribuído à vítima, desde que ele resulte das vicissitudes do caso concreto, ainda que no processo causal conducente ao dano, a ação do ofensor seja o elemento necessário.

Nesse ponto, parece que a melhor solução acerca da identificação da causa reside na busca do antecedente necessário à causação do dano concretamente considerado, ainda que normalmente não seja apto a produzir o dano. Este seria o único caminho a efetivamente proteger a vítima e estabelecer os adequados incentivos a comportamentos socialmente desejáveis, atendendo às finalidades proposta pela reparação civil. Isso não quer dizer, a toda evidência, que não seja de se admitir limitações à obrigação de indenizar no âmbito do *quantum* indenizatório. Assim, poder-se-ia chegar a soluções mais interessantes: se a lesão decorre de um fato que, normalmente não é apto a produzir o resultado, ainda assim, o ofensor será responsabilizado. Entretanto, considerando as particularidades e a absoluta imprevisibilidade que sua ação poderia acarretar, nada impede a fixação de uma indenização equitativa que atente, também, para a situação do ofensor. Esse posicionamento certamente prestigia o reconhecimento da dupla função do nexo causal tanto no momento da imputação como no momento da quantificação.

Em conclusão, a teoria da causalidade adequada é tida como uma grande evolução em relação à teoria da equivalência das condições, muito embora não seja unanimidade. Se atualmente ela é reconhecida como a teoria adotada em

---

744. BARBOSA, Ana Mafalda Castanheira Neves de Miranda. *Lições de responsabilidade civil*. Cascais: Princípia, 2017, p. 261.
745. PIRSON, Roger, et DE VILLÉ, Albert. Op. cit., 1935, p. 35.
746. TEPEDINO, Gustavo. Notas sobre o nexo de causalidade. *Revista Jurídica*. ano 50, n. 296, Junho de 2002, p. 9.
747. Idem, p. 35.

Portugal, no Brasil há verdadeira controvérsia. A discussão reside, basicamente no debate entre a teoria da causalidade adequada e a teoria do dano direto e imediato. Voltaremos ao tema quando tratarmos desta última teoria nos Tópicos 11.6 e 12, ambos deste Capítulo.

11.6 Teoria do escopo da norma violada

Como se viu, a teoria de Von Kries traz inúmeras dificuldades e não tardaram as críticas, ao indicar que o suposto critério objetivo seria artificial. À procura de uma alternativa ao critério da adequação, e no intuito de delimitar de forma mais objetiva os danos a serem indenizados pelo ofensor, desenvolveu-se a teoria do escopo da norma violada, segundo a qual causa jurídica é verificada em relação aos danos causados pelo fato *sine qua non* aos bens protegidos pela norma jurídica violada.[748] Assim, a teoria surgiu como uma derivação de um novo princípio em alternativa à fórmula da causalidade adequada. Se a jurisprudência alemã a adotou a teoria da causalidade adequada, após a Segunda Guerra Mundial, observa-se uma mudança de entendimento em relação à adequação, aproximando-a da teoria da norma violada.

Atribui-se a Ernst Rabel a caracterização do pensamento da referida norma. Este autor, tratando da responsabilidade contratual, afirmava que a obrigação de indenizar depende do sentido e do escopo do contrato, quais interesses do credor devem ser garantidos pela promessa e se esses interesses, e não outros, no caso de quebra de contrato devem estar protegidos em concreto.[749] Rabel exemplifica com o seguinte caso: uma mulher altamente emocional, apaixonando-se por um cachorro, o compra. Se o cão não vier a ser entregue e ela ficar doente em razão da decepção, ela certamente não será indenizada por danos pessoais com base no contrato. Acrescenta o autor que a referida teoria tem importante valor para a distribuição dos riscos entre as partes e, portanto, nas regras de exoneração do devedor. A teoria de Rabel busca estabelecer a responsabilidade do ofensor somente se o interesse violado estiver protegido por alguma norma legal ou contratual.[750] Dito diversamente, pela referida teoria, o ofensor só será responsável pelos prejuízos que estejam tutelados pela norma violada.

Nesse sentido, não haveria um critério geral, único e válido, para verificar o nexo de causalidade, mas a imputação da responsabilidade dependeria da função

---
748. CORDEIRO, Antonio Menezes. Op. cit., 2017, p. 535.
749. RABEL, Ernst. A Draft of an International Law of Sales. *The university of Chicago law review*. v. 5, n. 4, p. 555. Jun. 1938.
750. GREEN, Leon. The causal relation issue in negligence law. *Michigan law review*. v. 60, n. 5, p. 563. March 1962.

da norma violada de modo a se verificar se o fato danoso recai no seu âmbito de proteção.[751] Os deveres legais, bem como os deveres contratuais, têm como objetivo servir determinados interesses e, dessa forma, só os danos causados a esses interesses protegidos deverão ser reparados pelo ofensor.[752]

Segundo Fernando Noronha, que identifica o escopo da norma violada como verdadeiro pressuposto da responsabilidade civil, para identificar os danos a serem indenizados, há que partir do exame da norma jurídica violada. Desse modo, parece que a aplicação da referida teoria dependerá, necessariamente, de um exame apurado da *ratio juris* da norma violada, que clarificará quais são efetivamente os valores e interesses protegidos, quais são os danos que merecem reparação e, finalmente, quais as pessoas que a norma busca proteger.[753]

Em 1958 o Tribunal de Justiça Federal da Alemanha (*Bundesgerichtshof*) proferiu importante decisão, acolhendo a referida teoria. No caso em questão, o tribunal alemão entendeu que, no âmbito de um processo penal decorrente de um acidente de viação em que que se discutia a quem competia o pagamento das custas judiciais na medida em que o réu fora inocentado, a causalidade adequada era insuficiente, sendo necessário atender ao escopo das normas envolvidas, segundo o qual o risco de alguém se ver envolvido num processo é geral e, consequentemente, não poderiam ser imputados a outrem.[754] A partir de então, a teoria do escopo da norma ganhou inúmeros adeptos, especialmente na Alemanha e na Itália.[755] De fato, a ideia por trás da teoria do escopo da norma é descobrir um corretivo que possa limitar racionalidade puramente material das consequências danosas, numa tentativa de combinar a teoria da causa adequada com uma teoria mais normativa da causalidade.[756]

Outro exemplo ajuda a compreender a extensão da referida tese. Em Gorris v. Scott,[757] o dono de um navio, réu, havia sido contratado para transportar um certo número de ovelhas de um porto estrangeiro para a Inglaterra. Algumas

---

751. TRIMARCHI, Pietro. Op. cit., 1967, p. 28. Cf., também, CRUZ, Gisela Sampaio. Op. cit., 2005. p. 87.
752. ANTUNES VARELA, João de Matos. Op. cit., 2000, p. 901.
753. "O âmbito ou função de proteção de uma dada norma poderá justificar uma de três soluções: primeiro, e essa é a hipóteses normal, a obrigação de reparar todos os danos que possam ser considerados como consequência adequada do fato imputado ao responsável; segundo, a obrigação de reparar somente uma parte desses danos; terceiro, a obrigação de reparar mesmo danos que não possam ser considerados consequência adequada de fatos praticados pelos responsáveis. A terceira solução será exclusivamente para hipóteses excepcionalíssimas, que constituem a responsabilidade objetiva agravada" (NORONHA, Fernando. Op. cit., 2003, p. 619).
754. BGH-22-ABR.-1958, NJW 1958.
755. ROSSELO, Carlo. *Il danno evitabile – la mistura della responsabilità tra diligenzza ed efficienza*. Padova: Cedam, 1990, p. 17 e ss.
756. MARKESINIS, Basil S., UNBERATH, Hannes. Op. cit., 2002, p. 108.
757. Gorris v Scott [1874] LR 9 Exch 125.

das ovelhas foram carregadas para fora do navio, lançadas ao mar e se perderam. O autor da ação alegou que a perda das ovelhas foi devido à negligência do proprietário do navio em cumprir com o Contagious Diseases Act de 1869, que determina especificamente que as ovelhas dos portos estrangeiros deveriam ser divididas e colocadas em baias de dimensões específicas. Surge, então, a questão de saber se o fato de o proprietário do navio não cumprir a determinação da Contagious Diseases Act de 1869 autoriza o autor a exigir reparação pela perda das ovelhas. O Tribunal considerou que, no caso de um dever legal gerador de uma indenização, o âmbito do interesse protegido pela norma deve ser deduzido em conformidade com o objeto e o contexto da norma. Consequentemente, uma pessoa não pode reivindicar perdas que estão fora do escopo que a norma procura proteger. O propósito da Contagious Diseases Act de 1869, conforme deduzido pela construção da linguagem e contexto da norma, era prevenir a disseminação de doenças contagiosas entre os animais. Embora o dono do navio tenha negligenciado o cumprimento do dever relativo ao armazenamento das ovelhas nas baias, as ovelhas foram perdidas no mar e os danos sofridos não estavam relacionados com doenças contagiosas. Assim, a ação foi julgada improcedente.

Para Antunes Varela, a teoria é de grande utilidade, pois permite a determinação dos interesses concretamente visados, tanto pela normal legal infringida, como pela norma contratual não cumprida. E admite, também, a sua aplicação como um "auxiliar precioso na resolução das dúvidas suscitadas quanto à existência, em algumas espécies, quer da ilicitude, quer do nexo de causalidade".[758] Mas para o autor português, não é acertado substituir a teoria da causalidade adequada pela identificação dos tutelados pela norma. Menezes Cordeiro, em séria crítica à teoria da causalidade adequada, explica que esta não pode ser tida como uma solução definitiva, esclarece que o art. 563 do Código Civil Português não adota a teoria da causalidade adequada, mas apenas impõe duas claras finalidades: (i) afastar a causalidade virtual como fonte de imputação de responsabilidade e (ii) prescinde da absoluta confirmação do processo causal, exigindo apenas uma probabilidade razoável de sua existência.[759] Assim, prossegue o autor, embora o Supremo Tribunal de Justiça Português tenha adotado a teoria da causalidade adequada num primeiro momento, na atualidade, ele passa a ponderar os problemas da causa em termos normativos. E conclui que a causalidade há de se desenvolver em quatro tempos, avaliando (1) a *conditio sine qua non*, (2) a adequação da causa, em termos de normalidade social, (3) se provocada pelo agente para obter o seu fim e (4) consoante com os valores tutelados pela norma violada.[760]

---

758. ANTUNES VARELA, João de Matos. Op. cit., 2000, p. 902.
759. CORDEIRO, Antonio Menezes. Op. cit., 2017, p. 542.
760. Idem, p. 550.

No mesmo sentido, Fernando Noronha, no Brasil, defende que a ação de reparação deve ser reservada às pessoas que a norma violada visa a proteger, tendo como objeto apenas os danos visados pela norma, pois "é necessário, para que um dano seja reparável, que ele seja lesão de um bem protegido pelo ordenamento jurídico, isto é, que tenha cabimento no âmbito de proteção, ou escopo, da norma violada".[761]

A doutrina do escopo da norma violada é de extrema importância e contribuiu decisivamente para a análise do nexo de causalidade. Todavia, ela também é objeto de crítica e traz consigo um problema de difícil solução. Se ela permite um critério normativo de identificação da causa, superando os inconvenientes da *conditio sine qua non* e da causalidade adequada, isso se dá quando é facilmente identificável o particular propósito de uma norma específica.[762] Quando, no entanto, é difícil, ou impossível, definir com precisão qual o escopo da norma no caso concreto, torna-se inaplicável. Dessa forma, a teoria funciona muito bem nos casos de responsabilidade civil resultante da violação de normas específicas ou regulamentos subsidiários. Mas quando se trata de casos de responsabilidade civil extracontratual, em que, na maior parte dos casos, é extremamente difícil a identificação de uma norma especificamente estatuída, a investigação do escopo da norma fica profundamente debilitada, posto que a recondução ao *neminem laedere* não permite uma identificação do interesse concretamente protegido porquanto é demasiadamente genérico.[763]

Nesse ponto, não procede a contrargumentação de que todas as regras de conduta, quer sejam o produto do legislativo, quer sejam parte de uma doutrina jurisprudencial, exitem por um propósito, que pode ser sempre encontrado.[764] Como alerta Markesinis, onde "a conduta ilícita é vagamente definida ou definível, é quase impossível atribuir uma finalidade específica à regra em questão, e convidar um juiz para fazê-lo é convidá-lo a fixar os limites da reparação para si próprio".[765]

Consequentemente, não obstante seja de extremo interesse e importância prática, parece que a teoria do escopo da norma violada tem especial aplicação como um complemento da doutrina da causalidade vigente no ordenamento em um número reduzido de casos, isto é, quando possível identificar o interesse

---

761. NORONHA, Fernando. Op. cit., 2003, p. 476.
762. MARKESINIS, Basil S., UNBERATH, Hannes. Op. cit., 2002, p. 109.
763. MULHOLLAND, Caitlin Sampaio. Op. cit., 2010. p. 178.
764. "All rules of conduct, irrespective of whether they are the product of a legislature or are a part of the fabric of the court-made law of negligence, exist for purposes. They are designed to protect some persons under some circumstances against some risk" (MALONE, Wex S. Op. cit., 1956, p. 73).
765. MARKESINIS, Basil S., UNBERATH, Hannes. Op. cit., 2002, p. 109.

concretamente protegido pela norma. Nos demais casos, quando não for possível deduzir o propósito da norma violada, o recurso à ela, mais uma vez, produzirá distorções, pois relegará ao arbítrio do magistrado definir qual o interesse protegido.

11.7 Teoria do Dano Direto e Imediato

De outra ponta, identifica-se uma importante teoria para o nexo de causalidade pautada pela noção de causa *direta* e *imediata*, que deu azo ao nome da teoria do dano direto e imediato. Por essa teoria, os critérios que juridicamente servem de base para imputar a um sujeito um dano causado, exige que o fato desencadeador da responsabilidade civil tenha sido a causa direta e imediata do dano.

A doutrina clássica reconduz a origem desta teoria ao Direito Romano[766] e a posterior afirmação de Francis Bacon, analisada anteriormente,[767] de que *in jure non remota causa sed proxima spectatur*. O ponto fundamental dessa teoria encontra-se na ideia de que um mal nunca vem sozinho. Um fato danoso, com muita frequência, acaba por produzir outro prejuízo, que acarreta outro, o qual, por sua vez, implica em mais um prejuízo[768] e, assim, sucessivamente, uma cascata de danos. Dentro da concepção e das funções da responsabilidade civil, não se pode permitir que o ofensor seja responsabilizado pela infinita cadeia de prejuízos, que incluiria aqueles mais remotos e distantes. Ao revés, uma adequada formulação da responsabilidade exige uma delimitação que, nos termos desta teoria, ficam circunscritos apenas aos danos diretos e imediatos, afastando-se, desse modo, os remotos. Consequentemente, é preciso que o observador estabeleça a relação de causalidade direta entre a ato e o dano.[769]

A teoria do dano direto e imediato teve, como maior expoente, Pothier, que seguindo os trabalhos de Dumoulin e Domat, defendia que a regra a ser seguida deveria excluir das perdas e danos, pelas quais um sujeito é responsável, os danos que são uma consequência distante e não diretamente ligados ao fato do ofensor na medida em que podem ter outras condições como causas.[770] A doutrina desenvolvida pelo autor francês teve grande impacto nas codificações do século XIX, influenciando definitivamente o Código Civil Francês,[771] o Código Civil Italiano

---

766. COSSIO, Alfonso de. Op. cit., 1966, p. 533.
767. V. Tópico 11.3 neste capítulo.
768. MAZEAUD, Henry, MAZEAUD, Léon, e TUNC, André. Op. cit., 1963, p. 270.
769. STARCK, Boris, ROLAND, Henri, et BOYER, Laurent. *Obligations. 1. Responsabilité délictuelle*. 4. ed. Paris: Litec, 1991, p. 501.
770. POTHIER, Robert J. *Tratado das obrigações*. Campinas: Servanda, 2002, p. 148.
771. Redação original do art. 1.151 do *Code Napoleon*: "Dans le cas même où l'inexécution de la convention résulte du dol du débiteur, les dommages et intérêts ne doivent comprendre à l'égard de la perte éprouvée par le créancier et du gain dont il a été privé, que ce qui est une suite immédiate et directe de l'inexécution de la convention".

de 1865[772] e, já no início do século XX, o Código Civil Brasileiro de 1916,[773] que consagraram expressamente os termos "direto e imediato". Nada obstante, tanto o Código Civil Português de 1865[774] como o Código Civil Espanhol[775] acabaram por sofrer forte influencia dos ensinamentos de Pothier, que advogava que o melhor sentido da expressão *direto e imediato* implicaria num vinculo de necessariedade entre a ação do ofensor e as perdas e danos.[776]

Apesar das transformações que se passaram no decorrer dos últimos dois séculos, à exceção de Portugal, que modificou radicalmente o entendimento sobre o nexo de causalidade e, no atual Código Civil, de 1966, que revogou o Código Seabra, adotou a teoria da causalidade adequada,[777] o atual Código Civil Italiano, de 1945,[778] o Brasileiro de 2002,[779] bem como o *Code Civil* Francês de 1804[780] com as alterações promovidas em seu texto, mantiveram as locuções *direto e imediato* nas respectivas legislações.[781]

A questão que se coloca, então, é o esclarecimento do significado e alcance de "direto e imediato". Antes de adentrar o mérito, no entanto, convém esclarecer que, atualmente, as duas palavras são tratadas como sinônimos. Desse modo,

---

772. Art. 1.229 do Código Civil Italiano de 1865 – "Quantunque l'inadempimento dell'obbligazione derivi da dolo del debitore, i danni relativi alla perdita sofferta dal creditore ed al guadagno di cui fu il medesimo privato, non debbono estendersi se non a ciò che è una conseguenza immediata e diretta dell'inadempimento dell'obbligazione".
773. Art. 1.060 do Código Civil Brasileiro – "Ainda que a inexecução resulte de dolo do devedor, as perdas e danos só incluem os prejuízos efetivos e os lucros cessantes por efeito dela direto e imediato".
774. Art. 707º do Código Civil Português de 1867 – "*Só podem ser tomados em conta de perdas e damnos, as perdas e damnos, que* necessariamente *resultam da falta de cumprimento do contracto*" (grifou-se).
775. Art. 1.107 do Código Civil Espanhol – "*Los daños y perjuicios de que responde el deudor de buena fe son los previstos o que se hayan podido prever al tiempo de constituirse la obligación y que sean* consecuencia necesaria *de su falta de cumplimiento*.
    En caso de dolo responderá el deudor de todos los que conocidamente se deriven de la falta de cumplimiento de la obligación." (grifou-se)
776. "*Essas perdas e danos [decorrente da inexecução do devedor] consistem na perda que o credor sofreu, e no ganho do qual se viu privado por tal atraso, contanto que essa perda e esta privação de ganhos tenham sido* consequências necessárias *do atraso*" (POTHIER, Robert J. Op. cit., 2002, p. 150, grifou-se).
777. Art. 563º do Código Civil Português (nexo de causalidade) – "A obrigação de indemnização só existe em relação aos danos que o lesado provavelmente não teria sofrido se não fosse a lesão".
778. Art. 1223 do Código Civil Italiano – Risarcimento del danno – "*Il risarcimento del danno per l'inadempimento o per il ritardo deve comprendere così la perdita subita dal creditore come il mancato guadagno, in quanto ne siano* conseguenza immediata e diretta *(1382, 1479, 2056 e seguenti)*" (grifou-se).
779. Art. 403 do Código Civil Brasileiro – "*Ainda que a inexecução resulte de dolo do devedor, as perdas e danos só incluem os prejuízos efetivos e os lucros cessantes por efeito dela* direto e imediato, *sem prejuízo do disposto na lei processual*" (grifou-se).
780. Com as alterações promovidas no Código Civil Francês, a regra sobre as perdas e danos foi deslocada para o art. 1.231-4, que manteve, praticamente, o sentido original do art. 1.151: "*Dans le cas même où l'inexécution du contrat résulte d'une faute lourde ou dolosive, les dommages et intérêts ne comprennent que ce qui est une suite* immédiate et directe *de l'inexécution*" (grifou-se).
781. Observe-se que o Código Civil Espanhol permanece em vigor com a redação do art. 1.107. Cf. a nota 1.040.

prevalece o entendimento de que as expressões não devem ser interpretadas separadamente, mas conjuntamente, posto que não traduzem ideias distintas.[782] Ao revés, reforçam-se na representação principal de estabelecer essa relação reta entre o fato e o dano afastando-se os danos longínquos e remotos.

Dito isso, a ideia principal acerca de "direto" vai no sentido de que se um sujeito é juridicamente responsável por seu ato e a ele só poderão ser imputados seus resultados *diretos*.[783] O problema reside justamente no fato de que o conceito de *direto* é demasiadamente vago,[784] o que suscita inúmeras dúvidas. Ora, dificilmente a causa é direta no sentido lógico, porquanto "*a* causa principal raramente ou nunca produz a consequência diretamente, mas por intermédio de uma cadeia de causas intermediárias, cada uma delas uma consequencia da anterior e a causa da próxima".[785] Suponha-se que A começa a sofrer um infarto do coração e, portanto, dirige-se ao hospital mais próximo, que, em vez de atendê-lo rapidamente, demora algumas horas, resultando em sua morte pela insuficiência cardíaca. Ora, ninguém deixaria de atribuir responsabilidade ao hospital, ainda que apenas decorrente da perda da chance da vítima se salvar (e não do evento morte), embora a efetiva causa direta da insuficiência cardíaca possa ser apontada, com alguma segurança, como o infarto do miocárdio e não o atraso injustificável do hospital em atendê-la. Observa-se, assim, que apesar deste critério ser importante, pois busca afastar, do ponto de vista jurídico, as causas remotas ou distantes, ele não é conclusivo.[786]

Não se pode, por conseguinte, aceitar uma interpretação literal da locução *direto e imediato*.[787] Nesse sentido, a doutrina italiana tem se debatido sobre o seu significado alertando que, mesmo buscando excluir um conceito temporal – afastando-se, assim, da ideia da causa próxima –, de tal modo a encontrar uma noção mais elástica e razoável de *imediato*, não se pode aludir a outra ideia que não seja a que estão diretamente ligados à conduta do ofensor, excluind danos que sejam consequência de outros danos.[788]

Na busca por um significado mais concreto, então, diversas teses, que não chegam a ter uma autonomia própria, tentaram qualificar o que se entende por

---

782. ALVIM, Agostinho. Op. cit., 1972, p. 359.
783. BEALE Jr., Joseph H. Op. cit., 1895, p. 81. Beale defendia que o ofensor responderia pelos resultados diretos, ainda que surpreendentes.
784. DE PAGE, Henri. Op. cit., 1948, p. 900.
785. TERRY, Henry T. Proximate consequences in the law of torts. *Harvard law review*, v. 28, n. 1, p. 20. Nov. 1914.
786. EDGERTON, Henry W. Op. cit., 1924, p. 213.
787. TRIMARCHI, Pietro. Op. cit., p. 20.
788. FORCHIELLI, Paolo. *Il rapporto di causalità nell'illecito civile*. Padova: Cedam, 1960, p. 34.

"direto e imediato", tendo maior destaque, a partir dos trabalhos de Pothier,[789] a chamada subteoria da necessariedade.[790] Segundo esta doutrina, admite-se como causa, qualquer que ela seja, independetemente de próxima ou remota,[791] desde que ela se ligue diretamente ao dano enquanto seja uma consequência necessária do mesmo,[792] "porque ele a ela se filia necessariamente; é causa única, porque opera por si, dispensadas outras causas".[793]

Assim, será considerada como causa a condição que necessariamente produziu o dano, afastadas aquelas de ocasião não necessárias, excluindo-se, conseguintemente, os danos decorrentes de causas novas.[794] Nesse contexto, é irrelevante os critérios temporal ou espacial, pois o que vem a caracterizar a responsabilidade é a ausência de outra causa que venha a romper o nexo de causalidade necessário entre a conduta do ofensor e o dano. Justamente por conta desta ideia de que o devedor responde pelos danos que sejam consequencia necessária, excluídos aqueles que decorram de outras causas, que se costuma denominar esta teoria de *teoria da interrupção do nexo causal*, cujo único requisito seria demonstrar que o nexo causal não tenha sido quebrado pela interferência de outra série causal estranha à primeira.[795] Como afirma Prosser, a distinção entre causa direta e indireta poderia

---

789. Pothier, seguindo a doutrina de Dumoulin, é o grande expoente da tese da necessariedade como se pode ver em POTHIER, Robert J. Op. cit., 2002, p. 148.
790. Tiveram algum destaque, ainda, duas outras subteorias da causalidade jurídica, proposta por Mosca e a de Coviello, mas que já estão há muito tempo superadas e, por isso, indica-se a leitura de ALVIM, Agostinho. Op. cit., 1972, p. 347 e ss. Interessante notar a proposta de Adriano De Cupis para interpretação do art. 1.223 do Código Civil Italiano. Este autor advogava pela teoria da regularidade causal em se tratando de danos indiretos ou mediatos, segundo a qual deve "considerarse como causa la condición que regularmente concurre, es decir, la que configura la estrutura ordinaria de una cosa, para que se produzca el efecto. Así, contrariamente, no puede imputarse al sujeto aquel efecto que respecto a su misma acción, aparece anormal o atípico, entendiendo por tal aquel que se presenta como singular, por no responder al curso normal de los acontecimientos y, por tanto, a lo que suministra la experiencia" (DE CUPIS, Adriano. Op. cit., 1975, p. 258), e assim conclui: "En conclusión, del art. 1.223 se resarce el daño en cuanto constituye una consecuencia inmediata y directa del incumplimiento o del retardo, y siempre que exista un nexo de condicionalidad (más no lo piden ni la ley ni la equidad). El daño mediato e indirecto, si nos atuviésemos a la letra de la ley, auderá excluido del resarcimiento, si bien congruentemente con el espíritu de la ley, tal exclusión debe limitarse a los daños mediatos e indirectos em cuanto sean irregulares" (DE CUPIS, Adriano. Op. cit., 1975, p. 265). Trata-se, contudo, como se percebe, de uma teoria muito mais próxima da causalidade adequada, pois exige que o resultado configure um resultado ordinário do fato ensejador da responsabilidade. Pode-se concluir, assim, que sua teoria não deixa de ser uma variante desta e, nesse sentido, cabem as mesmas críticas formuladas à causalidade adequada.
791. SILVA, Wilson Melo. Op. cit., 1974, p. 132.
792. DE PAGE, Henri. Op. cit., 1948, p. 914.
793. ALVIM, Agostinho. Op. cit., 1972, p. 356.
794. CRUZ, Gisela Sampaio. Op. cit., 2005. p. 102.
795. COSSIO, Alfonso de. Op. cit., 1966, p. 534. Para Agostinho Alvim "[a] ideia central, enunciada e repetida pelos autores, é, pois, a de que o aparecimento de outra causa é que rompe o nexo causal, e não a distância entre a inexecução e o dano" (ALVIM, Agostinho. Op. cit., 1972, p. 363).

ser definida considerando que as consequencias diretas são aquelas que seguem a sequência de efeitos do ato do ofensor sobre as forças já existentes ao tempo de sua ação, sem a intervenção de quaisquer forças externas.[796] Resume, o autor, com um exemplo bem ilustrativo: se A golpea B com uma faca, a bactéria que entra na ferida pode causar uma infecção, que pode causar septicemia, que pode causar a morte. Não há nenhuma fator significante que intervém para alterar o resultado danoso e, portanto, a causa direta (necessária) é a facada de A.[797] Se, no entanto, enquanto B está sendo levado para o hospital numa ambulância e esta vem a ser abalroada por outro veículo causando sua morte por traumatismo crânianio, há a interrupção do nexo de causalidade, que, consequentemente, romperá o nexo de causalidade em relação à facada e o evento morte.

A grande vantagem desta teoria, segundo seus defensores, e que justificaria o abandono da teoria da causalidade adequada, é que ela se opera por meio de uma análise concreta da cadeia causal[798] e não por um processo abstrato afastado da realidade da vítima e das particularidades da situação. Não se verifica, portanto, se a causa seria normalmente apta a produzir o dano a partir de um juízo abstrato e de experiência do que normalmente acontece com as coisas, mas verificar-se-á, no processo causal concreto, se a conduta do ofensor é a causa necessária do dano.

A teoria do dano direto e imediato na vertente da necessariedade, como todas as demais, também é passível de profundas críticas. Se, por um lado, ela representa um avanço ao superar uma interpretação literal das expressões "direto e imediato" e resultar numa análise *in concreto*, considerando todas as particularidades do caso concreto, por outro, traz, também incertezas. Afinal, o que é uma causa necessária? Em verdade, essa subteoria explica muito pouco e, portanto pode, muito bem, ser confundida com a teoria da equivalência das condições. Esta, como tivemos a oportunidade de ver, busca identificar na cadeia causal qual a condição necessária, que veio a produzir o evento danoso, apesar de se exigir uma necessariedade forte, o que decerto, nesse ponto, se confundiria com esta concepção de dano direto e imediato.[799]

Na busca por uma conceituação mais refinada do que se entenderia por necessário, Agostinho Alvim, maior defensor desta teoria no Brasil e que influenciou decisivamente a doutrina e jurisprudência brasileiras, buscou um conceito mais restritivo identificando a causa, no processo causal concretamente considerado,

---

796. PROSSER, William L. Op. cit., 1984, p. 294.
797. Idem, p. 294.
798. MULHOLLAND, Caitlin Sampaio. Op. cit., 2010, p. 173.
799. NORONHA, Fernando. Op. cit., 2007, p. 601.

como aquela necessária e única.[800] Interpretando essa passagem, Fernando Noronha faz uma acertada crítica ao identificar que a fórmula proposta por Agostinho Alvim é excessiva, por exigir que a causa seja necessária e suficiente, por si só, pois "dificilmente encontraremos uma condição à qual o dano possa com exclusividade ser atribuído".[801] De fato, exigir que a condição seja a razão exclusiva da ocorrência do dano torna a teoria inócua, pois, como tivemos a oportunidade de ver anteriormente, o processo causal envolve uma multiplicidade de fatores, não se podendo identificar um único antecedente que, por si só, tem como consequência o dano. Como lembra Henri De Page, "a cadeia de antecedentes imediatos ou mediatos aparece mais como um complexo, onde é impossível atribuir a um fator isolado um papel exclusivo ou, às vezes, simplesmente determinante".[802]

Ademais, o que seria efetivamente uma consequência necessária a ser escolhida entre várias condições, todas concorrentes para o resultado? Embora se revista de uma aparente objetividade, a subteoria da necessariedade, como pensada inicialmente por Agostinho Alvim, também não traz um critério objetivo que ajude a elucidar em definitivo o problema da causalidade. Mas nesse ponto, há de se ressaltar que nenhuma das teorias teria essa capacidade, como bem reconhecido pelo próprio, quando afirmava expressamente que a teoria da necessariedade "não tem o condão de resolver todas as dificuldades práticas que surgem, mas é a que de modo mais perfeito e mais simples cristaliza a doutrina do dano direto e imediato (...)".[803]

Não faltaram autores no Brasil a defender sua posição e abraçar a teoria da necessariedade da causa,[804] que, inclusive veio a ser expressamente indicada como aquela adotada pelo Código Civil Brasileiro de 1916 no importante julgamento do Recurso Extraordinário 130.764-1/PR pelo Supremo Tribunal Federal Brasileiro. Naquela oportunidade, a mais alta Corte Brasileira discutia a existência

---

800. "Ora, a análise destes termos mostra, iniludivelmente, que a lei impõe a existência de um liame entre o inadimplemento da obrigação e o dano, de modo que o inadimplemento se atribua, com exclusividade, à causa do dano" (ALVIM, Agostinho. Op. cit., 1972, p. 356).
801. NORONHA, Fernando. Op. cit., 2007, p. 600. Registre-se que Fernando Noronha entende que para Agostinho Alvim, a causa teria que ser necessária e suficiente, muito embora, em nenhum momento no trabalho de Agostinho Alvim seja empregada a palavra "suficiente". Mas, ainda que se possa cogitar que a tese deste autor exigiria a suficiência como requisito, a verdade é que ele limita esse requisito à uma única causa que seja, com exclusividade, isto é, por si só idônea para produzir o dano, o que, a toda evidência, é inviável na realidade concreta da cadeia causal.
802. DE PAGE, Henri. Op. cit., 1948, p. 902.
803. ALVIM, Agostinho. Op. cit., 1972, p. 370-371.
804. Cf., por todos, SILVA, Wilson Melo. Op. cit., 1974, p. 115, para quem "E se ideal não se pode afirmar que seja o critério objetivo, da limitação do nexo causal pelo acolhimento do princípio da necessariedade entre determinada causa e determinado dano, força é convir, no entanto, que ele nos pode levar a resultados mais equânimes que aqueles a que se aspirasse pela adoção do só critério limitador, subjetivo, da culpa, quase sempre de problemática apuração, notadamente quando se tem pela frente uma daquelas hipóteses da chamada "culpa levíssima" da velha tricotomia dos romanos".

ou não de nexo de causalidade entre a omissão do Estado do Paraná e os danos resultantes de assalto praticado por quadrilha da qual participava fugitivo, que havia escapado, muitos meses antes, do sistema estadual prisional paranaense. O então relator Min. Moreira Alves consignou no acórdão que em virtude do disposto no art. 1.060 do CCB de 1916, à época vigente, fora adotada a teoria do dano direto e imediato.[805]-[806] Considerando que o art. 403 do CCB reproduziu, quase que integralmente, o disposto na legislação anterior, não haveria motivos para acreditar que houve qualquer mudança na teoria adotada no ordenamento jurídico brasileiro. Realmente, o art. 403, novamente, alude à perda e danos que sejam consequência direta e imediata do inadimplemento. Tal entendimento foi recentemente reafirmado pela Corte Suprema Brasileira no julgamento do Recurso Extraordinário 608.880/MT, julgado em 08.09.2020, restando consignado que "a responsabilidade civil só se estabelece em relação aos efeitos diretos e imediatos causados pela conduta do agente".[807]

De acordo com legislação civilista brasileira, então, seria de se cogitar que fora adotada a teoria do dano direto e imediato. Contudo, no Brasil, como tivemos a oportunidade de ver anteriormente, a orientação (ou não orientação) é vacilante, com profunda discussão doutrinária e jurisprudencial em que boa parte da doutrina brasileira – e é possível verificar isso em inúmeras decisões judiciais – reconhecem a adoção da teoria da causalidade adequada.[808] De outro lado, autores reconhecem a teoria do dano direito e imediato, na vertente da necessariedade, como aquela adotada tanto pelo Código Civil Brasileiro de 1916 como pelo de 2002.[809] Longe de haver um entendimento pacífico sobre o tema, como é natural

---

805. "Confira-se trecho da decisão: "(...) em nosso sistema jurídico, como resulta do disposto no artigo 1.060 do Código Civil, a teoria adotada quanto ao nexo de causalidade é a teoria do dano direto e imediato.
806. Anos depois, o ministro viria a reafirmar sua posição, mas agora sob a vigência do CCB de 2002: "Assim sendo, a conclusão a que se chega do exame do disposto no art. 1.060 do Código Civil anterior no tocante à teoria relativa ao nexo causal por ele adotada, se aplica, também, a esse art. 403 do atual Código Civil (...)" (MOREIRA ALVES, José Carlos. A causalidade nas ações indenizatórias por danos atribuídos ao consumo de cigarros. *Estudos e pareceres sobre livre-arbítrio, responsabilidade e produto de risco inerente* – o paradigma do tabaco: aspectos civis e processuais. Rio de Janeiro: Renovar, 2009, p. 243.
807. Confira-se que o referido julgamento do Recurso Extraordinário 608.880/MT, foi julgado sob o regime de Repercussão Geral, Tema 362, sendo fixada a seguinte tese STFB: "Nos termos do artigo 37, § 6º, da Constituição Federal, não se caracteriza a responsabilidade civil objetiva do Estado por danos decorrentes de crime praticado por pessoa foragida do sistema prisional, *quando não demonstrado o nexo causal direto entre o momento da fuga e a conduta praticada*" (grifou-se).
808. Nesse sentido v. CAVALIERI FILHO, Sergio. *Programa de responsabilidade civil*. 7. ed. São Paulo: Atlas, 2007. GONÇALVES, Carlos Roberto. *Responsabilidade civil*. 9. ed. rev. de acordo com o novo Código Civil. São Paulo: Saraiva, 2006, NORONHA, Fernando. Op. cit., 2003.
809. Nesse sentido é possível conferir, ALVIM, Agostinho. *Da Inexecução das Obrigações e suas consequências*. 4. ed. atual. São Paulo: Saraiva, 1972, SILVA, Wilson Melo da. *Responsabilidade sem culpa*. 2. ed. São Paulo: Saraiva, 1974, TEPEDINO, Gustavo. Op. cit., 2002, SCHREIBER, Anderson. Op. cit., 2007, dentre outros. A regra decorreria do disposto no atual art. 403 do Código Civil, reprodução quase idêntica do art. 1.060 do Código Civil de 1916.

das discussões em torno da causalidade, parece forçoso reconhecer o alerta de Gustavo Tepedino ao afirmar que, para compreender o atual estágio da causalidade na jurisprudência brasileira, é necessário ter em conta "não as designações das teorias, não raro tratadas de modo eclético ou atécnico pelas cortes, mas a motivação que inspira as decisões, permeadas predominantemente pela teoria da causalidade necessária".[810] De toda sorte, parece, também, que a causalidade necessária, na forma concebida e tratada pela jurisprudência, também não é a melhor solução.

12. ORIENTAÇÃO PREFERÍVEL: UMA PROPOSTA DE INTERPRETAÇÃO DA NECESSARIEDADE

I. É preciso considerar, no entanto, se, diante das transformações sociais e tecnológicas das últimas décadas, há alguma alteração significativa no campo do princípio da causalidade, isto é, se se verifica uma mudança na compreensão acerca do nexo causal diante do direito vigente. O nexo de causalidade consiste nessa relação de causa e efeito entre uma consequência específica e o fato antecedente que a produziu, sendo certo que o juízo de valoração da causa depende das escolhas legislativas e dos modelos mentais empreendidos pelo responsável pelo processo investigativo da causa.

Inicialmente, é preciso deixar muito claro que nenhuma teoria tem a capacidade de ser a panaceia para a causalidade. Todas as teorias têm vantagens e desvantagens. Algumas mais, outras menos. Mas todas elas, certamente, em algum momento, não funcionarão como o esperado, especialmente em se tratando de casos complexos. O que se deve buscar, no entanto, é um equilíbrio que possa permitir a necessária temperança na análise de todas as condições do processo causal, permitindo que a responsabilidade civil alcance efetivamente as funções que o ordenamento jurídico lhe empresta, em especial aquela de adequada distribuição dos riscos na sociedade. Não se pode deixar de compreender que isso levará em consideração, necessariamente, uma questão política (*policy*) diretamente ligada à valoração pessoal do magistrado, conforme se teve a oportunidade de ver ao longo do Capítulo III. De fato, as decisões que buscam identificar a causa repousam em considerações de ordem pessoal (*policy considerations*) do intérprete, muito embora elas estejam limitadas às questões não causais do processo de seleção da causa, ou seja, à margem das questões de fato, ligando-se unicamente aos aspectos jurídicos, notadamente, dentre outros, os interesses juridicamente protegidos e as finalidades pretendidas pelo ordenamento.

---

810. TEPEDINO, Gustavo. Op. cit., 2002, p. 11.

Considerando todas as teorias analisadas, então, qual é a orientação preferível? Inicialmente, é de se refutar a teoria da equivalência das condições, que aplica um juízo meramente naturalístico, estabelecendo a causalidade material, descuidando, entretanto, da causa jurídica. Igualmente são inaceitáveis as teorias da causa próxima e da causa eficiente, pois confundem muito mais do que explicam o que seria a causa produtora do resultado danoso. Além do mais, remetem à um arbítrio incontestável do julgador na identificação da causa.

Embora se admita que a fórmula da adequação, nas palavras de Menezes Cordeiro, "traduziu, efetivamente, uma cobertura linguística que permitiu, ao longo de um século, aos tribunais, fazer prevalecer uma causalidade comum, assente no bom senso e na experiência",[811] permitindo uma delimitação dos danos e caracterizando um avanço em relação à equivalência das condições, é de se reconhecer que a teoria da causalidade adequada também é problemática na medida em que a (in)definição do que é adequado se sujeita ao puro arbítrio do julgador, carecendo de qualquer critério científico. Mas não é só. Parece que o critério do juízo abstrato *ex post facto* simplesmente deixará o ofensor irresponsável, ainda que concretamente a ação dele seja efetivamente a causadora do dano. De fato, conquanto se admita a vertente negativa desta teoria, ainda assim, quando o dano decorrer de singularidades do caso concreto, que normalmente não são aptas à produção do dano, o causador do dano restará isento de qualquer responsabilidade. Essa solução, além de produzir efeitos nefastos sobre a vítima, que acaba por suportar os prejuízos claramente causados por outrem, gerando decisões injustas, não parece satisfazer as funções da reparação dos danos.

Nesse ponto, teria melhor sorte a teoria da causa necessária tão veementemente defendida por Agostinho Alvim? E teria sido ela a adotada pelo Direito Brasileiro? Nesse ponto, permite-se divergir das duas posições dominantes na doutrina e jurisprudência brasileira, de modo a encontrar uma interpretação do nexo de causalidade que seja mais adequada aos tempos atuais. No Brasil é comum atribuir, seja a aplicação da teoria do dano direto,[812] seja a da causalidade adequada,[813] ao disposto no art. 403 do CCB, ao determinar que "[a]inda que a inexecução resulte de dolo do devedor, as perdas e danos só incluem os prejuízos efetivos e os lucros cessantes por efeito dela direto e imediato, sem prejuízo do disposto na lei processual". Parece que, em verdade, o CCB não adotou nenhuma das duas de forma inequívoca ou taxativa.

---

811. CORDEIRO, Antonio Menezes. Op. cit., 2017, p. 542.
812. CRUZ, Gisela Sampaio da. Op. cit., 2005, p. 111.
813. NORONHA, Fernando. Op. cit., 2007, p. 611.

Para compreender o que se quer dizer, é preciso admitir que o nexo de causalidade não pode ser entendido de modo unitário, mas a partir de dois planos, denominados de causalidade fundamentadora e causalidade preenchedora da responsabilidade civil,[814] diretamente ligada à dupla função do nexo de causalidade em que, no primeiro, a causalidade teria como objetivo ligar o comportamento do sujeito à lesão do bem jurídico ou do interesse juridicamente protegido e, no segundo, estabelecer a conexão causal entre a lesão e os danos consequentes que viessem a surgir. Essa importante distinção permite separar o direito da responsabilidade do direito da indenização – que, como já se teve a oportunidade de ver,[815] é um direito autônomo derivado da lei[816] em razão da violação de um bem ou interesse preexistente – e delimita os poderes dos tribunais na decisão sobre a existência de um dano e o seu quantitativo.[817]

Dito isto, em primeiro lugar, é de se destacar que o art. 403 do CCB não refere a nenhum juízo de adequação e, tampouco, de necessariedade, remetendo, tão somente à ideia de "dano direto e imediato", o que exclui a autoevidência de uma das teorias adotadas. Em segundo lugar, e talvez ainda mais importante, o dispositivo legal está situado no Capítulo III, que trata especificamente das "Perdas e Danos". Historicamente, como se sabe, a tese iniciada por Pothier pretendia refletir uma limitação à cadeia de consequências danosas, isto é, o art. 1.151 do Código Civil Francês, que é a fonte direta de inspiração do CCB/16 e

---

814. BARBOSA, Ana Mafalda Castanheira Neves de Miranda. Op. cit. Cascais: Princípia, 2013, p. 12-15.
815. VIOLA, Rafael. Indenização equitativa: uma análise do art. 944, parágrafo único do Código Civil. *Quaestio iuris*. v. 06, n. 1, 2013, p. 217.
816. Trata-se de um direito autônomo, pois o objeto do direito à reparação e o objeto do bem, jurídico ou interesse violado são diferentes. (DE CUPIS, Adriano. *Os direitos da personalidade*. Trad. Afonso Celso Furtado Rezende. Campinas: Romana, 2004, p. 49). Em outra obra, o mesmo autor afirma que "*El derecho al resarcimiento tiene un objeto distinto al correspondiente al derecho violado, pese a la equivalencia que exista entre la cantidad dineraria que se ha de recibir a título de resarcimiento y el bien objeto del derecho violado*" (DE CUPIS, Adriano. Op. cit., 1975, p. 777). No mesmo sentido, Marcel Planiol e Georges Ripert para quem "*El objeto de la obligación derivada de la culpa es la reparación del perjuicio causado. Esta obligación es totalmente distinta de aquella cuya violación constituye la culpa, su objeto no es el mismo. La obligación podría tener cualquier objeto: una dación, un hecho o una abstención; el objeto de la obligación derivada de la culpa siempre es la reparación (por lo general pecuniaria) de la lesión causada a otra persona por el incumplimiento del objeto debido*" (PLANIOL, Marcel e RIPERT, Georges. *Tratado elemental de derecho civil* – las obligaciones. Trad. Jose M. Cajica Jr. México: Cardenas Editor y Distribuidor, 1983, p. 569). Admitir a reparação da vítima como um direito traz, ainda, importantes consequências. Tratando-se de um direito autônomo, ele é dotado de certas características, tais como relatividade, patrimonialidade, transmissibilidade, disponibilidade e renunciabilidade. Nesse sentido é que se justifica a posição do Superior Tribunal de Justiça Brasileiro que admite a transmissibilidade do direito de exigir a reparação dos danos morais do *de cujus* pelos herdeiros, conforme se extrai de importante julgamento no Recurso Especial 978.651/SP, que reconheceu a transmissibilidade do direito de reparação do de dano moral sofrido em vida pelo *de cujus*, ainda que não proposta a ação indenizatória.
817. BARBOSA, Ana Mafalda Castanheira Neves de Miranda. Op. cit., 2017, p. 18.

do CCB/02, tinha como escopo unicamente limitar a indenização que ficaria a cargo do devedor inadimplente. Nesse sentido, parece que o referido artigo trata apenas da quantificação das perdas e danos, que se limitam ao valor das perdas e danos que sejam *direta* e *imediatamente* resultantes do inadimplemento. Isto é, o dispositivo legal trata da causalidade enquanto medida da indenização, mas não como pressuposto de imputação de responsabilidade. Aliás, para fins de imputação da obrigação de indenizar, o Código Civil Brasileiro faz alusão à "causa" tanto no art. 186[818] como no art. 927,[819] este último sob o Capítulo I, "Da Obrigação de Indenizar", do Título IX, "Da Responsabilidade Civil". Observe-se que não há menção a qualquer teoria de causalidade, limitando-se o legislador a repetir, nas duas passagens, a locução "aquele que causar dano a outrem". Ao que tudo indica, a ausência da identificação de uma teoria específica para o nexo de causalidade parece ter sido a intenção do legislador, o que é louvável. No âmbito da reparação dos danos, em regra, quanto mais específica for a intervenção legislativa na configuração da relação causal, mais árdua é a tarefa do intérprete da norma na solução das questões difíceis que se apresentam.[820] Parece possível, concluir, portanto, que no Brasil não há uma clara identificação da teoria do nexo de causalidade no plano da *an debeatur*, mas já o há para o plano do *quantum debeatur*. Conseguintemente, não se pode (deve) confundir os planos de atuação do nexo de causalidade. Trataremos da orientação preferível quanto ao nexo de causalidade no plano da imputação (II) e no da quantificação (III).

II. Se não foi expressamente adotada nem a teoria da causalidade adequada, nem a da causa necessária, qual seria o melhor critério? De todas as teorias até então expostas, parece que a que melhor reflete o processo causal conducente ao dano seria a teoria da causa necessária, apesar de afastada dos moldes propostos por Agostinho Alvim. Isso se dá por dois importantes motivos: (i) a tese da causa necessária tem como escopo identificar a causa concretamente considerada, isto é, a causa no processo causal conducente ao dano com todas as singularidades concretamente identificadas, o que permite uma análise próxima à realidade e pragmaticamente adequada. Realmente, como se observou nos tópicos supra, a teoria da causalidade adequada depende de inúmeros corretivos para alcançar a mesma solução; (ii) a teoria formulada pelo referido autor é, como apontou

---

818. Art. 186 do CCB de 2002 – "Aquele que, por ação ou omissão voluntária, negligência ou imprudência, violar direito e causar dano a outrem, ainda que exclusivamente moral, comete ato ilícito."
819. Art. 927 do CCB de 2002 – "Aquele que, *por ato ilícito (arts. 186 e 187)*, causar dano a outrem, *fica obrigado a repará-lo*.
    Parágrafo único. Haverá obrigação de reparar o dano, independentemente de culpa, nos casos especificados em lei, ou quando a atividade normalmente desenvolvida pelo autor do dano implicar, por sua natureza, risco para os direitos de outrem". (grifou-se)
820. DE CUPIS, Adriano. Op. cit., 1975, p. 249.

Fernando Noronha, excessivamente restritiva e excluiria uma série de antecedentes causais aos quais os danos deveriam ser imputados. Revela-se, de todo, de difícil aplicação, restando, na prática, ao arbítrio do julgador identificar o que é uma causa necessária.

Nesse ponto, acredita-se, e propõe-se, que a teoria NESS pode servir como um importante auxílio à teoria da causa necessária para identificar a causa jurídica. Como dito anteriormente, o teste NESS exige para identificação da causa que, dentro de um conjunto de condições suficientes à produção do dano, que a causa seja o elemento necessário desse conjunto. A grande vantagem da utilização do conceito é que (1) estabelece um critério de *necessariedade fraca*, diferentemente do que se busca impor atualmente, pois submetida (2) ao critério da *suficiência*, mas não nos moldes de Agostinho Alvim. Para este autor a suficiência decorre de uma causa exclusiva, o que, diante de tudo que se viu até agora, é absolutamente impossível de ocorrer. Como se sabe, o resultado danoso decorre mandatoriamente de um conjunto de condições, sendo de todo em todo impossível estabelecer a condição única. Nesse ponto, a teoria NESS tem a vantagem de reconhecer que o fato não precisa, por si só, produzir o resultado, desde que o conjunto de condições, do qual o fato necessariamente faz parte, seja suficiente para produzi-lo

A interpretação proposta por Gisela Sampaio, ao defender o trabalho de Agostinho Alvim também não parece o melhor caminho. Quando a autora o defende, afirma que este, ao tratar de causa necessária suficiente, na verdade, "quis dizer (...) que a causa necessária produz o dano, independentemente das condições que cercam o evento danoso, mas é evidente que duas causas necessárias podem concorrer para a produção do dano".[821] Concorda-se com Gisela Sampaio no sentido de que Agostinho Alvim nunca negou a possibilidade de concausalidade e, portanto, poderiam existir duas causas necessárias para a produção do dano. O equívoco, entretanto, está na argumentação de que a causa necessária pode produzir o dano independentemente das condições que cercam o evento danoso. É justamente o oposto. *A causa necessária só veio a produzir o dano em razão de todas as condições que cercam o evento danoso*, pois, em diversas oportunidades, embora a causa decorra do conjunto de condições, não necessariamente cada condição isoladamente teria o condão de produzir o dano. É nesse ponto que Richard Wright parece guardar razão: ele reconhece que o dano nunca é produto de um antecedente isolado, mas de um conjunto de antecedentes, suficientes à produção do dano, dentre os quais um, ou mais (no caso de concausalidade), são necessários à suficiência do dano.

---

821. CRUZ, Gisela Sampaio da. Op. cit., 2005, p. 109.

Em outras palavras, a *ratio* proposta por Agostinho Alvim, se complementada pelas ideias de Richard Wright, pode servir como um interessante instrumento na busca pela causalidade no plano da imputação da responsabilidade por ser uma proposta muito mais pragmática[822] e que apontará, muitas vezes, a melhor solução. Afinal, a causa será necessária (necessariedade fraca) desde que o fato seja um elemento individual que, no conjunto de condições antecedentes concretamente consideradas, seja suficiente para a produção do dano.

Evidentemente que esta solução não é perfeita e, ainda assim, existirão diversas situações em que ela não se encaixará e levará a resultados inapropriados. Nesses casos, acredita-se que um importante fator poderá ser aplicado, qual seja a análise do *escopo da norma jurídica violada*, sempre que esta for clara o suficiente a ponto de objetivamente permitir a identificação do bem efetivamente tutelado.

Em resumo, não há uma teoria específica adotada pelo ordenamento jurídico brasileiro para fins de imputação de responsabilidade civil, não sendo possível recorrer a uma só teoria ou modelo de causalidade para responder aos múltiplos e complicados desafios que se colocam no campo da causalidade.[823] Assim, cabe ao investigador adotar uma visão holística da causalidade, se socorrendo dos modelos estabelecidos na busca pela causa necessária, sendo certo que a teoria NESS e do escopo da norma jurídica violada servem como grandes auxílios à tarefa, mas mantendo um discurso metodológico coerente, que reconhece todos os juízos sobre a causalidade como juízos normativos.[824] Eis a orientação preferível no plano da causalidade enquanto pressuposto de imputação da responsabilidade.

III. E quanto ao plano da causalidade no *quantum debeatur*? Como vimos, o art. 403 expressamente adotou a teoria do dano direto e imediato, afastando, por conseguinte, os danos distantes e remotos. Obviamente que, seguindo a tradição

---

822. Para Rui Soares Pereira, "o contrastivismo causal pode ser visto como uma base teorética para as fórmulas e testes tradicionalmente utilizados pelos tribunais e também como uma ferramenta metodológica útil que assegura a necessidade de identificar e demonstrar uma conexão material entre a conduta ilícita ou desconforme com o direito e o resultado ilícito ou desconforme com o direito tendo em consideração os cenários hipotéticos exigidos ou prosseguidos pelo direito. Interessará em todo o caso saber se na base da sua admissão deverá estar a crença na utilidade do recurso a raciocínios hipotéticos ou contrafactuais ou antes a ideia de que, perante uma situação caracterizável como sendo de concurso de riscos, uma abordagem contrastiva poderá ajudar a determinar qual dos riscos se realizou no resultado lesivo e assim justificar a atribuição de responsabilidade ao agente que com a sua conduta tenha criado esse risco" (PEREIRA, Rui Soares. Op. cit., 2017, p. 1093). O alerta do autor, no entanto, é válido. Apesar de não se poder conferir um papel destacado na questão da identificação causal, os contrafactuais detêm um valor heurístico ou epistêmico para inúmeras situações de causação ou, ainda, como fundamento autônomo de responsabilidade. Ou seja, ainda que não tenha um papel determinante, parece que desempenha um importante papel e a fórmula NESS se apresenta como um importante critério complementar.
823. PEREIRA, Rui Soares. Op. cit., 2017, p. 1257.
824. Idem, p. 1257.

de diversos outros países, os tribunais Brasileiros não excluem a possibilidade de indenização pelos danos indiretos, incluindo-se o chamado dano por ricochete, desde que sejam o resultado necessário da conduta do ofensor, como ocorre no caso de homicídio, cuja indenização consistirá, dentre outras verbas, na prestação de alimentos às pessoas a quem o *de cujus* os devia.[825]

É de se notar, no entanto, que a regra do art. 403 é complementada pelo art. 944 do CBB.[826] Este dispositivo estabelece que a indenização é medida pela "*extensão do dano*". Até aí, nenhuma novidade. Estabelecido o nexo de causalidade e delimitada a reparação civil aos danos diretos e imediatos, isto é, às consequências necessárias do fato originador da responsabilidade civil, estará quantificado o dano pela sua exta extensão. No entanto, o parágrafo único do referido artigo estabeleceu uma mitigação ao princípio da *restitutio in integrum*. Nesse sentido, o legislador brasileiro estabeleceu que se houver excessiva desproporção entre o dano e a gravidade da culpa, o magistrado poderá reduzir equitativamente a indenização.[827]

Em outra oportunidade[828] teve-se a possibilidade de analisar a extensão desse dispositivo, que busca incluir o elemento culpa ao lado do nexo causal na análise da quantificação do dano. Afirmou-se, então, que a atuação dolosa ou meramente culposa do ofensor em nada influi na extensão do dano, o que veio a se refletir na escolha legislativa no art. 403 do CCB. Mas isso não implica em dizer que a culpa não pode vir a desempenhar um importante papel. Ao revés, em situações excepcionais, ela terá o condão de flexibilizar a regra geral da reparação integral sempre que houver uma excessiva desproporção entre a gravidade da culpa e o dano.

Indaga-se, nesse ponto, o significado de grau de culpabilidade e desproporção em relação ao dano. Diante do que se discutiu acerca da culpabilidade, a ideia de grau de culpa não se compatibilizaria, em geral, com a noção de culpa normativa, pautada no *standard* de conduta a ser adotado pelo agente, que, como se ressaltou, deve ser contextualizado às mais variadas situações concretas, criando-se "tantos modelos de diligência quantos forem os tipos de conduta (...), de modo que os parâmetros, entre os tipos, serão variáveis".[829] E, nesse sentido, se o conceito mais objetivo da

---

825. TEPEDINO, Gustavo. Op. cit., 2002, p. 10.
826. Art. 944. A indenização mede-se pela extensão do dano.
    Parágrafo único. Se houver excessiva desproporção entre a gravidade da culpa e o dano, poderá o juiz reduzir, equitativamente, a indenização.
827. V. Capítulo IV, Tópico 12.
828. VIOLA, Rafael. Op. cit., 2013, p. 217.
829. MORAES, Maria Celina Bodin de. Op. cit., p. 213. Sob esse aspecto, Anderson Schreiber lembra que: "Na construção de tais modelos, as cortes não se têm baseado tão somente na consciência judicial, mas se socorrido, saudavelmente, de parâmetros externos. Mesmo fora do âmbito daqueles casos que tradicionalmente exigem perícia (como os relacionados a erro médico), os magistrados têm buscado recursos na sociedade para a formação dos *standards* de conduta, valendo-se, por exemplo, de diretrizes emitidas por associações profissionais, de códigos de conduta especializados mesmo desprovidos de

culpa tem como "principal característica considerar a culpa como simples desvio de um padrão de conduta socialmente previsto e imputável ao agente",[830] basta que se configure o desvio para que surja o dever de indenizar, desprezando-se, por conseguinte, a maior ou menor reprovação do agir do lesante.[831] Nesse sentido, a melhor intepretação do dispositivo parece ser aquela em que o magistrado não verificará o grau de culpabilidade, mas analisará se a *conduta objetivamente* considerada do ofensor é proporcional ao dano. Consequentemente, o julgador fará uma verificação entre a conduta adotada pelo lesante e o padrão de conduta a ser seguido naquele caso concreto. Quanto mais afastada estiver, menor será a possibilidade de reduzir a indenização, entretanto, quanto mais próxima for do modelo preestabelecido, maior será a possibilidade de aplicar o dispositivo em comento.[832]

Mas o que significa essa excessiva desproporção entre o dano, cuja análise é objetiva e pautada pela causalidade, e a conduta culposa, elemento de cunho estritamente subjetivo? Parece que, nesse ponto, o magistrado deverá, a partir das regras de experiência e do curso normal das coisas, verificar se a conduta do ofensor, normalmente é apta a produzir o dano concretamente ocorrido. Dito diversamente, no plano da quantificação dos danos, o legislador fixou um elemento extra à teoria da causa necessária, impondo que o magistrado verifique se a conduta do ofensor é, também, causa adequada da magnitude do dano produzido. Trata-se da adoção, em complemento ao dano direto e imediato, da causa adequada. Uma vez identificadas as consequências necessárias da ação do ofensor, passar-se-á a outra análise: se dadas as condições existentes, era compaginável, para a pessoa de diligência normal, colocada na situação do agente, que a sua conduta teria como resultado razoável provável ou simplesmente possível a produção do dano de tal monta. Em caso negativo, o juiz, excepcionalmente, poderá reduzir equitativamente a indenização.

Em suma, o Direito Brasileiro, no plano da quantificação, adotou a teoria da causa necessária, submetida a um segundo juízo pautado pela causalidade adequada, de modo a quantificar o dano ressarcível de forma mais equânime.

Eis a orientação preferível no plano da causalidade enquanto critério de quantificação da responsabilidade.

---

valor normativo, da oitiva de assistentes judiciais especializados" SCHREIBER, Anderson. Op. cit., p. 40. Para um maior aprofundamento acerca da evolução da noção de culpa normativa vide, ainda, CALIXTO, Marcelo Junqueira. Op. cit., 2008.

830. CALIXTO, Marcelo Junqueira. Op. cit., p. 308.
831. "Nosso direito desprezou esta gradação da culpa, que não deve influir na determinação da responsabilidade civil, e que não encontra amparo no BGB ou apoio em boa parte da doutrina" PEREIRA, Caio Mário da Silva. Op. cit., 2012, p. 99.
832. VIOLA, Rafael. Op. cit., 2013, p. 237.

Capítulo V
INTERRUPÇÃO DO NEXO CAUSAL

13. EXCLUDENTES DO NEXO CAUSAL

Nos capítulos antecedentes, foi possível verificar o conteúdo da causalidade no campo da reparação civil, especialmente no que diz respeito às questões de fato e de direito, que nos auxilia na compreensão da complexidade da relação causal entre o resultado danoso e a conduta do ofensor.

O processo investigativo do nexo de causalidade se opera em três etapas,[834] muito embora, registre-se, novamente, que essas fases não têm o objetivo de estabelecer um procedimento formalista, apartado da realidade do investigador, mas permite esclarecer como o julgador alcançou o juízo de causalidade, identificando o liame naturalístico, a causa jurídica e eventuais excludentes de responsabilidade. Feito o registro, a primeira fase consiste na apreensão, pelo observador, do processo naturalístico, considerando todas as condições que concorreram para a produção do dano. Posteriormente, será realizado o juízo de valor em que será eleita, dentre todas as condições antecedentes, aquela tida como causadora do dano no plano jurídico. De fato, uma vez realizada a análise da cadeia causal, considerando a orientação adotada pelo ordenamento jurídico e as finalidades perseguidas, conforme exposto nos Capítulos III e IV, o observador encontrar-se-á numa posição de indagar se a responsabilidade efetivamente deve ser atribuída, limitada ou, mesmo, excluída.[835] Para tanto, procederá ao último exame: se estão presentes justificativas suficientes para a atribuição do dever de indenizar, ao mesmo tempo em que se verifica se há alguma situação que exclua tal dever. É preciso identificar se existe alguma *causa* interveniente entre o ato do ofensor e a consequência danosa. Em caso negativo, a responsabilidade será atribuída. Em caso positivo, é preciso avaliar qual o grau de relevância que essa outra causa produz no processo causal.[836]

---

834. GOLDENBERG, Isidoro. Op. cit., 2000, p. 8.
835. CARPENTER, Charles E. Workable rules for determining proximate cause (concluded). *California law review*, v. 20, n. 5, p. 471, jul. 1932.
836. Idem, p. 471.

Diante do juízo formulado, portanto, é necessário compreender se há alguma outra causa interveniente no processo causal que possa efetivamente vir a excluir a responsabilidade do ofensor: uma vez encerrada a segunda etapa, o julgador deverá analisar se está presente alguma excludente, também chamada eximente, de responsabilidade, caracterizadas por causas que exoneram da obrigação de indenizar o indivíduo a quem se apontava a responsabilidade.[837]

Importante notar que as denominadas excludentes de responsabilidade podem, a princípio, atuar no âmbito do nexo de imputação ou do nexo de causalidade.[838]. Nesse sentido, em se tratando de responsabilidade subjetiva, a comprovação da ausência de culpa implicará na exoneração da pessoa tida inicialmente como responsável pelo dano. Ao lado desta, outras excludentes operam no plano da causalidade rompendo a relação de causa e efeito entre a conduta do suposto ofensor e o resultado danoso. Entretanto, considerando que o escopo do presente trabalho reside na verificação da atribuição do risco e como o princípio da causalidade a afeta decisivamente, restringir-se-á à verificação das excludentes de responsabilidade civil que operam exclusivamente no nexo causal.

Antes de adentrar o tema propriamente, é importante consignar um alerta. A imputação do dever de indenizar depende de todo o processo cognitivo do observador supracitado, que, como visto, não pode prescindir das finalidades específicas da responsabilidade civil. Nesse ponto, como se teve a oportunidade de discutir no Capítulo IV, não há uma teoria adotada para investigação do nexo de causalidade no âmbito da imputação, muito embora a orientação preferível seja pela busca de uma causa *necessária*, ainda que pautada por uma necessariedade fraca. Essa compreensão será de suma importância, pois afetará diretamente a terminologia utilizada neste capítulo. O tema das causas intervenientes no processo causal é tema dos mais variados estudos, que se valem dos mais variados termos (*necessário, adequado, fator substancial, provável, direto etc.*). Na medida em que se adota a busca por uma causa necessária, ainda que não nos termos da teoria do dano direto e imediato, o presente trabalho utilizará o termo *necessário* para fins de discussão da causalidade interrompida ou antecipada. Isto não quer dizer que a discussão que será travada se restringe apenas aos ordenamentos que adotam esta teoria. Pelo contrário, a *ratio* permanecerá a mesma, adaptando-se o juízo da causa necessária aos critérios de eventual teoria adotada doutrinária ou jurisprudencialmente.

---

837. NORONHA, Fernando. Op. cit., 2007, p. 519.
838. Isso não impede, evidentemente, a alegação de outros fatos impeditivos, modificativos ou extintivos dos direitos do autor na ação indenizatória, como, por exemplo, a alegação de prescrição ou, ainda, a cláusula de não indenizar.

14. CAUSALIDADE INTERROMPIDA: NOÇÃO E CONTEÚDO

A regra nos ordenamentos reside na compreensão de que toda pessoa responde pelos seus atos. Há situações, entretanto, em que o indivíduo pratica uma conduta, aparentemente dirigida a um resultado, mas que, numa análise mais detida, não é a sua causa, em virtude de outra que o produziu.

Designa-se nesses casos uma hipótese de interrupção do nexo causal. A interrupção, que opera, necessariamente, a exclusão da responsabilidade civil gravita em torno do que se convencionou denominar *causalidade interrompida*. Pode-se dizer que há causalidade interrompida quando um determinado fato se dirige, ao longo do processo causal, para a produção de um efeito danoso específico, mas a sua verificação foi impedida por outro fato que, por sua parte, o produziu com anterioridade.[839] Em outras palavras, o primeiro fato viria a produzir o dano, mas, antes de sua verificação, um segundo fato veio a provocar o referido dano antecipadamente. No exemplo óbvio de A que ministra veneno fatal a B. Ora, o veneno é, por si só, apto a produzir o evento morte. E dada a continuidade dos fatos, se nenhuma outra condição intervier no processo causal, identificaremos a causa necessária do dano como o envenenamento. Todavia, se antes do veneno produzir o resultado morte, C efetuar um disparo de arma de fogo em B que imediatamente vem a morrer, não há dúvidas que o envenenamento não produziu o evento morte, mas o disparo de arma de fogo, pelo que esta será a causa necessária.

A terminologia *causalidade interrompida*, também, chamada *interrupção do nexo de causalidade*, não passa incólume pela crítica da doutrina. A expressão é profundamente combatida e, do ponto de vista lógico, a argumentação para tanto até pode ser considerada válida. Diz-se que não é possível uma teoria ou uma discussão que opere o conceito de interrupção da relação causal, pois, ou bem há uma relação causal ou ela simplesmente não existe[840] e, dessa forma, se há nexo causal, ele não pode ser interrompido.[841] Nada obstante, a terminologia será aqui utilizada, seja em razão da consagração doutrinária e jurisprudencial, seja porque ela se sustenta tecnicamente. Ora, ao se adotar a causalidade necessária

---

839. PEREIRA COELHO, Francisco Manuel. Op. cit., 1998, p. 28.
840. ENGISCH, Karl. Op. cit., 2008, p. 79.
841. Não é por outra razão que Adriano De Cupis lembra que o Código Civil Italiano não contém nenhuma disposição legal sobre interrupção do nexo causal: "El art. 1.223 del Código Civil no contiene ninguna disposición especial y explícita acerca de la interrupción de la relación de causalidad. Más, no necesita: Admitiendo que subsiste un nexo de causalidad cuando el daño realmente deriva de un hecho del hombre, es obvio que tal nexo no existe cuando el hecho del hombre, aun siendo eficaz para producir el daño, no desenvuelve su propia eficacia causal por habérsele añadido otro hecho, que, sin haberlo originado él, impide que desarrolle su eficacia causal, sustituyéndola por la suya propia; por lo que, se pone de relieve entonces, que el hecho preexistente no es el idóneo para originar el daño, que se ha obtenido a causa del hecho sobrevenido" (DE CUPIS, Adriano. Op. cit., 1975, p. 270).

enquanto elemento necessário de um *conjunto* de antecedentes, reconhece-se que é o conjunto que, na sua inteireza, produz o resultado.[842] Ao se distinguir a causa da condição é de todo coerente compreender que a ação do ofensor, que a princípio viria a produzir o dano, está inserido no processo causal, mas acaba por ter a sua qualidade de causa reduzida em virtude de outra causa que afeta esse mesmo processo causal, assumindo o papel substancial na produção do dano.

A interrupção do nexo de causalidade, portanto, indica a seguinte situação: um fato, denominado 1º fato, no conjunto de condições, é o elemento necessário à produção de um dano e que efetivamente viria a provocá-lo, mas a verificação da lesão ocorreu, em verdade, por causa de outro fato, denominado 2º fato, que o produz com anterioridade.[843] O 1º fato, portanto, não é nada mais do que uma causa *aparente* ou *virtual* do efeito, que não chegou a causar, posto que, em verdade, a causa decorre necessariamente do 2º fato, que realmente provocou o dano. Haverá, nas palavras de Coelho Pereira, uma "causalidade hipotética" em relação ao 1º fato.[844]

A grande questão que se coloca é identificar se o 2º fato sempre terá a capacidade de efetivamente interromper a 1ª série causal ou se ele apenas contribuiu para a ocorrência do resultado que veio a se operar em razão da 1ª série causal. No primeiro caso, trata-se de efetiva interrupção do nexo causal, que terá o condão de exonerar o ofensor aparente enquanto, no segundo, não haverá a liberação e a 1ª série causal é a causa necessária do dano, permanecendo a responsabilidade. Como vem se observando ao longo do presente trabalho, dificilmente, se não raro, se verificará uma situação em que haja uma única causa do dano. Ao revés, o dano é, sempre, fruto de um conjunto de condições que o produz. Dessa forma, outros fatos que possam vir a interferir na cadeia causal, não necessariamente terão a capacidade de romper a 1ª série causal, liberando o ofensor. Se é certo que um determinado resultado depende de um conjunto de fatores e que a reparação dos danos tem como pressuposto a existência de um fato jurídico consistente numa ação comissiva ou omissiva, é preciso entender se um fator superveniente à ação do ofensor aparente terá a capacidade de excluir sua responsabilidade ou

---

842. Não se deve, contudo, confundir causalidade interrompida com ausência de causalidade, como se demonstrará mais à frente, nesse mesmo tópico.
843. CRUZ, Gisela Sampaio da, Op. cit., 2005, p. 157. Atribui-se à causalidade interrompida não apenas quando o 2º fato produz o resultado, mas, também, nas hipóteses em que o 2º fato impediu que se verificasse a consequência danosa do 1º fato. Realmente, nessa hipótese também restaria clara a interrupção do nexo de causalidade e, dessa forma, o conceito de interrupção exige apenas que o fato interruptivo venha a travar o curso da série causal, mas não exige que o resultado danoso venha a se concretizar. Nesse caso – de impedimento do dano – nenhum problema se coloca, não havendo necessidade de se prolongar, pois, se o dano não chegou a se produzir, não há qualquer questão a se levantar.
844. PEREIRA COELHO, Francisco Manuel. Op. cit., 1998, p. 29.

se ela apenas contribui para a produção do dano, seja combinando forças,[845] seja num efeito dominó, em que o 1º fato funciona como o antecedente necessário a desencadear o 2º fato.[846] Nesse ponto, parece relevante relembrar que, em regra, a responsabilidade resta limitada aos resultados diretos da conduta do ofensor. O resultado direto, como se sabe, não guarda qualquer conexão com tempo e espaço, mas com a necessariedade do prejuízo. Daí que, ainda que haja um fato superveniente na cadeia causal, entre a ação do ofensor e o resultado danoso, não obrigatoriamente haverá a exclusão de responsabilidade.

No intuito de distinguir as situações em que o 2º fato tem o condão de romper o nexo causal daquelas em que não tem, costuma-se denominar o 2º fato de *causa nova*. Nesse sentido, pode-se falar em causa nova quando, iniciado o processo causal conducente ao dano, este se liga a uma causa nova, que é a que realmente o produz e não à preexistente, que poderia tê-lo produzido.[847] Para Caitlin Mulholland a causa nova é aquela que, "unindo-se à cadeia de causalidade original, rompe o nexo causal estabelecido com anterioridade, fazendo surgir uma nova cadeia de causa e efeito e formando assim um novo nexo de causalidade".[848] Na medida em que a causa nova não guarda qualquer ligação com a causa hipotética já existente, somente na presença dela é que se poderá falar em efetiva interrupção do nexo causal, porquanto, do contrário, em verdade, os fatores causais se inseririam em uma única séria causal.[849]-[850]

Mas como diferenciar uma causa nova de uma concausa que contribui para o resultado? Esse tema também vem sendo discutido na doutrina anglo-saxã. Há vasto material jurisprudencial e doutrinário sobre as chamadas *intervening* e

---

845. BEALE Jr. Joseph H. Op. cit., 1920, p. 641.
846. PROSSER, William L. Proximate cause in California. *California law review*, v. 38, n. 3, p. 399. Aug. 1950.
847. DE CUPIS, Adriano. Op. cit., 1975, p. 270.
848. MULHOLLAND, Caitlin Sampaio. Op. cit., 2010, p. 181. No mesmo sentido, GOLDENBERG, Isidoro H. Op. cit., 2000. p. 146.
849. DE CUPIS, Adriano. Op. cit., 1975, p. 271.
850. Interessante notar que Caitlin Mulholland, ao diferenciar causa nova e causa estranha, propugna pela adoção da teoria da causalidade adequada, apesar de admitir uma convergência desta com a teoria do dano direto e imediato para, ao final, sugerir uma modificação de seus fundamentos originários. Para a autora, causa estranha é aquela que "se unindo à já formada cadeia de causalidade, agrava o resultado danoso que se esperaria da causa originária" (MULHOLLAND, Caitlin Sampaio. Op. cit., 2010. p. 181). Permite-se discordar da posição adotada pelas razões expostas no Capítulo IV no sentido de que a orientação preferível é aquela que busca a causa necessária, mas, ainda, pelo fato de que a adoção da distinção entre causa nova e causa estranha não pressupõe, obrigatoriamente, um exame da causalidade abstratamente considerada. Em verdade, acredita-se que a conclusão vá no sentido exatamente oposto. Na análise de causa nova e causa estranha está-se diante de uma aparência inicial de causa, mas, quando da investigação *in concreto*, à luz das condições anteriores que necessariamente produziram o resultado, identifica-se que a causa hipotética, em verdade, não foi um elemento necessário do conjunto de condições. Repare-se que a análise é feita de acordo com as singularidades do caso concreto e não a partir de um juízo abstrato de normalidade.

superseding causes.[851] Trata-se, justamente, desse 2º fato que opera entre o evento inicial e o resultado final, alterando o curso natural dos eventos que conectaria o 1º fato ao prejuízo.[852] Para Beale, ainda que haja algum outro fator ativo (2º fato) que intervenha no processo causal, o 1º fato permanece sendo a causa do prejuízo se este causou ativamente o 2º fato.[853] Nesse ponto, é preciso ter em mente o tipo de consequência que a conduta do ofensor produz dentro das circunstâncias existentes, conhecidas ou desconhecidas, sem a intervenção de qualquer fator externo.[854]

Um critério muito utilizado no Direito anglo-saxão é a previsibilidade (*forseeability*). Costuma-se identificar na jurisprudência americana que o réu é responsável por um prejuízo se este for decorrente de uma ação culposa em que a *intervening cause* é previsível no momento em que o ofensor faltou ao dever de diligência ou se a *intervening cause* é um resultado normal de sua culpa.[855]

Em *Robinson v. Butler*,[856] o autor alegava que, enquanto dirigia em uma autoestrada de mão dupla, ele foi ultrapassado pelo réu, que tentou passar contra o tráfego que vinha no sentido contrário, o que forçou o autor a virar à direita em um esforço para sair da autoestrada. A essa altura, um passageiro no carro do autor da demanda agarrou o volante, fazendo com que o veículo trafegasse à esquerda, cruzando a autoestrada, sem colidir com outros veículos, rodando e causando danos ao autor. De modo a verificar a responsabilidade do réu (1º fato), em cotejo com a ação do passageiro (causa interveniente – 2º fato), os tribunais teriam que ter em conta se a ação deste era (i) imprevisível, uma causa independente e totalmente sem relação com a situação causada pela culpa do réu, ou (ii) imprevisível, anormal ou extraordinário resultado da situação. No caso, o tribunal, afastando a responsabilidade, entendeu que a ação do passageiro de agarrar o volante não era uma reação normal à situação causada pelo réu, pois o automóvel se encontrava sob total controle do autor e que nenhum prejuízo teria ocorrido se não houvesse a interferência do passageiro. Dito diversamente, o 2º fato romperá o nexo de causalidade da 1ª série se ele foi tão extraordinário que não poderia ter sido previsto pelo ofensor.[857] A questão é polêmica[858] e esse caso ilustra as dificuldades que o critério de previsibilidade levanta.

---

851. GREEN, Leon. Op. cit., 1962, p. 572.
852. GARNER, Bryan. *Black's law dictionary*. 9. ed. Thomson Reuters, St. Paul: 2009, p. 250.
853. BEALE Jr. Joseph H. Op. cit., 1920, p. 646.
854. PROSSER, William L. Proximate cause in California. *California law review*, v. 38, n. 3, p. 399. Aug., 1950.
855. PHILLIPSON Jr., Herbert E. Negligence: causation: intervening cause. *Michigan law review*, v. 47, n. 7, p. 1.027. May, 1949.
856. Robinson v. Butler, (Minn. 1948)33N.W.(2d) 821.
857. GREEN, Leon. Op. cit., 1962, p. 572.
858. Herbert Phillipson alega que o grau de controle do veículo não deveria guardar qualquer relação com a discussão sobre a normalidade da reação do passageiro no veículo (PHILLIPSON Jr., Herbert E. Op. cit., 1949, p. 1.027).

Ao se falar de previsibilidade, faz-se fundamental repisar as críticas anteriormente colocadas, segundo as quais insere-se um elemento subjetivo conectado à culpabilidade do agente. A previsibilidade consiste em identificar o que o réu poderia, razoavelmente, ter antecipado a partir da sua conduta no momento em que a praticou. O problema é que a discussão sobre causa não é uma discussão que envolve o grau de diligência maior ou menor do ofensor, mas uma análise do processo causal[859] em sua inteireza, de forma a avaliar qual foi a condição necessária à produção do evento. Isso, por si só, demonstra fragilidade da tese da previsibilidade[860] no plano da causalidade fundamentadora de responsabilidade.[861] Ademais, a responsabilidade pode ser independentemente de culpa e, nesses casos, quer o agente tenha agido culposamente ou não é indiferente para atribuição da responsabilidade. Para Prosser, a questão se resume a definir se a "causa interveniente é, em retrospecto, tão anormal e irregular, tão externa,

---

859. O caso Palsgraf v. Long Island Railroad Company é talvez o mais emblemático sobre causalidade e que gera controvérsias até hoje. Em 1924, Helen Palsgraf estava em pé na plataforma da companhia de trilhos, após comprar a passagem para ir à praia de Roackaway. Quando um trem parou na estação, com destino a outro local, dois homens correram para pegá-lo. Um deles conseguiu pegar o trem sem maiores problemas, apesar de que o trem já se encontrava em movimento. O outro, carregando um pacote, pulou no vagão, mas não estava equilibrado, como se pudesse cair. Um funcionário da companhia no interior do trem, que manteve a porta aberta, tentou ajudá-lo e outro funcionário na plataforma empurrou o passageiro por trás para que conseguisse subir no vagão. Ocorre que com essa ação de empurrar o passageiro, o pacote foi derrubado e caiu nos trilhos. O pacote era pequeno, de aproximadamente 40 cm e estava coberto por jornal. O referido pacote continha fogos de artifício, muito embora não fosse possível identificar o conteúdo por fora. Os fogos de artifício explodiram ao cair e o choque da explosão arremessou pedaços de metal do outro lado da plataforma, muitos metros de distância, atingindo Helen e causando lesões. O júri entendeu que os funcionários da companhia de trilhos agiram culposamente e poderiam ter previsto a queda do pacote ou, ao menos, o passageiro embarcando no trem, mas não poderiam ter antecipado as lesões causadas à Helen. A Suprema Corte de Nova York, por maioria, acompanhou o voto do juiz Cardozo determinando que não havia responsabilidade da companhia de trilhos, pois a ação dos funcionários, se culposa em relação ao dono do pacote, não era em relação à autora da ação, que estava longe. Afirmou o juiz que "[n]othing in the situation gave notice that the falling package had in it the potency of peril to persons thus removed". E concluiu que a relação causal entre a culpa e o prejuízo deve ser investigada a partir da previsibilidade do dano à pessoa que efetivamente o sofreu. Três juízes dissentiram da decisão, alegando que a ação culposa dos funcionários, mesmo que dirigida ao passageiro com o pacote, era *proximate cause* do dano de Helen, pois "[e]very one owes to the world at large the duty of refraining from those acts that may unreasonably threaten the safety of others".
O caso gera polêmica e, a depender da teoria a ser adotada, certamente produzirá resultados distintos na busca pelo nexo de causalidade. Abstendo-se de indagar acerca da previsibilidade do prejuízo, não parece ser difícil chegar à conclusão de que a conduta dos funcionários está no processo causal conducente ao dano. A pergunta que se coloca é se ela é o elemento necessário do conjunto de condições suficiente à produção do dano, isto é, se é a causa jurídica. Para uma análise detida sobre o tema, cf. ZIPURSKY, Benjamin C. Palsgraf, punitive damages and preemption. *Harvard law review*. v. 125, 2012. O caso está disponível em: http://www.courts.state.ny.us/reporter/archives/palsgraf_lirr.htm.
860. PROSSER, William L. Op. cit., 1950, p. 399.
861. Como se teve a oportunidade de ver no Capítulo IV, o juízo abstrato de probabilidade tem uma especial importância no plano da causalidade preenchedora da responsabilidade civil.

estrangeira e não relacionado com a conduta original do réu, que ela deveria liberá-lo da responsabilidade".[862] A questão é extremamente controversa na doutrina e na jurisprudência, se colocando de diversas formas. Optou-se por deixar o estudo aprofundado da questão da (im)previsibilidade do 2º fato para os próximos tópicos quando, então, haverá a oportunidade de tratar dos requisitos das eximentes de responsabilidade civil.

Parece que tem razão Pereira Coelho quando afirma que se deve ter em conta que a interrupção do nexo causal se dá quando o 2º fato é *independente* do primeiro.[863] No mesmo sentido, Charles Carpenter afirma que se uma causa intervém entre a ação do réu e a consequência pela qual se pretende responsabilizá-lo, ele não deve ser responsabilizado pelas consequências desta causa interveniente que não teria ocorrido sem a sua intervenção se, de forma alguma, a ação do réu causou ou aumentou as chances de sua intervenção,[864] pois, apesar de presente na cadeia naturalística do dano, não foi a causa necessária.

Essa relação de independência é fundamental, pois, do contrário, o 1º fato será, em verdade uma causa necessária para a ocorrência do segundo. Para Pereira Coelho, diante de uma causa interveniente, para identificar se é ou não uma causa nova, há de se distinguir três distintas hipóteses:[865] (i) se entre o 1º fato e o 2º fato não há sequer uma relação de condicionalidade, no plano da *conditio sine qua non*; (ii) se entre os dois fatos existe uma relação de condicionalidade, mas não de necessariedade;[866] e, por fim, (iii) se entre os fatos há tanto uma relação de condicionalidade como, também de necessariedade. Das três hipóteses, só se pode falar em efetiva interrupção do nexo de causalidade nas duas primeiras na medida

---

862. PROSSER, William L. Op. cit., 1950, p. 406. Prosser afirmava que a previsibilidade da causa interveniente estava diretamente ligada à questão do risco. Assim, afirmava que "[f]oreseeable intervening forces are within the scope of the original risk, and hence of the defendant's negligence" (PROSSER, William. Op. cit., 1984, p. 303).
863. PEREIRA COELHO, Francisco Manuel. Op. cit., 1998, p. 29.
864. CARPENTER, Charles E. Op. cit., 1932, p. 471. Nada obstante, o autor, na mesma passagem admite que se o réu previsivelmente causou o 2º fato ou previsivelmente aumentou as chances do 2º fato intervir, então ele deve ser responsabilizado. Assim prossegue o autor: "If the new force or cause is one which operates independently of defendant's cause, then defendant is not a proximate cause of the consequences which resulted from the intervening cause unless he could have foreseen its intervention at a time when he had such control of his own action as to have prevented the intervention of the new force (...). If the new cause is not independent of defendant's cause but dependent, i.e. was caused by it, then proximate cause will not exist if it was not foreseeable, except in particular situations where the operative effect of defendant's act in producing the intervening cause is still dominant as compared with that of the intervening cause. If there is no spontaneity or originality in the intervening cause it is much like the case of no intervening cause at all" (CARPENTER, Charles E. Op. cit., 1932, p. 472).
865. PEREIRA COELHO, Francisco Manuel. Op. cit., 1998, p. 29.
866. Note-se que como o autor português adota a teoria da causalidade adequada, ele afirma que é preciso avaliar se há uma relação de condicionalidade, "mas não de causalidade adequada" (PEREIRA COELHO, Francisco Manuel. Op. cit., 1998, p. 29).

em que o dano é uma consequência apenas do 2º fato. É dizer que se o segundo fato foi dependente do primeiro, ou seja, foi uma consequência necessária, não há que se falar em interrupção, mas, antes, apenas de uma fase ou antecedente do conjunto de condições suficientes à produção do dano no processo causal.[867]

A partir dos estudos de Pereira Coelho, Gisela Sampaio sugere que a interrupção do nexo de causalidade, enquanto exceção, pressupõe (1) a existência de um nexo de causalidade a ser interrompido entre o 1º fato e o dano; (2) a absoluta independência entre o 2º fato e o 1º fato; e (3) que o 2º fato tenha provocado o efeito independentemente do 1º fato, no sentido de que a eficácia causal do 2º fato, por si só, tenha operado o dano.[868] Realmente, a interrupção depende desses pressupostos, sem os quais, não estará presente uma causa nova já que o princípio da responsabilidade por todas as consequências necessárias do fato exige que o autor do fato seja responsável sempre que o 2º fato, que produziu o dano, seja uma consequência necessária do primeiro.[869]

Em relação ao primeiro pressuposto, parece de fácil compreensão. Para que se possa falar em interrupção, é necessário que haja alguma relação de causalidade no plano material, isto é, no âmbito de uma análise *sine qua non*. Do contrário, em verdade, não haverá sequer causalidade. A falta de causalidade não deve ser confundida com interrupção da causalidade, embora sejam noções que, em diversas situações, se tornam difíceis de diferenciar. Se A faz um pequeno corte na mão de B, sem qualquer risco à sua vida e este, ao chegar ao hospital para fazer um curativo, é atropelado por uma ambulância e vem a morrer, não se pode sequer falar em causalidade interrompida. A hipótese é de clara ausência de causalidade, posto que é manifesto que a morte não decorre necessariamente do corte em sua mão. O 1º fato, nesse caso, não é nem causa hipotética, muito menos real do dano morte.

O segundo pressuposto pode ser exteriorizado da seguinte forma: o nexo de causalidade é interrompido entre o 1º fato e o dano por todo fato que não seja uma causa necessária do 1º.[870] O nexo, portanto, restará rompido se (i) não houver qualquer relação de condicionalidade entre um e outro ou (ii), em havendo uma relação de condicionalidade, o 2º fato não decorre necessariamente do primeiro. Se, contudo, existir essa relação de necessariedade entre o 1º fato e o segundo, então o 1º fato permanece na relação causal e poder-se-á falar de concausas. É preciso ter um cuidado especial com esse pressuposto. Isto porque, às vezes, mesmo que o 2º fato seja totalmente independente, pode ocorrer do 1º fato permanecer na série

---
867. PEREIRA COELHO, Francisco Manuel. Op. cit., 1998, p. 31.
868. CRUZ, Gisela Sampaio da, Op. cit., 2005, p. 159.
869. PEREIRA COELHO, Francisco Manuel. Op. cit., 1998, p. 31.
870. PEREIRA COELHO, Francisco Manuel. Op. cit., 1998, p. 32.

causal. Pereira Coelho traz um exemplo que ajuda a compreensão: suponha que o motorista de um veículo muito pesado, culposamente, vem a colidir com uma casa que ficou gravemente danificada, apresentando ameaça de ruína. Poucos dias depois, outro veículo pesado vem, culposamente, a colidir com a casa, que vem abaixo. Os fatos – primeira e segunda batidas – são claramente independentes. O primeiro fato sequer condicionou o segundo. Mesmo assim, foi o 1º fato que produziu a ruína da casa e, portanto, favoreceu a efetividade causal do 2º fato para o dano. Ou seja, o 1º fato cooperou decisivamente com o 2º fato para a produção do dano que, por si só, não seria capaz de derrubar a casa. Logo, a eficácia causal do 1º fato não é meramente hipotética, mas *real*. Opera-se, então, o fenômeno da multiplicidade de causas.

A noção de independência do 2º fato em relação ao 1º, então, deve ser compreendido no sentido de que a conexão – essa relação de necessariedade – não é entre o "1º facto e o 2º facto em si mesmo, mas entre o 1º facto e o 2º facto, encarado este na sua direcção concreta em relação ao efeito que provocou".[871] Há que se indagar se o primeiro fato torna necessária a queda da casa ou a favorece objetivamente em consequência do choque do outro veículo. Eis o terceiro pressuposto: a obrigatoriedade que o 2º fato seja independente significa dizer que a 1ª série causal não pode ter cooperado efetivamente para a produção do dano e que este é decorrência da eficácia causal do 2º fato. Dito diversamente, identificar que o 2º fato não decorre necessariamente do primeiro, não terá o condão de exonerar da responsabilidade o autor do 1º fato. Será preciso demonstrar que o 2º fato tenha provocado o efeito (resultado danoso) independentemente do 1º, "de tal maneira que só a eficácia causal do 2º facto tenha operado o dano concretamente verificado".[872] Uma vez presentes os três pressupostos, pode-se afirmar pela interrupção do nexo de causalidade.

Antes de encerrar esse tópico, cumpre esclarecer o fenômeno da causalidade antecipada, que guarda proximidade com a causalidade interrompida. Fala-se em causalidade antecipada ou prematura quando uma ação provocou um efeito danoso, mas este efeito se verificaria mais tarde em consequência de outra circunstância.[873] Os casos de causalidade antecipada se circunscrevem a situações em que (i) a causa hipotética só teve mesmo o seu início depois de o dano ter se verificado ou (ii) a causa hipotética viria a produzir o dano em momento posterior àquele em que a causa operante o provocou, mas neste momento a série causal hipotética já estava em curso na direção do dano.

---

871. Idem, p. 32.
872. Idem, p. 34.
873. Idem, p. 35

No primeiro caso, não há qualquer dúvida que a causa hipotética não é causa necessária do dano e, portanto, sua qualificação como causa virtual é inconteste. Se o dano já foi produzido antes mesmo da causa hipotética se apresentar no mundo dos fatos, não há que se cogitar de qualquer contribuição para o efeito danoso. A segunda hipótese já suscita um pequeno comentário. É que é possível que a causa hipotética, no decorrer do processo causal, tenha cooperado efetivamente na produção do dano e, nesse caso, ela terá relevância causal. Mas, nesse caso, a questão é a mesma daquela que se travou sobre a causalidade interrompida, ao que se aplicam os mesmos critérios para verificar se ela faz ou não parte da relação causal. De fato, na segunda hipótese, a sucessão de fatos ocorre na mesma forma daquela da causalidade interrompida, tratando-se de *duas perspectivas diferentes sobre a mesma situação*.[874] Nesse ponto, pode-se concluir que sempre que há antecipação da causalidade, opera-se a sua interrupção. Nas palavras de Pereira Coelho, se "o curso de um processo causal em movimento na direção de determinado efeito foi interrompido por outro facto que produziu o efeito com anterioridade, este facto antecipou-se ao primeiro na produção do efeito".[875]

Enfrentado o tema da interrupção do nexo de causalidade, passa-se ao exame das excludentes que podem interferir na relação causal entre o fato do ofensor e o dano, exonerando-o da obrigação de indenizar, quais sejam, o fato da vítima, fato de terceiro e o caso fortuito e a força maior.

15. FATO DA VÍTIMA

A responsabilidade surge, como se viu, a partir do liame causal entre a conduta do agente e o dano. Todavia, não é incomum que concorram concausas, dos mais variados gêneros, à produção do dano. Elas podem decorrer de caráter puramente natural ou podem estar diretamente ligadas às ações humanas. Podem decorrer de inúmeras concausas, como diversas pessoas estranhas, ou, ainda, pode ser que o próprio prejudicado concorra para a produção do dano que recai sobre sua esfera jurídica.[876] Nesse sentido, a conduta da vítima no curso do processo causal também tem fundamental importância frente à responsabilidade civil, qualquer que seja o sistema a que se submete (aquiliana ou independente de culpa).[877]

---

874. Idem, p. 41.
875. Idem, p. 41. Registre-se que nem sempre a causalidade antecipada será sinônimo de causalidade interrompida, mas sob outra perspectiva. Só haverá essa coincidência nos casos em que os primeiros termos da série causal hipotética já tinham sido postos antes do momento em que a causa operante provocou o dano.
876. DE CUPIS, Adriano. Op. cit., 1975, p. 258.
877. ENNECCERUS, Ludwig, et KIPP, Theodor. Op. cit., 1933, p. 83.

Antes de adentrar o tema, contudo, é preciso esclarecer alguns aspectos quanto à terminologia empregada neste tópico. Optou-se por utilizar o termo "fato da vítima", apesar de tradicionalmente a doutrina se valer da expressão "culpa exclusiva da vítima". Dois pontos foram levados em conta. O primeiro, mais simples, é a ausência da palavra *exclusiva*. Isto se dá pelo fato de que neste tópico será tratado, não apenas a situação em que o comportamento da vítima é a causa exclusiva do dano, mas, também, as soluções propostas pelo ordenamento jurídico quando se estiver diante de uma concausa em que concorrem o fato do ofensor e o fato da vítima para a realização do evento danoso.

O segundo ponto está ligado ao abandono do uso da palavra "culpa", substituída por "fato". Apesar da doutrina empregar a expressão "culpa da vítima", em verdade não se está a tratar de culpa. O que se busca investigar é a incidência causal relacionada à conduta da vítima. Ou seja, analisa-se, no processo causal conducente ao dano, se ação, omissiva ou comissiva, da vítima tem alguma relevância causal na produção do dano. Repare-se que, nesse ponto, a culpa da vítima é irrelevante, pois o que se identifica é se o verdadeiro causador do dano é a própria vítima e já não o suposto ofensor.[878] Manter a discussão do fato da vítima gravitando em torno da culpa pode produzir distorções significativas. Considere-se, por exemplo, as hipóteses de responsabilidade objetiva, em que a culpa do ofensor é irrelevante para a atribuição do dever de indenizar. Nesse caso, na hipótese do suposto ofensor não agir culposamente, mas ter contribuído para o dano, a investigação acerca da culpa da vítima, teria como consequência a ausência, por completo, da responsabilidade. Explica-se: se o réu, cuja responsabilidade é objetiva, não agiu culposamente, não há nenhum padrão que permita comparar sua culpabilidade com aquela da vítima e, portanto, a solução caminharia para a negação de sua responsabilidade ou a total irrelevância da culpa[879] e, nesse segundo caso, avaliar-se-ia a contribuição causal, em verdade. Como lembra Douglas Payne, nas hipóteses de responsabilidade objetiva, a culpa é irrelevante e, assim deve permanecer.[880] Consequentemente, a avaliação do fato da vítima não pode residir na comparação de culpas entre ofensor e vítima, mas, na própria causalidade.

Repise-se, então, que a análise residirá no liame de causa e efeito: se o resultado danoso advém ou da ação do suposto ofensor ou da própria vítima e,

---

878. DIAS, José de Aguiar. Op. cit., 2006, p. 944. No mesmo sentido, cf. CRUZ, Gisela Sampaio da, Op. cit., 2005, MULHOLLAND, Caitlin Sampaio. Op. cit., 2010 e PEREIRA, Caio Mário da Silva. Op. cit., 2012, dentre outros.
879. PAYNE, Douglas. Reduction of damages for contributory negligence. *The modern law review*, v. 18, p. 347. Jul. 1955.
880. Idem, p. 348.

nesse último caso, como se verá, operará, necessariamente, o rompimento da causalidade.[881] Assim, daqui em diante, será utilizada a designação "fato exclusivo da vítima" e "fato concorrente da vítima", quer o resultado danoso decorra necessariamente do comportamento da vítima, quer decorra necessariamente do comportamento do ofensor e da vítima. Utilizar-se-á, ainda, a expressão "fato da vítima" num sentido *lato*, que englobará os dois anteriores.

Feito o esclarecimento, há de se alertar para um aspecto importante. Muito embora o tema em análise às vezes seja visto como de simples tratamento, é forçoso reconhecer que ele apresenta inúmeras dificuldades,[882] pois, como é sabido, na imensa maioria dos casos, a vítima participa na realização do dano que sofre, seja seu ato culposo ou não, uma ação ou omissão; ou seja, em regra, ela figura na cadeia causal.[883] Ademais, apesar de grandes esforços doutrinários acerca das figuras do fato de terceiro e caso fortuito ou força maior, estas causas excludentes de responsabilidade civil são muito mais raras de se apresentarem no âmbito das discussões judiciais, residindo as alegações de defesa do suposto ofensor, na maioria dos casos, no debate acerca do fato da vítima, quer para diminuir a indenização, quer para excluir a própria obrigação de indenizar.[884]

O fato da vítima sempre desempenhou um papel importante no âmbito da responsabilidade civil, mesmo nos períodos mais antigos. Com efeito, se o princípio da causalidade é um imperativo da reparação dos danos, necessário para que esta possa efetivamente alcançar suas finalidades, não podia ser de outro modo: os indivíduos só podem ser responsabilizados pela sua conduta. Se a própria vítima é quem deu causa ao seu prejuízo, ela que deve sofrer as respectivas consequências.[885] Nesse particular, atribui-se ao Direito Romano um tratamento relativamente radical.[886] O Digesto[887] estabelecera que a vítima que contribui na produção do dano, nada poderia reclamar, ainda que seu comportamento fosse a única causa do acidente ou não, isto é, a vítima não seria indenizada, mesmo que a ação do ofensor tivesse concorrido para a produção do dano. É o que se extrai da leitura do brocardo latino "quod si quis ex culpa sua damnum sentit, non intellegitur damnum sentire" (se uma pessoa sofre um dano por sua própria culpa, então não sente dano nenhum).[888] A regra, excessivamente dura, descuidava por

---

881. PEREIRA, Caio Mário da Silva. Op. cit., 2012, p. 391.
882. FACIO, Jorge Peirano. Op. cit., 1981, p. 429.
883. MAZEAUD, Henry, MAZEAUD, Léon, e TUNC, André. Op. cit., 1963, p. 30.
884. MAZEAUD, Henry, MAZEAUD, Léon, e TUNC, André. Op. cit., 1963, p. 31, cf., também, MULHOLLAND, Caitlin Sampaio. Op. cit., 2010, p. 121.
885. CARBONNIER, Jean. *Droit civil*. Paris: Presses Universitaires de France, 2004, v. II, p. 2.202.
886. MAZEAUD, Henry, MAZEAUD, Léon, e TUNC, André. Op. cit., 1963, p. 32.
887. Digesto, De regula juris, 50, 17.
888. Digesto, Livro L, título XVII, lei 203.

completo da vítima, que permaneceria sem qualquer tipo de reparação, ainda que sua conduta não fosse a única causa necessária do evento danoso. Apesar de que, aparentemente, o antigo Direito Civil Francês teria adotado a referida regra,[889] notadamente quando nega reparação à pessoa que provoca animal e vem a ser mordido ou injuriado por este, o Direito continental acabou se afastando dessa dura regra justiniana.

O panorama do fato da vítima, hodiernamente, se coloca na seguinte proposição: quando o evento danoso é resultado necessário da atuação da vítima, haverá a exclusão da obrigação de indenizar ou sua delimitação[890] sempre que aquele decorrer exclusivamente da atuação da vítima ou conjuntamente com a ação do ofensor, respectivamente. No primeiro caso, o prejudicado absorverá, por completo, a ação do suposto ofensor, ao passo que, no segundo, ele apenas agrava os resultados daquela.[891] O que está em jogo é reconhecer que cada um deve ter em conta as consequências de suas próprias ações, suportando os danos que resultem quando não atua dentro dos limites aconselhados pela prudência.[892]

As codificações do século XIX, em geral, não apresentaram qualquer regra expressa sobre o fato da vítima.[893] Posteriormente, tanto o BGB, em seu § 254,[894] como o Código das Obrigações Suíço, no art. 44,[895] viriam a tratar do tema, adotando a orientação de que o fato da vítima tanto pode excluir como simplesmente diminuir a indenização por parte do ofensor.[896] Tanto o Código Civil Português de

---

889. MAZEAUD, Henry, MAZEAUD, Léon, e TUNC, André. Op. cit., 1963, p. 32.
890. LARENZ, Karl. Op. cit., 1958, p. 219.
891. FACIO, Jorge Peirano. Op. cit., 1981, p. 429.
892. COLOMBO, Leonardo A. Op. cit., 1947, p. 198.
893. Excepciona-se, neste ponto, o Código Civil Chileno de 1856, cujo art. 2.330 estabelecia o seguinte: "La apreciacion del daño está sujeta a reduccion, si el que lo há sufrido se espuso a él imprudentemente".
894. Section 254, BGB – Contributory negligence – "(1) Where fault on the part of the injured person contributes to the occurrence of the damage, liability in damages as well as the extent of compensation to be paid depend on the circumstances, in particular to what extent the damage is caused mainly by one or the other party.
(2) This also applies if the fault of the injured person is limited to failing to draw the attention of the obligor to the danger of unusually extensive damage, where the obligor neither was nor ought to have been aware of the danger, or to failing to avert or reduce the damage. The provision of section 278 applies with the necessary modifications".
895. Art. 44 du Code des Obligations Suisse – A. Principes généraux / IV. Réduction de l'indemnité – "IV. Réduction de l'indemnité – 1. Le juge peut réduire les dommages-intérêts, ou même n'en point allouer, lorsque la partie lésée a consenti à la lésion ou lorsque des faits dont elle est responsable ont contribué à créer le dommage, à l'augmenter, ou qu'ils ont aggravé la situation du débiteur.
2. Lorsque le préjudice n'a été causé ni intentionnellement ni par l'effet d'une grave négligence ou imprudence, et que sa réparation exposerait le débiteur à la gêne, le juge peut équitablement réduire les dommages-intérêts".
896. O código Civil Italiano veio a tratar o tema no art, 1.227, estabelecendo a concorrência do fato da vítima com o fato do ofensor: "Se il fatto colposo del creditore ha concorso a cagionare il danno, il risarcimento è diminuito secondo la gravità della colpa e l'entità delle conseguenze che ne sono derivate".

1865 como o Código Civil Brasileiro de 1916 deixaram de tratar expressamente do fato da vítima, não obstante a jurisprudência e doutrina de ambos os países tenham enfrentado o tema que viria a ser regulado no art. 570,[897] do Código Civil Português vigente e no art. 945,[898] do atual Código Civil Brasileiro.

O Direito anglo-saxão também enfrentou o tema do fato exclusivo da vítima, sob a denominação "contributory negligence", que seria algo semelhante ou aproximado à "culpa da vítima".[899] Apesar da semelhança entre os termos e as teorias, ambos não podem ser considerados sinônimos na medida em que há claras distinções no tratamento conferido pelo direito continental e aquele dos países anglo-saxões, notadamente o Reino Unido e a Inglaterra.[900]

Assim como no Direito continental, a *contributory negligence* também funciona como uma verdadeira defesa do réu numa ação indenizatória, segunda a qual obstaria qualquer indenização à vítima, desde que esta tenha contribuído culposamente para a ocorrência do dano. Registre-se que a teoria da *contributory negligence,* extremamente dura, se aproxima consideravelmente, da regra do Digesto Justiniano, pela qual nenhuma reparação é devida à vítima, ainda que tenha contribuído culposamente apenas em parte para a produção do dano.[901] Uma defesa "ou tudo ou nada": se demonstrada a *contributory negligence,* nenhuma indenização é devida.[902]

Afirma-se que o princípio geral da *contributory negligence rule* da *common law* foi estabelecido em *Butterfield v. Forrester*[903]-[904] em 1809, julgado pelo *Kings*

---

897. Artigo 570.º do CCP – (Culpa do lesado) – "1. Quando um facto culposo do lesado tiver concorrido para a produção ou agravamento dos danos, cabe ao tribunal determinar, com base na gravidade das culpas de ambas as partes e nas consequências que delas resultaram, se a indemnização deve ser totalmente concedida, reduzida ou mesmo excluída".

    2. Se a responsabilidade se basear numa simples presunção de culpa, a culpa do lesado, na falta de disposição em contrário, exclui o dever de indemnizar".

898. Art. 945 do CCB – "Se a vítima tiver concorrido culposamente para o evento danoso, a sua indenização será fixada tendo-se em conta a gravidade de sua culpa em confronto com a do autor do dano".

899. MARKESINIS, Basil S., UNBERATH, Hannes. Op. cit., 2002, p. 110.

900. MAZEAUD, Henry, MAZEAUD, Léon, e TUNC, André. Op. cit., 1963, p. 32-33.

901. ARTIGOT i GOLOBARDES, Mireia, et POMAR, Fernando Gómez. Contributory and comparative negligence in the law and economics literature. *Tort law and economics.* v. 1. Encyclopedia of law and economics. 2. ed. Cheltenham: Edward Elgar, 2009, p. 48. Para o autor: "In other words, if the plaintiff's negligence played any role in causing the harm for which he seeks compensation, no matter how slight this role was in comparison to the role of the defendant's negligence, the contributory negligence defense entirely absolves the defendant from liability".

902. "Contributory negligence provides that in order to be awarded damages, plaintiffs must be free of fault, however slight, in causing those damages" (FLANIGAN, George B., et al. Experience from early tort reforms: comparative negligence since 1974. *The journal of risk and insurance,* v. 56, n. 3, p. 525. Sep. 1989).

903. 11 East 60, 103 E.R. 926 (1809).

904. Cf., dentre outros, WILLIAMS, Glanville L. The Law Reform (Contributory Negligence) Act, 1945. *Modern law review,* v. 9, p. 106. July 1946, PROSSER, William L. Comparative Negligence. *Michigan law review,* v. 51, n. 4, p. 467. Feb. 1953.

Bench Court no Reino Unido. No debate em questão, o réu, Forrester, cuja casa situava-se próxima de uma estrada, estava fazendo reparos nela. Durante o reparo, ele colocou um poste na passagem da rua, obstruindo-a parcialmente. Por volta do anoitecer, retornando de um prédio público, o autor cavalgava seu cavalo em alta velocidade, não viu o poste, embora fosse visível se não viesse tão rápido, colidindo com ele, sendo arremessado do cavalo e sofrendo diversas lesões. Parece evidente que dentro do processo causal *sine qua non*, tanto a ação do réu (ofensor) como a ação do autor (vítima) concorreram para a produção do dano. No julgamento, o juiz indagou ao júri se uma pessoa cavalgando tivesse agido com diligência razoável teria evitado o poste e se eles estavam satisfeitos que *Butterfield* estava cavalgando rápido demais e sem a diligência ordinária. O júri concordou, negando indenização ao autor, tendo este recorrido. A *Kings Bench Court*, então, julgou a demanda improcedente, negando qualquer indenização à *Butterfield*. No julgamento, Justice Bayley entendeu que a culpa do acidente residia exclusivamente no autor da ação, pois se não estivesse rápido demais e adotasse uma diligência razoável, teria evitado a obstrução na estrada. Lord Ellenborough, concordando com Bayley estabeleceu, então, o que seria a *contributory negligence rule*: "A party is not to cast himself upon an obstruction which has been made by the fault of another, and avail himself of it, if he do not himself use common and ordinary caution to be in the right". Como se vê, o ponto principal da decisão é que ela veda qualquer tipo de reparação da vítima quando ela contribui culposamente para a ocorrência do dano. A aceitação da regra não tardou e inúmeras Cortes do Direito anglo-saxão a adotaram, sendo consagrada nos Estados Unidos.

Contudo, logo se colocaram as críticas. Como foi dito acima quando tratou-se do enunciado romano, a regra da *contributory negligence* também levanta uma série de questões. Uma das primeiras formas de defesa da *rule* era no sentido da negligência da vítima como uma causa interveniente (*intervening cause*) entre a ação do ofensor e o dano. Mas tal fundamento não convence. Prosser, criticando essa formulação, levanta a seguinte questão: se dois automóveis colidirem, causando lesões a um terceiro *bystander*, a culpa de um dos motoristas não afasta a culpa do outro, isto é, não é uma causa interveniente e, nesse mesmo sentido, não há qualquer razão que justifique regra diferente se um dos motoristas for a própria vítima.[905] A principal crítica, portanto, residia na absoluta injustiça do sistema da regra, por ser dotada de um radicalismo unilateral em que, um dano causado em razão da culpa de duas partes, recairia unicamente sobre uma delas.[906]

---

905. PROSSER, William L. Op. cit., 1953, p. 468.
906. Idem, p. 468.

A regra, então, viria a sofrer alguns temperamentos. Três exceções se fizeram presentes na jurisprudência inglesa e americana: (i) *contributory negligence* não poderia ser alegada diante de ato doloso do ofensor ou culpa grave; (ii) também não seria possível a alegação quando o ato do ofensor viola uma norma cujo objetivo é imputar a responsabilidade integral ao réu e proteger a vítima, como na hipótese de uma lei que proíba a venda de produtos perigosos para menores; e, por fim, possivelmente a mais importante delas, construída no julgamento de *Davies v. Mann*,[907] na Inglaterra, a (iii) *last clear chance doctrine*.[908]

Neste caso, o autor havia acorrentado as patas dianteiras de um burro de sua propriedade a aproximadamente 2,5 metros da estrada, local em que estava pastando. O animal se encontrava preso de tal maneira, que tinha como acessar a estrada. Ele, então, ingressou na estrada quando foi atropelado pela carroça do réu, que vinha em ritmo acelerado, ficando provado que estava a pouca distância atrás de três cavalos. O burro veio a morrer. A questão que se colocou no caso era indagar quem é responsável quando o autor contribui para o resultado danoso, mas o réu tem a *última chance clara* de impedir a sua ocorrência. O tribunal, então, julgou procedente a demanda, limitando o espectro da *contributory negligence* de tal maneira que se o réu tinha a última possibilidade de impedir a ocorrência do dano, mas agiu negligentemente, deve responder integralmente.[909] Compreende-se da decisão que, mesmo que o autor tenha culposamente deixado o burro na estrada e que sua culpa tenha contribuído para o resultado danoso, ainda assim, era dever do réu viajar com a devida diligência de modo a evitar acidentes e, não o fazendo, responde pelo resultado.[910]-[911] Dito diversamente, sempre que o réu

---

907. 10 M. & W. 545 (Ex. 1842).
908. Apesar dessa afirmativa, aponta-se que, antes de *Davies v. Mann*, outras decisões já haviam apontado na direção da *last clear chance doctrine*, como é o caso de *Vanderplank v. Miller*, *Luxford v. Large*, *Pluckwell v. Wilson*, *Raisin v. Mitchell* e *Bridge v. Grand Junction Ry. Co.*. Sobre o tema, cf. JAMES Jr., Fleming. Last clear chance: a transitional doctrine. *The Yale law journal*, v. 47, n. 5, p. 705 e ss. Mar. 1938.
909. Eis trecho da decisão: "The judge simply told the jury that the mere fact of negligence on the part of the plaintiff in leaving- his donkey on the public highway, was no answer to the action, unless the donkey's being there was the immediate cause of the injury; and that, if they were of opinion that it was caused by the fault of the defendant's servant in driving too fast, or, which is the same thing, at a smartish pace, the mere fact of putting the ass upon the road would not bar the plaintiff of his action. All that is perfectly correct; for, although the ass may have been wrongfully there, still the defendant was bound to go along the road at such a pace as would be likely to prevent mischief. Were this not so, a man might justify the driving over goods left on a public highway, or even over a man lying asleep there, or the purposely running against a carriage going on the wrong side of the road."
910. SCHOFIELD, William. Davies v. Mann: theory of contributory negligence. *Harvard law review*, v. 3, n. 6, p. 264. Jan., 1890.
911. Glenville Williams resume em três proposições como a doutrina da *last clear chance* mitigou a regra da *contributory negligence*: "(1) Where neither plaintiff nor defendant had the last opportunity of avoiding the accident, the plaintiff fails. (It will be remembered that refinements on the doctrine of

tiver a última, e, assim, a melhor oportunidade de impedir o acidente, a culpa do autor é absorvida pela culpa do réu e a *contributory negligence* não pode funcionar como defesa.[912]

Essa exceção, apesar de amplamente adotada nos Estados Unidos, sofreu profunda crítica da doutrina norte-americana. O maior problema dela decorre do fato de que, na tentativa de aliviar a dureza da *contributory negligence*, ela acaba transportando todo o prejuízo, decorrente da culpa de ambas as partes, apenas para o réu. Se a *contributory negligence* tinha como grave inconveniente de alocar todo o prejuízo na esfera jurídica da vítima, ainda que ela contribuísse pouco para o resultado danoso, o mesmo vale para o ofensor. Não parece razoável imputar integralmente a responsabilidade pelo dano ocorrido quando as consequências decorrem, em parte, da conduta culposa da vítima. Também não seria uma boa política liberar integralmente a vítima quando age culposamente, sob pena de induzir num risco moral.[913]

As exceções eram, contudo, complexas e de difícil aplicação pelo júri, que muitas vezes decidiam contrariamente às regras postas.[914] Em resposta aos anseios pela mudança, iniciou-se uma transição da *contributory negligence rule* para a *comparative negligence rule*, segundo a qual os custos do prejuízo são divididos pelas partes na proporção de sua contribuição culposa no acidente.[915-916] A regra assumiu predominância com a *Law Reform (Contributory Negligence) Act 1945* do Reino Unido que, abandonando a regra da *contributory negligence*, expressamente adotou a *comparative negligence*, aliviando a rigidez[917] daquela. Como se

---

last opportunity, such as the rule in Loach's Casc, are here being omitted for the sake of simplicity. They form part and parcel of what is here compendiously described as the last-opportunity rule.)

(2) Where the plaintiff had the last opportunity of avoiding the accident, the plaintiff fails. These two propositions represent the residue of the stalemate rule after deducting the last-opportunity rule. The last-opportunity rule yields the third proposition.

(3) Where the defendant had the last opportunity of avoiding the accident, the plaintiff recovers the whole of his damages" (WILLIAMS, Glanville L. Op. cit., 1946, p. 109).

912. PROSSER, William L. Op. cit., 1953, p. 472.
913. Idem, p. 472.
914. ARTIGOT i GOLOBARDES, Mireia, et POMAR, Fernando Gómez. Op. cit., 2009, p. 50.
915. "The pure form of comparative negligence makes any party's financial consequence from involvement in a negligently-caused injury directly proportional to that party's share of responsibility, whether that consequence is the amount of damages a defendant must pay or the amount of loss a plaintiff must bear without compensation" (BEST, Arthur. Impediments to reasonable tort reform: lessons from the adoption of comparative negligence. *Indina law review*, v. 40, n. 1, p. 1, 2007).
916. Prosser critica o uso da expressão *comparative negligence* para os fins propostos. Segundo este autor, *comparative negligence* se refere à comparação entre a culpa do autor e a culpa do réu, mas que não resulta em divisão de prejuízo. Assim, o autor sugere o uso da expressão "damages apportionment" (PROSSER, William L. Op. cit., 1953, p. 472, nota 2).
917. ᶜHALMERS MOLE, A., et WILSON, Lyman P. Study of comparative negligence. *Cornell law review*, v. 17, p. 604. Issue 4, June, 1932.

vê do art. 1º[918] da lei, ela permite que o juiz, nos casos de *contributory negligence*, reparta os danos entre ofensor e ofendido de acordo com o respectivo grau de reponsabilidade pelo dano.[919]

Esta regra, que já era adotada pelos demais países de tradição romano-germânica, acabou, então, sendo seguida, também, pela Grã-Bretanha, províncias canadenses, Nova Zelândia e Austrália.[920] Os Estados Unidos ainda resistiram consideravelmente à sua adoção, mas em 1989 apenas seis Estados e o Distrito de Columbia ainda não tinham adotado, judicialmente ou por meio de legislação, alguma forma de *comparative negligence*.[921] Importante esclarecer que justamente nos Estados Unidos, esta regra se apresenta em sua forma pura (*pure*) ou modificada (*modified*). A *comparative negligence* pura consiste na repartição de danos entre vítima e ofensor proporcionalmente à sua contribuição culposa no dano, nos termos da *Law Reform (Contributory Negligence) Act* de 1945, ao passo em que na *comparative negligence* modificada as vítimas recebem tratamento diferenciado, podendo não vir a ser indenizadas,[922] a depender da legislação. Como

---

918. Eis o art. 1º: "Apportionment of liability in case of contributory negligence.

    (1) Where any person suffers damage as the result partly of his own fault and partly of the fault of any other person or persons, a claim in respect of that damage shall not be defeated by reason of the fault of the person suffering the damage, but the damages recoverable in respect thereof shall be reduced to such extent as the court thinks just and equitable having regard to the claimant's share in the responsibility for the damage:

    Provided that —

    (a) this subsection shall not operate to defeat any defence arising under a contract;

    (b) where any contract or enactment providing for the limitation of liability is applicable to the claim, the amount of damages recoverable by the claimant by virtue of this subsection shall not exceed the maximum limit so applicable".

919. WILLIAMS, Glanville L. Op. cit., 1946, p. 105.

920. PROSSER, William L. Op. cit., 1953, p. 467.

921. CURRAN, Christopher. The spread of the comparative negligence rule in the United States. *International review of law and economics*, n. 12, p. 320, 1992. Atualmente, apenas Maryland, Virginia, North Carolina, Alabama e District of Columbia mantém a *pure contributory negligence rule*, isto é, sem qualquer tipo de exceção (MATTHIESEN, WICKERT & LEHRER, S.C. Contributory negligence/comparative fault laws in all 50 states. Disponível em: https://www.mwl-law.com/wp-content/uploads/2018/02/COMPARATIVE-FAULT-SYSTEMS-CHART.pdf. Acesso em: 25 jul. 2019, AMERICAN ASSOCIATION BAR. *Maryland declines to do away with contributory negligence*. Disponível em: https://www.americanbar.org/groups/litigation/publications/litigation-news/top-stories/2013/maryland-declines-to-do-away-with-contributory-negligence/. Acesso em: 25 jul. 2019).

922. "The pure comparative negligence rule does not bar a plaintiff's recovery (so long as the defendant's negligence is at least partly to blame for the harm), and only reduces the amount of the claim in proportion to the plaintiff's own fault. Such allocation of damages between the injurer and the victim can be made by looking at each party's deviation from the standard of care and the marginal value that the trier of fact (whether this be judge or jury) places on these deviations (Rubinfeld, 1987). Under this pure version of the rule, the plaintiff may recover from a negligent defendant even when her own negligence is greater than that of the defendant.

    The modified comparative negligence rule bars a negligent plaintiff's recovery when the plaintiff 's fault exceeds a certain level in comparison to the defendant's fault; otherwise the rule functions

nos Estados Unidos, em regra, cada Estado tem a possibilidade de estabelecer as suas próprias regras quanto à reparação dos danos, é preciso investigar qual o sistema adotado individualmente. Apenas a título de exemplo, algumas regras de *modified comparative negligence* estabelecem que a vítima não será indenizada se sua culpa supera um certo nível de comparação com a do ofensor, normalmente em 50% ("50% percent rule").[923]

Como se percebe no Direito anglo-saxão há diferenças marcantes na análise do fato da vítima, que afastam, em alguma medida sua aplicação de ordenamentos jurídicos de tradição romano-germânica pautados pela *civil law*.

Diante do que foi tratado até então, é preciso abordar dois aspectos fundamentais. O primeiro consiste em identificar em que situações efetivamente o fato da vítima terá lugar. Realmente, a conduta da vítima não necessariamente será dotada de relevância causal, ainda que esteja no processo conducente à produção do dano. Nesse ponto, é preciso identificar os requisitos que justificam a incidência. O segundo diz respeito à consequência do fato da vítima. Como visto, ela terá o condão ou de excluir por inteiro a responsabilidade do suposto ofensor ou de diminuir o *quantum* indenizatório. Neste caso, cumpre verificar como se dará esse processo de redução da indenização.

A doutrina tradicional costuma apontar até quatro requisitos para a caracterização do fato da vítima que tenha o condão de excluir ou reduzir a indenização.[924] São eles (i) *causalidade*, uma relação causal entre o fato da vítima e o dano; (ii) *não imputabilidade*,[925] que o fato da vítima seja estranho e não imputável ao suposto ofensor; (iii) que o fato seja imprevisível e irresistível; e (iv) que o fato da

---

as the pure form does in allocating damages between plaintiff and defendant based on the relative negligence exhibited by each. In other words, the plaintiff's compensation is reduced in proportion to her negligence as in the pure form, but she receives no recovery at all once her negligence reaches a certain proportion of the defendant's" (ARTIGOT i GOLOBARDES, Mireia, et POMAR, Fernando Gómez. Op. cit., 2009, p. 52-53).

923. Para um panorama geral dos sistemas adotados nos Estados norte-americanos, cf. BEST, Arthur. Op. cit., 2007. Discute-se no âmbito da análise econômica do Direito qual seria a regra mais eficiente se a *contributory negligence* ou a *comparative negligence*. Embora inúmeros estudos tenham sido apresentados ao longo dos anos, o debate ainda permanece se a *comparative negligence* cria melhores incentivos para as partes adotarem precaução eficiente e, mais recentemente, a doutrina tem se colocado cética em relação a qualquer superioridade eficiente de qualquer dos regimes. Sobre o tema, cf. BAR-GILL, Oren, et BEM-SHAHAR, Omri. The uneasy case for comparative negligence. *American law and economics review*, v. 5, n. 2, 2003, DE MOT, Jef. Comparative versus contributory negligence: A comparison of the litigation expenditures. *International Review of Law and Economics*, n. 33, 2013.

924. MAZEAUD, Henry, MAZEAUD, Léon, e TUNC, André. Op. cit., 1963, p. 38.

925. Importante esclarecer que a não imputabilidade não está ligada ao conceito de inimputabilidade inerente à culpabilidade. O melhor termo, talvez, fosse utilizar a expressão "não causalidade". Contudo, seria de todo estranho um requisito *causalidade* e outro *não causalidade*, que, parece, causaria muito mais confusão. Assim, a não imputabilidade deve ser entendida no sentido de causalidade apenas.

vítima seja culposo. Se em relação aos dois primeiros requisitos não há dúvidas, os dois últimos encontram-se em profundo debate.

O primeiro requisito parece claro e indiscutível. A toda evidência, o fato da vítima deve ser uma causa necessária do dano.[926] Assim, ainda que a vítima tenha agido culposamente, se não houver um liame de causalidade entre o seu comportamento e o dano, não afetará de maneira alguma a obrigação de indenizar do ofensor.[927] Nesse ponto, lembram os irmãos Mazeaud que esse requisito é indiscutível e que se há alguma dificuldade, ela consiste, nalgumas situações especiais, em identificar concretamente se há ou não relação causal com a conduta da vítima.[928] Se não há necessariedade da conduta da vítima, seja exclusiva ou concorrente, não se pode falar nesta eximente de responsabilidade civil.

O segundo requisito, não imputabilidade ao ofensor, está diretamente ligada ao primeiro requisito. Como já houve a oportunidade de ver no tópico anterior, é fundamental que a ação do ofensor não tenha provocado o fato da vítima.[929] É requisito, portanto, que o fato da vítima não seja uma consequência da ação do ofensor, mas, antes, além de estar na relação causal, guarde absoluta independência da ação do agente.[930] Se, em verdade, o fato da vítima apenas agrava a situação, então, não haverá exclusão da responsabilidade.[931] Outro aspecto importante: se embora haja o fato da vítima, mas a lei, de alguma forma, impõe a responsabilidade, não caberá a exclusão, como sucede nas hipóteses de risco integral.

Como terceiro requisito, costuma-se colocar a *imprevisibilidade* e *irresistibilidade* do fato da vítima.[932] Nesse particular, seria imperioso que o ato praticado pelo lesado fosse imprevisível ao ofensor e irresistível. Duas críticas podem ser apontadas nesse aspecto. Em primeiro lugar, essas duas características são, normalmente, apontadas para a configuração do caso fortuito e da força maior, conforme se verá no Tópico 17 deste capítulo. Não obstante parte da doutrina procure equiparar fato da vítima a caso fortuito ou força maior, a verdade é que há uma profunda distinção entre ambos,[933] posto que cada uma delas é dotada de

---

926. PIZARRO, Ramón Daniel. Op. cit., 2006, p. 245.
927. FACIO, Jorge Peirano. Op. cit., 1981, p. 432.
928. MAZEAUD, Henry, MAZEAUD, Léon, e TUNC, André. Op. cit., 1963, p. 38.
929. Idem, p. 41.
930. PIZARRO, Ramón Daniel. Op. cit., 2006, p. 251.
931. COLOMBO, Leonardo A. Op. cit., 1947, p. 198.
932. A favor desses requisitos, cf. NORONHA, Fernando. Op. cit., 2007, para quem o fato da vítima é um caso fortuito ou de força maior em sentido amplo. Assim diz o autor: "Sintetizando e concluindo, podemos dizer que o fato excludente da causalidade, isto é, o caso fortuito ou de força maior em sentido amplo é sempre um fato externo, irresistível e normalmente imprevisível, que tem por característica essencial, resultante da soma desses fatores, a sua inevitabilidade" (NORONHA, Fernando. Op. cit., 2007, p. 632).
933. TOURNEAU, Philippe. Op. cit., 1976, p. 228.

autonomia própria. O fato da vítima diz respeito à uma conduta concretamente individualizada que se dirige à ocorrência do dano por parte do próprio envolvido, enquanto o caso fortuito e força maior tratam de hipóteses não reconduzíveis aos sujeitos, mas a situações excepcionais que provocam o dano. Isso leva a tratamento jurídicos distintos. Em segundo lugar, exigir a previsibilidade e irresistibilidade implica em dizer que, não apenas o ofensor precisa antecipar o que a vítima poderia vir a fazer e se precaver, mas é requisito que, ainda que previsível, fosse impossível impedi-la. Mais uma vez, parece de todo incoerente, numa discussão de causalidade, impor um aspecto subjetivo na análise do ofensor. A previsibilidade, conjugada com a inevitabilidade, está diretamente ligada à discussão de culpa, o que acaba por confundir essa excludente. Parece mais acertada a posição da doutrina quando esclarece que basta que o fato não seja imputável ao ofensor para que se afaste a responsabilidade.[934]

O último requisito diz respeito à culpa da vítima. Nesse sentido, só seria possível alegar fato da vítima, caso essa tenha agido *culposamente*. Duas correntes se colocam quanto a esse requisito. De um lado os defensores desse requisito[935] afirmam que se somente o ato ilícito, isto é, culposo, tem o condão de atribuir o dever de indenizar, então, apenas o ato culposo da vítima poderia afastá-la. Ademais, seria a melhor forma de harmonizar os interesses da vítima em matéria de responsabilidade objetiva, que prescinde da análise da culpa do ofensor, sem contar que a ausência desse requisito poderia provocar uma ruptura do equilíbrio que se deve procurar entre os interesses do ofensor e da vítima.[936]

Nada obstante, parece que está com a razão a segunda corrente, que exclui dos requisitos da vítima a sua ação culposa. Como dito anteriormente, o problema do fato da vítima se resolve no plano da causalidade e, consequentemente, nenhuma influência produz eventual culpa ou não da vítima. Ora, como se sabe, o ato ilícito (ato culposo) exige a chamada imputabilidade do agente. Nesse sentido, se A dirige um veículo numa via expressa e B, acometido de doença psíquica e desprovido de qualquer discernimento, se atira abruptamente na frente do veículo, sendo atropelado e vindo a falecer, não seria possível alegar fato da vítima e, dessa maneira não poderia se afastar a responsabilidade do suposto ofensor. De fato, em razão da inimputabilidade que o atinge, não é possível falar em ato culposo.[937]

---

934. MAZEAUD, Henry, MAZEAUD, Léon, e TUNC, André. Op. cit., 1963, p. 40.
935. Idem, p. 40.
936. PIZARRO, Ramón Daniel. Op. cit., 2006, p. 251.
937. Registre-se que a argumentação de que, então, este caso se enquadraria numa hipótese de caso fortuito ou força maior não convence. É que, dessa forma, para uma mesma situação fática, criar-se-ia uma ficção jurídica, rompendo completamente toda e qualquer autonomia dos institutos, abstraindo de qualquer dogmática sólida, confundindo institutos e criando distorções.

Como se sabe, quando se discute a responsabilidade do ofensor, considera-se que este deve indenizar a vítima, pois causou um dano ao descumprir um dever, seja específico ou genérico de não causar dano a outrem. Ocorre, contudo, que a vítima não tem nenhum dever para com ela mesma[938] de agir diligentemente, posto que o ordenamento jurídico não pune a autolesão. Para que a vítima suporte seus próprios prejuízos, portanto, é indiferente que tenha agido culposamente. O que releva é justamente a conexão causal. Logo, se a regra no âmbito da reparação dos danos é de que as pessoas respondem unicamente pelos danos que tenham *causado*, ela também deve valer para a vítima. Se a conduta do lesado, quer tenha sido culposa ou não, é a verdadeira causa do dano, não se pode transportar a obrigação de indenizar para o suposto ofensor,[939] sob pena de total desvirtuação das finalidades específicas da responsabilidade civil.

Diante desse quadro geral, a orientação preferível é, para que o fato da vítima tenha relevância causal excluindo ou atenuando o dever de indenizar, a incidência apenas dos dois primeiros requisitos, quais sejam (i) *causalidade*, a existência de um nexo causal entre o fato da vítima e o dano e a (ii) *inimputabilidade* do fato da vítima a uma ação do ofensor, isto é, a independência entre eles. De toda sorte, é fundamental esclarecer que, nesses casos, o ônus da prova será sempre do réu na ação indenizatória, a quem competirá demonstrar inequivocamente o fato da vítima.[940]

E quais as consequências do fato da vítima? Bem, caso a ação do lesado seja a causa necessária única dos danos sofridos, então é pacífico que será excluída, por completo, a responsabilidade do ofensor, enquanto se houver concorrência de causas entre o fato da vítima e a atuação do agente, a consequência será somente uma minoração do *quantum* indenizatório.[941] Se no primeiro caso, não há qualquer dificuldade – esta reside unicamente em identificar se é causa única ou não –, porquanto ou bem haverá a responsabilidade ou não haverá qualquer dever de indenizar, no segundo caso, os problemas se avolumam. Afinal, qual o critério para a repartição dos prejuízos entre lesante e lesado? A questão é tormentosa, encontrando-se algumas possíveis soluções.

Inicialmente, chegou-se, em outros tempos, a discutir o debate acerca da *compensação de culpas*. Dito diversamente, pensou-se que, tendo em vista a culpa da vítima e a culpa do ofensor, elas se cancelariam e, dessa forma, nenhuma das

---

938. SCHOFIELD, William. Op. cit., 1890, p. 268.
939. GOLDENBERG, Isidoro. Op. cit., 2000, p. 134-135.
940. ENNECCERUS, Ludwig, et KIPP, Theodor. Op. cit., 1933, p. 83. Nesse ponto, o Código Civil Português é expresso em seu art. 572: "Àquele que alega a culpa do lesado incumbe a prova da sua verificação; mas o tribunal conhecerá dela, ainda que não seja alegada".
941. ALPA, Guido. *La responsabilità civile*. 2. ed. Milano: Wolters Kluwer, 2017, p. 211.

partes poderia exigir qualquer reparação.[942] Trata-se de expressão inadequada e pouco precisa. Primeiramente, a toda evidência, não se pode sequer falar de compensação de culpas, porquanto o estado anímico do prejudicado jamais poderia ser cancelado ou eliminado pelo estado anímico do ofensor.[943] Mas, para além disso, é evidente que a culpa da vítima não poderia ser compensada com a culpa do ofensor, pois a ação do ofensor contribui para a ocorrência do dano. Não é por outra razão que essa ideia de compensação já foi, há muito, abandonada.[944]

Dessa forma, três critérios se apresentam para a repartição dos prejuízos: (i) gravidade da culpa das partes; (ii) igualitária em virtude da equivalência das condições; e (iii) pelo grau de contribuição causal de cada uma delas.[945] Enquanto a primeira hipótese trata de uma análise subjetiva baseada na gravidade das culpas, as duas últimas situam-se na discussão do vínculo de causalidade, conforme se explica a seguir.

Pelo primeiro critério, o magistrado deverá realizar uma ponderação e comparação entre a culpa do ofensor e da vítima, sopesando cada uma delas e verificando qual foi maior. A partir disso, o magistrado repartirá os prejuízos na medida da culpabilidade de cada uma das partes. As objeções a esse critério são várias: (1) a gravidade da culpa não tem qualquer influência sobre a extensão do dano, o que poderia vir a causar profundas distorções na indenização devida, pois, como já se viu, um comportamento levemente culposo pode causar um dano grave e uma ação dolosa pode causar um dano pequeno;[946] (2) não é difícil reconhecer a impossibilidade de comparar culpas e qualquer tentativa de repartição de danos com base nesse fundamento é tão certo quanto um palpite,[947] (3) a reparação civil tem como escopo, precipuamente, a reparação de um dano e não penalizar a vítima moralmente em virtude de sua conduta culposa,[948] (4) nos casos de responsabilidade objetiva em que o réu responda por ato lícito, torna-se impossível a comparação, o que levaria à negação de toda e qualquer indenização ao lesado.[949] Em outras palavras, a arbitrariedade e a subjetividade na fixação da indenização se tornam a regra.

---

942. É, em verdade, o critério do Direito Romano e da *Common Law*, sob a regra da *pure contributory negligence*.
943. DE CUPIS, Adriano. Op. cit., 1975, p. 276.
944. FACIO, Jorge Peirano. Op. cit., 1981, p. 435-436.
945. MULHOLLAND, Caitlin Sampaio. Op. cit., 2010, p. 122.
946. Nada obstante, como dito anteriormente, a culpa pode ter um papel importante na função preenchedora da responsabilidade. V. Capítulo IV, Tópico 12.
947. PROSSER, William L. Op. cit., 1953, p. 474-475. Prossegue o autor: "Obviously any estimate that 40 per cent of the total fault rests with the pedestrian who walks out into the street in the path of an automobile, and 60 percent with the driver who is not looking and runs him down, represents nothing resembling accuracy based on demonstrable fact. The estimate might quite as well be anywhere between 25-75 and 75-25".
948. FACIO, Jorge Peirano. Op. cit., 1981, p. 438.
949. PAYNE, Douglas. Op. cit., 1955, p. 348-349. Na mesma passagem, o autor justifica a necessidade de repartir os prejuízos nos casos de responsabilidade objetiva, ainda que o ofensor não tenha agido

Nesse ponto, o critério baseado na causalidade se afigura o mais adequado.[950] Como o fato da vítima opera no plano da causalidade, é nele que a questão da quantificação deve ser resolvida também. É preciso investigar se o fato da vítima é causa total ou parcial e, na medida em que contribuiu para o dano deve ser reduzido.[951]

No plano da causalidade, a primeira forma de fixação é pautada pela equivalência das condições ou *sine qua non*. Entende-se que cada uma das condições foi necessária à produção do dano e, portanto, cada uma delas interveio no processo causal de tal maneira que todos são igualmente responsáveis. Embora seja de fácil aplicação, este critério não pode ser aceito. De um lado, reconhece-se que a tese acaba por ser injusta, posto que pode ocorrer que a intervenção da vítima seja muito reduzida no processo causal. Por outro, segundo os ordenamentos jurídicos, a tese não se apresenta adequada diante do Direito Positivo. De fato, os ordenamentos Alemão,[952] Italiano,[953] Português,[954] Suíço[955] e Brasileiro[956] acabaram por dar tratamento distinto da repartição igualitária, muito embora alguns deles efetivamente façam menção à gravidade da culpa, como é o caso do Português, Italiano e Brasileiro.

---

culposamente: "All tortious liability, whatever its basis, must be accepted as just. Therefore, once his liability is established, the moral quality of the defendant's conduct should not be relevant to the amount by which a plaintiff's damages are reduced on account of contributory negligence".

950. No mesmo sentido, MAZEAUD, Henry, MAZEAUD, Léon, e TUNC, André. Op. cit., 1963, p. 104.
951. FACIO, Jorge Peirano. Op. cit., 1981, p. 438.
952. Section 254, BGB – Contributory negligence – "(1) Where fault on the part of the injured person contributes to the occurrence of the damage, liability in damages as well as the extent of compensation to be paid depend on the circumstances, in particular to what extent the damage is caused mainly by one or the other party."
953. Art. 1227 do Código Civil Italiano – Concorso del fatto colposo del creditore – "Se il fatto colposo del creditore ha concorso a cagionare il danno, il risarcimento è diminuito secondo la gravità della colpa e l'entità delle conseguenze che ne sono derivate.
Il risarcimento non è dovuto per i danni che il creditore avrebbe potuto evitare usando l'ordinaria diligenza (2056 e seguenti)."
954. Artigo 570.º do CCP – (Culpa do lesado) – "1. Quando um facto culposo do lesado tiver concorrido para a produção ou agravamento dos danos, cabe ao tribunal determinar, com base na gravidade das culpas de ambas as partes e nas consequências que delas resultarem, se a indemnização deve ser totalmente concedida, reduzida ou mesmo excluída".
2. Se a responsabilidade se basear numa simples presunção de culpa, a culpa do lesado, na falta de disposição em contrário, exclui o dever de indemnizar".
955. Art. 44 du Code des Obligations Suisse – A. Principes généraux / IV. Réduction de l'indemnité – "IV. Réduction de l'indemnité – 1. Le juge peut réduire les dommages-intérêts, ou même n'en point allouer, lorsque la partie lésée a consenti à la lésion ou lorsque des faits dont elle est responsable ont contribué à créer le dommage, à l'augmenter, ou qu'ils ont aggravé la situation du débiteur.
2. Lorsque le préjudice n'a été causé ni intentionnellement ni par l'effet d'une grave négligence ou imprudence, et que sa réparation exposerait le débiteur à la gêne, le juge peut équitablement réduire les dommages-intérêts".
956. Art. 945 do CCB – "Se a vítima tiver concorrido culposamente para o evento danoso, a sua indenização será fixada tendo-se em conta a gravidade de sua culpa em confronto com a do autor do dano".

A segunda forma de fixação é baseada no grau de contribuição causal das partes, isto é, considerando a influência causal que o comportamento de cada uma das partes teve no desfecho danoso. A indenização se fará presente de acordo com o que foi produzido pela atuação de cada uma das partes no liame causal, isto é, o grau de causalidade de cada um deles no evento danoso. É a solução que se consolidou nos ordenamentos jurídicos supracitados, ainda que a lei mencione a palavra culpa, pois, nesse ponto, o termo "culpa" deve ser compreendida no sentido figurado,[957] significando como a conduta imputável à vítima contribuiu para a realização do dano.[958] Parece que essa é efetivamente a orientação preferível por se aquela que se adequa melhor aos princípios e finalidades da responsabilidade civil estabelecendo o valor da indenização a partir do princípio da causalidade que é o fato decisivo à delimitação dos danos indenizáveis. E não se vislumbra qualquer óbice à essa interpretação ao art. 945 do Código Civil Brasileiro.

Por fim, o último ponto que merece destaque em relação ao fato da vítima diz respeito à eventual mitigação dos danos por parte da vítima.[959] Nem todos os danos serão efetivamente indenizados à vítima na medida em que a boa-fé exige que esta atue de tal maneira que reduza a quantidade de danos que sofre com a atuação do ofensor. Por exemplo, se a árvore do vizinho cai no telhado de A, fazendo uma ruptura, A pode reduzir os danos que pode sofrer ao retirar os bens e artigos que estejam expostos à eventuais intempéries, como chuva ou sol, a um ônus relativamente baixo. O fundamento é reduzir os custos totais do acidente, exigindo uma precaução eficiente da vítima.[960] Assim, esta deve atuar de forma a mitigar os danos sofridos, desde que as medidas para tal desiderato não sejam excessivamente onerosas ou desarrazoadas. Do contrário, os danos que deveria ter evitado serão excluídos do dever de indenizar.

16. FATO DE TERCEIRO[961]

Uma vez que o dano tenha ocorrido, pode ser que a causa necessária do dano sofrido pela vítima decorra de uma pessoa diferente do réu, suposto ofensor na demanda indenizatória. Dito diversamente, embora o demandado apareça na

---

957. LARENZ, Karl. Op. cit., 1958, p. 219.
958. Assim explica Menezes Cordeiro: "em primeiro lugar, a expressão 'culpa' deve ser muito amplamente entendida: a indemnização é reduzida ou anulada sempre que os danos sejam provocados pela lesado (e na medida em que o sejam) ainda que não voluntariamente ou ainda que licitamente" (CORDEIRO, Antonio Menezes. Op. cit., 2017, p. 731).
959. MARKESINIS, Basil S., UNBERATH, Hannes. Op. cit., 2002, p. 110.
960. SHAVELL, STEVEN. Op. cit., 2007, p. 144.
961. É preciso, novamente, esclarecer que se opta por utilizar a terminologia "fato de terceiro" em vez da tradicional "culpa de terceiro", pois, como informado no tópico anterior, o debate reside na discussão quanto à causalidade e não em relação à culpa.

relação causal material, juridicamente ele não seria o causador do dano, cuja autoria seria de um terceiro. Nesses casos estar-se-á diante de uma hipótese de *fato de terceiro* e é preciso indagar se o demandado pode se exonerar da obrigação de indenizar.

O fato de terceiro quando é a causa necessária única, na medida em que rompe o nexo de causalidade entre o dano e a atuação do suposto ofensor, elimina, por completo a responsabilidade deste,[962] porquanto, ausentes os pressupostos da obrigação de indenizar.[963] Contudo, assim como ocorre no fato da vítima – e já se adianta que há inúmeros pontos de aproximação entre essas duas figuras –, pode ser que o fato de terceiro não seja a causa única, mas uma causa concorrente, que contribui para a ocorrência do dano. Nessas situações, como era de se esperar, não operará a exclusão da responsabilidade do ofensor e surgem inúmeras dificuldades[964] que devem ser pormenorizadas. Assim, o fato de terceiro poderá efetivamente excluir a responsabilidade do suposto ofensor, ou não, quer se trate da causa única do dano, quer seja apenas uma concausa ou guarde alguma relação de condicionalidade com a atuação do ofensor.

Admitir o fato de terceiro como um fator que exclui a responsabilidade do ofensor não parece trazer consigo maiores dificuldades. Todavia, os problemas começam a se colocar a partir do momento em que se busca identificar exatamente o que se entende por fato de terceiro e seus requisitos. De fato, não é incomum encontrar autores que consideram o fato de terceiro como uma espécie de caso fortuito ou força maior.[965] Tal posição, contudo, não se apresenta como o melhor caminho, apesar da jurisprudência, em diversas oportunidades, fazer essa equiparação.[966] Esta acaba por confundir os institutos, incorporando requisitos

---

962. TOURNEAU, Philippe. Op. cit., 1976, p. 223.
963. FACIO, Jorge Peirano. Op. cit., 1981, p. 474.
964. MAZEAUD, Henry, MAZEAUD, Léon, e TUNC, André. Op. cit., 1963, p. 235.
965. PIRSON, Roger, et DE VILLÉ, Albert. *Traité de la responsabilité civile extra-contratuelle*. Tome premier. Bruxelles: Émile Bruylant, 1935, p. 104.
966. A título de exemplo, cf. decisão do Superior Tribunal de Justiça Brasileiro: "*embargos de divergência. Recurso especial. Lanchonete. Roubo em estacionamento gratuito, externo e de livre acesso. Emprego de arma de fogo. Caso fortuito externo. Súmula 130/STJ. Inaplicabilidade. Risco estranho à natureza do serviço prestado. Ausência de legítima expectativa de segurança.*

    1. O Superior Tribunal de Justiça, conferindo interpretação extensiva à Súmula 130/STJ, entende que estabelecimentos comerciais, tais como grandes shoppings centers e hipermercados, ao oferecerem estacionamento, ainda que gratuito, respondem pelos assaltos à mão armada praticados contra os clientes quando, apesar de o estacionamento não ser inerente à natureza do serviço prestado, gera legítima expectativa de segurança ao cliente em troca dos benefícios financeiros indiretos decorrentes desse acréscimo de conforto aos consumidores.

    2. Nos casos em que o estacionamento representa mera comodidade, sendo área aberta, gratuita e de livre acesso por todos, o estabelecimento comercial não pode ser responsabilizado por roubo à mão armada, fato de terceiro que exclui a responsabilidade, por se tratar de fortuito externo.

e elementos estranhos à figura do fato de terceiro. Parece mais interessante garantir a autonomia dos institutos, com os seus respectivos requisitos.[967] Isto não significa que não haverá algum tipo de proximidade, especialmente quando se tratar de presunção de responsabilidade no desempenho de atividade de risco, em que nem sempre a atuação do terceiro terá a capacidade de eliminar o liame causal. Mas, mesmo nessas hipóteses, não há razão que justifique a confusão e/ou equiparação. Quando se tratar da hipótese de caso fortuito e força maior, haverá a oportunidade de diferenciar ambas as figuras detalhadamente.

O fato de terceiro, portanto, consiste na ação de um terceiro que é o verdadeiro causador do prejuízo. Em outras palavras, o seu comportamento se liga necessariamente à ocorrência do prejuízo interrompendo a relação causal[968] com a atuação do agente, suposto ofensor. Apontam-se como requisitos: (i) *causalidade*, (ii) *não imputabilidade*,[969] (iii) a qualidade de *terceiro*. A doutrina ainda apresenta outros requisitos, mas que não parecem ser essenciais para a configuração do fato de terceiro,[970] conforme se demonstrará.

Em relação aos requisitos, percebe-se a semelhança com o fato da vítima. Realmente, as duas excludentes recaem sobre o princípio da causalidade na medida que as duas demonstram que o dano foi causado por uma pessoa distinta da figura do suposto ofensor. A diferença é que, enquanto no fato da vítima essa pessoa distinta é a própria vítima, no fato de terceiro é outro indivíduo diferente da vítima e do ofensor aparente, demandado na ação indenizatória.

Dessa forma, assim como foi dito no fato da vítima, o fato de terceiro deve ser uma *causa necessária* do dano, isto é, deve existir uma relação de *causalida-*

---

3. *Embargos de divergência não providos"* (EREsp 1431606/SP, Rel. Ministra MARIA ISABEL GALLOTTI, SEGUNDA SEÇÃO, julgado em 27.03.2019, DJe 02.05.2019, grifou-se).
967. Nesse sentido, MAZEAUD, Henry, MAZEAUD, Léon, e TUNC, André. Op. cit., 1963, p. 241.
968. FARIAS, Cristiano Chaves et al. Op. cit., p. 482.
969. Novamente, faz-se necessário esclarecer que a não imputabilidade não está ligada ao conceito de inimputabilidade inerente à culpabilidade, mas deve ser entendida no sentido de causalidade apenas.
970. José de Aguiar Dias lembra, ainda, que é fundamental a identidade do terceiro e a ilicitude do fato do terceiro quando este não é a causa única (DIAS, José de Aguiar. Op. cit., 2006, p. 927-928). Diverge-se, porém, deste entendimento por duas razões. A identidade do terceiro que é o causador necessário pode nunca vir a ser descoberta, como ocorre num acidente de trânsito em que não é possível identificar a sua autoria. Nesses casos, sabe-se que o comportamento de terceiro causou necessariamente o dano sem, contudo, se saber a identidade. Mesmo com o desconhecimento, não se vê razão para não se admitir a excludente, na medida em que provado está que não há nexo de causalidade entre a ação do suposto ofensor e o dano suportado pela vítima. O próprio José de Aguiar Dias concordava e explicitava que a identidade "não é condição essencial para tal configuração" (DIAS, José de Aguiar. Op. cit., 2006, p. 928), o que, por si só, já demonstra não ser um requisito. Em relação à ilicitude, já se adianta que é indiferente o comportamento culposo do terceiro. Comprovado que o fato de terceiro operou, rompe-se o nexo de causalidade, não se estabelecendo um dos pressupostos essenciais da obrigação de indenizar.

de[971] entre o comportamento do terceiro e o prejuízo realizado. Na ausência desse requisito, evidentemente, que o ofensor aparente não poderá alegar a presente excludente de responsabilidade. Repita-se, se não há a relação de necessariedade entre a ação do terceiro e o prejuízo, seja exclusiva ou concorrente, não surge nenhum efeito sobre a responsabilidade do suposto ofensor. Nos termos do que ocorre no fato da vítima, caberá o ônus da prova do fato de terceiro ao suposto ofensor, que deverá demonstrá-lo em juízo para se eximir de responsabilidade.

A *inimputabilidade* da ação do terceiro ao suposto ofensor, segundo requisito, é fundamental para que este seja exonerado de toda e qualquer obrigação de indenizar. Não basta que o fato de terceiro tenha lugar, é imperioso que não tenha sua causa como uma ação do suposto ofensor. Aqui, tal qual no fato da vítima, é necessário que o fato de terceiro não seja provocado ou não seja uma consequência normal e ordinária da ação do demandado: ele deve ser tido como um fato estranho à atuação do suposto ofensor.[972] Nesse ponto, parece fundamental esclarecer que o fato do terceiro deve ser uma causa estranha[973] à atuação do suposto ofensor, ainda quando estiver se tratando de responsabilidade pela atividade de risco. Nesse ponto, quando o suposto ofensor desenvolver uma atividade de risco, isto é, uma atividade que é fonte de perigos a terceiros, o requisito da inimputabilidade é acrescido do requisito da *exterioridade*, de tal modo que o evento do terceiro não esteja na esfera de risco do demandado. Para um aprofundamento do requisito da exterioridade, remete-se o leitor ao Tópico 17 deste Capítulo e ao Capítulo VI.

Por fim, o fato deve ser realizado por um terceiro e, nesse ponto, deve-se investigar o sentido de *terceiro*. Quem pode efetivamente ser considerado terceiro no processo causal conducente ao dano? Não se pode confundir o fato de terceiro com as hipóteses de responsabilidade por fato de outrem. Nesta segunda situação, também denominada responsabilidade indireta, responsabilidade complexa ou responsabilidade pelo fato de terceiro, o ordenamento jurídico chama à responsabilidade uma pessoa que não é a causadora direta do dano, mas que é responsabilizada pelas consequências danosas praticadas por outrem, normalmente quando tem algum tipo de relação com o causador direto do prejuízo.[974] É o caso da responsabilidade dos pais pelos filhos, dos tutores e curadores pelos tutelados e curatelados, do patrão pelo empregado etc., conforme dispõe o art.

---

971. MAZEAUD, Henry, MAZEAUD, Léon, e TUNC, André. Op. cit., 1963, p. 236.
972. FACIO, Jorge Peirano. Op. cit., 1981, p. 478.
973. "(...) podemos dizer que o fato de terceiro só exonera quando realmente constitui causa estranha ao devedor, isto é, quando elimine, totalmente, a relação de causalidade entre o dano e o desempenho do contrato" (DIAS, José de Aguiar. Op. cit., 2006, p. 926). No mesmo sentido, cf. PEREIRA, Caio Mário da Silva. Op. cit., 2012, p. 396.
974. PEREIRA, Caio Mário da Silva. Op. cit., 2012, p. 120.

932 do CCB[975] e art. 491 do CCP.[976] Nessas hipóteses, não há que se falar em fato de terceiro apto a excluir a responsabilidade do suposto ofensor.

Assim, a expressão *terceiro* deve ser entendida como qualquer pessoa distinta da vítima e do ofensor demandado (suposto ofensor),[977] ressalvadas as hipóteses em que o agente é juridicamente responsável pelos danos que causem,[978] pois, nesse caso, não há um terceiro propriamente dito.[979]

Estabelecidas essas premissas, cumpre esclarecer se o fato de terceiro deve ser (a) *ilícito* e (b) *imprevisível* e *irresistível*, como exige parte da doutrina.[980] Quanto à ilicitude, tudo o que se disse em relação ao fato da vítima é aplicável aqui também. Ora, se o fato de terceiro é a causa única e necessária do evento danoso, não se exige que seja culposo ou doloso;[981] uma vez rompido o nexo de causalidade, desaparece a responsabilidade do suposto ofensor,[982] pois, afinal, ele não é o *causador* do dano. A questão do fato de terceiro também se resolve no plano da causalidade e, consequentemente, nenhuma influência produzirá eventual culpa ou não. Por outro lado, se o fato de terceiro apenas concorreu para a produção do dano, quer seja culposo ou não, a responsabilidade do demandado não será afastada e ele responderá pelo dano causado,[983] pois não terá ocorrido a ruptura do nexo de causalidade. É importante esclarecer que o terceiro só será responsável se presentes os pressupostos de sua responsabilidade. Nesse sentido,

---

975. Art. 932 do Código Civil Brasileiro – "São também responsáveis pela reparação civil:
    I – os pais, pelos filhos menores que estiverem sob sua autoridade e em sua companhia;
    II – o tutor e o curador, pelos pupilos e curatelados, que se acharem nas mesmas condições;
    III – o empregador ou comitente, por seus empregados, serviçais e prepostos, no exercício do trabalho que lhes competir, ou em razão dele;
    IV – os donos de hotéis, hospedarias, casas ou estabelecimentos onde se albergue por dinheiro, mesmo para fins de educação, pelos seus hóspedes, moradores e educandos;
    V – os que gratuitamente houverem participado nos produtos do crime, até a concorrente quantia."
976. Artigo 491.º do Código Civil Português (Responsabilidade das pessoas obrigadas à vigilância de outrem) – "As pessoas que, por lei ou negócio jurídico, forem obrigadas a vigiar outras, por virtude da incapacidade natural destas, são responsáveis pelos danos que elas causem a terceiro, salvo se mostrarem que cumpriram o seu dever de vigilância ou que os danos se teriam produzido ainda que o tivessem cumprido."
977. MAZEAUD, Henry, MAZEAUD, Léon, e TUNC, André. Op. cit., 1963, p. 237.
978. PIZARRO, Ramón Daniel. Op. cit., 2006, p. 272.
979. FACIO, Jorge Peirano. Op. cit., 1981, p. 478.
980. "Tanto no caso fortuito ou de força maior em sentido estrito como no fato de terceiro e no do próprio lesado, a exclusão da causalidade só ficará caracterizada quando estiverem reunidos os três requisitos que se vão analisar na próxima seção: a imprevisibilidade, a irresistibilidade e a externidade" (NORONHA, Fernando. Op. cit., 2007, p. 626).
981. No mesmo sentido lembravam os irmãos Mazeaud: "Cuando el hecho de um tercero se ala única causa del daño, el demandado debe ser absuelto sin que haya que averiguar si esse hecho es culposo o no" (MAZEAUD, Henry, MAZEAUD, Léon, e TUNC, André. Op. cit., 1963, p. 240).
982. FACIO, Jorge Peirano. Op. cit., 1981, p. 479.
983. MULHOLLAND, Caitlin Sampaio. Op. cit., 2010, p. 130.

é necessário verificar o sistema de responsabilidade, se objetivo ou subjetivo, a que se submete o terceiro e, no caso da responsabilidade aquiliana, só haverá responsabilidade do terceiro se tiver agido culposamente.

No que tange à imprevisibilidade e irresistibilidade, os mesmos comentários feitos ao fato da vítima podem ser reproduzidos também. Como dito anteriormente, esses requisitos são associados à configuração do caso fortuito e da força maior, conforme se verá no Tópico 20 deste capítulo. A sua equiparação ao fato de terceiro provoca distorções e não é desejável,[984] posto que cada uma delas é dotada de autonomia. O fato de terceiro está ligado à atuação de um sujeito, que não é nem vítima nem o aparente ofensor, mas que pratica o ato danoso, persistindo a pretensão da vítima quanto à reparação dos prejuízos sofridos enquanto nas hipóteses de caso fortuito e força maior, o mesmo desaparece. De fato, o caso fortuito e a força maior são situações que exoneram o suposto ofensor por fatos não atribuíveis nem à vontade deste, nem à da vítima e, tampouco, à de terceiro.[985] Parece mais adequado, portanto, a posição que não exige os respectivos requisitos.[986]

Consequentemente, parece que a imprevisibilidade e irresistibilidade não são elementos do fato de terceiro. Em sentido contrário, parte da doutrina admite os requisitos apenas quando analisados concretamente, em atenção aos deveres que incumbe ao agente no caso concreto.[987] Argumenta Gisela Sampaio da Cruz que, por exemplo, considerando o contrato de transporte e a obrigação do transportador de conduzir o passageiro são e salvo até o local de destino, a jurisprudência sempre buscou limitar essa excludente, quando o fato de terceiro for inerente ao contrato. Embora seja uma tese defensável e louvável, não parece possível concordar com esse entendimento, pois coloca a questão em perspectiva equivocada. A questão não está ligada à imprevisibilidade e irresistibilidade do ato, mas ao espectro do risco da atividade[988] do transportador. Assim, não se deve indagar se o fato era imprevisível e irresistível, mas se o fato de terceiro é inerente ao desempenho da própria atividade e, portanto, não é uma causa estranha ao mesmo. Considera-se, dessa forma, que o tema deve ser enfrentado do ponto de vista da *exterioridade* da atividade, pois, como dito acima, a responsabilidade do ofensor só será eximida pelo fato de terceiro quando este for fato estranho, externo à sua atividade. Em outras palavras, a perspectiva a ser adotada é a partir

---

984. CRUZ, Gisela Sampaio da, Op. cit., 2005, p. 184.
985. Jorge, Fernando Pessoa. Op. cit., 1995, p. 120.
986. MAZEAUD, Henry, MAZEAUD, Léon, e TUNC, André. Op. cit., 1963, p. 241, FACIO, Jorge Peirano. Op. cit., 1981, p. 479, CRUZ, Gisela Sampaio da, Op. cit., 2005, p. 185.
987. Cf. DIAS, José de Aguiar. Op. cit., 2006, p. 933-934, e CRUZ, Gisela Sampaio da, Op. cit., 2005, p. 185.
988. BRAGA NETTO, Felipe Peixoto. *Novo manual de responsabilidade civil*. Salvador: JusPodivum, 2019, p. 301.

do *risco* e não da imprevisibilidade ou irresistibilidade, até mesmo porque, como se terá a oportunidade de ver no Capítulo VI, podem existir fatos imprevisíveis e irresistíveis que, ainda assim, fiquem na esfera jurídica daquele que desempenha uma atividade potencialmente lesiva ou fatos previsíveis e resistíveis, mas que não geram a responsabilidade do suposto ofensor.

Pontuadas todas as questões que tratam da caracterização do fato de terceiro, indaga-se quais seus efeitos acerca da obrigação de indenizar. Como exaustivamente exposto, se a atuação do terceiro for a causa necessária única do evento danoso, então a responsabilidade do suposto ofensor fica completamente eliminada.[989] A questão se torna mais complexa quando o fato do terceiro concorre à produção do dano conjuntamente com a ação do ofensor demandado. Nesse ponto é preciso fazer uma distinção. Se (i) o comportamento do terceiro também implica em sua responsabilidade, seja em razão da atuação culposa, seja porque responde independentemente de culpa, e, nesse caso, haveria dois responsáveis – ofensor e terceiro; ou se (ii) o comportamento do terceiro não é passível de responsabilização por ausência de qualquer dos pressupostos de sua responsabilidade.

No primeiro caso, prevalece em boa parte dos ordenamentos jurídicos a responsabilidade solidária do ofensor demandado e do terceiro, pois eles serão coautores do dano. É a regra do Código Civil Italiano,[990] do Código Civil Português[991] e do Código Civil Brasileiro.[992] Registre-se que não há necessidade de um vínculo psicológico-voluntarístico para essa solução, bastando a unicidade objetiva do fato danoso.[993] Nessa hipótese, aquele que realizar o pagamento, terá

---

989. PIZARRO, Ramón Daniel. Op. cit., 2006, p. 276
990. Art. 2055 do Código Civil Italiano – Responsabilità solidale – "Se il fatto dannoso è imputabile a più persone, tutte sono obbligate in solido (1292) al risarcimento del danno.
    Colui che ha risarcito il danno ha regresso contro ciascuno degli altri, nella misura determinata dalla gravità della rispettiva colpa e dall'entità delle conseguenze che ne sono derivate (1299).
    Nel dubbio, le singole colpe si presumono uguali."
991. Art. 490.º do Código Civil Português (Responsabilidade dos autores, instigadores e auxiliares) – "Se forem vários os autores, instigadores ou auxiliares do acto ilícito, todos eles respondem pelos danos que hajam causado."
992. Art. 942 do Código Civil Brasileiro – "Os bens do responsável pela ofensa ou violação do direito de outrem ficam sujeitos à reparação do dano causado; e, se a ofensa tiver mais de um autor, todos responderão solidariamente pela reparação.
    Parágrafo único. São solidariamente responsáveis com os autores os coautores e as pessoas designadas no art. 932."
993. ALPA, Guido. Op. cit., 2017, p. 212. No mesmo sentido, Pires De Lima e Antunes Varela: "Os casos que o art. 490 abrange não são apenas aqueles que haja cooperação entre os vários autores, instigadores ou auxiliares do acto ilícito, mas também aqueles em que eles tenham agido isolada, individual ou desarticuladamente (...)" LIMA, PIRES De, *et* ANTUNES VARELA, João de Matos. Op. cit., 2010, p. 491.

ação de regresso contra o outro para reaver parte do que despendeu, na medida de sua participação causal. Não se ignora que a repartição dos prejuízos entre o terceiro e o ofensor pode se submeter aos regimes supramencionados quando da distribuição de prejuízos pelo fato da vítima, quais sejam, o grau de culpabilidade, o sistema da *conditio sine qua non* e o regime do grau de causalidade. Contudo, pelas razões anteriormente expostas, parece que a regra a prevalecer é a do grau de causalidade.

O segundo caso gera maior complexidade. Se o terceiro não é responsável, deve o ofensor responder integralmente pelo dano, ainda que não seja o causador exclusivo de toda a extensão do mesmo, ou deve ter sua responsabilidade atenuada por conta do fato do terceiro? Embora a questão não seja pacífica, concorda-se com Pizarro quando afirma que a melhor solução será reduzir o montante indenizatório devido pelo ofensor demandado.[994] O que define a extensão do dano é o princípio da causalidade, que terá o condão de delimitar os prejuízos efetivamente sofridos pela vítima. Ora, se o ofensor não deu causa à magnitude da extensão do dano, nada justifica transferir o prejuízo da vítima ao ofensor que não necessariamente o produziu.

17. CASO FORTUITO E FORÇA MAIOR

O princípio da causalidade é o princípio aceite para a imputação da responsabilidade de qualquer indivíduo na medida em que as pessoas são responsáveis pelas consequências de seus atos. Se o fato da vítima e o fato de terceiro podem vir a interromper o nexo de causalidade, eliminando a responsabilidade do suposto ofensor, outros fatos, não ligados à vítima, à terceiros ou ao suposto ofensor que, ao interromper o nexo causal, também têm a capacidade de afastar, por completo, a obrigação de indenizar do agente. As hipóteses de caso fortuito e força maior também operam no plano da causalidade e devem ser devidamente enfrentadas nesse momento.

Não se constitui o vínculo de causalidade quando a causa necessária do dano não provier de pessoa alguma. Pode ocorrer do dano derivar de causas estranhas ou alheias, que não podem ser atribuídas a qualquer pessoa que seja, como por exemplo, no caso de terremotos, guerras, inundações, furacões etc. Tratam-se de situações denominadas caso fortuito e força maior, que terão a capacidade de excluir a responsabilidade do ofensor.[995]

---
994. PIZARRO, Ramón Daniel. Op. cit., 2006, p. 277.
995. AUBRY et RAU. *Cours de droit civil français*. Paris: Marchal et Billard, 1902, Tome quatrième, p. 167.

A questão envolvendo o caso fortuito e a força maior, num primeiro momento, pode parecer de fácil solução. De fato, não se coloca qualquer tipo de controvérsia ou dificuldade quando o dano é causado direta e exclusivamente por um caso fortuito ou força maior.[996] Nesses casos, a vítima suportará todo o ônus do prejuízo sofrido. Mas, a partir de então, surgem diversas dificuldades, posto que, na prática, o problema da responsabilidade se apresenta quando, por influência de um caso fortuito e força maior, uma pessoa causa danos a outra.[997] Deve ser atribuído o dever de indenizar nesses casos? O debate envolvendo o caso fortuito e a força maior é sede das mais profundas divergências doutrinárias e jurisprudenciais, que vão desde o uso da terminologia empregada até os critérios de distinção e seus efeitos.[998] Parece, contudo, que é importante ter em mente que o conceito de caso fortuito e força maior é um conceito normativo,[999] afastando-se, por conseguinte, de uma noção meramente naturalística. O que se busca identificar, como houve a oportunidade de ver anteriormente, é se está presente alguma razão jurídica que justifique o afastamento da suposta responsabilidade do ofensor. Essa análise, que é feita a partir do princípio da causalidade, não prescinde da política normativa orientadora da teoria da reparação dos danos.

Inicialmente, é preciso reconhecer que boa parte das legislações são lacônicas acerca do caso fortuito e da força maior, tratando-as excepcionalmente como excludentes de responsabilidade[1000] no âmbito das relações contratuais. Tal fato decorre de dois importantes fatores. Desde o início dos tempos, sempre se compreendeu a necessidade de afastar a responsabilidade quando alguém é impedido de atuar por conta da força maior.[1001] Todavia, no âmbito da responsabilidade aquiliana, que dominou a teoria geral da responsabilidade civil por longo período, a questão não se colocava de forma intensa, pois, demonstrada a inexistência de culpa, afastada estava a responsabilidade, quer em virtude do caso fortuito e força maior, ou não. É, contudo, a partir do alargamento das hipóteses de responsabilidade objetiva, ou presunções de responsabilidade, que o tema começa a ganhar novos contornos, ganhando relevo de primeiro plano, pois o suposto

---

996. FACIO, Jorge Peirano. Op. cit., 1981, p. 450.
997. MAZEAUD, Henry, MAZEAUD, Léon, e TUNC, André. Op. cit., 1963, p. 149.
998. Duas teses se apresentam de grande importância pela pesquisa histórica e doutrinária promovida. De um lado a obra de Adolfo Exner, professor de Viena, que teve grande repercussão no início do século passado propondo novos critérios de análise e identificação dos institutos e, de outro, a obra de Arnoldo Medeiros da Fonseca, professor brasileiro, que, fazendo um resgate histórico desde o período Romano, analisando o Direito Comparado nos mais variados países, explicita as principais divergências sobre o tema. Cf. EXNER, Adolfo. *De la fuerza mayor en el derecho mercantil romano y en el actual*. Madrid: Librería General de Victoriano Suárez, 1905 e FONSECA, Arnoldo Medeiros da. *Caso fortuito e teoria da imprevisão*. 2. ed. Rio de Janeiro: Imprensa Nacional, 1943.
999. Jorge, Fernando Pessoa. Op. cit., 1995, p. 126.
1000. FACIO, Jorge Peirano. Op. cit., 1981, p. 451.
1001. MAZEAUD, Henry, MAZEAUD, Léon, e TUNC, André. Op. cit., 1963, p. 150.

ofensor só poderia se exonerar demonstrando a ocorrência da *vis maior* tanto no âmbito da responsabilidade contratual, quando presente alguma obrigação determinada, como na responsabilidade delitual, em relação a coisas[1002] num primeiro momento. Em virtude disso, os legisladores do Código Civil Francês, que acabou influenciando toda a sistemática da obrigação de indenizar nos demais Códigos do século XIX, apenas se ocuparam de tratar circunstancialmente do caso fortuito e da força maior em matéria contratual, conforme se verifica da redação original dos artigos 1.147 e 1.148, posteriormente alterados,[1003] cuja matéria, atualmente, vem tratada no art. 1.231-1 do *Code Civil*.[1004] Observe-se, contudo, que não houve qualquer preocupação no sentido de se estabelecerem os requisitos para sua configuração, o que, decerto, não pôs fim às divergências. Outras legislações, como é o caso do BGB, só trataram circunstancialmente do tema, sem traçar uma regra geral, por meio de regulação casuística no âmbito de outros institutos, dentre os quais, pode-se citar os arts. 206[1005] e 651j.[1006] Na mesma linha seguiu o Código Civil Italiano[1007] e o Código Civil Português, não se

---

1002. Idem, p. 150.
1003. A Lei 2016-131 de 10 de fevereiro de 2016 promoveu uma importante reforma no direito dos contratos e no regime geral e da prova das obrigações. Assim, foram revogados os antigos artigos 1.147 e 1.148, que tratavam especificamente de caso fortuito e força maior, que deram lugar a regras sobre capacidade. A seguir, transcreve-se o texto original dos artigos: Art. 1.147 original do Código Civil Francês – "Le débiteur est condamné, s'il y a lieu, au paiement de dommages et intérêts, soit à raison de l'inexécution de l'obligation, soit à raison du retard dans l'exécution, toutes les fois qu'il ne justifie pas que l'inexécution provient d'une cause étrangère qui ne peut lui être imputée, encore qu'il n'y ait aucune mauvaise foi de sa part."
    Art. 1.148 original do Código Civil Francês – "Il n'y a lieu à aucuns dommages et intérêts lorsque, par suite d'une force majeure ou d'un cas fortuit, le débiteur a été empêché de donner ou de faire ce à quoi il était obligé, ou a fait ce qui lui était interdit".
1004. Art. 1.231-1 do Código Civil Francês – "Le débiteur est condamné, s'il y a lieu, au paiement de dommages et intérêts soit à raison de l'inexécution de l'obligation, soit à raison du retard dans l'exécution, s'il ne justifie pas que l'exécution a été empêchée par la force majeure". Repare-se que o legislador afastou o uso do vocábulo "caso fortuito", mantendo apenas "força maior", sem, contudo, indicar os requisitos para sua configuração.
1005. Section 206 do BGB – Suspension of limitation in case of force majeure – "Limitation is suspended for as long as, within the last six months of the limitation period, the obligee is prevented by force majeure from prosecuting his rights".
1006. Section 651j do BGB – Termination due to force majeure – "(1) If the travel package is substantially obstructed, jeopardised or impaired as the result of force majeure not foreseeable when the contract was entered into, then both the travel organiser and the traveller may terminate the contract merely under this provision.
    (2) If the contract is terminated under subsection (1), then the provisions of section 651e (3) sentences 1 and 2 and 651e (4) sentence 1 apply. Extra costs for return transport are to be borne by the parties one-half each. Apart from this, extra costs are borne by the traveler".
1007. O Código Civil Italiano faz referência à caso fortuito em diversos artigos – tais como, 132, 1007, 1492, 1609, 1635, 1636, 1637, 1648, 1693, 1694, 1787, 1805, 1839, 2037, 2051, 2052, 2743 –, sem, contudo, definir o seu conceito na legislação ou, ainda, os seus requisitos. Nesse sentido, v. ALPA, Guido. Op. cit., 2017, p. 214-215.

ocupando dos requisitos, como se pode extrair dos arts. 505,[1008] 509[1009] e 790.[1010] O Código Civil Brasileiro, seguindo outra postura,[1011] acabou por estabelecer alguns critérios para configuração do caso fortuito e força maior. É o que se extrai do parágrafo único do art. 393[1012] do CCB, conforme se verá adiante.

Diante desse quadro de incertezas, é preciso estabelecer o plano de estudo desse tópico, de modo a trazer clareza no caminho que se pretende seguir. Assim, tratar-se-á (i) as divergências conceituais acerca da noção de caso fortuito para, em seguida, (ii) a efetiva distinção entre as expressões e, por fim, (iii) seus requisitos e (iv) seus efeitos.

Em relação às divergências conceituais, enfrentam-se as doutrinas subjetiva e objetiva.[1013] Segundo a corrente subjetiva, o caso fortuito e a força maior se identificam com a ausência de culpa.[1014] Dito diversamente, a análise do caso fortuito está diretamente ligada à ideia de culpa,[1015] razão pela qual se afirmava que "o caso fortuito e a força maior começam onde termina a culpa".[1016] De outro lado, a doutrina objetiva caracteriza o caso fortuito e a força maior a partir dos próprios

---

1008. Art. 505 do CCP – (Exclusão da responsabilidade) – "Sem prejuízo do disposto no artigo 570.º, a responsabilidade fixada pelo n.º 1 do artigo 503.º só é excluída quando o acidente for imputável ao próprio lesado ou a terceiro, ou quando resulte de causa de força maior estranha ao funcionamento do veículo".

1009. Art. 509 do CCP – (Danos causados por instalações de energia eléctrica ou gás) – "1. Aquele que tiver a direcção efectiva de instalação destinada à condução ou entrega da energia eléctrica ou do gás, e utilizar essa instalação no seu interesse, responde tanto pelo prejuízo que derive da condução ou entrega da electricidade ou do gás, como pelos danos resultantes da própria instalação, excepto se ao tempo do acidente esta estiver de acordo com as regras técnicas em vigor e em perfeito estado de conservação.
2. Não obrigam a reparação os danos devidos a causa de força maior; considera-se de força maior toda a causa exterior independente do funcionamento e utilização da coisa".
3. Os danos causados por utensílios de uso de energia não são reparáveis nos termos desta disposição".

1010. Art. 790 do CCP – (Impossibilidade objectiva) – "1. A obrigação extingue-se quando a prestação se torna impossível por causa não imputável ao devedor.
2. Quando o negócio do qual a obrigação procede houver sido feito sob condição ou a termo, e a prestação for possível na data da conclusão do negócio, mas se tornar impossível antes da verificação da condição ou do vencimento do termo, é a impossibilidade considerada superveniente e não afecta a validade do negócio".

1011. Foi, também, a orientação do Código Civil Espanhol, que estabeleceu critérios para identificação do caso fortuito e da força maior no art. 1.105: "Fuera de los casos expresamente mencionados en la ley, y de los en que así lo declare la obligación, nadie responderá de aquellos sucesos que no hubieran podido preverse, o que, previstos, fueran inevitables".

1012. Art. 393 do CCB – "O devedor não responde pelos prejuízos resultantes de caso fortuito ou força maior, se expressamente não se houver por eles responsabilizado.
Parágrafo único. O caso fortuito ou de força maior verifica-se no fato necessário, cujos efeitos não era possível evitar ou impedir".

1013. FONSECA, Arnoldo Medeiros da. Op. cit., 1943, p. 23.
1014. Idem, p. 23.
1015. EXNER, Adolfo. Op. cit., 1905, p. 30-31. Cf., também, FONSECA, Arnoldo Medeiros da. Op. cit., 1943, p. 132.
1016. FACIO, Jorge Peirano. Op. cit., 1981, p. 452.

acontecimentos, com abstração das condições pessoais e da diligência do suposto ofensor.[1017] Embora o debate venha sendo travado há séculos, tem prevalecido, afinal, há algum tempo, a corrente objetiva.[1018] Jorge Peirano Facio, contestando a corrente subjetiva, explica que, para a correta elucidação do problema, não basta a formulação de que o caso fortuito começa onde termina a culpa, o que, afinal, não estaria equivocado. Ressalta o autor uruguaio, que é preciso analisar se sempre que o caso fortuito e a força maior terminam, começa a culpa.[1019] E, a toda evidência, a resposta é negativa na medida em que existem inúmeras hipóteses em que, mesmo não tendo operado um caso fortuito ou uma força maior, não haverá culpa do causador material do dano.[1020] Realmente, como se tem discutido ao longo deste trabalho, o debate em torno de caso fortuito e força maior diz respeito à causa necessária à produção do dano. Ou seja, toda a investigação residirá num debate sobre a causalidade, de natureza objetiva, afastando-se de qualquer concepção de culpa, razão pela qual não se justifica a doutrina subjetiva.

Essa importante distinção também ajuda a compreender por que não se deve confundir caso fortuito e força maior com o fato da vítima e o fato de terceiro. Busca-se equipará-los porque, em última instância, todas operam uma interrupção do nexo causal e, dessa forma, acabam por excluir a responsabilidade do suposto ofensor, ou, ao menos, em algumas situações, atenuá-la. Contudo, a distinção é clara. Chegam-se aos mesmos efeitos por caminhos evidentemente distintos. Tanto no fato da vítima como no fato de terceiro, é sempre possível reconduzir a causa necessária do dano a um indivíduo concretamente considerado, ainda que no fato de terceiro não seja possível a sua identificação, como é o caso de um terceiro motorista que provocou um acidente e fugiu sem que fosse possível obter qualquer elemento de identificação. As hipóteses de caso fortuito e força maior, por sua vez, não podem ser reconduzidos a pessoa alguma,[1021] o que justifica a

---

1017. FONSECA, Arnoldo Medeiros da. Op. cit., 1943, p. 23.
1018. Notadamente a partir do trabalho de Exner, que viria a buscar uma análise objetiva da força maior. Para o autor austríaco: "Para nosotros, la pregunta de si se halla ante nosotros in concreto un accidente ordinario ó un caso de fuerza mayor, no envuelve ninguna cuestión de culpa, pues ésta debe quedar excluida de la fundamental y regularmente en uno como en otro caso. Con esto desaparece para el Juez aquel pretexto para penetrar en la relación existente entre las circunstancias particulares del hecho individual y la conducta personal del demandado y sus dependientes. El Juez sólo se ha de preocupar del caso individual en general, muy exteriormente, es decir, sólo en tanto en cuanto le parezca necesario para averiguar si dicho caso lleva en sí los caracteres genéricos de la 'fuerza mayor' (...)" (EXNER, Adolfo. Op. cit., 1905, p. 128). Em sentido contrário, Silvio Venosa afirma: "A doutrina discute se a simples ausência de culpa basta por si só para excluir a responsabilidade ou deve o agente provar o caso fortuito ou força maior. Não vemos grande interesse na prática porque a ausência de culpa, para nós, equivale ao caso fortuito ou força maior do art. 393" (VENOSA, Silvio. Direito civil. 17. ed. Atlas, 11-2016. VitalBook file, v. 2. Obrigações e responsabilidade civil. p. 378).
1019. FACIO, Jorge Peirano. Op. cit., 1981, p. 453.
1020. Idem, p. 453.
1021. Idem, p. 454.

aplicação de requisitos significativamente distintos tanto do fato da vítima como do fato de terceiro.

Superada a questão quanto às divergências conceituais, outro ponto que merece atenção consiste em investigar se há efetiva distinção entre caso fortuito e força maior. O tema também foi objeto de inúmeras divergências, muito embora, atualmente haja consenso na questão.[1022] Atualmente, apesar de existir vozes em contrário, prevalece a corrente que defende que os institutos são sinônimos,[1023] não havendo qualquer interesse em distinguir o caso fortuito da força maior.[1024] O ponto principal é que boa parte das legislações do século XIX e as que se sucederam, não buscaram fazer distinções, dando tratamento unitário, tanto em relação aos requisitos como em relação aos seus efeitos. Como se pode verificar de todos os artigos citados anteriormente, não há qualquer distinção apontada pelo legislador; e os dois institutos levam à mesma consequência: exoneração da obrigação de indenizar. Ainda que se possa afirmar que os institutos em si não são sinônimos – as suas construções históricas revelariam hipóteses distintas – não há qualquer razão para se dar tratamento diferente a ambos. Nesse sentido, seria correto afirmar que, mesmo não sendo sinônimos, são expressões equivalentes.[1025] Realmente, na medida em que as legislações modernas estabelecem os mesmos

---

1022. Sobre o histórico dos debates quanto à diferenciação, cf. FONSECA, Arnoldo Medeiros da. Op. cit., 1943. A distinção mais importante e que tem repercussão até a presente data, como se verá no Capítulo VI, foram aquelas formuladas por Adolf Exner e Louis Josserand. Segundo o autor francês, seria necessário distinguir ambos os institutos. Força maior delimitaria as hipóteses de não-responsabilidade ao passo que o caso fortuito, poderia dar lugar à reparação quando houvesse sido determinado diretamente por uma iniciativa humana com a qual encontrasse uma certa relação de conexidade. Josserand, então, faz uma ligação entre o fortuito e o desempenho de atividades de risco e a sua exterioridade. Apesar da distinção entre caso fortuito e força maior nos moldes propostos por Josserand não tenha obtido, afinal, acolhida, a verdade é que os seus estudos são os primeiros de que se tem notícia para iniciar o profundo debate acerca da ideia de exterioridade no desempenho das atividades perigosas para fins de exclusão da responsabilidade e, portanto, um papel fundamental na atualidade. O tema voltará a ser tratado no Capítulo VI quando procurar-se-á estabelecer a diferença entre o chamado fortuito interno e fortuito externo, muito debatido na jurisprudência brasileira. Cf. EXNER, Adolfo. Op. cit., 1905 e JOSSERAND, Louis, et THALLER, Edmond. Les transports. Traité général théorique et pratique de droit commercial. Paris: Arthur Rousseau, 1910.
1023. Para Savatier: "Le droit français emploie indifféremment les deux expressions de cas fortuit et de cas de force majeure" (SAVATIER, René. Traité de la responsabilité en droit français. Paris: Librairie Générale de Dorit et de Jurisprudence, 1939, Tome I – les sources de la responsabilité civile, p. 227). Cf., ainda, PIRSON, Roger, et DE VILLÉ, Albert. Op. cit., 1935, p. 76. Cf., também, FONSECA, Arnoldo Medeiros da. Op. cit., 1943, p. 96, PEREIRA, Caio Mário da Silva. Op. cit., 2012, p. 399, FACIO, Jorge Peirano. Op. cit., 1981, p. 461, MAZEAUD, Henry, MAZEAUD, Léon, e TUNC, André. Op. cit., 1963, p. 159.
1024. Colin e Capitant, que inicialmente buscaram estabelecer distinção entre os institutos, acabaram por reconhecer a identidade entre caso fortuito e força maior. Cf. COLIN, Ambroise, et CAPITANT, Henri. Traité de droit civil. Paris: Dalloz, 1959, t. II, p. 472.
1025. Para Silvio Giovanoli, as expressões são equivalentes, mas não sinônimos. Cf. GIOVANOLI, Silvio. Force majeure et cas fortuit – en matière d'inexecution des obligations, selon le code des obligations suisse (avec une comparaison des droits allemand et français actuels). Genève: Gerog & Cie., 1933, p. 245.

efeitos e os mesmos requisitos, não há por que realizar quaisquer distinções, sendo natural o tratamento idêntico, pois, como lembram os irmãos Mazeaud, para se precisar a linguagem jurídica "no hay por qué establecer clasificaciones inútiles".[1026] Parece ser essa a melhor conclusão a partir da análise dos dispositivos do Código Civil Brasileiro,[1027] que não fazem quaisquer distinções de tratamento entre um e outro, prevalecendo uma teoria unitária das expressões. Uma análise do art. 393 do CCB, em especial, revela com nitidez tal desiderato. Ao afirmar que o "caso fortuito ou de força maior verifica-se no fato necessário, cujos efeitos não era possível evitar ou impedir" torna-se evidente que seja força maior ou caso fortuito, os requisitos são os mesmos: fato que efetivamente operou, cujos efeitos eram inevitáveis.

Estabelecidas essas premissas, é preciso indagar quais os requisitos para a configuração do caso fortuito e da força maior. Talvez aqui resida a questão mais delicada, não havendo qualquer consenso quanto ao tema. Enquanto alguns requisitos aparecem em praticamente toda a doutrina, outros são vacilantes, variando consideravelmente de autor para autor. Acerca deste tema, então, é preciso estabelecer as premissas que levam à consagração dos requisitos. O ponto principal consiste em reconhecer que as hipóteses de caso fortuito e força maior desaguam, necessariamente, no plano da causalidade e, conseguintemente, não se deve perquirir questões de índole subjetiva, como se vê da inserção do debate da culpa, que ocorre com frequência indesejável na jurisprudência. Esse é o ponto de partida do presente estudo, que busca uma análise objetiva do caso fortuito e da força maior, cujas bases se fincam no plano da causalidade. Nesse contexto, devem ser tidos como requisitos do caso fortuito e da força maior (1) a *não imputabilidade*,[1028] (2) a *inevitabilidade* ou *impossibilidade*, (3) a *atualidade*, e (4) a *exterioridade*.

Isto não significa que não há divergência. De fato, ao lado destes são frequentemente citados como requisitos do caso fortuito e da força maior a *imprevisibilidade* e a *irresistibilidade*. Contudo, como haverá a oportunidade de analisar a seguir, não parece que essas duas últimas características sejam essenciais à configuração do caso fortuito e da força maior, podendo se fazer presentes ou não. Dessa forma, carecem ser um critério seguro para sua configuração.

1026. MAZEAUD, Henry, MAZEAUD, Léon, e TUNC, André. Op. cit., 1963, p. 156.
1027. Em Portugal, há doutrina mais restritiva que busca diferenciar o caso fortuito da força maior. Para ela, o caso fortuito seria caracterizado pela imprevisibilidade e a força maior pela inevitabilidade; ainda haveria outra diferença no campo das atividades de risco em que o caso fortuito seria inerente à atividade enquanto a força maior seria o evento estranho (PRATA, Ana. *Dicionário jurídico*. 5. ed. Coimbra: Almedina, 2011, 1º v., p. 245).
1028. Mais uma vez, cumpre esclarecer que a não imputabilidade não está ligada ao conceito de inimputabilidade inerente à culpabilidade, mas deve ser entendida no sentido de causalidade.

Antes de adentrá-los propriamente, é preciso fazer um alerta. Nenhum evento pode ser tido como caso fortuito ou força maior por si só.[1029] A interpretação da norma jurídica é um processo cognitivo e, como tal, não se pode admitir a interpretação como "mera compreensão de uma realidade pré-jurídica".[1030] Dito diversamente, o fato não é um dado prévio anterior à interpretação,[1031] mas é reconhecido, entendido e ganha significado apenas no contexto da própria interpretação. Caberá sempre analisar individualmente cada situação que se apresenta para, no contexto da interpretação e qualificação jurídicas, conjuntamente realizadas, identificar se há um efetivo caso fortuito e força maior. O exemplo da guerra trazido pelos irmãos Mazeaud ajuda a clarear a questão. Para os autores a declaração de guerra ou mesmo o estado de guerra, por si só, não impedem o cumprimento de contratos. Mas, certamente, impediria o cumprimento de contratos comerciais com o país inimigo e talvez alguns outros, mas não todos os contratos celebrados internamente no país.[1032] A análise dos requisitos, portanto, se dará sempre *in concreto*, considerando a realidade das partes.

O primeiro requisito, assim como nas outras hipóteses de exclusão do nexo causal, é a *não imputabilidade,* também denominada *não causalidade*, essencial à configuração do caso fortuito e da força maior. Como visto, para que qualquer sujeito possa ser responsabilizado, é imperioso que o dano decorra de uma atuação sua. Ou seja, é fundamental que o ofensor tenha dado *causa* ao prejuízo. Ora, para que se opere essa excludente de responsabilidade, então, torna-se necessário que a atuação do ofensor não tenha sido a causa da situação de caso fortuito e força maior.[1033]

Alguns autores procuram identificar a não imputabilidade com a *exterioridade*.[1034] Esta posição decorre, em verdade, da busca pela identificação do termo "causa estranha" do antigo art. 1.147 do Código Civil Francês.[1035] A ideia seria, basicamente, construir uma teoria capaz de impedir a alegação do caso fortuito quando este fosse um desdobramento do desempenho da atividade perigosa.[1036] Parece, contudo, que diante da complexidade do tema envolvendo *risco* a questão da exterioridade ganha contornos de extrema relevância, exigindo um estudo

---

1029. MAZEAUD, Henry, MAZEAUD, Léon, e TUNC, André. Op. cit., 1963, p. 162.
1030. PERLINGIERI, Pietro. *O direito civil na legalidade constitucional*. Rio de Janeiro: Renovar, 2008, p. 652.
1031. Idem, p. 652.
1032. MAZEAUD, Henry, MAZEAUD, Léon, e TUNC, André. Op. cit., 1963, p. 162.
1033. COLIN, Ambroise Victor Charles, et CAPITANT, Henri Lucien. *Cours élémentaire de droit civil français*. Paris: Dalloz, 1945-48, v. 2, p. 226. No mesmo sentido, FACIO, Jorge Peirano. Op. cit., 1981, p. 469.
1034. PIZARRO, Ramón Daniel. Op. cit., 2006, p. 294.
1035. COLIN, Ambroise, et CAPITANT, Henri. *Traité de droit civil*. Paris: Dalloz, 1959, t. II, p. 473.
1036. MAZEAUD, Henry, MAZEAUD, Léon, e TUNC, André. Op. cit., 1963, p. 168.

aprofundado com a clareza de identificação de seu conceito e aplicação. Por via de consequência, apresenta-se de todo interessante autonomizar o referido requisito para uma aplicação mais coerente com os tempos atuais.[1037]

A *inevitabilidade* ou *impossibilidade*, tratada pelos franceses de *insurmontablé*,[1038] é certamente o requisito que aparece com maior frequência e, normalmente, acompanhada da ideia de *irresistibilidade*.[1039] Note-se que se optou por não fazer alusão à ideia de irresistibilidade, pois esta não se apresenta como um requisito indispensável. Ela pode ou não estar presente. Explica-se. A noção de irresistibilidade prontamente leva à ideia de impossibilidade. Se um fato é irresistível, isso significaria que seria impossível qualquer atuação distinta. Mas não é verdade. Pode ocorrer que um evento seja irresistível e, mesmo assim, não torne impossível a atuação do suposto ofensor ou, também, pode ocorrer da atuação se tornar impossível, ainda que não fosse irresistível.[1040]

Parecem ter razão os irmãos Mazeaud quando afirmavam que a expressão *irresistibilidade*, quando tomada num sentido absoluto, praticamente nega a força maior – nenhum fato é absolutamente irresistível – e, quando tomada em sentido relativo, leva à discussão de culpa: a força maior e o caso fortuito se transformariam em investigar se o suposto ofensor foi diligente, isto é, se fez o que devia ter feito, o que significa investigar se agiu culposamente.[1041] O problema é que analisar a culpa no campo do caso fortuito e da força maior torna-os inútil e vazios de conteúdo,[1042] pois, em se tratando de responsabilidade subjetiva, a demonstração da culpa é elemento necessário à própria configuração do dever de indenizar e, assim, se não há culpa, não há necessidade de verificar a ocorrência de um fortuito. Em se tratando de responsabilidade objetiva, por sua vez, é trazer a discussão de culpa para um debate que prescinde desse elemento subjetivo, o que dificulta a reparação da vítima aumentando consideravelmente o seu ônus.

O que caracteriza efetivamente o caso fortuito e a força maior é a total impossibilidade de atuação distinta por parte do suposto ofensor. Deve-se compreender por *inevitabilidade*, portanto, a *total impossibilidade* de "evitar o próprio

---

1037. Em sentido contrário, os irmãos Mazeaud defendiam que o requisito da não imputabilidade era absorvido pelo requisito da exterioridade. Cf. MAZEAUD, Henry, MAZEAUD, Léon, e TUNC, André. Op. cit., 1963, p. 169.
1038. Nesse sentido, cf., dentre outros, LALOU, Henri. Op. cit., 1962, p. 207, COLIN, Ambroise, et CAPITANT, Henri. Op. cit., 1959, p. 473.
1039. FACIO, Jorge Peirano. Op. cit., 1981, p. 465.
1040. PIRSON, Roger, et DE VILLÉ, Albert. Op. cit., 1935, p. 81.
1041. MAZEAUD, Henry, MAZEAUD, Léon, e TUNC, André. Op. cit., 1963, p. 171.
1042. MAZEAUD, Henry, MAZEAUD Léon, e TUNC, André. *Tratado teórico y práctico de la responsabilidad civil delictual y contractual*. Buenos Aires: Ediciones Jurídicas Europa-América, 1962, Tomo primero, v. II, p. 364.

acontecimento, ou seus efeitos",[1043] seja porque o fato acabou por impossibilitar de forma absoluta o cumprimento da prestação, nos casos de responsabilidade contratual, ou de agir distintamente, nas hipóteses de responsabilidade extracontratual.[1044] A *impossibilidade* é a *ratio* própria desse requisito. O uso comum da palavra inevitável ou irresistível leva à ideia de que algo poderia ter sido feito, ou seja, caso o suposto ofensor, tivesse agido diligentemente, o dano não teria ocorrido. Trata-se de concepção equivocada, porquanto se mantém arraigada numa concepção subjetiva do caso fortuito e da força maior. É preciso superar esse viés para encontrar, numa análise de cunho objetivo, a *impossibilidade total*. Em outras palavras, o caso fortuito e a força maior operam como uma força inelidível que não é dada qualquer forma de impedi-los, escapando ao poder do suposto ofensor.[1045]

A inevitabilidade deve ser encarada, como dito acima, a partir da situação concretamente considerada, isto é, às condições objetivas do momento do acontecimento. Essa análise casuística é encarada objetivamente, com total abstração da pessoa do suposto ofensor.[1046] Daí que a impossibilidade que efetivamente produz a ruptura do nexo de causalidade é a impossibilidade objetiva ou absoluta.[1047] Somente a impossibilidade que se mostra "insuscetível de ser realizada

---

1043. FONSECA, Arnoldo Medeiros da. Op. cit., 1943, p. 141.
1044. MAZEAUD, Henry, MAZEAUD, Léon, e TUNC, André. Op. cit., 1963, p. 169. Nesse ponto é interessante notar que acerca do caso fortuito e força maior, embora tenham o mesmo conceito e requisitos, poderão apresentar diferenças de aplicação em se tratando de responsabilidade contratual ou extracontratual. De fato, na primeira, os requisitos serão analisados em atenção às obrigações assumidas em decorrência, em regra, do exercício da autonomia privada. Assim, serão analisados os interesses preexistentes e supervenientes à contratação, os deveres anexos decorrente da boa-fé, a prestação assumida pelo devedor etc., o que não se dá no âmbito extracontratual. Se há uma aproximação entre a responsabilidade contratual e a extracontratual – na medida em que os elementos necessários à sua configuração são os mesmos – as particularidades e vicissitudes de cada uma delas demonstra as distinções de natureza funcional, estrutural e sistemática, o que sugere que a distinção se faz presente. Sobre o tema, lembra Karina Fritz: "Assim, percebe-se que no direito alemão ocorreu, na verdade, uma ampliação do campo de incidência da responsabilidade contratual e não seu encolhimento, como ocorreria a abraçar-se a tese da responsabilidade unitária. Com a maxima venia às opiniões em contrário, parece que a ideia de uma responsabilidade una, tal como formulada no Brasil, é extremamente questionável e não encontra amparo na lei e nem na melhor doutrina.

Até a doutrina portuguesa, antes simpática à tese, vem mudando de opinião, pois percebeu que o Direito progride diferenciando suas soluções, como bem coloca António Menezes Cordeiro. Outrora defensor da tese unitária, o autor elenca atualmente uma série de distinções (ontológica, funcional, estrutural e sistemática) entre as duas categorias, salientando expressamente a necessidade de superação da corrente unitária" (FRITZ, Karina Nunes. Comentário ao ERESP. 1.280.825/RJ: prazo prescricional de dez anos para a responsabilidade contratual? *Revista de direito da responsabilidade*. ano 1, 750-751, 2019).
1045. PEREIRA, Caio Mário da Silva. Op. cit., 2012, p. 397.
1046. FONSECA, Arnoldo Medeiros da. Op. cit., 1943, p. 144.
1047. ALVIM, Agostinho. Op. cit., 1972, p. 328.

por quem quer que seja"[1048] tem o condão de afastar a obrigação de indenizar e, por conta disso, a dita impossibilidade relativa ou subjetiva, não o exonerará.

Não se pode confundir, ainda, no plano da responsabilidade contratual, a *impossibilidade* com a mera *dificuldade*.[1049] O caso fortuito e a força maior não se constituem simplesmente porque a sua existência tornou mais onerosa a atuação do suposto ofensor.[1050] A chamada *dificuldade*, acaba por tornar a obrigação mais onerosa ou custosa[1051] e não necessariamente liberará o devedor da obrigação de indenizar. Operará a sua exoneração quando a obrigação se tornar particularmente difícil, exigindo sacrifícios extraordinários ou desmesurados. Entretanto, já não se dará uma hipótese de caso fortuito e força maior, mas de outro instituto, que ganhou foros de predominância no século passado. Estar-se-á diante de uma hipótese de onerosidade excessiva[1052] ou teoria da imprevisão,[1053] conforme estabelecido pela legislação vigente, que poderá levar à revisão e consequente modificação do contrato ou à sua resolução.

O terceiro requisito é a *atualidade*. Este requisito deve ser encarado no sentido de que o evento fortuito tem incidência atual e não meramente temporária,[1054] tampouco que seja uma impossibilidade eventual, no futuro, que ainda não se operou.[1055] Realmente, não se pode alegar como caso fortuito um evento que ainda não teve lugar e, consequentemente, não afetou o processo causal, muito menos um evento passageiro que também não afeta o processo causal.

O último requisito apontado é a *exterioridade*.[1056] A doutrina francesa foi, provavelmente, aquela que mais se debruçou sobre o tema na tentativa de

---

1048. TELLES, Inocêncio Galvão. Op. cit., 2014, p. 363.
1049. PIRSON, Roger, et DE VILLÉ, Albert. Op. cit., 1935, p. 80.
1050. FACIO, Jorge Peirano. Op. cit., 1981, p. 465.
1051. TELLES, Inocêncio Galvão. Op. cit., 2014, p. 366.
1052. O Código Civil Brasileiro prevê que a onerosidade excessiva produz a resolução contratual, que poderá vir a ser evitada com a modificação equitativa das condições do contrato, conforme dispõe os arts. 478 e 479. As relações de consumo se submetem a um sistema distinto, pois o Código de Defesa do Consumidor Brasileiro prevê como direito básico do consumidor a sua modificação por fatos supervenientes que alterem o seu equilíbrio (art. 6º, V, do CDC). O Código Civil Português, no art. 437 trata da imprevisão, admitindo a revisão do contrato ou sua resolução.
1053. FACIO, Jorge Peirano. Op. cit., 1981, p. 465.
1054. PIZARRO, Ramón Daniel. Op. cit., 2006, p. 294.
1055. CRUZ, Gisela Sampaio da, Op. cit., 2005, p. 198. "Trata-se, pois, [caso fortuito e força maior] de fato externo e irresistível ao agente, que não pode impedi-lo, de modo que assume, o próprio evento, a causa do dano." (MIRAGEM, Bruno Nubens Barbosa. *Direito Civil* – Responsabilidade Civil (Locais do Kindle 4177). Saraiva, 2015. Edição do Kindle, posição 4152 de 19188).
1056. No Brasil ganhou destaque o trabalho de Agostinho Alvim, que, com base na obra de Josserand, viria a distinguir o fortuito interno e externo: "A força maior, portanto, é o fato externo que não se liga à pessoa, ou à empresa, por nenhum laço de conexidade" (ALVIM, Agostinho. Op. cit., 1972, p. 330).
Enquanto o caso fortuito, propriamente, traduz a hipótese em que existe aquele nexo de causalidade" (ALVIM, Agostinho. Op. cit., 1972, p. 330).

identificar o significado de *"causa estranha"* do art. 1.147 original do Código Civil Francês. A exterioridade implica a concepção de que o evento, para ser considerado caso fortuito e força maior, deve estar situado fora da esfera em que o ofensor responde.[1057] Dito diversamente, o fato não pode ser atribuído à esfera jurídica de atuação do ofensor, não pode guardar qualquer grau de conexão com sua atuação ou atividade.[1058]

Os dois primeiros defensores desse requisito de que se tem notícia[1059] no âmbito das atividades industriais, e que viria a ser amplamente aceito pela doutrina e jurisprudência dos países ocidentais, notadamente na França,[1060] são Adolf Exner[1061] e Louis Josserand,[1062] cujos trabalhos seguiram no sentido de que, no âmbito dos acidentes industriais não se excluem aqueles que são intrínsecos ao desempenho da atividade de risco, isto é, dentro do círculo industrial da empresa.[1063] Assim, o suposto ofensor jamais poderá alegar como causa de exoneração de sua responsabilidade fatos que, embora inevitáveis, estão diretamente ligados à atividade desenvolvida, pois se o titular da atividade se abstivesse de atuar, os prejuízos não se verificariam.

Atualmente não há dúvida em relação à necessidade de *exterioridade* do evento, notadamente no âmbito do desenvolvimento das atividades de risco. O problema desse requisito reside, no entanto, na sua identificação no caso concreto. A aplicação dos tribunais segue, infelizmente, sem balizas seguras para sua aplicação, o que exige um aprofundamento quanto aos critérios que norteiam sua investigação. Deixa-se esta análise para o Capítulo VI, ao qual se remete o leitor.

E em relação à *imprevisibilidade*? Ela deve ser considerada um requisito? É comum encontrar autores que defendem que somente o caso fortuito imprevisível teria o condão de liberar o suposto ofensor.[1064] Entende-se que a imprevisibilidade

---

1057. TOURNEAU, Philippe Le. Op. cit., 1976, p. 210.
1058. PEREIRA, Caio Mário da Silva. *Instituições de direito civil*. 31. ed. Rio de Janeiro: Forense, 2019, v. II: Teoria geral das obrigações. p. 338-339.
1059. Isto não significa dizer que não havia referencias anteriores à palavra *exterior* nos escritos antigos. Contudo, foi a partir da obra de Exner que o termo *exterioridade* ganhou o sentido atual ligado à esfera jurídica de atuação do ofensor.
1060. É a doutrina seguida por LALOU, Henri. Op. cit., 1962, COLIN, Ambroise, et CAPITANT, Henri. Op. cit., 1959, MAZEAUD, Henry, MAZEAUD, Léon, e TUNC, André. Op. cit., 1963.
1061. EXNER, Adolfo. Op. cit., 1905, p. 133.
1062. Cf. JOSSERAND, Louis, et THALLER, Edmond. *Les transports*. Traité général théorique et pratique de droit commercial. Paris: Arthur Rousseau, 1910, p. 453, JOSSERAND, Louis. *Les transports en service intérieur et en service internaciotional (transports ferroviaires, roulage, navigation intérieure et navigation aérienne) a l'exclusion des transports maritimes*. Paris: Rousseaus, 1926, p. 534, JOSSERAND, Louis. *Cours de droit civil positif français*. Paris: Recueil Sirey, 1939, v. II, p. 268.
1063. EXNER, Adolfo. Op. cit., 1905, p. 134.
1064. PIZARRO, Ramón Daniel. Op. cit., 2006, p. 292, LALOU, Henri. Op. cit., 1962, p. 207, COLIN, Ambroise, et CAPITANT, Henri. Op. cit., 1959, p. 473, MULHOLLAND, Caitlin Sampaio. Op. cit., 2010, p. 132.

não deve figurar como requisito. Como se teve a oportunidade de ver, o requisito da imprevisibilidade é de ser criticado, por ser um critério de extrema fragilidade.[1065] Ele insere um elemento subjetivo, diretamente ligado à culpa, para uma discussão objetiva acerca de acontecimentos estranhos à atuação do suposto ofensor. É dizer: o réu agiu diligentemente e, prevendo o que razoavelmente poderia vir a ocorrer, adotou as medidas necessárias a evitar o dano, ou agiu culposamente e permaneceu inerte? Pirson e De Villé, criticando o requisito, afirmavam que ele impede a consagração do caso fortuito e força maior, pois todos os eventos são abstratamente previsíveis,[1066] salvo aqueles que se operam pela primeira vez no mundo dos fatos.[1067] Por exemplo, é comum que ocorram guerras. Ora, então a guerra é um evento previsível? Terremotos também ocorrem. Seriam, então, previsíveis? A se levar esse requisito ao extremo, nenhum fato poderia ser tido como imprevisível, o que inviabilizaria o recurso à essa defesa do demandado. Apesar da crítica ser interessante, parece evidente que não é decisiva e suficiente para afastar, por si só, este requisito,[1068] pois, argumenta-se, em sentido contrário, que não se investiga o que abstratamente ocorre, mas o que deveria ter sido previsto, segundo o que normalmente sucede.[1069] E, nesse ponto, seria possível identificar eventos imprevisíveis. Mas então, deve ser considerado um requisito para a configuração do caso fortuito e força maior?

O ponto mais sensível, em realidade, é que a imprevisibilidade é dispensável[1070] e pode estar presente ou não, pois, ainda que o evento seja previsível, ele pode se dar com uma força inelutável, de tal maneira que se torna inevitável.[1071] Nesse sentido, a *inevitabilidade* acaba por absorver, por completo, a imprevisibilidade. Ora, se o evento é inevitável a ponto de afastar a responsabilidade, quer seja previsível ou não, então a *imprevisibilidade* não se apresenta como um requisito essencial. De fato, ao se admitir que o evento, ainda que previsível, mas cujos efeitos são absolutamente inevitáveis, é de se admitir a excludente.[1072] Se esta defesa se apresenta válida, mesmo diante da previsibilidade, então, ela não

---

1065. PIRSON, Roger, et DE VILLÉ, Albert. Op. cit., 1935, p. 82.
1066. Idem, p. 82.
1067. MAZEAUD, Henry, MAZEAUD, Léon, e TUNC, André. Op. cit., 1963, p. 178.
1068. FONSECA, Arnoldo Medeiros da. Op. cit., 1943, p. 146.
1069. Idem, p. 146.
1070. FERRIANI, Adriano, e FERRIANI, Carlos Alberto. Reflexões sobre a força maior e o caso fortuito. In: PIRES, Fernando Ivo (Org.); GUERRA, Alexandre (Coord.). *Da estrutura à função da responsabilidade civil* – uma homenagem do Instituto Brasileiro de Estudos de Responsabilidade Civil (IBERC) ao professor Renan Lotufo. Indaiatuba: Editora Foco, 2021, p. 203.
1071. FONSECA, Arnoldo Medeiros da. Op. cit., 1943, p. 146. No mesmo sentido, PEREIRA, Caio Mário da Silva. Op. cit., 2012, p. 399.
1072. ROSENVALD, Nelson et al. *Novo tratado de responsabilidade civil*. São Paulo: Atlas, 2015, p. 474.

é requisito essencial, ainda que possa estar presente. Parece, portanto, que ela é inadequada para fins de atribuição da responsabilidade civil.[1073]

Em verdade, ao que tudo indica, a questão não é de previsibilidade ou não do fato, mas, antes, se o evento está de alguma forma inserido na esfera jurídica do suposto ofensor, em especial nas atividades de risco. O recurso à ideia de previsibilidade acaba por reconduzir à culpa e a uma responsabilização moral do agente, o que, de certa maneira, ainda que equivocada e por caminhos alheios às finalidades contemporâneas da reparação dos danos, pode atender, em alguma medida, aos anseios de reparação da vítima e "punição" do ofensor. Ocorre que a melhor solução que se apresenta é, na realidade, identificar o fato não como previsível, mas como interno, permanecendo na esfera jurídica daquele que cria um risco em razão de sua atuação. É justamente o critério da *exterioridade* que desempenhará o papel fundamental na adequada distribuição de riscos dentro da sociedade por intermédio da responsabilidade civil, identificando se o fato se insere no âmbito dos riscos criados pelo agente que explora a atividade. Trata-se, a toda evidência, de um critério extremamente difícil. Assim, propõe-se o abandono da ideia de *imprevisibilidade* com a consagração do critério da *exterioridade*, formulado dentro de parâmetros que permitam a identificação dos riscos criados, conforme se verá no Capítulo VI.

Por fim, é necessário tratar da repercussão do caso fortuito e da força maior na responsabilidade do agente. Na hipótese do caso fortuito e da força maior serem a única causa necessária do dano, não se coloca qualquer dificuldade: nesses casos, haverá a total exoneração do suposto ofensor.[1074] Quando, no entanto, concorrem o caso fortuito e a força maior e um fato do ofensor, é de se indagar se é possível uma atenuação da responsabilidade. Em sendo possível, qual o critério para a distribuição do prejuízo? Parece mais adequada ao princípio da causalidade a análise da contribuição causal do ofensor, afastando-se a responsabilidade integral quando concorrer um caso fortuito e força maior.[1075] A melhor orientação, assim, levará em consideração a contribuição causal que ditará a quantificação da indenização devida.

1073. ALPA, Guido. Op. cit., 2017, p. 215.
1074. FACIO, Jorge Peirano. Op. cit., 1981, p. 429.
1075. MULHOLLAND, Caitlin Sampaio. Op. cit., 2010, p. 132.

Capítulo VI
A INSUFICIÊNCIA DA DOUTRINA TRADICIONAL DA REPARAÇÃO DOS DANOS PARA AVALIAR A DISTRIBUIÇÃO DOS RISCOS: UMA PROPOSTA DE IDENTIFICAÇÃO DO FORTUITO INTERNO

18. O VÍNCULO DE CAUSALIDADE E O RISCO

Como se teve a oportunidade de ver ao longo do presente estudo, o risco passa a polarizar os debates da sociedade. Ele deixa de figurar como um mero aspecto acidental, reservado às fatalidades ou aos desígnios dos deuses, para se tornar verdadeiro elemento central, objeto de estudo, mensuração e controle. De fato, se no passado os perigos eram sempre relegados aos outros, atualmente, eles não podem ser segregados, estando todos nós, inclusive os seus próprios produtores, submetidos diuturnamente a eles.[1076]

O reconhecimento desse protagonismo, como debatido no Capítulo I, produziu intensas transformações em todos os setores das ciências. No campo das ciências jurídicas não poderia ser diferente. As novas definições de risco, então, acabaram sendo incorporadas pelos ordenamentos jurídicos,[1077] especialmente no que diz respeito aos sistemas de responsabilidade civil.[1078] A confissão de que o homem é o produtor dos próprios desastres – nas palavras de Beck, os *man-made disasters*, ou, como afirma Giddens, os *manufactured risks* –,[1079] reforça a ideia, cada vez mais presente, de que é necessário identificar os responsáveis pelos males que afligem os homens, pois se apresenta inverossímil que os riscos e os

---
1076. BECK, Ulrich. Op. cit., 2010, p. 7.
1077. LUPTON, Deborah. Op. cit., 2013, p. 37.
1078. ROSENVALD, Nelson et al. *Novo tratado de responsabilidade civil*. São Paulo: Atlas, 2015, p. 6.
1079. GIDDENS, Anthony. *Conversas com Anthony Giddens*: o sentido da modernidade. Rio de Janeiro: Editora FGV, 2000, p. 143.

danos não tenham a participação direta ou indireta do homem. Como afirmara Louis Josserand em conferências pronunciadas em Faculdades de Direito pela Europa no início do século passado, "não aceitamos mais, docilmente, os golpes do destino, e, sim pretendemos determinar a incidência definitiva".[1080] O alerta do jurista francês não poderia ser mais atual na sociedade de risco: busca-se o equilíbrio jurídico e a segurança, necessários aos desconhecidos e graves desafios a serem enfrentados.

Nesse ponto, o contínuo desenvolvimento tecnológico, ao mesmo tempo que produziu um profundo incremento na vida, segurança e saúde da humanidade, trouxe, a reboque das forças produtivas, inúmeros riscos decorrentes desse progressivo processo de modernização,[1081] caracterizando uma ameaça aos interesses juridicamente protegidos no ordenamento, gerando as mais variadas lesões, quantitativa e qualitativamente consideradas. Nesse ponto, operou-se uma profunda transformação dos conceitos de reparação civil, que acabou por deixar de lado a ideia do agir culposo, diretamente ligado ao *bonus pater família*, realçando a natureza solidarista que o século XX imbuiu à responsabilidade civil, num movimento de socialização e distribuição dos riscos. A responsabilidade civil abandonou a concepção historicamente individualista para buscar novos mecanismos de diluição dos ônus reparatórios entre os mais variados agentes que contribuem para a produção dos danos.[1082] Como lembra Ana Mafalda de Miranda Barbosa, não se está mais em jogo um "pensamento de tipo causa efeito nos termos da qual entre comportamento culposo e resultado medeia um hiato logicista a ser preenchido segundo critérios consequencialistas, mas um a priori dever de obstar a produção de tal resultado".[1083]

O risco passa a ditar os caminhos da reparação dos danos. Independentemente dos efeitos concretamente considerados no momento da prática do fato jurídico, é em seu nome que a obrigação de indenizar será pensada, analisada e delimitada.[1084] Indaga-se a quais deveres aquele que cria uma atividade perigosa deve se submeter e a quais danos deve, então, ficar sujeito. Nesse contexto de maiores riscos, construídos a partir de uma noção de sociedade de risco, é de se pesquisar quais deles se encontram efetivamente na esfera jurídica do criador da atividade perigosa, que não necessariamente guardam uma conexão material ou intelectual, ao menos, clara e evidente, com os danos sofridos por aqueles expostos

---

1080. JOSSERAND, Louis. Op. cit., 1941, p. 550.
1081. BECK, Ulrich. Op. cit., 2010, p. 15.
1082. Idem, p. 235.
1083. BARBOSA, Ana Mafalda Castanheira Neves de Miranda. *Do nexo de causalidade ao nexo de imputação* – contributo para a compreensão da natureza binária e personalística do requisito causal ao nível da responsabilidade civil extracontratual. v. II, p. 746. Cascais: Princípia, 2013.
1084. Idem, p. 747.

a eles, seja porque decorrem de fatos de outros agentes (fato da vítima ou fato de terceiro) ou da própria natureza (caso fortuito e força maior), seja porque é tecnicamente inviável a demonstração dessa conexão em razão da falta de informação suficiente para conhecer, com razoável precisão, as possíveis consequências do desenvolvimento da referida atividade. Eis o difícil dilema dos tempos atuais.

Percebeu-se, ao longo do século XIX e, especialmente na primeira metade do século XX, que o conceito de causalidade até então construído pelas ciências naturais e repensado pelas ciências jurídicas à luz da normatividade presente não eram aptas a dar conta de toda a multiplicidade de situações decorrentes dos novos riscos criados. Observou-se, então, um aprofundamento da complexidade causal, levando o risco a irradiar seus efeitos, também, para o princípio da causalidade.

O problema da sociedade de risco é, assim, um problema de causalidade. Os mais variados discursos científicos, tanto do lado daqueles que criam os riscos, como daqueles que os suportam, são construídos numa lógica binária de irresponsabilização ou responsabilização. Opera-se, portanto, uma gradual revogação causal dos riscos, como anunciado por Beck: os riscos do processo de modernização, em razão de suas particularidades, não podem ser suficientemente interpretados segundo o clássico princípio da causalidade.[1085] Pense-se, por exemplo, nos poluentes presentes no ar que, na maior parte das vezes, decorrem dos mais variados atores e cidadãos presentes na sociedade, desde as usinas e indústrias, até os motoristas de veículos movidos a combustível fóssil, passando pelas chaminés dos residentes para aquecimento de suas casas. Exigir uma prova causal estrita e cabal, nos termos das ciências naturais, tornaria inviável qualquer mecanismo de responsabilização. A complexidade de causas e suas incontáveis interações provocam, consequentemente, um desânimo na busca pelo causador.[1086]

É possível verificar, por conseguinte, uma lenta, mas notável contaminação do nexo de causalidade pelo risco, que exige uma releitura do instituto. O primeiro influxo doutrinário e jurisprudencial dessa contaminação se deu a partir de um movimento que vem buscando abstrair do plano da imputação da responsabilidade civil a própria ideia de causalidade ou, ao menos, flexibilizá-la, de tal modo que possa vir a ser dispensado na verificação dos danos.[1087] Sobre este

---

1085. BECK, Ulrich. Op. cit., 2010, p. 76.
1086. HERMITTE, Marie-Angèle. Os fundamentos jurídicos da sociedade de risco – uma análise de U. Beck. In: VARELLA, Marcelo Dias (Org.). *Rede latino-americana-europeia sobre governo dos riscos*. Brasília, 2005, p. 11.
1087. "A flexibilização diz respeito ao olhar do intérprete. Isto é, trata-se de uma permissão, ou uma orientação hermenêutica, para que ele seja menos rigoroso na análise do nexo causal. Em outras palavras, ao analisar determinado caso de responsabilidade civil, que possivelmente não se concluiria que houve o nexo causal se fôssemos rigorosos e matemáticos (...)" (BRAGA NETTO, Felipe Peixoto. Op. cit., 2019, p. 296).

ponto, Gonzalo Sozzo argumenta que na análise dos riscos do desenvolvimento, a manutenção da relação causal *adequada*, com as teorias que a sustentam, manteria os riscos do desenvolvimento no campo do caso fortuito apto a romper a responsabilidade do fornecedor de produtos e serviços.[1088] Assim, continua o referido autor, tornar-se-ia imperioso flexibilizar a causalidade jurídica, muito embora, segundo seu entendimento, o instrumento dessa flexibilização seja, necessariamente, o recurso às presunções de causalidade.[1089]

Como se pôde discutir no Capítulo II, a reparação dos danos funciona como um verdadeiro mecanismo de adequada distribuição de riscos, cujo escopo é garantir a efetiva reparação das vítimas e a prevenção a comportamentos danosos, incentivando os indivíduos a adotarem comportamentos socialmente desejáveis que reduzam a ocorrência de danos no corpo social. Nesse sentido, a atribuição de riscos não deixa de ser uma atribuição causal ligada à noção de causa e efeito. Contudo, como alertado por esse movimento flexibilizador da causalidade, é preciso reconhecer as inúmeras dificuldades em compreender as causas de um dano, o que pode vir a impedir a reparação das vítimas, descambando para uma possível irresponsabilização geral. Assim, essa complexidade da atividade humana tecnológica, torna, em inúmeras situações, impossível ou de difícil alcance a identificação causal.[1090] Não obstante a correta colocação do problema, no sentido de que o pensamento do nexo de causalidade na forma proposta no século XIX, serviria como um verdadeiro óbice à reparação das vítimas, inaplicável numa sociedade radicalmente distinta daquela pensada na responsabilidade civil clássica, é preciso reconhecer o desacerto desse movimento.

Valendo-se de um recurso retórico à palavra *risco*, utilizada de forma muitas vezes atécnica – na tentativa de desconstrução do princípio da causalidade, ao argumento de que é preciso superar a concepção clássica da reparação dos danos para o alcance de uma efetiva *justiça* –, em vez de alcançar as finalidades pretendidas pela reparação dos danos, acaba-se por corroer o próprio sistema da responsabilidade civil, aumentando consideravelmente a insegurança e não impedindo, sequer, a ocorrência dos danos ou, ainda, intensificando o fenômeno da irresponsabilização. Não é difícil encontrar decisões no judiciário brasileiro, por exemplo, que, fazendo alusão à "teoria do risco", afirmam que o ofensor, ao optar por desenvolver uma atividade, "assumiu o risco" e, portanto, deve indenizar

---

1088. SOZZO, Gonzalo. Riscos do desenvolvimento e sistema do direito de danos (para de danos pluralista). *Direito, sociedade e riscos*: A sociedade contemporânea vista a partir da ideia de risco. Rede Latino – Americana e Europeia sobre Governo dos Risco, 2000, p. 158-159.
1089. Idem, p. 159.
1090. BECK, Ulrick. Op. cit., 2010, p. 75.

a vítima.[1091] Verifica-se uma superutilização do termo, que esvazia o vocábulo sem qualquer ganho.

Registre-se: é necessário reconhecer a dificuldade em identificar o nexo de causalidade. Todavia, essa admissão não pode levar à ideia de que se pode prescindir ou, sequer, flexibilizar o nexo de causalidade. Pelo contrário, o princípio da causalidade se torna o verdadeiro condutor mestre de toda a teoria da responsabilidade civil identificando aquele que deve suportar os riscos criados. Dito diversamente, a imputação da responsabilidade passa a consistir numa técnica de atribuição de riscos e uma escolha social sobre a quem deve recair o risco, que é necessariamente realizada pelo princípio da causalidade.

Assim, é preciso colocar o debate entre causalidade e risco na perspectiva correta. Como se teve a oportunidade de esclarecer ao longo do Capítulo III, o nexo de causalidade não pode ser observado do ponto de vista meramente naturalístico, isto é, no seu campo unicamente material. A investigação do liame causal não é meramente factual na medida em que é influenciada por fatores

---

1091. Em 08.08.2019, por exemplo, o Tribunal de Justiça de Minas Gerais, Brasil, condenou a empresa ré Walmart (WBM Comércio Eletrônico Ltda.) em razão de uma consumidora ter sido vítima de *phising*, tipo de golpe proveniente de e-mail ou comunicação eletrônica, direcionado a um indivíduo, organização ou empresa específicos (https://www.kaspersky.com.br/resource-center/definitions/spear-phishing). No referido caso, a autora adquiriu um aparelho de TV em um site falso que não era da ré, isto é, um site desenvolvido por terceiros fraudadores, mas que aparentava ser da ré, pois utilizavam a logomarca, em clara violação ao *trade dress* da empresa (daí o *phising*). Na sentença de primeira instância foi constatado que a parte autora foi vítima de fraude, e, mesmo assim, a empesa ré foi condenada pois, segundo os "print's" das páginas, a consumidora adquiriu o produto em site que aparentava ser da parte ré, já que o site fraudulento usava a logomarca da ré, aparentando veracidade. O TJ/MG manteve a condenação ao argumento de que (i) já havia notícias que fraudadores se valiam do site falso da empresa e nada foi feito pela Walmart, (ii) esta não manteve vigilância constante na internet para identificar o uso indevido de sua marca por meio de profissionais da área de tecnologia da informação e que, portanto, (iii) assumiu o risco de ter o seu nome usado nessas negociações fraudulentas no mundo virtual. Assim, a empresa ré foi condenada à indenização por danos materiais (devolução do valor pago pela TV aos falsários) e indenização por danos morais no valor de R$ 5.000,00. (Apelação Cível 1.0000.19.020810-8/001. Numeração única 5000016-77.2017.8.13.0342, Des. Rel. Evandro Lopes da Costa Teixeira, 17ª Câmara Cível, julg. 08.08.2019). Repare que o recurso à palavra risco é carente de conteúdo, impossibilitando a própria defesa do réu. O ponto mais importante, que seria a discussão acerca do fato de terceiro apto ou não a excluir a responsabilidade do réu sequer foi objeto de debate no acórdão, que se limitou a discutir o risco, sem aprofundar qual é a circunscrição do risco de uma loja varejista que vende seus produtos na internet, especialmente em atenção ao uso indevido de sua marca e demais elementos caracterizadores de sua atividade, que, a toda evidência implica numa prática de concorrência desleal cujo escopo é efetivamente causar confusão no consumidor. Ou seja, sanciona-se duas vezes a ré. Como o acórdão não tratou de nenhum desses pontos, o que se pode apreender é que essa suposta flexibilização do nexo de causalidade pautada pela contaminação do risco, parece, produz o efeito exatamente oposto ao pretendido: soluções esdrúxulas que não têm a capacidade de incentivar comportamentos socialmente desejáveis que reduzem dano, pois exigir que uma rede varejista mantenha uma equipe de TI para vigiar e monitorar constantemente a internet para identificar o uso indevido de sua marca se apresenta inviável.

normativos.[1092] Por conseguinte, a análise do nexo de causalidade, em especial a jurídica, é influenciada pelos interesses juridicamente protegidos e as finalidades estabelecidas pelo ordenamento jurídico em seus respectivos estatutos, que contribuirão decisivamente na busca pela causa. Não se pode admitir, assim, a abstração ou flexibilização do nexo de causalidade, mas, antes, o seu reconhecimento no campo normativo como um instrumento que supera o mero liame naturalístico. Como afirma Ana Mafalda, "importa levar a cabo uma tarefa de cotejo de esferas de risco".[1093]

Não se trata de questão meramente terminológica. Argumentar pela flexibilização pode ter consequências desastrosas na prática judiciária, pois legitima o investigador a abandonar a própria investigação, prescindindo do elemento causal, o que viria a encerrar uma responsabilidade independentemente do responsável ser o efetivo causador, fazendo ruir um dos próprios fundamentos da reparação: se o responsável não tem como compreender o porquê de sua responsabilização e como poderia ter evitado essa consequência jurídica, a função de prevenção deixa de existir. Afirmar, no entanto, que o elemento causal tem aspectos normativos, exige que o investigador adentre o campo da causalidade justificando do ponto de vista axiológico e teleológico como que o campo normativo influencia decisivamente a causa concretamente considerada. Assim, ao magistrado, na investigação do nexo de causalidade, caberá fundamentar adequadamente como alcançou a causa juridicamente válida à atribuição do dever de indenizar.[1094]

Ao se definir, nos termos propostos no Capítulo II, que o risco da atividade consiste numa situação ou um evento legitimamente esperado, atribuível a uma decisão humana, comissiva ou omissiva, em que um interesse juridicamente protegido se encontra sujeito a uma lesão potencial, mas cujo resultado concreto é incerto, acredita-se que é possível se afastar de um discurso vazio de conteúdo, que permita, ao revés, efetivamente delimitar, com maior precisão, os riscos circunscritos às atividades perigosas desempenhadas.[1095] Isto é, identificar quais são os riscos controláveis, ou, ao menos, que deveriam ser controláveis, que se inserem na esfera jurídica do ofensor pelos danos que sua atividade produz. Em outras palavras, estabelecer quais riscos estão na esfera jurídica em decorrência

---

1092. NOVAES, Domingos Riomar. *Nexo causal como realidade normativa e presunção de causalidade na responsabilidade civil*. Rio de Janeiro: Lumen Juris, 2017, p. 84.
1093. BARBOSA, Ana Mafalda Castanheira Neves de Miranda. Op. cit. Cascais: Princípia, 2013, v. II, p. 759.
1094. Tal entendimento veio a se tornar o Enunciado 659 da IX Jornada de Direito Civil: "O reconhecimento da dificuldade em identificar o nexo de causalidade não pode levar à prescindibilidade da sua análise".
1095. "La responsabilité fondée sur le risque créé consiste dans l'obligation de réparer des faits dommageables produits par une activité qui s'exerçait dans votre intérêt et sous votre contrôle" (SAVATIER, René. Op. cit., 1939, p. 354).

da criação ou controle de uma fonte de perigo que implica num aumento de riscos para terceiros.

Parece que esse debate deve ser travado, portanto, no campo correto: no princípio da causalidade. Quais riscos são efetivamente causados pelo desenvolvimento da atividade danosa? Qual é o espectro do risco da atividade? Nesse ponto, a solução caminha para o critério da *exterioridade*, como se teve a oportunidade de tratar no Capítulo V. Sabe-se que no desempenho de uma atividade que é fonte de perigo, inúmeros danos podem advir para terceiros. O que se espera, justamente, é conseguir compreender e identificar quais danos decorrem dessa fonte de perigo e quais não; quais danos são ínsitos à atividade e quais podem ser caracterizados como causa estranha, alheia a ela. Parece possível, concluir, portanto, como já se consolidou forte doutrina e jurisprudência nos mais diversos ordenamentos jurídicos, que a discussão acerca do risco inerente no âmbito da causalidade deve ser tratado a partir da ideia, de um lado, de *evento interno*, isto é, desprovido da referida característica, e, de outro, de *evento externo* ou causa estranha, cujo elemento primordial é a *exterioridade* e que, dessa forma, terá o condão de interromper o nexo de causalidade exonerando o suposto ofensor.

A discussão dos danos que se inserem na esfera jurídica da atividade perigosa acaba por ser enfrentada, portanto, no requisito da *exterioridade* do caso fortuito e da força maior e, também, do fato de terceiro, pois, nesta última hipótese, nem toda ação de terceiro pode ser tida como causa estranha. No Direito Brasileiro", desenvolveu-se, a partir dos trabalhos de Agostinho Alvim,[1096] pautado na tese de Louis Josserand,[1097] o debate quanto à *exterioridade* numa relevante distinção entre *fortuito interno* e *fortuito externo*, de modo a justificar os eventos que são causa estranha à atividade desempenhada, tema aprofundado pelos tribunais brasileiros e pela doutrina.[1098]

O tema é extremamente polêmico e traz consigo inúmeros questionamentos, o que decerto gerará profundas divergências. Passa-se, então, a investigar o conteúdo do requisito da *exterioridade*, que admite a exclusão da responsabilidade civil daquele que desenvolve atividade potencialmente lesiva de modo que seja possível estabelecer critérios mais seguros na sua aplicação.

1096. ALVIM, Agostinho. Op. cit., 1972, p .330-331.
1097. JOSSERAND, Louis, et THALLER, Edmond. Op. Cit., 1910, p. 453.
1098. Observe-se que a referida discussão ganhou força impressionante nas últimas décadas chegando a se tornar um enunciado nas Jornadas de Direito Civil no Brasil. Leia-se o conteúdo do Enunciado 443: "O caso fortuito e a força maior somente serão considerados como excludentes da responsabilidade civil quando o fato gerador do dano não for conexo à atividade desenvolvida".

19. A DIFICULDADE NA CONFIGURAÇÃO DA EXTERIORIDADE: A FALTA DE CRITÉRIOS CIENTÍFICOS

Como visto no Capítulo V, para que o caso fortuito, a força maior e o fato de terceiro tenham o condão de interromper o nexo de causalidade daquele que desenvolve uma atividade perigosa, é imperioso que esteja presente o requisito de *exterioridade*. Segundo tal requisito, o evento a ser considerado uma excludente de responsabilidade deve estar situado fora da esfera em que o ofensor responde.[1099] Em outras palavras, o fato causador do dano não pode guardar qualquer grau de conexão com a atuação do agente ou com a sua atividade, isto é, deve ser extrínseco. Se do ponto de vista conceitual, não há dúvidas quanto à sua importância, é na identificação *in concreto* da *exterioridade* que se apresentam todas as enormes dificuldades.

No Brasil – assim como em outros países – como prevalece a tese de que caso fortuito e força maior são expressões equivalentes,[1100] especialmente em razão do disposto no art. 393 do CCB,[1101] a doutrina e a jurisprudência passaram a reconhecer a existência de dois tipos de caso fortuito, quais sejam (i) o fortuito interno e (ii) o fortuito externo.[1102] É importante destacar que essas duas figuras não têm o propósito de distinguir o caso fortuito da força maior, como se pensou outrora,[1103] mas tão somente estabelecer as situações em que o caso fortuito ou a força maior são dotados do requisito da *exterioridade*. Dito diversamente, se é correta a ideia de efetivamente distinguir entre eventos que são tidos como internos ou externos, de maneira a excluir a responsabilidade ou não daquele que desenvolve uma atividade potencialmente perigosa, ela não leva à conclusão de que se diferencia o caso fortuito da força maior.[1104] Ao revés, adotando-se o entendimento de que há efetivamente essa equivalência, justifica-se o tratamento unitário da matéria e, nesse sentido, tudo aquilo que se argumentar sobre fortuito interno e externo é perfeitamente aplicável à força maior.[1105] Dessa forma, parece que a consagração do vocábulo *fortuito interno* e *externo* no Brasil é salutar de

---

1099. TOURNEAU, Philippe Le. Op. cit., 1976, p. 210.
1100. ROSENVALD, Nelson et al. *Novo tratado de responsabilidade civil*. São Paulo: Atlas, 2015, p. 473.
1101. Art. 393, CCB: "O devedor não responde pelos prejuízos resultantes de caso fortuito ou força maior, se expressamente não se houver por eles responsabilizado.
Parágrafo único. O caso fortuito ou de força maior verifica-se no fato necessário, cujos efeitos não era possível evitar ou impedir."
1102. SIMÃO, José Fernando, *et al. Código civil comentado* – doutrina e jurisprudência. Rio de Janeiro: Forense, 2019, p. 218.
1103. ALVIM, Agostinho. Op. cit., 1972, p .330-331.
1104. Assim também NORONHA, Fernando. Op. cit., 2007, p. 637.
1105. Basta verificar o conteúdo do Enunciado 443 das Jornadas de Direito Civil: "O caso fortuito e a força maior somente serão considerados como excludentes da responsabilidade civil quando o fato gerador do dano não for conexo à atividade desenvolvida".

modo a distinguir, com alguma clareza, o porquê de alguns eventos, embora aparentarem tratar de caso fortuito, não têm o condão de excluir o dever de indenizar. Conseguintemente, é de se reconhecer a unidade de tratamento das figuras acima enunciadas para diferenciar aquelas situações em que o evento causador do dano guarda conexão com a atividade desenvolvida, quando, então, se estará diante de um *fortuito interno*, daquelas outras em que o evento é causa estranha à atividade e, portanto, um *fortuito externo*.[1106] Apenas estas últimas detêm o necessário requisito da *exterioridade*, apto a efetivamente romper o nexo de causalidade,[1107] quer se trate de caso fortuito ou força maior.

A grande dificuldade reside, portanto, na distinção entre fortuito interno e externo, pois, ainda que se discuta com bastante intensidade no Direito Brasileiro, não há critérios realmente seguros de diferenciação nem na doutrina, tampouco, na jurisprudência, o que dificulta sobremaneira a análise. De fato, no Brasil, o que se percebe é uma análise conjectural da jurisprudência, levando os operadores do direito a buscarem a diferenciação nas decisões do Superior Tribunal de Justiça Brasileiro, órgão judicante com a incumbência de uniformizar a jurisprudência acerca da interpretação e aplicação da lei federal brasileira.[1108] Não se faz aqui uma crítica quanto a essa função do referido tribunal, pois, realmente, as situações que envolvem o fortuito interno certamente serão debatidas inicialmente no Poder Judiciário, que enfrentará, primeiro, as novas atividades e/ou situações produtoras de danos decorrentes dos avanços tecnológicos. Assim, a análise jurisprudencial será fundamental para a compreensão do tema. Contudo, o que se pode – e deve – buscar é estabelecer critérios razoavelmente mais seguros para que, no dia a dia dos tribunais, se possa diferenciar as situações de fortuito interno e externo, afastando-se de um eventual subjetivismo judicial. Em outras palavras, a doutrina deve assumir o seu protagonismo e buscar estabelecer critérios que possam ajudar o operador do direito a encontrar uma solução mais consentânea com o ordenamento jurídico.

E qual, então, seria a diferença entre fortuito interno e externo, isto é, como se define a *exterioridade*? Antes de adentrar os critérios propriamente ditos, é preciso esclarecer uma importante discussão. A diferença entre interno e externo colhe suas fontes nos trabalhos de Adolf Exner[1109] e Louis Josserand. Estes dois

---
1106. MIRAGEM, Bruno. Op. cit., 2014, p. 565.
1107. No mesmo sentido, cf. ROSENVALD, Nelson, et al. Op. cit., 2015, p. 474.
1108. O STJB, por exemplo, já definiu que "As instituições financeiras respondem objetivamente pelos danos gerados por fortuito interno relativo a fraudes e delitos praticados por terceiros no âmbito de operações bancárias", conforme se extrai da Súmula 479, do referido tribunal.
1109. Muito embora se discutisse o que era um *acidente exterior* antes dos trabalhos de Exner, o tratamento era absolutamente distinto. A ideia de acidente exterior reside num debate acerca de um cuidado extraordinário, notadamente ligado à concepção subjetiva de caso fortuito e força maior. É justamente

juristas, entretanto, elaboraram suas teses na busca da diferenciação entre caso fortuito e força maior. Considerando, então, a prevalência da posição de que as expressões são equivalentes, poder-se-ia cogitar que a referida distinção perderia seu interesse. O que se viu ao longo do século passado foi justamente o oposto. O pensamento desses dois juristas tomou grande dimensão, pois, apesar de não servirem para diferenciar o caso fortuito e a força maior, sedimentaram as bases que viriam a consagrar a adoção do requisito da *exterioridade* no âmbito de atividades perigosas, passando a ser tese pacífica nos mais variados ordenamentos jurídicos: a busca pela causa estranha como a única apta a admitir a exclusão de responsabilidade nas hipóteses de atividades perigosas. Assim, parece evidente que a *ratio* de suas teses, atualmente, não tem como finalidade distinguir o caso fortuito e a força maior, mas, em realidade, identificar o que significa a *exterioridade* da atividade de risco, o que, neste trabalho se definiu, alhures, como fortuito interno e externo.

Em sua obra "De la fuerza mayor en el derecho mercantil romano y en el actual", Exner buscou estabelecer os critérios especiais para a determinação dos casos de *vis maior*.[1110] Para ele, existiriam apenas dois, o primeiro, de índole qualitativa, é caracterizado pelo elemento da *exterioridade*[1111] e o segundo, de natureza essencialmente quantitativa[1112] se apresenta na noção de *importância* e *notoriedade*[1113] do fato causador do dano.

Para Exner, diante de um acidente individual, a demonstração da força maior, na forma tradicional em que fora concebida até então, levaria, na grande maioria dos casos, à exclusão da responsabilidade dos produtores de danos à sua época, isto é, dos que produziam os chamados danos industriais no seu sentido mais amplo, considerados aqueles que têm sua origem e desenvolvimento no círculo industrial da empresa.[1114] Prossegue o autor que a investigação, objeto de análise, não é um assunto claro de tal maneira que bastaria a simples exclusão, *prima facie*, da discussão acerca da culpa a partir do momento em que o juiz reconhece que a causa que se afirma como produtora do acidente se originou no âmbito da ação industrial da empresa demandada. O que se verifica, em verdade, é a difícil situação da vítima em fornecer provas à demonstração do fato danoso

---

a partir de Exner que o debate acerca do requisito da exterioridade, como a conhecemos hoje, tem lugar. Sobre o tema, cf. EXNER, Adolfo. Op. cit., 1905, p. 135, nota de rodapé (1).
1110. EXNER, Adolfo. Op. cit., 1905, p. 133.
1111. Idem, p. 133 e ss.
1112. Idem, p. 133.
1113. Idem, p. 149 e seguintes. Cf., também, JOSSERAND, Louis, et THALLER, Edmond. Op. cit., 1910, p. 466. Josserand, no entanto, critica o requisito de importância e notoriedade, conforme se demonstrará adiante.
1114. Idem, p. 134.

e das especificidades da atividade da empresa[1115] suficientes à responsabilidade do produtor do dano. Nesse sentido, lembra Exner, numa ação indenizatória, o demandado (ofensor) poderia contribuir e apresentar provas para afastar sua responsabilidade. Contudo, segundo o autor austríaco, o ofensor certamente não iniciará uma investigação sobre a suficiência de seu pessoal ou dos meios utilizados pela empresa para alcançar sua finalidade, de maneira tal que se possa efetivamente "apreciar as disposições e precauções adotadas para evitar as faltas na atividade industrial e as colisões ou outros acidentes ocorridos no interior do organismo técnico da empresa".[1116] O que se perceberia, portanto, na prática judiciária é que, nesses casos, nunca será possível afirmar a presença da vis maior, "porque os acidentes internos geralmente são apresentados como assuntos escuros",[1117] o que levaria à irresponsabilização do ofensor.

Nesse contexto, Exner busca diferenciar o acidente interior do acidente exterior e, para tanto, ilustra com o caso da destruição de uma mercadoria que se incendiou dentro do armazém de uma empresa transportadora em que se encontrava guardada. Segundo sua tese, tão logo se apresente que a causa da destruição se originou de dentro do armazém, não haveria que se indagar como se originou o dano causado às mercadorias, tampouco se a transportadora agiu com cuidado extraordinário, pois, em tais casos, não seria possível a alegação de força maior. A única indagação a se fazer seria se o fogo se propagou de dentro para fora ou se de fora para dentro e, apenas neste último caso, poderia existir força maior, embora não necessariamente.[1118] Explica o autor: o incêndio será tratado como uma hipótese de força maior se houver sido causado por um raio, bombardeio, se foi propagado de uma casa vizinha etc; não será, no entanto, se decorrer de uma explosão em razão de um transeunte haver arremessado seu cigarro aceso por uma janela aberta.[1119]

Exner tenta, então, diferenciar os "acidentes exteriores" e "interiores" no sentido de que não se reconhece hipóteses de força maior sempre que "las causas productoras del daño se han originado en el círculo industrial de la empresa misma".[1120] Em seu pensamento fundamental, o objeto do direito seria excluir toda a apreciação judicial acerca da cadeia dos fatos causais que corre dentro do organismo da empresa, sob pena de permitir a abertura da possibilidade de que questões envolvendo a culpa, com todos os perigos práticos decorrentes, nota-

---
1115. Idem, p. 134.
1116. Idem, p. 135.
1117. Idem, p. 135.
1118. Idem, p. 138.
1119. Idem, p. 138.
1120. Idem, p. 138.

damente, o problema da prova diabólica contra a vítima, penetrem novamente o debate da reparação dos danos.[1121] Trata-se de importante concepção, que afasta, em definitivo a ideia de culpa da força maior em razão da adoção da teoria objetiva.

O ponto mais sensível da tese de Exner consiste em definir, então, até onde se estendem os limites do "círculo industrial" da empresa. Para ele, o referido círculo industrial coincide com o perímetro dos meios industriais no sentido mais *lato*.[1122] Em outras palavras, o círculo compreenderia todos os espaços e objetos que de fato se empregam para realizar a atividade industrial, com inclusão da subempresa porventura existente, e, também, todo o pessoal que trabalha para a empresa, as máquinas e os animais de carga.[1123] A ressalva feita por Exner em relação às pessoas que compõem a empresa reside no fato de que elas só podem ser consideradas no círculo industrial quando e enquanto estiverem a serviço de suas funções.[1124] O fato interior, portanto, é especialmente dilatado, abarcando

---

1121. Idem, p. 139. Exner chega a afirmar que em seu entendimento seria imperioso negar a existência de força maior, mesmo no caso extremo, de destruição da carga de um navio devido à explosão de uma máquina infernal recebida a bordo com falsas declarações. Por mais injusto que se apresente no caso concreto, esta seria a única solução correta.
1122. Idem, p. 140.
1123. Idem, p. 141.
1124. Idem, p. 141. Nesse ponto, o art. 1.242 do Código Civil Francês, com as alterações promovidas pela Lei 131/2016, estabeleceu que os empregadores só respondem pelos atos de seus empregados nas funções para as quais os empregaram. No mesmo sentido, o Código Civil Brasileiro estabeleceu no art. 932 que os empregadores respondem pelos atos de seus empregados no exercício do trabalho que lhes competir, ou em razão dele. Confira-se: Art. 1.242, CCF: "On est responsable non seulement du dommage que l'on cause par son propre fait, mais encore de celui qui est causé par le fait des personnes dont on doit répondre, ou des choses que l'on a sous sa garde.

    Toutefois, celui qui détient, à un titre quelconque, tout ou partie de l'immeuble ou des biens mobiliers dans lesquels un incendie a pris naissance ne sera responsable, vis-à-vis des tiers, des dommages causés par cet incendie que s'il est prouvé qu'il doit être attribué à sa faute ou à la faute des personnes dont il est responsable.

    Cette disposition ne s'applique pas aux rapports entre propriétaires et locataires, qui demeurent régis par les articles 1733 et 1734 du code civil.

    Le père et la mère, en tant qu'ils exercent l'autorité parentale, sont solidairement responsables du dommage causé par leurs enfants mineurs habitant avec eux.

    Les maîtres et les commettants, du dommage causé par leurs domestiques et préposés dans les fonctions auxquelles ils les ont employés;

    Les instituteurs et les artisans, du dommage causé par leurs élèves et apprentis pendant le temps qu'ils sont sous leur surveillance.

    La responsabilité ci-dessus a lieu, à moins que les père et mère et les artisans ne prouvent qu'ils n'ont pu empêcher le fait qui donne lieu à cette responsabilité.

    En ce qui concerne les instituteurs, les fautes, imprudences ou négligences invoquées contre eux comme ayant causé le fait dommageable, devront être prouvées, conformément au droit commun, par le demandeur, à l'instance."

    Art. 932, CCB: "São também responsáveis pela reparação civil:

    I – os pais, pelos filhos menores que estiverem sob sua autoridade e em sua companhia;

    II – o tutor e o curador, pelos pupilos e curatelados, que se acharem nas mesmas condições;

os meios industriais no sentido mais amplo. Desse modo, a alegação de guarda e manutenção dos bens e maquinários ou de enfermidade do empregado não são suficientes à exclusão da responsabilidade. Em ambos os casos, haverá um acidente interior e "el peligro que éste supone corre á cargo de la empresa",[1125] pois a possibilidade de impedir o fato, ou não, é indiferente,[1126] salvo diante de uma *força exterior* que encerra a *inevitabilidade*, que teria o condão de afastar a responsabilidade.[1127]

Como se percebe, a tese de Exner caminha no sentido de que é preciso considerar o conjunto de seres e forças que cooperam numa empresa industrial como uma unidade, tal como se apresenta no tráfego jurídico diante do grande público e, dessa forma, deve-se conceber todo esse conjunto como elemento integrante do sujeito eventualmente obrigado a indenizar os acidentes que tenham tido origem e desenvolvimento dentro deste corpo. Assim, conclui Exner em relação ao requisito qualitativo: força maior "es, ante todo, un suceso [evento] que proviene de fuera de la empresa y que entra en el círculo industrial de ésta".[1128] Como se percebe a exterioridade, segundo o referido autor, é de natureza essencialmente *material*,[1129] ligada diretamente aos bens e pessoas empregadas no âmbito do desenvolvimento da empresa, ainda que em um sentido amplo.

O segundo requisito, quantitativo, para configuração da força maior apta a excluir a responsabilidade, para Exner, reside na *importância* e *notoriedade* do fato. Para ele, diante da ocorrência do fato, pode surgir uma grande desconfiança quanto à validez e pureza de todo o procedimento seguido pelo suposto ofensor para apresentar sua defesa, decorrente da desigualdade na produção das provas no processo. A referida desconfiança se apresentaria, assim, num duplo aspecto. De um lado, se coloca em dúvida se as causas verdadeiras do dano sejam realmente aquelas alegadas pelo demandado, isto é, se são a causa real do dano. De outro, há de se perguntar se a ação exterior alegada como causa do dano era realmente inevitável *in concreto*.[1130] Nesse sentido, segundo o autor, para que o fato seja efetivamente uma eximente de responsabilidade, é preciso que haja garantias suficientes que façam desaparecer essa desconfiança em seu duplo aspecto. Para

---

    III – o empregador ou comitente, por seus empregados, serviçais e prepostos, no exercício do trabalho que lhes competir, ou em razão dele;

    IV – os donos de hotéis, hospedarias, casas ou estabelecimentos onde se albergue por dinheiro, mesmo para fins de educação, pelos seus hóspedes, moradores e educandos;

    V – os que gratuitamente houverem participado nos produtos do crime, até a concorrente quantia."

1125. Idem, p. 142.
1126. Idem, p. 145.
1127. Idem, p. 147.
1128. Idem, p. 148.
1129. FONSECA, Arnoldo Medeiros da. Op. cit., 1943, p. 81.
1130. EXNER, Adolfo. Op. cit., 1905, p. 150.

ele, então, tal garantia se dá por meio da (i) publicidade dos eventos e (ii) da insuperável violência com que se há manifestado o fato.[1131] No primeiro requisito, se procura garantir a verdade de que os eventos efetivamente ocorreram, ao passo que no segundo, se busca a inevitabilidade no caso concreto.

Por fim, mas ainda importante quanto aos requisitos da *vis maior* para Exner, a sua caracterização dependeria fundamentalmente que o evento fosse caracterizado como extraordinário, no sentido de que deveria exceder visivelmente a medida dos acidentes que são de se esperar geralmente na vida e, portanto, neste sentido, acidentes comuns. Somente os acidentes que contivessem essa característica extraordinária poderia efetivamente ser uma hipótese de força maior suficiente a afastar a responsabilidade. Eis os requisitos qualitativo e quantitativo da força maior na tese de Exner.

A tese de Exner, embora tenha obtido destaque, foi profundamente criticada, pois a determinação do círculo de exploração da empresa, isto é, a exterioridade do acidente, traria grandes dificuldades. Outrossim, a apreciação do critério quantitativo seria demasiada subjetiva a ponto de variar de magistrado a magistrado.[1132]

Josserand, convencido da importância de distinguir a força maior e o caso fortuito, de modo a estabelecer as situações efetivamente de exclusão de responsabilidade (força maior) daquelas em que permanece a responsabilidade (caso fortuito), procurou diferenciá-las.[1133] Ao buscar o critério de distinção, Josserand alude ao trabalho de Exner e, embora reconheça que sua tese é efetivamente engenhosa, aponta dois principais defeitos.

Inicialmente, é preciso deixar claro que o autor francês critica de forma enfática o critério quantitativo de Exner. Para aquele, a *importância e a notoriedade dos eventos* danosos são circunstâncias essencialmente relativas em que não se pode estabelecer uma definição, pois residem numa ideia muito pessoal e individual[1134] do próprio investigador, o que tornaria inviável qualquer tentativa de conceituação, diante do profundo subjetivismo que arrasta para o campo da investigação da responsabilidade. Ademais, segundo Josserand, entre caso fortuito e força maior não há uma diferença de grau ou de intensidade, mas de natureza. Nesse sentido, o fato de o evento danoso ser público ou sua força inelutável seria irrelevante e, portanto, deveria ser eliminada da análise.[1135]

1131. Idem, p. 153.
1132. FONSECA, Arnoldo Medeiros da. Op. cit., 1943, p. 83.
1133. JOSSERAND, Louis, et THALLER, Edmond. Op. cit., 1910, p. 466.
1134. JOSSERAND, Louis, et THALLER, Edmond. Op. cit., 1910, p. 468.
1135. Idem, p. 470.

Quanto ao debate acerca da exterioridade material, como pensado pelo jurista austríaco, Josserand afirma que a tese é carente de precisão.[1136] Para o autor francês, o caráter de exterioridade no qual Exner baseia sua distinção é encontrado em ambas as categorias de eventos, ou seja, tanto no caso fortuito como na força maior, e, dessa forma, acabaria por aparecer, a depender das circunstâncias, em uma ou outra dessas categorias, constituindo às vezes hipóteses de força maior e às vezes de casos fortuitos, sem, com isso, perder a característica de exterioridade.[1137] Ele exemplifica com o roubo cometido em uma hotelaria, que geraria ou não a responsabilidade, quer seja pensado como algo comum (caso fortuito) ou ocorra à força armada (força maior). Em outras palavras, o mesmo fato e a mesma circunstância poderiam gerar duas situações distintas.

Para o jurista francês, o critério único e fundamental de distinção entre a *vis maior* e o caso fortuito seria efetivamente o critério qualitativo da *exterioridade*. Todavia, ele se afasta da tese de Exner na medida em que o respectivo critério não seria material, geométrico, como pensado pelo autor austríaco, mas puramente jurídico e *intelectual*.[1138] Josserand, então, assume o critério *intelectual* da exterioridade. Assim, um evento não seria necessariamente externo à empresa pelo simples fato de vir de um ponto localizado fora do domínio material deixado pela atividade ou do círculo em que a empresa opera, porquanto essa origem externa não exclui a existência de uma relação de conexão entre o evento danoso e a atividade da empresa.[1139] E conclui que é justamente a relação de conexão que é decisiva e que caracteriza o caso fortuito.[1140]

Segundo o referido autor, o acidente industrial, o risco da empresa, cujo funcionamento é inerente, permanece interno, a menos que o ofensor possa associá-lo a uma causa específica, externa à sua ação no sentido de que poderia ter se manifestado e produzido os mesmos efeitos em qualquer outro ambiente, contra qualquer outra pessoa, sendo dotado de um poder de dano abstrato, tais como inundações, guerras e invasões.[1141]

A exterioridade é, dessa forma, nas palavras de Josserand, "a falta de conexão entre o fato danoso e o meio, o organismo ou onde ele se produziu".[1142] E conclui o autor que, enquanto permanecer a conexão, o evento deve ser considerado interno à empresa, como a realização de um risco instituído pelo homem, de um

---

1136. Idem, p. 467.
1137. JOSSERAND, Louis. Op. cit., 1926, p. 537.
1138. JOSSERAND, Louis, et THALLER, Edmond. Op. cit., 1910, p. 467.
1139. Idem, p. 467-468.
1140. Idem, p. 468.
1141. Idem, p. 468.
1142. Idem, p. 468.

risco profissional cujo ônus deve recair sobre seu criador.[1143] Consequentemente, o critério único da *exterioridade* residiria na falta de conexão racional entre o evento e o meio em que ele se realiza, seja a empresa, a engrenagem industrial, comercial, administrativa etc.[1144]

Josserand, então, conclui reconhecendo que a distinção entre os casos de força maior, que corresponderiam ao que se chama de riscos da humanidade, e os casos fortuitos, relacionados aos riscos criados pelo homem, tem o grande mérito de, além de se adequar perfeitamente às modernas teorias de responsabilidade civil e estar apta a receber a "nova" fonte de obrigações denominada "risco criado", reflete completamente o espírito das novas leis que, ao se dedicarem ao conceito de risco, estabeleceram uma linha divisória entre os acidentes decorrentes do funcionamento das atividades perigosas e as que tem uma fonte externa.[1145]

Como dito antes, os trabalhos de Exner e Josserand tinham como escopo distinguir o caso fortuito e a força maior, estabelecendo que apenas a última teria o condão de excluir a responsabilidade das partes. Registre-se, novamente, que a tese de ambos é perfeitamente aplicável, mesmo diante do reconhecimento da equivalência das duas hipóteses, pois quer se trate de força maior ou caso fortuito, ambas só serão aptas a excluir a responsabilidade do ofensor caso esteja presente o requisito da *exterioridade*.[1146]

Se Exner pavimentou o caminho para o que seria a diferenciação entre fortuito interno e externo, certamente foi Josserand quem deu os seus contornos atuais e aperfeiçoou a tese, estabelecendo como critério decisivo a *conexão intelectual*. De fato, a tese essencialmente material de Exner trazia inúmeras dificuldades, além de não representar adequadamente o que se inseriria no círculo da atividade perigosa, uma vez que, ainda que não esteja no âmbito material, pode ser que o evento danoso guarde uma conexão racional com a atividade que é fonte de perigos. É, portanto, decisivo o pensamento de Josserand, que é certamente ainda mais atual e adequado aos dias de hoje com o avanço tecnológico e o aprofundamento das incertezas e da complexidade das atividades humanas.

Os tribunais brasileiros abraçaram, por completo, a distinção entre fortuito interno e externo. A grande dificuldade, no entanto, permanece em identificar o que revela essa conexão intelectual, isto é, estabelecer parâmetros mais seguros para definir quais eventos fazem parte racional do círculo da atividade perigosa.

1143. JOSSERAND, Louis. Op. cit., 1926, p. 539.
1144. JOSSERAND, Louis, et THALLER, Edmond. Op. cit., 1910, p. 470.
1145. Idem, p. 471.
1146. Nos moldes estabelecidos anteriormente, adota-se, neste trabalho, a terminologia fortuito interno e fortuito externo para designar os chamados acidentes internos ou externos aptos ou não à exclusão do dever de indenizar.

Dito diversamente, quais são os eventos danosos que se colocam no espectro dos riscos daquele que desenvolve uma atividade que é fonte de perigos.

O Superior Tribunal de Justiça Brasileiro já teve a possibilidade de analisar, em diversas oportunidades, eventos danosos no âmbito de atividades que, por sua própria natureza colocam em risco os direitos de outrem. Tratam-se, em boa parte dos casos, de relações de consumo, o que apenas acentua a vulnerabilidade do consumidor diante do risco criado a partir das atividades desenvolvidas na sociedade. Caso que chamou a atenção, em especial após inúmeras denúncias nos meios de comunicação,[1147] foi o julgamento pelo referido tribunal brasileiro que, outorgando indenização à autora, consignou que, nos contratos de transporte de pessoas, o ato libidinoso de um passageiro praticado contra passageira no interior de trem configura um fortuito interno, pois presente a conexidade com a atividade de transporte de pessoas.[1148] Segundo o julgado, a cláusula de incolumidade é ínsita aos contratos de transporte, criando a obrigação de transportar o passageiro com conforto e segurança até o seu destino, salvo uma hipótese de rompimento de nexo de causalidade.[1149] Nesse sentido, o referido tribunal entendeu que no transporte de trem ou de ônibus, "que envolve uma grande aglomeração de pessoas em um mesmo espaço físico, aliados à baixa qualidade do serviço prestado, incluído a pouca quantidade de vagões ou ônibus postos à disposição do público, vem propiciando a ocorrência de eventos de assédio sexual". Curiosamente, o Ministro Relator trouxe ao debate "a notoriedade dos riscos à incolumidade físico-psíquica das mulheres e limitadores de sua liberdade de locomoção"[1150] e a "previsibilidade do cometimento de tal conduta reprovável nos transportes públicos", combinado com a superlotação que "propicia a proximidade excessiva dos corpos dos passageiros". Assim, concluiu o voto vencedor que a ocorrência desses fatos é arrastada para o risco da atividade e acaba por guardar conexidade com os serviços prestados com a atividade.[1151]

1147. "Mulheres relatam assédio sexual em vagões femininos da SuperVia no RJ. Disponível em: https://g1.globo.com/rj/rio-de-janeiro/noticia/2018/10/03/mulheres-relatam-assedio-sexual-em -vago-es-femininos-no-rj.ghtml, "Crimes sexuais no metrô e trens de São Paulo crescem 67% em 4 anos". Disponível em: https://www1.folha.uol.com.br/cotidiano/2018/08/crimes-sexuais-no-metro-e-trens-de-sao-paulo-crescem-67-em-4-anos.shtml.
1148. REsp 1.662.551-SP, Rel. Min. Nancy Andrighi, por maioria, julgado em 15.05.2018.
1149. Art. 734, CC/02 – "O transportador responde pelos danos causados às pessoas transportadas e suas bagagens, salvo motivo de força maior, sendo nula qualquer cláusula excludente da responsabilidade."
1150. Nesse ponto, o acórdão caminharia no sentido da tese de Exner.
1151. Acredita-se que, neste caso, diante das colocações feitas pelo acórdão não seria necessário sequer reconduzir ao debate de fortuito interno. O elemento necessário do conjunto de condições suficientes para a ocorrência do dano, parece poder ser apreendido dos fatos propriamente narrados pelo acórdão, tais como a pouca quantidade de ônibus ou vagões que poderiam ser enquadradas como concausa do dano, a superlotação que propicia o fato de terceiro etc. Nesse caso, a responsabilidade surgiria da própria ação/omissão do transportador.

Observe-se que o mesmo Tribunal Superior Brasileiro, no julgamento do REsp 1.748.295-SP,[1152] julgado apenas sete (07) meses depois, declarou a improcedência do pedido contido em uma ação indenizatória por passageira que foi vítima de ato libidinoso praticado por passageiro contra ela. Segundo o STJB, neste outro caso, restou expresso que "o ato de terceiro doloso ou alheio aos riscos próprios da atividade explorada, é fato estranho à atividade do transportador". No caso dos autos, para o afastamento da responsabilidade do transportador, o Ministro Relator se valeu da ideia de que o ato de terceiro é equiparado a fortuito apto a excluir o dever de indenizar "quando for imprevisível e autônomo, sem origem ou relação com o comportamento da própria empresa".[1153] Parece conveniente, apenas, pontuar que a *imprevisibilidade* não é requisito do caso fortuito e, portanto, seria indiferente para sua configuração. Nesse sentido, é irrelevante se o fortuito interno é previsível ou não, pois o que se busca para sua caracterização é a *exterioridade*, aliado aos demais requisitos do caso fortuito e força maior analisados no Capítulo V. Pois bem, como se vê, este segundo acórdão adota posição radicalmente oposta à do primeiro. Sem adentrar no mérito se efetivamente seria uma hipótese de fortuito interno, isto é, se o evento danoso (o ato libidinoso), guarda conexão intelectual ou não com a atividade desenvolvida pelo transportador, o ponto sensível é a ausência da identificação de critérios razoavelmente seguros, que ajudem na sua análise, o que dá espaço para que o mesmo Tribunal, que tem um papel fundamental na uniformização de jurisprudência, no espaço de um (01) ano profira duas decisões radicalmente opostas. O tema, extremamente polêmico, foi objeto de julgamento pela Segunda Seção do STJB, na busca de uniformização de jurisprudência. Em 2021, no julgamento EAREsp 1513560/SP, o STJB decidiu que o referido ato libidinoso no interior de vagão de trem metropolitano é fortuito externo por não guardar conexão com a atividade de transporte.[1154]

1152. REsp 1.748.295-SP, Rel. Min. Luis Felipe Salomão, Rel. Acd. Min. Marco Buzzi, por maioria, julgado em 13.12.2018.
1153. Do que foi apontado pelo Ministro Relator, embora não mencione expressamente, observa-se que ele identificou a presença, ou não, dos seguintes requisitos (i) *não imputabilidade*, (ii) *imprevisibilidade* e (iii) a *exterioridade*. Novamente, convém pontuar que a imprevisibilidade não é um requisito essencial, podendo estar presente ou não, mas deveria ter sido abordada a *inevitabilidade*, no sentido de *impossibilidade*, e a *atualidade*, requisitos necessários à configuração do caso fortuito e da força maior.
1154. Confira-se a ementa: "Processual civil e civil. Embargos de divergência em agravo em recurso especial. Responsabilidade civil do transportador. Danos morais. Passageira vítima de assédio sexual e ato libidinoso no interior de vagão de trem metropolitano. Ausência de responsabilidade do transportador. Fato exclusivo de terceiro e estranho ao contrato de transporte. Fortuito externo. Jurisprudência uniformizada na segunda seção. Embargos de divergência acolhidos.
1. O aresto embargado julgou que "o assédio sexual ou ato libidinoso praticado por um passageiro contra outro dentro de vagão de composição férrea constitui fortuito interno passível de indenização".

Em outro caso, o STJB entendeu também, pelo fortuito interno em contrato de transporte de pessoas.[1155] Consta na ação que o voo do passageiro/autor foi cancelado sem quaisquer explicações, não sendo disponibilizado outro voo, mas um veículo por via terrestre, fretado, cujo percurso durou mais de 14 (catorze) horas, ocasião em que o autor da demanda foi roubado e agredido por bandidos. Segundo o acórdão, "a partir do momento em que a recorrente altera, de forma unilateral, a modalidade de transporte aéreo (contratada) pelo rodoviário, passou a assumir todos os riscos daí advindos". Segundo o Ministro Relator, a alteração substancial e unilateral do contrato "criou uma situação favorável à ação de terceiros". Parece que o presente caso não seria de fortuito interno ou externo, como busca fazer o acórdão, mas, antes, de uma concausa, ainda que se possa questionar se efetivamente seria uma causa ou uma simples condição. De toda, sorte, o que se percebe, mais uma vez, é a ausência de critérios na determinação do que é a exterioridade, o que abre espaço para entendimentos divergentes.

Em outros dois importantes julgados, o mesmo Tribunal tratou da responsabilidade civil de lanchonete em razão de roubo com emprego de arma de fogo em área adjacente de sua propriedade. Em 2017 o tribunal brasileiro entendeu, por maioria, que o roubo de uma motocicleta por arma de fogo na área externa (estacionamento) de lanchonete em que o cliente, após a refeição, retornava a seu veículo, romperia o nexo de causalidade. Segundo a posição que prevaleceu, então, o crime de roubo com emprego de arma de fogo evidenciaria a inevitabilidade do resultado danoso e, portanto, estar-se-ia diante de uma hipótese de fortuito externo.[1156] Entretanto, mais uma vez, apenas um ano depois, em 2018, em caso análogo, o Tribunal adotou posição diametralmente oposta, afirmando que o assalto no *drive-thru* do estacionamento da lanchonete configura fortuito

---

2. Os acórdãos paradigmas adotaram a tese de que o fato doloso e exclusivo de terceiro, quando não guardar conexão com a atividade de transporte, caracteriza fortuito externo e afasta a responsabilidade do transportador.

3. No mesmo sentido dos acórdãos paradigmas, a jurisprudência da Segunda Seção está definida no sentido de que, "nos contratos onerosos de transporte de pessoas, desempenhados no âmbito de uma relação de consumo, o fornecedor de serviços não será responsabilizado por assédio sexual ou ato libidinoso praticado por usuário do serviço de transporte contra passageira, por caracterizar fortuito externo, afastando o nexo de causalidade" (REsp 1.833.722/SP, Rel. Ministro Raul Araújo, j. em 03.12.2020, DJe de 15.03.2021).

4. Embargos de divergência acolhidos para negar provimento ao recurso especial.
(EAREsp 1.513.560/SP, relator Ministro Raul Araújo, Segunda Seção, julgado em 09.06.2021, DJe de 25.06.2021.)"

1155. REsp 1.728.068-SP, Rel. Min. Marco Aurélio Bellizze, por unanimidade, julgado em 05.06.2018.
1156. REsp 1.431.606-SP, Rel. Min. Paulo de Tarso Sanseverino, Rel. Acd. Min. Ricardo Villas Bôas Cueva, por maioria, julgado em 15.08.2017.

interno.[1157] Nesse segundo caso, o STJB chegou à conclusão de que a rede de restaurantes, "em troca dos benefícios financeiros indiretos decorrentes desse acréscimo de conforto aos consumidores, assumiu o dever implícito em qualquer relação contratual de lealdade e segurança". Assim, segundo o acórdão, por unanimidade, "ao estender sua atividade para a modalidade drive-thru, a rede de restaurantes buscou, no espectro da atividade econômica, aumentar seus ganhos e proventos" e, dessa forma, ao deixar os consumidores "mais expostos e vulneráveis a intercorrências", incumbe o dever de proteger a pessoa e os bens do consumidor.

Eis o maior problema na análise da *exterioridade*: definir os critérios de sua identificação, que permitam uma análise um pouco mais segura – muito embora seja de conhecimento que esta regra não será matemática e não se conseguirá chegar a uma solução exata idêntica para todas as situações, típica das ciências naturais. Se os trabalhos de Exner e Josserand elaboraram uma teoria de extrema relevância para a compreensão dos danos produzidos em decorrência de atividades criadas pelo homem – que é ainda mais importante na atualidade diante do desenvolvimento de atividades tecnológicas, cada vez mais complexas, cujos riscos são cada vez menos visíveis e reconhecíveis – é preciso revisitar a ideia da esfera de riscos assumida por aquele que desenvolve uma atividade perigosa, de modo a se permitir determinar, com razoável segurança, quais são os eventos ligados à atividade. Nesse ponto, como dito anteriormente, o conceito de risco proposto no Capítulo II certamente ajudará a reconhecer a distinção entre fortuito interno e fortuito externo.

O risco da atividade deve ser encarado como *uma situação ou um evento legitimamente esperado, atribuível a uma decisão humana, comissiva ou omissiva, em que um interesse juridicamente protegido se encontra sujeito a uma lesão potencial, mas cujo resultado concreto é incerto*. Este conceito, parece, ajudar a perceber que os riscos efetivamente existem, são reais, ainda que não seja possível a sua identificação imediata em razão da falta de conhecimentos técnicos ou científicos. Contudo, o risco não se esgota apenas no conhecimento humano produzido de forma técnica, mas, antes, nos auxilia a compreender que a ideia de risco decorre, também, da construção social e, nesse ponto, tem peso significativo a *confiança* depositada. Ou seja, deve se buscar o que legitimamente pode ser esperado a partir da tomada de decisão consistente na exploração da atividade perigosa, que afeta um interesse juridicamente relevante. É a partir dessa ideia, portanto, que se pode começar a pensar em critérios razoavelmente mais seguros para a caracterização do fortuito interno.

1157. REsp 1.450.434-SP, Rel. Min. Luis Felipe Salomão, por unanimidade, julgado em 18.09.2018.

20. O RISCO E A CONFIANÇA COMO ELEMENTOS NUCLEARES DO FORTUITO INTERNO: UMA PROPOSTA DE DIFERENCIAÇÃO COM O FORTUITO EXTERNO

I. No presente tópico buscar-se-á propor critérios que ajudem ao investigador no campo da reparação dos danos a compreender, de forma relativamente mais precisa, no que consiste um evento qualificado como *fortuito interno*. O escopo, então, é outorgar instrumentos que permitam diferenciar com maior coerência as hipóteses em que a situação fática é detentora do requisito da *exterioridade* apta, portanto, a romper a responsabilidade daquele que desempenha uma atividade de risco. Registre-se, por oportuno, que este propósito não é direcionado unicamente ao magistrado, pois, sem prejuízo de sua atuação na prática judiciária diante dos casos concretos, espera-se que os critérios a serem propostos possam clarear, também a doutrina a identificar o que seriam essas situações que se inserem no círculo industrial da empresa.

É preciso, contudo, fazer um alerta fundamental quando se trata de enfrentar conceitos e proposições no campo da responsabilidade civil. Assim como foi dito antes, apontar quaisquer critérios acerca de quaisquer institutos no âmbito da reparação dos danos é sempre uma tarefa espinhosa e árdua, que exige, necessariamente, o enfrentamento e o compromisso de inúmeras escolhas. Como visto, a responsabilidade civil passa por profundas transformações, notadamente nos últimos duzentos anos, na medida em que sofre profundamente com as transformações da realidade social, porquanto trata de questões morais ligadas à concepção de justiça. Este reconhecimento leva obrigatoriamente à conclusão de que dificilmente se alcançará unanimidade nas definições e propostas presentes no debate da reparação civil. Aliás, ao longo do presente trabalho ficou claro que em nenhum dos temas é possível encontrar unanimidade. Todos os temas são debatidos na doutrina e a aplicação jurisprudencial é vacilante em relação aos requisitos e conceitos. É preciso, no entanto, buscar caminhos que permitam uma aplicação das regras e dos institutos mais coordenada, coerente, que possa dar, em alguma medida, maior segurança jurídica. De fato, mesmo sendo o campo da reparação dos danos muito propício a constantes mudanças, parece possível estabelecer algumas bases que ajudem a alcançar os objetivos pretendidos, garantindo decisões menos contraditórias.

No vasto campo do nexo de causalidade, então, as questões são todas polêmicas e qualquer pretensão em conceituar o que é *fortuito interno* e como diferenciá-lo do *externo* não terá a capacidade de solucionar o problema ou, mesmo esgotar o tema, e, a toda evidência, sempre trará, consigo, a possibilidade de ser completada por novas contribuições. O que se busca nesse tópico, por via de consequência, é fomentar um debate, que tem aparecido com pouca clareza, tanto na doutrina como na jurisprudência, trazendo mais luz, e indicar um caminho inicial para estabelecer critérios razoavelmente mais seguros na análise do requisito da exterioridade do caso fortuito e da força maior. Com efeito, se os trabalhos de Exner e Josserand foram de um impressionante tecnicismo, estabelecendo uma importante categoria na análise das atividades humanas que são fonte de perigo, parece importante, diante do aprofundamento da complexidade tecnológica e das transformações da noção de *risco*, como visto nos Capítulos I e II, e da variedade de situações e fatos que podem acabar por afetar as atividades, provocando os mais variados tipos de prejuízos no corpo social, dar um novo passo na análise dos critérios que constituem o acidente interior, de modo a compreender com maior clareza quais eventos ou situações se inserem no círculo industrial da empresa, isto é, quais daqueles guardam uma *conexão intelectual* ou *jurídica* com a atividade desempenhada e, consequentemente, estão inseridos no seu *risco*.

Ao longo do presente trabalho se teve a oportunidade de compreender o significado da *sociedade de risco*. Ainda que a teoria de Ulrich Beck não seja isenta de críticas,[1158] essa expressão nos ajuda a compreender a evolução social, acertadamente reconhecida no campo da sociologia e da filosofia, de uma nova ordem social em que *os riscos decorrem, em regra, das forças produtivas e, dessa forma, tem como origem as decisões humanas*. Pôde-se, ainda, frente às construções teóricas acerca do risco, não obstante os inúmeros trabalhos produzidos nos mais variados ramos científicos, notadamente no campo da matemática e da economia, identificar que ele não deve ser encarado unicamente do ponto de vista probabilístico, mas, antes, é preciso admitir que a percepção pública do risco – e seus níveis aceitáveis – são efetivamente constructos coletivos e, portanto, a sua identificação quanto à incidência na esfera jurídica do sujeito que realiza uma determinada decisão, como é aquela de desenvolver uma atividade humana potencialmente lesiva, não se esgota unicamente numa consideração objetiva, mas, também, na percepção subjetiva.[1159] Dito diversamente, embora dotados de uma objetividade real, os riscos são, também, uma construção social, sendo que sua definição depende de relações de definições, atualmente politizadas e trazidas ao debate público. Isto não significa dizer que a mensuração do risco não é relevante, pois é. A análise do potencial de perigos decorrentes de atividades que envolvam a prestação de bens ou serviços na sociedade e a sua avaliação quantitativa/probabilística fornecem um importante instrumental para a prevenção de danos

---

1158. V. LOON, Joost Van et al. *The risk society and beyond* – critical issues for social theory. London: Sage Publications, 2000. V. Capítulo I, Tópico I.
1159. Idem, p. 14.

e a garantia da saúde e segurança.[1160] Ou seja, a análise quantitativa dos riscos permite estabelecer uma escala de consequências acerca de um risco específico, oferecendo informação suficiente para a tomada de decisão.

E, nesse sentido, ao lado do conhecimento quantitativo do risco, como dito no Capítulo I, também não se poderá desconsiderar que o meio pelo qual o risco é encarado, percebido e experimentado é levado em consideração. O risco não é um fato puro; ele é *reconhecido e discutido no meio social* e é, por conseguinte, uma construção social. Nesse sentido, na conceituação do risco, não se pode prescindir, de forma alguma, da noção de confiança, que permeia todo o corpo social. A assunção do risco, que levará à tomada de decisão decorre, especialmente, de uma relação de confiança, pois, aquele que assume um determinado risco, o faz baseado na sua percepção dos riscos e na confiança despertada a partir do conhecimento científico construído na sociedade e da percepção cultural e social decorrente de experiências passadas, dos meios de comunicação, das instituições e de outras fontes variadas[1161].

A confiança, nesse ponto, é tido como elemento decisivo nas sociedades contemporâneas e em todas as formas de interações humanas.[1162] A forma como as pessoas lidam com os riscos depende, profundamente do grau de confiança, ou sua falta, que se deposita no gerenciamento e controle do risco. A aceitação de qualquer risco, nesse sentido, é mais dependente da confiança no gerenciamento do risco do que nas estimativas quantitativas das consequências, probabilidades e magnitude dele.[1163] Veja-se, por exemplo, que o público em geral, não guarda qualquer preocupação sobre o risco de tigres em zoológicos urbanos, assim como com aqueles decorrentes do uso de tecnologias médicas que envolvam radiação e químicos (tais como equipamentos de raio-x e remédios prescritos), o que leva as pessoas a frequentarem zoológicos e fazerem uso de remédios e realizar exames que demandam o uso de radiação,[1164] pois são casos tidos como de alto benefício e baixo risco e, portanto, aceitáveis. Contudo, a visão sobre as tecnologias envolvendo radiação e químicos, como pesticidas e usinas nucleares, é no sentido de que são de altíssimo risco e baixo benefício e, dessa forma, inaceitáveis.[1165] Como

---

1160. STARR, Chauncey. Risk management, assessment and acceptability. *Risk analysis*. v. 5, n. 2, p. 97. 1985.
1161. "One cannot confer trust without this essential basis and without all previous experiences. But rather than being just an inference from the past, trust goes beyond the information it receives and risks defining the future" (LUHMANN, Niklas. *Trust and power* – two Works by Niklas Luhmann. New York: John Wiley & Sons, 1979, p. 20).
1162. SLOVIC, Paul. Perceived risk, trust, and democracy. *Social trust and the management of risk*. Edited by George Cvetkovich and Ragnar E. Löfstedt. Earthscan, 2013, p. 43.
1163. STARR, Chauncey. Op. cit., 1985, p. 97.
1164. SLOVIC, Paul. Op. cit., 2013, p. 43.
1165. SLOVIC, Paul. Perception of risk from radiation. *Radiation protection on dosimetry*. v. 68, p. 167. Issue 3. Nuclear Technology Publishing, 1996.

se percebe, a confiança desempenha um papel fundamental na compreensão dos riscos e sua assunção na tomada de decisão,[1166] de tal maneira que se torna um dos principais componentes do capital social, necessária à integração social, eficiência econômica e estabilidade democrática.[1167] De fato, a confiança é um componente básico do capital social,[1168] que sustenta o dinamismo econômico e o desempenho governamental, promovendo a cooperação. É no campo das ciências jurídicas que ela se apresenta de forma ainda mais delicada na medida em que há uma profunda assimilação da confiança com a própria realidade jurídica.[1169] No campo da reparação civil, é intuitivo que a maior complexificação das atividades e sua menor transparência, produzirá uma progressiva redução do nível de confiança e, consequentemente, da estabilidade social e da minimização dos danos operados na sociedade.[1170] Consequentemente, à ordem jurídica impende o dever de garantir a confiança dos sujeitos por ser esta um dos pressupostos fundamentais para a coexistência ou cooperação pacífica.[1171] Dessa forma, quanto maior o nível de confiança numa comunidade, maior será a probabilidade de haver cooperação,[1172] com a respectiva redução da complexidade social na medida em que, ao se adicionar o elemento da confiança, certos perigos, que não podem ser removidos, poderão ser tidos como neutralizados no momento da tomada de decisão.[1173] Considerando que, a partir das novas características das sociedades modernas – quer sejam designadas por modernidade reflexiva, tardia ou líquida –, surgem inúmeras consequências para os indivíduos e para suas relações com outros em que será necessário avaliar os riscos a que estão submetidos, da melhor forma possível, e assumi-los com as informações disponíveis à época,[1174] a confiança surge efetivamente como importante fator de cooperação e estabilidade social.[1175]

1166. LUHMANN, Niklas. Op. cit., 1979, p. 24.
1167. NEWTON, Kenneth. Trust, social capital, civil society, and democracy. *International political science review*. v. 22, n. 2, p. 202. 2001.
1168. PUTNAM, Robert D. *Comunidade e democracia*: a experiência da Itália moderna. 5. ed. Rio de Janeiro: FGV, 2006, p. 180.
1169. CARNEIRO DA FRADA, Manuel António de Castro. *Teoria da confiança e responsabilidade civil*. Coimbra: Almedina, 2004, p. 18.
1170. Idem, p. 19.
1171. Idem, p. 19.
1172. Idem, p. 180.
1173. LUHMANN, Niklas. Op. cit., 1979, p. 25.
1174. THOMPSON, Simon. Trust, risk and identity. *Trust, risk and uncertainty*. New York: Palgrave Macmillan, 2005, p. 28.
1175. "O confeccionar da situação de confiança em si não pode ser imputado à dedução ou à indução; compreende sempre uma multiplicidade de dados, onde saber e não saber se mesclam; no entanto, não é de considerar como irracional: perante a sua função de elevar o potencial do sistema para enfrentar a complexidade, ela racionaliza-se, pois, na sua ausência, apenas seriam possíveis fórmulas muito simples de cooperação" (CORDEIRO, António Manuel da Rocha e Menezes. *Da boa fé no direito civil*. 2. reimp. Coimbra: Almedina, 2001, p. 1242).

A confiança pode ser compreendida sob diversos enfoques e sob inúmeras perspectivas, a partir das mais variadas ciências. Para o presente trabalho, interessa a noção de confiança conectada à ideia de *crença objetivada*.[1176] Como dito no Capítulo I, a confiança pode ser compreendida como a crença na fiabilidade de uma pessoa ou sistema, considerado um determinado conjunto de resultados ou eventos, cuja crença expressa uma fé na correção de princípios abstratos.[1177] Nesse ponto, a confiança desempenha um importante papel na redução de danos e perigos aos quais estão sujeitos determinados tipos de atividade.[1178] Certos padrões de perigos são institucionalizados no interior da atividade, que passam a se colocar em estruturas abrangentes de confiança, tais como esportes fisicamente perigosos ou investimentos no mercado de ações.[1179] A busca pela segurança, então, passará, necessariamente pelo equilíbrio entre risco e confiança, de tal maneira que seja legítimo esperar determinadas situações ou eventos danosos no desempenho de atividades específicas e, consequentemente, exigir comportamentos tendentes a minimizá-los;[1180] do contrário, surgirá o dever de indenizar.[1181] Em outras palavras, a eventual vítima da atividade perigosa acredita que esses riscos são controláveis e que a possibilidade de ocorrência de danos acaba sendo excluída de sua consideração.[1182]

O que se deve buscar, portanto, ao lado dos elementos técnicos, que são fundamentais, é se, diante da atividade criadora de fonte de perigo, o confiante poderia legitimamente ter acreditado nas expectativas que lhe haviam sido acenadas no âmbito da respectiva atividade a partir de critérios objetivos e subjeti-

---

1176. MARTINS-COSTA, Judith. *A Boa Fé no Direito Privado*: critérios para sua aplicação. 2. ed. São Paulo: Saraiva Educação, 2018, Edição do Kindle, posição 4872 de 28955.
1177. GIDDENS, Anthony. Op. cit., 1991, p. 45. Como lembra Robert Putnam: "A confiança necessária para fomentar a cooperação não é uma confiança cega. A confiança implica uma previsão do comportamento de um ator independente" (PUTNAM, Robert D. Op. cit., 2013, p. 180). Do ponto de vista jurídico, é fundamental a lição de Menezes Cordeiro para quem a confiança "exprime a situação em que uma pessoa adere, em termos de atividade ou de crença, a certas representações, passadas, presentes ou futuras, que tenha por efectivas" (CORDEIRO, António Manuel da Rocha e Menezes. Op. cit., 2001, p. 1234).
1178. GIDDENS, Anthony. Op. cit., 1991, p. 46.
1179. Idem, p. 46.
1180. "Observa esse autor que as eventualidades susceptíveis de, na sociedade, interferirem nas decisões que desencadeiam comportamento humanos, são inúmeras; a confiança permitiria, nesse cenário, excluir algumas possibilidades de desenvolvimento, afastando perigos cuja concretização comprometeria a actuação; a confiança permite, pois, reduzir a complexidade social" (CORDEIRO, António Manuel da Rocha e Menezes. Op. cit., 2001, p. 1242).
1181. Importante destacar a distinção entre proteção positiva e proteção negativa da confiança. Nesta resta caracterizado o dever jurídico de ressarcir um prejuízo decorrente da confiança alheia, o que se pode denominar de 'responsabilidade pela confiança'. A proteção positiva, por sua vez, reside na preocupação da ordem jurídica em assegurar ao sujeito a sua expectativa fazendo valer a situação de confiança. Sobre o tema, cf. CARNEIRO DA FRADA, Manuel António de Castro. Op. cit., 2004, p. 42.
1182. LUHMANN, Niklas. Op. cit., 1979, p. 25.

vos.[1183] Não se está tratando, a toda evidência, de um aspecto exclusivo da boa-fé subjetiva, isto é, do estado psicológico do agente, mas uma confiança pautada pelo que comumente acontece em um setor ou situação de vida.[1184] Aqui reside um ponto fundamental: não se está a tratar de qualquer confiança criada subjetiva e levianamente pela parte.[1185] O que o ordenamento busca, em todo caso, é a legítima confiança. Dito diversamente, a *fides* qualificada, que efetivamente cria uma situação de confiança juridicamente tutelada se distingue de uma mera (ou qualquer expectativa), pois naquela existem parâmetros objetivos que legitimam a confiança despertada.[1186] A configuração da exterioridade e do círculo interno do risco deve levar em consideração elementos técnicos suficientes a despertar tal confiança. É fundamental que haja uma base objetiva que leve o indivíduo a uma determinada crença sobre o grau de risco, levando-o, ao final, à tomada de decisão.[1187]

1183. MARTINS-COSTA, Judith. Op. cit., 2018, Edição do Kindle, posição 4845 de 28955. Menezes Cordeiro lembra que a confiança constitui uma verdadeira ponte entre as boas fés objetiva e subjetiva, assentando em ambas (CORDEIRO, António Manuel da Rocha e Menezes. Op. cit., 2001, p. 1238).
1184. Idem, posição 4872 de 28955.
1185. Nesse particular, John Oberdiek recorda a impossibilidade de se utilizar uma concepção estritamente subjetiva do risco na medida em que ela seria insuficiente do ponto de vista normativo. De fato, a se verificar a perspectiva individual de cada sujeito acerca do grau de risco, torna-se inviável qualquer análise normativa, pois resta impossível comparar o grau de risco de cada um na tomada de decisão. Em outras palavras, a análise puramente subjetiva impossibilita distinguir um risco baixo de um risco alto. Consequentemente, ela acaba perdendo a importante característica de normatividade, que sempre deve guardar um certo grau de generalidade. Nas palavras do autor: "But that fact – and more broadly, the fact that the subjective account lacks the resources to favor some assessments of risk over others—does not undermine the subjective account's claim to being sufficiently practical. Individuals are sovereign over their assessment of risk on this account, and literally as a practical matter, that is enough. At the same time and importantly, however, the fact that subjective accounts cannot distinguish between better and worse estimates of risk, much less countenance a best estimate, does not entail that, all told, that cannot be done" (OBERDIEK, John. Op. cit., 2017, p. 23 de 163).
1186. Muito embora exista uma ligação forte entre confiança e boa-fé, é importante destacar que os institutos não se confundem. Há de se notar a autonomia dogmática da confiança. Enquanto esta diz respeito à coerência de comportamentos, a boa-fé objetiva diz respeito à seleção de comportamentos éticos. Observe-se, no entanto, que a quebra dos deveres éticos de comportamento oriundos da boa-fé objetiva pode dar ensejo à reparação de danos, ainda que a parte não tenha investido nenhuma confiança, como é o caso da falta no dever de informar na fase pré-contratual. Assim, a responsabilidade pela confiança pode surgir, independentemente da quebra de algum preceito ético de comportamento. Sobre o tema, cf. ANDRADE JÚNIOR, Luiz Carlos Vilas Boas. *Responsabilidade civil e proteção jurídica da confiança*: a tutela da confiança como vetor de solução de conflitos na responsabilidade civil. Curitiba: Juruá, 2016, p. 114 e ss.
1187. Por conta disso, John Oberdiek defende uma posição de risco baseada em evidência, que, sem abdicar de uma análise subjetiva, exige, para sua configuração, uma base robusta de evidências empíricas, chamada por ele de "evidence-relative perspective". Nesse ponto, a tese aqui defendida se aproxima consideravelmente de seu entendimento, ao passo em que se busca conciliar as perspectivas objetiva e subjetiva, pautada no que é razoavelmente esperado. Assim argumenta o autor: "An evidence-relative reasonable person perspective is the only one that is sufficiently practical as well as sufficiently normative. An evidence-relative perspective respects morality's normativity, unlike the belief-relative perspective, and unlike unlike a fact-relative perspective, it also respects morality's action-guiding

A questão da exterioridade, portanto, deve, com tudo o que já se expôs no presente trabalho, levar em conta a conjugação entre fatores técnicos, decorrente das ciências probabilísticas,[1188] e a confiança despertada a partir dos riscos legitimamente esperados para a atividade perigosa em si. Propõe-se, dessa forma, que ao lado de eventuais fatores estatísticos da atividade – que não podem ser preteridos, pois impactam direta, concreta e efetivamente no desenvolvimento da atividade – deve-se considerar, também, a percepção social a partir de fatores subjetivos e objetivos da vítima que criarão a legítima confiança a ser tutelada pelo Direito de forma a propiciar a redução das complexidades, base de qualquer decisão.[1189]

II. Nesse contexto, a identificação do requisito da exterioridade dependerá da conjugação de três importantes requisitos, *a que se denomina critérios positivos do fortuito interno*. Quando se está tratando do risco é preciso deixar claro que está se discutindo um evento que pode ou não ocorrer no futuro. Esta eventualidade é importante para a configuração do risco, pois, do contrário, será uma certeza e não um risco. É preciso, então, que o evento (1) seja possível,[1190] (2) que haja uma razoável probabilidade de sua ocorrência e que, consequentemente, possa vir a produzir o resultado danoso. Mas não é só. É preciso que o evento seja (3) legitimamente esperado. Assim, são três indagações que se colocam: (i) o que pode acontecer, (ii) o quão provável é que vá acontecer, (iii) se é legitimamente esperado que o evento possa acontecer. A partir dessas três perguntas parece possível construir uma argumentação sustentável, dentro de um parâmetro de coerência linear, do que é o fortuito interno diferenciando-o do externo.

Como é intuitivo, as duas primeiras perguntas se valem da análise empírica, pautada pelas ciências estatísticas e econômicas. Busca-se identificar probabilisticamente, dentro de parâmetros objetivos, se a situação ou evento a ser considerado é um possível cenário e qual a probabilidade de ele ocorrer. Essa análise, dita *quantitativa*, foi explorada por Stanley Kaplan e B. John Garrick,[1191] e teve grande

---

practical nature. To correct the belief-relative perspective's insufficient normativity, the evidence-relative reasonable person perspective recognizes an epistemically-inflected moral duty to characterize risk in a way that could be mutually morally justifiable" (OBERDIEK, John. Op. cit., 2017, p. 58 de 163).
1188. O juízo de probabilidade é importante, levando, inclusive a construções acerca do juízo de causalidade probabilístico, como é a proposta defendida por Caitlin Sampaio Mulholland. Cf. MULHOLLAND, Caitlin Sampaio. Op. cit., 2010, p. 282.
1189. CORDEIRO, António Manuel da Rocha e Menezes. Op. cit., 2001, p. 1243.
1190. No mesmo ponto em relação à possibilidade, Ana Mafalda Miranda Barbosa reconhece como polo negativo de desvelação da imputação, a excluir a responsabilidade, os casos em que o dano se mostra impossível por falta de objeto ou por inidoneidade do meio (BARBOSA, Ana Mafalda Castanheira Neves de Miranda. *Lições de responsabilidade civil*. Cascais: Princípia, 2017, p. 270). Por outro lado, a autora reconhece outro polo, agora positivo, para caracterização da imputação: *o aumento do risco*.
1191. KAPLAN, Stanley et GARRICK, B. John. On the quantitative definition of risk. *Risk analysis*. v. I, n. 1, p. 13. 1981.

repercussão na análise do risco, ganhando foros de predominância. Realmente, é só a partir de dados reais que se pode, efetivamente, antecipar contingências futuras e adotar medidas com o fito de reduzir perigos. É, portanto, fundamental, desde que disponíveis as informações técnicas, considerar o elemento quantitativo, pois ele terá a capacidade de desmistificar inúmeras situações[1192] que se apresentam, às vezes indevidamente, como ordinárias ou extraordinárias no contexto geral da atividade perigosa, podendo, até mesmo, implicar numa responsabilidade civil por presunção.[1193] Parece intuitivo, por outro lado, que em havendo suficiente conhecimento técnico para descartar, de imediato, que determinada situação decorre da atividade desenvolvida, que a responsabilidade acabará por ser afastada, salvo algum outro critério normativo que justifique a imputação. Essa hipótese de ausência de responsabilidade, no entanto, será de frequência muito rara, quiçá impossível, pois só terá lugar quando o evento produtor do dano concretamente não decorrer da atividade, por prova técnica cabal,[1194] salvo, frise-se, mais uma vez, algum critério normativo que fundamente a imputação.

Mas a análise quantitativa é insuficiente e não corresponde necessariamente à caracterização do fortuito externo. Em verdade, ela terá a capacidade de já, neste primeiro momento, quando for o caso, permitir a responsabilização por presunção, mas não o de permitir a exoneração do agente pelo simples fato de ter uma baixa probabilidade. A falta de informações disponíveis, seja pela falta de transparência, seja simplesmente pelo *estado da técnica*, impede que a análise quantitativa se apresente como uma solução satisfatória *per si*. Ora, como frisado no Capítulo I, as decisões são tomadas com o conhecimento existente à época de sua realização, que posteriormente podem vir a se alterar e comprovar que uma determinada atividade era nociva à saúde do consumidor, ainda que tal fato não estivesse adequadamente claro, com base no conhecimento até então produzido na sociedade. Nesse particular, torna-se importante reconhecer a teoria do risco do desenvolvimento, que tem como ponto de partida a Diretiva 85/374/CEE, que estabelece que na análise do defeito do produto ou serviço, é necessário analisar o momento de entrada em circulação.[1195] A questão é que a teoria do risco de

---

1192. TERRA, Aline de Miranda Valverde e GUEDES, Gisela Sampaio da Cruz. In: TEPEDINO, Gustavo (Org.). *Responsabilidade civil (fundamentos do direito civil)*. Rio de Janeiro: Forense, 2020, p. 119.
1193. Sobre o tema, cf. MULHOLLAND, Caitlin Sampaio. Op. cit., 2010.
1194. Nesse ponto, é fundamental a discussão acerca do risco do desenvolvimento, conforme se verificará mais adiante.
1195. Art. 6º, Diretiva 85/374/CEE:
"1. Um produto é defeituoso quando não oferece a segurança que se pode legitimamente esperar, tendo em conta todas as circunstâncias, tais como:
a) A apresentação do produto;
b) A utilização do produto que se pode razoavelmente esperar;
c) *O momento de entrada em circulação do produto.*

desenvolvimento funciona, para quem a aceita, como uma verdadeira excludente de responsabilidade quando, pelo estado da ciência ou da técnica, não estiverem disponíveis conhecimentos suficientes, no momento em que o produto entrou em circulação,[1196] para detectar a presença de um defeito.[1197] Muito embora o risco do desenvolvimento seja um importante fator para incentivar o desenvolvimento e a inovação tecnológica, é preciso muita cautela na sua aplicação, pois não é incomum que os fornecedores de produtos e serviços detenham as informações nocivas, mas não as divulguem.[1198] Ademais, não se pode confundir o estado da técnica com defeitos de concepção ou projeção que, ainda que sejam desconhecidos no momento da sua introdução no mercado de consumo, já existem. Aliás,

---

2. Um produto não será considerado defeituoso pelo simples facto de ser posteriormente colocado em circulação um produto mais aperfeiçoado" (grifou-se).

Art. 7º, Diretiva 85/374/CEE: "O produtor não é responsável nos termos da presente directiva se provar: (...) e) *Que o estado dos conhecimentos científicos e técnicos no momento da colocação em circulação do produto não lhe permitiu detectar a existência do defeito*," (grifou-se).

[1196]. "Para nós os riscos do desenvolvimento são aqueles riscos não cognoscíveis pelo mais avançado estado da ciência e da técnica no momento da introdução do produto no mercado de consumo e que só vêm a ser descobertos após um período de uso do produto, em decorrência do avanço dos estudos científicos" (CALIXTO, Marcelo Junqueira. *A responsabilidade civil do fornecedor de produtos pelos riscos do desenvolvimento*. Rio de Janeiro: Renovar, 2004, p. 176).

[1197]. O sempre importante alerta feito por Jean Baudrillard no sentido de que os progressos e a abundância de produtos e serviços na sociedade traz, em contrapartida, uma série de prejuízos cada vez mais graves: "Los progresos de la abundancia, es decir, de disponer de bienes y de equipamientos individuales y colectivos cada vez más numerosos tienen como contrapartida una serie de perjuicios que se vuelven progresivamente más graves y que son consecuencia, por un lado, del desarrollo industrial y del progreso técnico, y por el otro, de las estructuras mismas del consumo" (BAUDRILLARD, Jean. Op. cit., 2009, p. 24).

[1198]. É possível citar, sobre o tema, o caso "Ford Pinto", que, até hoje, é objeto de profundas discussões. A fabricante de veículos Ford, ao final da década de 1960 iniciou o planejamento de um veículo subcompacto de segunda geração de modo a fazer concorrência com os veículos tidos como pequenos dos concorrentes estrangeiros alemães e japoneses, em especial a Volkswagen, a Datsun e a Toyota. Nesse contexto, foi desenvolvido o Ford Pinto e iniciada sua produção em 1971. Durante o julgamento de *Grimshaw v. Ford*, ficou constatado que, em 1972, Lily Gray, acompanhada de seu vizinho de treze anos, Richard Grimshaw, estava dirigindo seu Ford Pinto quando seu carro parou na pista do meio de uma autoestrada, sendo abalroada por trás por um veículo que vinha a aproximadamente 50km/h. Em razão do sistema da tampa de combustível defeituoso, a tampa rompeu, liberando vapor pelo veículo e no compartimento do passageiro. Uma faísca levou o veículo a explodir. Lily Gray veio a falecer enquanto Richard Grimshaw ficou seriamente queimado. Estima-se, de acordo com o periódico *Mother Jones*, que entre 500 e 900 mortes decorreram da falha na tampa de combustível que fazia com que o Ford Pinto entrasse em combustão. A família de Lily Gray recebeu uma indenização no valor de U$ 560.000,00 a título de indenização por *wrongful death*. Grimshaw recebeu U$ 2.5 milhões em compensação. Ponto fundamental nesse caso diz respeito ao fato de que a Ford conhecia do defeito na tampa do combustível e as gravíssimas consequências que poderia advir, pois ele teria sido descoberto na fase de pré-produção, durante os testes de batida traseira. Nada obstante, a Ford não fez qualquer movimento no sentido de um *recall* ou alteração da concepção do Pinto. O caso pode ser visto em DOWIE, Mark. Pinto Madness. *Mother Jones*. Disponível em: https://www.motherjones.com/politics/1977/09/pinto-madness/. Acesso em: 11 nov. 2019. Cf., também, DANLEY, John R. Polishing up the Pinto: Legal Liability, Moral Blame, and Risk. *Business ethics quarterly*, v. 15, n. 2, p. 205-236. Abr. 2005.

esse é um dos problemas sensíveis, que aconselha a uma análise profundamente restritiva da teoria do risco do desenvolvimento: como foi dito inicialmente, os riscos são reais, eles são dotados de objetividade, ainda que não sejam imediatamente reconhecíveis. Assim, parece necessário ultrapassar a análise meramente quantitativa para encontrar um conceito que identifique a noção de que o risco é real, que ele existe, ainda que o conhecimento técnico não permita apreendê-lo, e, ao mesmo tempo, reconheça a construção e percepção social do risco. Nesse ponto, insere-se a questão de o evento ser legitimamente esperado.

Quer existam ou não dados quantitativos, o investigador deverá indagar, se a situação ou evento causador do dano era *legitimamente esperado dentro do círculo industrial da empresa*. Exner já havia apontado esse critério quando tratava do requisito da *publicidade* e *notoriedade*. Para o autor austríaco, para a caracterização da *vis maior*, dever-se-ia analisar e definir se o evento excedia manifestamente os acidentes que são de se esperar na vida por regra geral.[1199] Assim, afirmava Exner, o juiz deveria se perguntar se o evento era algo extraordinário, isto é, "algo com respecto á lo cual, en el curso ordinário de las cosas y según el término médio de la vida, nadie suele estar preparado y prevenido? La contestación debe dársela y se la dará su propia experiencia de la vida".[1200] Se Exner iniciou um raciocínio pautado na experiência e normalidade dos fatos, o que representou um profundo avanço à época, sua tese enfrentou uma crítica intransponível ao direcionar a análise a um subjetivismo exagerado baseado unicamente na experiência de vida do juiz. É necessário reconhecer, diferentemente do que propunha Exner, que a confiança criada não se pauta por elementos unicamente subjetivos, mas, antes, está a se tratar, frise-se novamente, de uma confiança *objetivada*, pautada no que legitimamente poderia ser esperado. A questão não é fácil e exige grande esforço da doutrina e, especialmente, do magistrado. Não se deve pautar a análise da exterioridade em valores subjetivos do juiz ou em sua experiência pessoal. A construção do risco se dá no corpo social e, assim, a confiança deve ser buscada justamente nesse contexto social.

1199. EXNER, Adolfo. Op. cit., 1905, p. 161.
1200. Idem, p. 161. Prossegue o autor: "Así, sabe todo el mundo que son sucesos enteramente ordinarios el ablandamientos de los caminos á consecuencia de las lluvias de verano, el esparcirse la nieve y el helarse las corrientes de agua en invierno, el crecimiento de arroyos y las inundaciones de los ríos en primavera, como los hurtos, robos con fractura y otros comunes, que ocurren en todos los caminos temporalmente, así como también los daños impremeditados ó hechos de propósito, ú obra de insensatos que perjudican la propriedad ajena (criminales, locos, borrachos, niños, animales), males á los que está sujeta toda empresa con respecto á sus aparatos en el curso normal de las cosas.
Todo esto y cosas parecidas no pueden considerarse, por lo tanto, jamás como fuerza mayor." (Idem, p. 162).

Nesse ponto, a confiança deve ser perquirida a partir de uma justificação que se expressa na presença de elementos objetivos, capazes de, em abstrato, provocarem uma crença plausível.[1201] Aqui se encontra o ponto decisivo e fundamental para caracterizar o fortuito externo. O magistrado deverá indagar se é legítimo a qualquer pessoa, colocada na mesma situação da vítima, crer que o evento danoso é esperado em razão da atividade desempenhada em abstrato. Ou seja, o que se deve buscar é uma análise objetiva tanto do ponto de vista da vítima como da atividade em si. Em outras palavras, o *fortuito interno deve ser compreendido como a situação ou evento legitimamente esperado da atividade abstratamente considerada.*

As consequências advenientes desse conceito ajudam a compreender a incongruência das decisões judiciais e, nesse particular, dois fatores se apresentam importantes. O primeiro é que não se deve confundir aquilo que é legitimamente esperado com os fatos que são previsíveis. A imprevisibilidade não se confunde com a confiança, muito embora, em alguns casos seja difícil diferenciá-los. É possível que um fato imprevisível não seja legitimamente esperado. Mas a recíproca não é verdadeira. O fato, mesmo previsível, poderá não ser legitimamente esperado. Isso se explica em razão do segundo fator: a legítima confiança é examinada a partir da atividade abstratamente considerada e não segundo as particularidades e vicissitudes do caso concreto. Uma análise nesse último sentido impediria, por absoluto, estabelecer uma *ratio* coerente ou confiável, porquanto a configuração do fortuito externo restaria ao sabor do subjetivismo judicial.

A imprevisibilidade é um requisito sempre problemático no campo da causalidade e, portanto, revela grande fragilidade.[1202] Como dito nos capítulos anteriores, ela acaba por inserir uma discussão subjetiva, diretamente ligada à concepção de culpa e ato ilícito em um debate de cunho objetivo, pautado por

---

1201. Menezes Cordeiro coloca três elementos importantes à confiança, quais sejam que (i) o sujeito que se aproveita da confiança ignore estar a lesar posições alheias, (ii) uma justificação para a confiança, que se expressa na presença de elementos objetivos, capazes de, em abstrato, provocarem uma crença plausível e, por fim, (iii) um investimento de confiança consistente em ter havido um assentar efetivo de atividades jurídicas sobre a crença consubstanciada, em termos que desaconselham o seu preterir. (CORDEIRO, António Manuel da Rocha e Menezes. Op. cit., 2001, p. 1248). Para o presente trabalho, a primeira e a terceira situações não se colocam exatamente. Em relação à primeira, a vítima não está a causar lesões às posições alheias e nem poderia, pois estamos a falar de uma atividade perigosa desempenhada por um fornecedor de produtos ou serviços que acaba por afetá-la, seja ela consumidora ou não dessa atividade. Em relação à terceira, parece evidente que se desaconselha a não indenização da vítima nos casos em que o risco é legitimamente esperado e, consequentemente, não se coloca esse debate. De toda sorte, outros fatores poderão contribuir para a referida análise a depender, por exemplo, da existência de um vínculo contratual ou não, que demandará a observância dos deveres da boa-fé objetiva, em especial o de informação e esclarecimento, essenciais ao tráfego jurídico de massas e na sociedade complexa que estamos todos inseridos.
1202. PIRSON, Roger, et DE VILLÉ, Albert. Op. cit., 1935, p. 82.

uma conexão intelectual ao desempenho de uma atividade, isto é, acontecimentos que não são estranhos à atuação do suposto ofensor. A imprevisibilidade, desse modo, acaba por trazer o debate da diligência, pois é indagar se o réu, aquele que desempenha uma atividade, prevendo o que razoavelmente poderia vir a ocorrer, adotou as medidas necessárias a evitar o dano, ou, quedando-se inerte, agiu culposamente. A imprevisibilidade se coloca imprestável, pois não é critério que ajuda a elucidar a conexão causal. E, tampouco se confunde com o que é legitimamente esperado. Um dos principais exemplos de distinção entre o que é legitimamente esperado e a sua imprevisibilidade pode ser extraída de um fato relativamente rotineiro no Brasil. Não é incomum em grandes metrópoles brasileiras a ocorrência de assaltos à mão armada em ônibus.[1203] O debate relativo a se esses assaltos consistiriam em um fortuito interno ou externo é, até hoje, objeto de controvérsias. Os defensores da imprevisibilidade argumentam que na medida em que ocorrem diversos assaltos, esse fato já se tornou previsível e, portanto, consistiria em um fortuito interno.[1204] Se, contudo, indagarmos se o assalto é um fato legitimamente esperado da atividade de transporte abstratamente considerada, parece que a resposta será negativa. Não é dado a ninguém acreditar que está inserido dentro da atividade de transporte a segurança do passageiro contra quadrilhas de assaltantes. Sem dúvida que a cláusula de incolumidade exige que o transportador garanta a incolumidade física dos passageiros, mas ela se limita

---

1203. Só no Rio de Janeiro, no período compreendido entre janeiro e junho de 2019 ocorreram 8.761 assaltos a ônibus. Cf. https://g1.globo.com/rj/rio-de-janeiro/noticia/2019/07/30/rj-registrou-quase-9-mil-casos-de-assalto-a-onibus-somente-no-primeiro-semestre-de-2019.ghtml.

1204. "Apelação cível. Relação de consumo. Empresa de transporte público. Demanda visando à reparação por danos materiais, morais e estéticos oriundos de assalto a mão armada no interior do coletivo. Sentença de improcedência, por entender que crime praticado no interior do ônibus caracterizaria caso fortuito externo. Recurso da autora requerendo a reforma do julgado que merece prosperar em parte. Restou incontroverso no processo que a autora era passageira do ônibus de propriedade da ré e, nessa condição, foi vítima de disparo de arma de fogo, em decorrência de um assalto a outro passageiro ocorrido no interior do coletivo. Empresa concessionária de serviço público que tem o dever de transportar com segurança os seus usuários, e não somente os seus empregados. Inteligência do art. 22 do CDC. *A lamentável frequência dos assaltos praticados no interior de coletivos já confere inegável previsibilidade a esse tipo de evento, que há muito passou a integrar o risco da atividade, devendo ser entendido como fortuito interno, que não exclui a responsabilidade do transportador, de natureza objetiva. Teoria do risco do empreendimento. Ademais, in casu, a empresa ré não comprovou a realização de medidas positivas para evitar ou ao menos diminuir a ocorrência de crimes em suas linhas, (instalação de alarmes silenciosos que avisassem à polícia, controle por gps, aumento do número de fiscais ou qualquer outro meio tecnológico hoje disponível para esse fim).* Precedentes neste tribunal. Dano moral configurado, verba indenizatória que deve ser arbitrada em R$ 5.000,00, de acordo com os princípios da razoabilidade e da proporcionalidade. Dano material e estético que não foram devidamente comprovados, razão que impõe o indeferimento dos pleitos. Diante do provimento parcial deste apelo, devem ser as custas processuais rateadas e os honorários advocatícios compensados, ressalvada a gratuidade de justiça da autora anteriormente deferia, segundo os ditames do artigo 21 do CPC/73 (vigente à época da sentença e da interposição deste recurso). Recurso a que se dá parcial provimento." (Apelação 0004989-28.2013.8.19.0054, Desa. relatora Cintia Santarem Cardinali, julgamento em 23.11.2016, 24ª Câmara Cível, grifou-se).

aqueles eventos pertinentes à atividade em si, tais como, acidentes rodoviários, colisões com terceiros, mal funcionamento do veículo etc. Mas certamente foge ao escopo do contrato de transporte a proteção contra quadrilhas armadas. Sobre o tema, o Superior Tribunal de Justiça Brasileiro fixou a tese de que se trata de um fortuito externo,[1205] reconhecendo, a princípio, que a atividade, abstratamente considerada, não cria a legítima expectativa de que o assalto à mão armada está inserido no círculo industrial do transportador rodoviário.

Ademais, a imprevisibilidade pode criar distorções, especialmente em países de proporções continentais, como é o caso do Brasil. A se cogitar do critério da previsibilidade, os assaltos a mão armada, por exemplo, podem ser previsíveis em uma determinada região, ou cidade, ou mesmo bairro, ao passo que em outras localidades não são previsíveis. Nesse caso, utilizando-se do referido requisito, aqueles que exploram a atividade de transporte na região perigosa respondem civilmente, pois previsível a sua ocorrência, enquanto o transportador, nas regiões em que não há assaltos, não terá o dever de indenizar. Coloca-se em xeque qualquer tentativa de estabelecer um critério coerente e dar segurança jurídica, pois, em duas situações similares – assalto a mão armada em transporte coletivo –, as respostas que o Direito viria a conferir seriam diametralmente opostas. Não parece que é isso que se deve esperar do ordenamento jurídico. Assim, é de se abolir a referência à imprevisibilidade no campo do fortuito externo para adotar integralmente a ideia de legítima confiança.

Uma das maiores dificuldades, no entanto, é que, em regra, os tribunais acabam por proceder a uma análise demasiadamente particularizada, desconsiderando a atividade abstratamente considerada, para projetar nas idiossincrasias do caso concreto uma suposta proteção da vítima e, por fim, a caracterização do fortuito interno. Considere-se, por exemplo, o julgado do STJB que tratou do assalto em lanchonete. A se considerar a atividade abstratamente considerada, parece não ser intuitivo que assaltos na área adjacente estão inseridos e são legitimamente esperados na prestação de serviços de alimentação. Ao revés, o caminho seria justamente o oposto: assaltos não são legitimamente esperados, se considerada a atividade em si. Não é inerente ao serviço de alimentação que assaltos ocorram, muito embora possam vir a ter lugar.

1205. "Processo civil. Recurso especial. Indenização por danos morais, estéticos e material. Assalto à mão armada no interior de ônibus coletivo. Caso fortuito externo. Exclusão de responsabilidade da transportadora.
    1. A Segunda Seção desta Corte já proclamou o entendimento de que o fato inteiramente estranho ao transporte em si (assalto à mão armada no interior de ônibus coletivo) constitui caso fortuito, excludente de responsabilidade da empresa transportadora.
    3. Recurso conhecido e provido" (REsp 726.371/RJ, Rel. Ministro Hélio Quaglia Barbosa, Quarta Turma, julgado em 07.12.2006, DJ 05.02.2007, p. 244).

O ponto fundamental referente ao que é legitimamente esperado é saber se há uma justificação da confiança[1206] a partir de elementos objetivos. Como lembra Luiz Carlos Vilas Boas, para que seja enquadrada a proteção à confiança, é pressuposto essencial que ela não decorra de uma leviandade do sujeito.[1207] O Direito não tutela qualquer confiança, mas apenas aquela que for legítima. É fundamental compreender que a legítima confiança não é um sentimento individual do magistrado, absolutamente inservível à imputação do dever de reparação,[1208] mas, antes, uma construção social a ser concretizada pelo juiz na fundamentação de sua decisão.[1209]

Uma análise concreta ajuda a clarificar os critérios propostos, que buscam conjugar uma análise quantitativa e social do risco. Veja-se o caso de sucção de pássaro por turbina de avião – comumente designados como *bird strike*. Utilizando-se os parâmetros supraindicados, podemos concluir que (i) é possível que um pássaro seja sugado por turbinas de avião. A partir desse reconhecimento, é preciso indagar o quão provável ocorrerá o acidente. Segundo o Anuário de Risco de Fauna, elaborado pelo Centro de Investigação e Prevenção de Acidentes Aeronáuticos do Comando da Aeronáutica no Brasil,[1210] no ano de 2019,[1211] foram reportadas 2.851 colisões com fauna num universo de 951.000 voos regulares e

---

1206. CORDEIRO, António Manuel da Rocha e Menezes. Op. cit., 2001, p. 1248.
1207. ANDRADE JÚNIOR, Luiz Carlos Vilas Boas. Op. cit., 2016, p. 140.
1208. Idem, p. 140.
1209. Na União Europeia a questão da confiança é tão relevante que a Diretiva 85/374/CEE, relativa à aproximação das disposições legislativas, regulamentares e administrativas dos Estados-membros em matéria de responsabilidade decorrente dos produtos defeituosos, expressamente adotou a confiança para fins de imputação de responsabilidade. Diz o art. 6º da referida diretiva que "um produto é defeituoso quando não oferece a segurança que se pode legitimamente esperar". Evidentemente que nesse caso, a confiança tem como escopo estabelecer os riscos inerentes e que não caracterizam defeito do produto, pois, afinal, todo produto ou serviço tem uma periculosidade inerente. No Direto Brasileiro o tratamento foi semelhante. Baseando-se na referida Diretiva, que serviu de inspiração, o legislador estabeleceu nos art. 12 e 14 do Código de Defesa do Consumidor Brasileiro, que o fornecedor responde pelos danos decorrentes dos produtos e serviços defeituosos. Em seguida, o CDCB define produto e serviço defeituoso como aquele que não oferece a segurança que dele legitimamente se espera, considerando, em especial, "o uso e riscos que razoavelmente dele se esperam". Percebe-se que a confiança depositada pelo consumidor é determinante na análise da reparação dos danos, pois protege-se a confiança legítima de segurança do consumidor no sentido de que o uso regular do produto ou serviço não acarretará danos. Cf. MIRAGEM, Bruno. Op. cit., 2014, p. 534. No Brasil, ainda, a Lei 13.709/18, que trata da proteção geral de dados, novamente tratou da questão da confiança para fins de responsabilização. O art. 44 da referida Lei, ao estabelecer a responsabilidade do controlador ou operador de dados será civilmente responsabilizado pelo tratamento de dados irregular, considerado o modo pelo qual é realizado e "o resultado e os riscos que razoavelmente dele se esperam". Ou seja, a confiança desempenha um papel fundamental no campo da responsabilidade civil, seja ela extracontratual ou contratual.
1210. Disponível em: https://www2.fab.mil.br/cenipa/index.php/estatisticas/risco-da-fauna. Acesso em: 08 out. 2021.
1211. Optou-se por utilizar dados pré-pandemia, que correspondem à realidade cotidiana.

não regulares.[1212] Assim (ii) a probabilidade de ocorrência de colisão com fauna corresponde a 0,29%, o que é relativamente baixo. A terceira indagação, portanto, é se tal fato é legitimamente esperado. Nesse ponto, a Agência Nacional de Aviação Civil (ANAC) do Brasil elaborou os Programas de Instrução e Manual de Instruções e procedimentos, aprovado pela Portaria 1.529/SPO, de 12 de junho de 2020. Segundo o referido documento, os requisitos de um curso prático de piloto privado aprovado pela ANAC exigem, como unidade primeira de conteúdo e diretrizes, o reconhecimento e gerenciamento de ameaças e erros, dentre eles a familiarização do piloto com ameaças, notadamente pássaros.[1213] Trata-se, assim, de fato comum,[1214] devidamente mapeado e objeto de análise e gerenciamento por parte daqueles que desenvolvem a atividade de transporte aéreo. Repare-se: ainda que o percentual seja baixo, ele não exclui se tratar de um risco intrínseco. Nesse caso, (iii) a legítima confiança depositada necessariamente pende para o reconhecimento da conexão com a atividade de risco. Parece possível concluir, portanto, se tratar de um fato possível, cuja probabilidade é baixa, mas que é legitimamente esperado que ocorra no desempenho da atividade de transporte aéreo. Consequentemente, justifica-se a sua caracterização como fortuito interno, considerando que é inerente à atividade abstratamente considerada.

Em conclusão, não parece existir quaisquer óbices para o reconhecimento da confiança como elemento determinante na caracterização da *exterioridade* do caso fortuito e da força maior. Pelo contrário, o ordenamento jurídico e a adoção da teoria do risco, com a intensa colocação de atividades potencialmente lesivas na sociedade, levam a crer, justamente, que o mecanismo de redução da complexidade social e, por conseguinte, da redução de danos, reside na confiança, instrumento hábil a estabelecer o círculo industrial da atividade perigosa.

III. Ao lado dos critérios positivos, necessários à imputação da responsabilidade pelo fortuito interno, parece importante indicar duas importantes situações que impedirão a atribuição da obrigação de indenizar, ainda que presente fato legitimamente esperado. A estas situações denomina-se *critérios negativos do*

1212. Dados obtidos do Anuário do Transporte Aéreo elaborado pela Agência Nacional de Aviação Civil (ANAC) do Brasil. Disponível em: https://www.gov.br/anac/pt-br/pt-br/assuntos/dados-e-estatisticas/mercado-de-transporte-aereo/anuario-do-transporte-aereo/dados-do-anuario-do-transporte-aereo?_authenticator=8a4f8b82b891ef96d01bd5a76d15e536f39c5bae. Acesso em: 08 out. 2021.
1213. Eis o trecho das Diretrizes para o conteúdo e desenvolvimento do curso: "É importante um piloto privado se familiarizar com ameaças como: influência da altitude e pressão no desempenho da aeronave; separação entre aeronaves, degradação de condições meteorológicas durante o voo, perda de controle (desorientação espacial), CFIT, incursão de pista, proximidade de aeronaves sem rádio, drones e/ou *pássaros*." (grifou-se). Disponível em: https://www.anac.gov.br/assuntos/legislacao/legislacao-1/boletim-de-pessoal/2020/24s1/is_141_007_para_publicacao_revisada_pdf.pdf. Acesso em: 08 out. 2021.
1214. Como reconhecido pelo Tribunal de Justiça do Estado do Rio de Janeiro, no julgamento da Apelação Cível 0112053-52.2019.8.19.0001, julgado em 10.03.2020.

fortuito interno e, uma vez presentes, o risco será atribuído à própria vítima, que não terá direito a qualquer reparação. São eles: (i) assunção de risco pela vítima mediante consentimento informado e (ii) a ausência de defeito, considerado o risco de desenvolvimento. Nessas duas hipóteses, ainda que o risco seja legitimamente esperado, ele será excluído do círculo industrial no caso concreto.

Os sujeitos na sociedade, diante de riscos adequadamente informados, podem decidir aceitá-lo conscientemente. Nesses casos, o sujeito assume uma "atitude filosófica diante de prejuízo em que corram por sua própria culpa",[1215] como é o caso de beber e dirigir, ou a prática de atividades perigosas, que coloquem em risco a sua própria segurança. É de se reconhecer, portanto, que em diversas hipóteses, os sujeitos têm um poder de escolha, pois os indivíduos, na busca pelos seus interesses, podem adotar comportamentos arriscados, assumindo os riscos do sucesso ou insucesso de sua ação. Assim, é preciso admitir que a vítima, embora sofra um dano, possa ter voluntariamente assumido o próprio risco e, nesse contexto, não há dúvidas de que o risco voluntariamente aceito pela vítima não poderá permitir a responsabilização de quem desenvolve a atividade perigosa. A ocorrência da situação que venha a gerar os prejuízos, então, encontra-se no âmbito de sua esfera jurídica, não descambando para a responsabilização alheia.

O problema, a toda evidência, reside nos danos, aos quais as pessoas acreditam que deveriam ter sido alertadas – e que poderiam ter evitado se soubessem – ou, ainda, que creem que efetivamente não sofrerão.[1216] São esses danos involuntários que se colocam no campo da reparação civil. O problema é ainda mais delicado na medida em que as pessoas se veem cada vez mais privadas do controle sobre a própria vida, sendo expostas com mais intensidade aos mais variados riscos que sequer sabem existir. Como houve a oportunidade de analisar no Capítulo I, uma das questões mais delicadas da contemporaneidade é que as atividades desenvolvidas se tornaram cada vez mais complexas e perigosas, com exponencial aumento do risco. Contudo, esses riscos são invisíveis e involuntários, sendo certo que estamos todos diuturnamente expostos a ele. É justamente nos riscos involuntários, irreversíveis e desconhecidos que os efeitos das novas tecnologias podem se revelar desastrosos.[1217]

Parece, portanto, possível afirmar que os riscos voluntariamente aceitos não podem ser tratados da mesma forma que os riscos involuntários a que as pessoas estão submetidas. Conseguintemente, *um fator que obstará qualquer tipo de indenização é a assunção voluntária do risco pela vítima*. Quando esta, consciente

---

1215. DOUGLAS, Mary, e WILDAVSKY, Aaron. Op. cit., 2012, p. 15.
1216. Idem, p. 16.
1217. Idem, p. 15.

e adequadamente informada assume o risco estabelecido na atividade perigosa, a eventualidade da situação danosa permanecerá em sua esfera jurídica. Ou seja, o ordenamento jurídico atribuirá o ônus do risco à própria vítima.

Questão relevante é identificar que não existe um critério objetivo acerca do risco voluntário e involuntário. Inicialmente é preciso compreender que há riscos desconhecidos. Os sujeitos se colocam numa posição de risco, pois ignoram, por completo, o potencial lesivo da ação. A solução para demonstrar essa situação de perigo consiste, evidentemente, em melhor informação,[1218] que colocará as pessoas em condições de recusar os riscos, agora conhecidos, ou de exigir compensações adicionais por sua assunção. Nesse caso o risco deixará de ser involuntário e, por via de consequência, é evitado – a parte o refuta – ou é aceito e se torna um risco voluntário.

Nesse campo da voluntariedade, no entanto, é preciso reconhecer que a autonomia privada pode desempenhar um papel determinante, notadamente no estabelecimento de relações contratuais. Os contratantes podem, pelo acordo de vontades, estabelecer a matriz de risco contratual delimitando cada um dos possíveis riscos advindos do contrato e a sua respectiva distribuição.[1219] Aceita-se, nesse caso, que a parte venha a assumir os respectivos riscos, em razão dos benefícios a serem obtidos. Pode-se exemplificar tal caso com um paciente que recorre a um médico-cirurgião para curar alguma moléstia. Todo procedimento cirúrgico traz, intrinsecamente, um risco. Se tal risco for devidamente informado, permitindo o consentimento informado do paciente, que anui com a realização do procedimento, a eventual situação negativa que acarrete dano, desde que inserida no risco assumido (diferentemente de um eventual erro médico ou outro risco não informado), não gerará a responsabilidade do médico.

Contudo, a autonomia privada não é um valor em si mesmo e, portanto, exige uma análise detida que permita compreender se o seu exercício está em conformidade com os preceitos presentes no ordenamento jurídico. A função social é certamente uma ruptura do modelo clássico de contratação. Pode-se afirmar que ela exprime o dever imposto às partes de perseguir, para além de seus interesses individuais, os interesses extracontratuais socialmente relevantes, dignos de tutela

---

1218. Idem, p. 16.
1219. Nesse ponto, foi promulgada a Lei 13.874/19 no Brasil que introduziu o art. 421-A no Código Civil Brasileiro e prevê expressamente a validade da matriz de riscos estabelecida voluntariamente nas relações contratuais: "Art. 421-A. Os contratos civis e empresariais presumem-se paritários e simétricos até a presença de elementos concretos que justifiquem o afastamento dessa presunção, ressalvados os regimes jurídicos previstos em leis especiais, garantido também que:
(...)
II – a alocação de riscos definida pelas partes deve ser respeitada e observada".

jurídica, que se relacionam com o contrato ou são por ele atingidos. A funcionalização do contrato, portanto, tem como consequência uma alteração da noção de autonomia privada. Esta não pode mais ser concebida como absoluta, como um valor em si. Ao revés, a autonomia negocial deve ser lida à luz dos valores constitucionais e só será juridicamente protegida se e enquanto corresponder a um interesse merecedor de tutela.[1220] Nesse sentido, relações em que não há paridade dificilmente permitirão uma adequada regulação dos riscos, como ocorre, por exemplo, nas relações de consumo em que o consumidor é vulnerável.

Assim, ao se falar em assunção de riscos que exclua a responsabilidade daquele que desenvolve uma atividade de risco, será necessária a conjugação de dois pressupostos. De um lado, a informação clara, prévia e adequada de tal modo que sejam passadas àquele que assume o risco informações substanciais, transmitidas de forma adequada e eficiente, ou seja, de tal maneira que seja percebida ou, ao menos, perceptível ao assuntor.[1221] De outro, é fundamental indagar se a parte que assume o risco tem alguma vulnerabilidade que comprometa a manifestação da autonomia privada. Assim, a inexistência de paridade certamente poderá significar uma redução do impacto da assunção do risco. O simples fato do consumidor concordar com uma atividade perigosa, sabedor da atividade, não implica na irresponsabilidade do fornecedor de produtos ou serviços. Ele só será exonerado, parece, naqueles casos em que, assumido o risco, este se insere nos riscos legitimamente esperados da atividade, isto é, os riscos presentes, inerentes à atividade perigosa e que foram devidamente esclarecidos, comumente denominados periculosidade latente ou inerente.[1222] Os riscos ignorados, por sua vez, não terão essa capacidade.

O segundo requisito é a ausência de defeito em razão do risco do desenvolvimento. Como já se pôde adiantar, o risco do desenvolvimento insere-se na discussão do risco tecnológico como uma verdadeira excludente de responsabilidade por ausência da configuração do dever de indenizar e significa que são riscos da sociedade e, consequentemente, são atribuídos às próprias vítimas os riscos não cognoscíveis pelo mais avançado estado da ciência ou da técnica no momento da introdução do produto no mercado de consumo, que só vêm a ser descobertos posteriormente em razão do contínuo desenvolvimento da literatura científica.

1220. VIOLA, Rafael. Constituição, economia e contrato as transformações do Direito Civil. Tratado *de Direito Constitucional* – Constituição no século XXI. Rio de Janeiro Elsevier, 2014, v. 2, p. 298. Não se pode olvidar, no entanto, que a economia do contrato tem um papel determinante, pois se a autonomia privada é delimitada por uma valoração social, é verdade também que o contrato é uma operação econômica e, portanto, uma correta interpretação da função social exige uma análise das consequências econômicas e, especialmente, da eficiência.
1221. MIRAGEM, Bruno. Op. cit., 2014, p. 201.
1222. CALIXTO, Marcelo Junqueira. Op. cit., 2004, p. 176.

Assim, segundo a teoria do risco do desenvolvimento, o produtor pode se eximir da responsabilidade desde que demonstre que o estado dos conhecimentos técnicos e científicos não lhe permitiu detectar a existência do defeito.[1223] Importante registrar que não se trata de uma impossibilidade subjetiva do produtor. Dito diversamente, cabe ao produtor demonstrar "a impossibilidade absoluta e objectiva de descobrir a existência do defeito por falta ou insuficiência de meios técnicos e científicos idóneos, e não a impossibilidade subjectiva do produtor em causa".[1224] Não se trata, portanto, do conhecimento do produtor, mas o que a comunidade técnica e científica detinha ao tempo da introdução do produto no mercado de consumo, sendo a sua ignorância, desse modo, irrelevante.[1225]

Nos países europeus, notadamente na Inglaterra,[1226] Portugal,[1227] Itália,[1228] Espanha[1229] e Alemanha,[1230] têm prevalecido a excludente de responsabilidade

---

1223. KALLÁS FILHO, Elias. Risco de desenvolvimento no código de defesa do consumidor: atenuante da responsabilidade do fornecedor pelo fato do produto. *Revista jurídica direito & paz*. São Paulo, ano X, n. 38, 1º semestre, p. 105. 2018.
1224. SILVA, João Calvão da. *Responsabilidade civil do produtor*. Coimbra: Almedina, 1999, p. 510.
1225. BENJAMIN, Antonio Herman V et al. Op. cit., 2014, p. 184.
1226. O Reino Unido promulgou o *Consumer Protection Act 1987* que prevê no art 4º, 1, 'e', como defesa do produtor o risco do desenvolvimento: "(1) In any civil proceedings by virtue of this Part against any person ("the person proceeded against") in respect of a defect in a product it shall be a defence for him to show – (...)
    (e) that the state of scientific and technical knowledge at the relevant time was not such that a producer of products of the same description as the product in question might be expected to have discovered the defect if it had existed in his products while they were under his control".
1227. Em Portugal, a Diretiva Europeia foi transposta pelo Decreto-Lei 383/89. Segundo o art. 5º, 'e', do corpo normativo, o produtor não é responsável se provar que "o estado dos conhecimentos científicos e técnicos, no momento em que pôs o produto em circulação, não permitia detectar a existência do defeito".
1228. O Código de Consumo Italiano prevê a excludente expressamente em seu art. 118, 1, 'e': "Art. 118. Esclusione della responsabilita' 1. La responsabilita' e' esclusa: (...) e) se lo stato delle conoscenze scientifiche e tecniche, al momento in cui il produttore ha messo in circolazione il prodotto, non permetteva ancora di considerare il prodotto come difettoso".
1229. Na Espanha, a excludente baseada no risco do desenvolvimento foi internalizada pela Lei 22/1994, que estabelecia em seu art. 6º, 1, 'e', como causa de exoneração de responsabilidade "el estado de los conocimientos científicos y técnicos existentes en el momento de la puesta en circulación no permitía apreciar la existencia del defecto". A referida norma foi revogada pelo Real Decreto Legislativo 1/2007, que aprovou o texto consolidado da Lei Geral de Defesa dos Consumidores e Usuários. Segundo o art. 140, 1, 'e', do referido decreto, que reproduziu o texto anterior, é causa de exoneração da responsabilidade civil "el estado de los conocimientos científicos y técnicos existentes en el momento de la puesta en circulación no permitía apreciar la existencia del defecto". A referida lei, no entanto, ressalvou a responsabilidade no caso de medicamento e alimentos destinados ao conduzo humano, em que não será possível invocar o risco do desenvolvimento, conforme art. 140, 3.
1230. Na Alemanha foi promulgada o Gesetz über die Haftung für fehlerhafte Produkte (*Act on Liability for Defective Products*). O art. 1º, 2, '5', estabelece a exclusão da responsabilidade pelo risco do desenvolvimento. Assim dispõe a norma: "(2) The producer's liability obligation is excluded if (...) 5. the state of scientific and technical knowledge at the time when the producer put the product into circulation was not such as to enable the defect to be discovered". O art. 15, contudo, limita a aplicação, afastando a referida excludente

quanto ao risco de desenvolvimento, que permite a exoneração do fornecedor de produtos ou serviços, muito embora na Espanha seja imputada a responsabilidade nos setores de alimentos e medicamentos e na Alemanha o fornecedor seja responsabilizado no setor de medicamentos. Nos Estados Unidos, a princípio, ainda que profundamente limitada e restritiva, parece ser permitida a excludente dos riscos do desenvolvimento, pois, em verdade, não haveria um defeito na medida em que o conceito de defeito é demasiadamente relativo, tendo como pressuposto as noções de segurança e expectativa do consumidor. Assim, não estaria presente qualquer defeito, por "inexistir uma reversão de expectativa em face dos conhecimentos atuais".[1231]

No Brasil o tema não é pacífico, encontrando-se o tema em momento de intenso debate tanto pela admissão da excludente como pela sua inadmissão ao argumento de que, sendo a responsabilidade civil do fornecedor objetiva, não seria possível admitir excludente não prevista em lei.[1232] Nesse ponto, foi aprovado o Enunciado 43 das Jornadas de Direito Civil que reconheceu "[a] responsabilidade civil pelo fato do produto, prevista no art. 931 do novo Código Civil, também inclui os riscos do desenvolvimento". Note-se que no julgamento do Recurso Especial 1.774.3725/RS, o Superior Tribunal de Justiça Brasileiro entendeu que o risco do desenvolvimento "constitui defeito existente desde o momento da concepção do produto, embora não perceptível a priori, caracterizando, pois, hipótese de fortuito interno". Não obstante tal decisão, o tema ainda é polêmico.

Acredita-se, porém, que o ordenamento jurídico brasileiro adotou, de forma limitada, o risco do desenvolvimento no art. 12, § 1º, III, do CDC. De fato, ao estabelecer que deve ser levado em consideração, para caracterização do defeito, a época em que o produto ou serviço foi colocado em circulação ou fornecido, percebe-se que o desenvolvimento tecnológico e o conhecimento científico são

---

nos casos de medicamentos: "Section 15 Liability for medicinal products, liability pursuant to other legal provisions – (1) The provisions of the Product Liability Act shall not apply if, as a result of the administration of a medicinal product intended for human use, which was distributed to the consumer within the purview of the German Medicinal Products Act (Gesetz über den Verkehr mit Arzneimitteln) and which is subject to compulsory marketing authorisation or is exempted by ordinance from the need from a marketing authorisation, a person is killed, or the body or the health of a person is damaged.

(2) Any liability on the basis of other provisions shall remain unaffected."

1231. TEPEDINO, Gustavo. A responsabilidade médica na experiência brasileira contemporânea. *Revista trimestral de direito civil*. v. 02, p. 68. Rio de Janeiro: Editora Padma, 2000.

1232. Nesse sentido, cf. BENJAMIN, Antonio Herman V et al. Op. cit., 2014, p. 182; CALIXTO, Marcelo Junqueira. *A responsabilidade civil do fornecedor de produtos pelos riscos do desenvolvimento*. Rio de Janeiro: Renovar, 2004, p. 242. Em defesa do risco do desenvolvimento como excludente da responsabilidade civil, ainda que limitada, v. LOPEZ, Teresa Ancona. *Princípio da precaução e evolução da responsabilidade civil*. São Paulo: Quartier, 2010, p. 204.

determinantes para a responsabilidade, pois, como se sabe, o risco é inerente a sociedades contemporâneas, estando presente constantemente.

Pode-se perceber, que a confiança desempenha um papel fundamental, também, na configuração dos riscos do desenvolvimento, sendo que a figura do risco do desenvolvimento, em verdade, é complementada pela ideia do *fortuito interno* e *externo*. De fato, parece possível afirmar que onde termina a ideia de risco do desenvolvimento, começa a do *fortuito interno*, na medida em que se verificará qual risco era legitimamente esperado em decorrência da atividade, que é fonte de perigos, e a legítima confiança construída objetivamente. Nesse sentido, quando caracterizado o risco do desenvolvimento, não haverá defeito, pelo que o fornecedor não será responsabilizado.

Há, assim, uma linha tênue que diferencia o fortuito interno do risco do desenvolvimento. Se a confiança é o que define a exterioridade do evento fortuito, é ela também quem terá a capacidade de determinar o conteúdo do risco do desenvolvimento, pois, ainda que do ponto de vista técnico e científico não seja possível identificar determinada lesão (ou efeito pernicioso de produto ou serviço inserido no mercado), desde que seja um evento tido como legitimamente esperado na atividade, o caminho será, necessariamente, a configuração do *fortuito interno* e a consequente responsabilização do produtor.

IV. É possível concluir, dessa forma, que no ordenamento jurídico brasileiro o *fortuito interno é a situação ou evento legitimamente esperado da atividade abstratamente considerada*, que, então, por não comportar o requisito da *exterioridade* não é apto a excluir a responsabilidade daquele que desenvolve atividade de risco, estando, portanto, inserido no círculo industrial da empresa, isto é, ligado ao risco da atividade por uma conexão intelectual ou jurídica. Nesse ponto, como se teve a oportunidade de aprofundar ao longo do trabalho, o fortuito interno deve ser encarado a partir de uma variedade de fatores que conjugam os elementos técnico-científicos e a conjuntura social, pautada pela legítima confiança despertada no corpo social.

Ademais, torna-se necessário reconhecer que os riscos podem ser voluntariamente afastados ou assumidos, situação em que dever-se-á verificar se a autonomia privada é merecedora de tutela para tal desiderato e se está ausente qualquer das circunstâncias que impossibilitem a pactuação, como sói acontecer nas relações em que há vulnerabilidade de um dos indivíduos ou nos contratos de adesão.

Isto não significa que haverá uma regra clara e objetiva para identificar o risco circunscrito à atividade perigosa. A análise, como se teve a oportunidade de ver, dependerá, em boa medida, dos aspectos quantitativos, que levam em consideração as ciências naturais e o estado da técnica, mas, também, a percepção social do que significa o risco. Consequentemente, o que não é tido como um risco hoje pode, amanhã, muito bem, ser tratado como risco da atividade, ainda que seja necessário construir um discurso dogmaticamente substancioso e objetivado, afastando-se do subjetivismo judicial, pois, afinal, o risco, embora não seja estranho à humanidade, certamente é um desconhecido.

CONCLUSÃO E TESES

CAPÍTULO I – A PERCEPÇÃO DO RISCO

1

1. A teoria da reparação dos danos, embora tenha sido objeto de profundos estudos ao longo dos séculos, é tema da mais alta complexidade e dificuldade. A reparação civil sempre esteve no centro das sociedades, desde as mais primitivas até os dias de hoje, sendo importante instrumento de pacificação das relações sociais, ou, ao menos, de conscientização da necessidade de o Estado atuar para fazer cessar as colisões de interesses.

2. Conquanto as sociedades modernas – ocidentais e não ocidentais – obtenham novas descobertas, especialmente tecnológicas, que permitem uma sensível melhora da qualidade de vida dos sujeitos, notadamente com um acesso maior aos bens da vida, elas passam a ser confrontadas com problemas qualitativamente novos, trazendo para o centro do debate as suas possíveis consequências, ainda que não previstas inicialmente.

3. A análise do risco é extremamente complexa, destacando-se as chamadas (i) perspectiva tecno-científica, de cunho objetivo, que busca adotar uma linha racional do risco, sendo este definido como um produto das probabilidades e consequências de um evento adverso, e (ii) perspectiva sociocultural, que se vale dos contextos social e cultural em que o risco é entendido, vivido, concretizado e negociado.

2

2.1

4. A noção de modernidade reflexiva trazida por Beck significa um movimento de autotransformação da sociedade. Não se trata de simples reflexão, ou de uma visão eurocêntrica, não é uma transformação na sociedade, mas uma transformação da própria sociedade.

5. Admitir a sociedade de risco implica, segundo Beck, no reconhecimento de que a produção social de riqueza é acompanhada sistematicamente pela produção social de risco. A transformação tecnológico-industrial e a comercialização global da sociedade, aliadas à uma natureza absorvida, subjugada e explorada pelo homem, trouxeram os perigos a reboque do consumo cotidiano. Esses novos riscos possuem novas características que, justamente, não podem ser enfrentados com as técnicas do início do século XX – métodos construídos para acidentes temporal, espacial e socialmente limitados.

6. Para Beck, a questão em torno do risco deve ser tratada a partir da crescente importância da tomada de decisão, da incerteza e da probabilidade no processo de modernização. De acordo com Beck, os riscos permanecem fundamentalmente invisíveis, isto é, escapam à capacidade perceptiva imediata do homem. As ameaças passam, nesse ponto, a serem imperceptíveis aos próprios afetados, baseando-se em interpretações causais, que dependem do conhecimento. O conhecimento dos riscos pelos indivíduos, então, torna-se dependente do conhecimento alheio, ou, em outras palavras, da ciência.

7. A identificação do risco, portanto, parte do conhecimento que inclui, além da ciência, o entendimento dos "leigos", dos grupos de cidadãos, das organizações, das instituições sociais, sendo, em regra, mediada pelos meios de comunicação.

2.2

8. Para Giddens, o mundo parece cada vez mais fora de controle, cada vez mais perigoso, o que o autor denomina de "runaway world". A sociedade atual, ao mesmo tempo que buscou criar mecanismos para conter os riscos que ela mesma criou, fez com que nos deparemos com novos riscos e incertezas que nos afetam, independentemente de onde vivemos ou quão privilegiados sejamos.

9. A ideia de risco, segundo Giddens, deveria estar ligada a um meio de regular o futuro, normalizando-o e mantendo-o sob o domínio dos homens. Giddens diferencia os riscos internos e os riscos fabricados. Os primeiros dizem respeito ao risco derivado de fatores externos, notadamente oriundos da natureza e da tradição, tais como caprichos da natureza, desastres naturais, que regeram o destino da humanidade em outras eras. Os segundos consistem no risco criado pelo próprio progresso do desenvolvimento humano, notadamente da ciência e da tecnologia.

2.3

10. Luhmann afirma que uma característica nova que surge dentro dos sistemas na era da modernidade avançada é a construção social do risco. Para Luhmann, o risco não é uma questão de segurança, como idealizam as ciências estatísticas, mas uma questão de atribuição. Para ele, é necessário distinguir risco e perigo. O risco, diferentemente do que dizem os estatísticos, não é apenas uma questão de cálculo de custos; sua noção reside na compreensão de que certas vantagens só podem ser obtidas quando alguma coisa pode ser perdida e, nesse sentido, o risco é uma questão de decisão.

11. O risco, para Luhmann, consiste num dano potencial – pode ocorrer ou não diante da incerteza que o caracteriza – atribuível a uma decisão humana, ao passo que o perigo é a perda potencial que é atribuível a um fator externo, que foge à decisão.

12. O caminho para solucionar o impasse acerca dos conflitos sobre risco passa, obrigatoriamente, pela melhora dos meios de comunicação. A base da teoria dos sistemas é a comunicação e, dessa forma, torna-se necessário o diálogo deliberativo entre os vários sistemas, o que permitiria a redução da pressão dos conflitos.

2.4

13. Douglas afirma que o risco deveria ser entendido como um produto do conhecimento que se tem do futuro e do consenso quanto às perspectivas mais desejadas. Assim, a depender do conhecimento produzido acerca de um determinado risco e do consenso sobre como lidar com ele, maiores são as chances de um tratamento adequado.

14. Douglas afirma que a percepção dos riscos é um processo social e que os princípios sociais pelos quais os comportamentos se pautam afetam o julgamento de quais perigos devem ser mais temidos, quais riscos valem a pena e a quem se deve permitir corrê-los.

3

15. A tecnologia é uma produção humana e, assim, é inerente à sua própria natureza. Com o desenvolvimento das sociedades, a noção de tecnologia foi, também, evoluindo, de tal modo que adquiriu novos contornos, com profundas transformações, caracterizada por uma extensa rede de pesquisadores e projetos interdisciplinares.

16. O desenvolvimento tecnológico projeta os riscos (conhecidos e desconhecidos) para o futuro e, dessa forma, o conceito de risco indica a forma para confrontar o problema representado pelo futuro. A distinção entre presente, passado e futuro é determinante para que se possa estabelecer a atribuição de responsabilidade pela tomada de decisão do agente ofensor.

4

17. Conquanto, no Direito do Consumo, seja reconhecido que o consumidor não possa ser considerado o homem ativo, educado, diligente e bom pai de

família, que se cogitara no Código Napoleão, é demasiado acreditar que vulnerável implica num regime de incapacidade.

18. O Direito apreende a vulnerabilidade a partir da fraqueza do indivíduo, o que corresponde à manifestação material mais visível da própria vulnerabilidade. O Direito aborda a noção de vulnerabilidade por meio de sua origem material, tal como uma doença, uma deficiência, a idade, mas, também, a partir de uma situação econômica ou social difícil.

19. Assim vulnerável é todo aquele suscetível de ser ferido no sentido físico do termo – compreendendo, ainda, a integridade psíquica –, mas, também, capaz de ser vítima de um ataque ao seu patrimônio, à sua propriedade ou aos seus interesses. A vulnerabilidade é fundamental na análise do risco, notadamente nas relações de consumo na medida em que o consumidor é quem mais sofre com o desenvolvimento de atividades perigosas.

CAPÍTULO II – O RISCO NAS CIÊNCIAS JURÍDICAS

5

20. As transformações de meados do século XX influenciaram diretamente o conceito de risco, especialmente a partir da década de 1980. A palavra risco adquiriu uma polissemia, que se expandiu, de modo quase infindável, num enorme jogo de metonímias, o que acarreta a diversidade de usos e aplicações que toma lugar, no referido século, nas ciências naturais, biológicas, sociais, assim como na administração pública e na definição de políticas públicas.

21. Esse conceito polivalente deixou profundas marcas no uso metodológico e operacional do termo ao longo do último século. Nesse sentido, torna-se fundamental buscar um conceito adequado às ciências jurídicas.

5.1

22. Na literatura econômica, haverá risco quando os agentes conhecem os possíveis cenários futuros e conseguem associar probabilidades aos resultados e haverá incerteza sempre que não for possível fazer essa associação e, assim, estar-se-á diante de uma situação em que existe um conjunto de possíveis resultados desconhecidos. A principal importância da referida definição é reconhecer que a existência de probabilidades que não podem ser estimadas – no caso a incerteza – não paralisa a tomada de decisão.

23. O cálculo probabilístico, no entanto, falha do ponto de vista social, pois na análise social, todas as eventualidades restam abertas para o caso concreto e,

nesse sentido, a avaliação do risco irá variar naturalmente se o decisor acredita que o dano possa acontecer no início ou no final do desenrolar dos fatos ou simplesmente nunca acontecer. Nesse ponto, parece não ser ideal a adoção dos critérios propostos para risco e incerteza originados da teoria da decisão econômica para fins de compreensão da teoria do risco no direito da reparação dos danos.

5.2

24. Embora as ciências jurídicas tenham se empenhado em definir um critério para explicar a teoria do risco a ponto de fazer incidir a responsabilidade definitiva, criando diversas modalidades de risco para as mais variadas situações, parece que nenhuma das configurações tradicionais se afigura adequada na realidade atual.

25. Propõe-se que o risco da atividade seja compreendido como uma situação ou um evento legitimamente esperado, atribuível a uma decisão humana, comissiva ou omissiva, em que um interesse juridicamente protegido se encontra sujeito a uma lesão potencial, mas cujo resultado concreto é incerto.

6

26. A responsabilidade civil é um mecanismo de distribuição de responsabilidades entre o Estado e a sociedade e entre os próprios cidadãos, que está diretamente ligada às regras e instituições que permeiam toda a organização social. Por meio dela é possível estruturar o fluxo dos acontecimentos, de tal maneira que se possa atribuir determinados fatos a uma pessoa como consequência de sua ação ou omissão. Nesse contexto, a busca do nexo causal entre o fato e a ação do indivíduo não pode ser arbitrária, mas, antes, é necessário ter em conta critérios de imputação legitimamente construídos no processo democrático.

27. Não há dúvidas de que a responsabilidade civil efetivamente desempenha uma função ressarcitória ou reparatória, necessária à recolocação da vítima na situação em que se encontrava antes da causação do dano.

28. A reparação civil representa, ainda, um incentivo aos comportamentos socialmente desejáveis e, portanto, exerce um papel preventivo. Esta função é inerente ao sistema de responsabilidade civil, pois o ofensor sofrerá um desfalque patrimonial caso venha a produzir um dano injusto, de modo que a função de prevenção de comportamento antissociais está presente, ainda que ela seja mais ampla do que a doutrina tradicional apontava. Esta função, contudo, não se confunde com uma função punitiva que pode, em verdade, criar distorções anulando a própria ideia de redução de danos no corpo social.

29. É preciso superar uma concepção tradicional e formalista da responsabilidade civil para encontrar nela um mecanismo de adequada atribuição de riscos de modo a garantir a efetiva reparação das vítimas e a prevenção a comportamentos danosos, incentivando os indivíduos a adotarem comportamentos socialmente desejáveis que reduzam a ocorrência de danos no corpo social.

CAPÍTULO III – VÍNCULO DE CAUSALIDADE

7

30. Se durante muito tempo a culpa foi tida como a pedra angular do sistema de responsabilidade civil, atualmente o seu papel encontra-se profundamente atenuado.

8

31. O problema causal não é um problema exclusivo das ciências jurídicas. A sua discussão tem início em debates de origem teológica, filosófica e metafísica, vindo a encontrar aprofundados debates nas ciências naturais.

32. Busca-se a investigação do nexo de causalidade a partir das ciências jurídicas, que deverá se orientar pelas finalidades específicas do direito, em geral, e da responsabilidade civil em especial, adaptando os conceitos produzidos pela filosofia. A ideia por trás da investigação da causa consiste no exercício intelectual do jurista em identificar, dentre os inúmeros fatores conducentes à ocorrência do dano, aquele com especial relevo e, conseguintemente, hábil a atribuir o dever de indenizar

33. Embora a noção do liame naturalístico auxilie na análise jurídica, na medida em que é assente que todo efeito decorre de uma causa antecedente, não haverá necessariamente uma coincidência de conclusões no processo investigativo da causa entre uma investigação meramente naturalística e uma jurídica.

34. Há efetivamente uma interligação entre as valorações de ordem pessoal do investigador do nexo causal e do processo causal conducente ao prejuízo. Nesse ponto, as considerações que envolvem a experiência de vida e o conhecimento do investigador contribuem para uma efetiva análise do nexo de causalidade, embora esteja limitada por um critério objetivo: os fatos que se sucederam. Assim, na análise do nexo de causalidade, em especial a análise jurídica, os interesses juridicamente protegidos e as finalidades estabelecidas pelo ordenamento jurídico em seus respectivos estatutos contribuirão decisivamente na busca pela causa, mas o magistrado não poderá se afastar dos fatos estabelecidos.

35. Embora não se possa efetivamente falar em uma absoluta separação de fases do processo investigativo da causa, pois ela opera num momento único, caberá ao investigador expor fundamentadamente que (1) a ação do agente está inserida no processo causal conducente ao dano – a dita primeira fase da investigação – e (2) que esse ato é a causa jurídica do dano, considerando os interesses juridicamente protegidos, bem como as finalidades perseguidas pelo ordenamento jurídico e pelos estatutos protetivos.

8.1

36. O debate acerca da chamada responsabilidade pelos resultados, apresentada ao final do século passado, é especialmente relevante no campo da responsabilidade pelo risco. O desempenho de atividades perigosas, que não permitem uma fácil constatação da conexão entre a ação e o resultado produziram uma cultura de irresponsabilização, que não passou despercebida pela comunidade jurídica à época. Tornou-se necessário buscar mecanismos que pudessem superar os inúmeros óbices até então colocados na sociedade.

37. A responsabilidade pelos resultados parece essencial, funcionando como um verdadeiro sistema de alocação de resultados, de modo a alcançar uma correta atribuição dos riscos, debate vinculado ao tema da causalidade. É preciso, portanto, buscar um critério causal que ligue o comportamento do sujeito ao seu resultado.

38. No campo das atividades perigosas, não se pode aceitar o desprezo à causalidade, apesar de se reconhecer que a causalidade não é um critério puramente naturalístico. Se a finalidade precípua da responsabilidade civil reside na reparação dos danos, afigura se determinante considerar o resultado lesivo, e é justamente ele que torna a causalidade imprescindível na análise. É necessário reconhecer que os critérios normativos orientadores da reparação dos danos estabelecem como causa não apenas a ação direta causadora do dano no plano naturalístico, mas outros antecedentes à ocorrência do dano podem ser reconduzidos à esfera jurídica do decisor: parece possível reconhecer que, no plano das atividades perigosas, ao se estabelecer uma cláusula de responsabilidade pelo risco, busca-se como causa da ocorrência de determinados resultados danosos a decisão de explorar a própria atividade perigosa. Esta deve ser tida como a causa jurídica dos riscos que lhe são inerentes.

9

39. A reparação dos danos opera, mandatoriamente, por intermédio de dois planos sucessivos de investigação. Nesse ponto, a atribuição do dever de

indenizar implica em declarar o causador do dano, mas, também, identificar os prejuízos sofridos pela vítima.

10

40. A ideia de concorrência de causas decorre do fato de que o dano possa ser resultado de mais de um evento na cadeia causal. Assim, estar-se-ia diante de concausas quando concorrerem várias causas, todas elas dotadas de especial relevância na produção do dano.

41. Atualmente a noção de que a omissão possa ser a causa de um dano é aceita sem maiores debates. Mas para que surja o dever de indenizar em razão da omissão, será fundamental estabelecer a existência de um dever jurídico preexistente que impunha ao demandado (ofensor) agir de uma determinada forma.

CAPÍTULO IV – TEORIAS SOBRE A RELAÇÃO DE CAUSALIDADE

11

42. A busca pela causa jurídica é um dos temas mais complexos no campo da responsabilidade civil, sendo certo que a escolha legislativa por uma ou outra metodologia (leia-se teoria) na busca pela causa jurídica produzirá consequências completamente distintas.

11.1

43. A teoria conditio *sine qua non* é reconhecidamente exagerada e leva a admitir que todo dano tem um número infinito de causas, pecando ao não diferenciar que nem toda condição presente no processo causal pode ser caracterizada como causa, pois nem toda condição *sine qua non* é um fator causalmente relevante.

11.2

44. O teste NESS parece um importante caminho na análise da causa, especialmente considerando que o requisito da necessariedade, por ser fraco, acaba por abrandar a rigidez do nexo de causalidade sem, contudo, renunciar a sua correta identificação.

11.3

45. As teorias da causa próxima e do *last wrongdoer*, hodiernamente, guardam apenas interesse histórico, uma vez que superadas.

11.4

46. A teoria da causa eficiente não traz um critério preciso que possa distinguir um causa eficiente de uma causa não eficiente o que leva à solução prática de que a identificação da causa decorrerá da absoluta discricionariedade do juiz, estando atualmente superada.

11.5

47. A teoria da causalidade adequada acaba por fazer um juízo abstrato e, portanto, deixando de lado as vicissitudes do caso concreto. Este é um ponto fundamental, pois a distinção entre efeito normal ou adequado e efeito anormal ou inadequado pode produzir distorções.

48. Assim, muito embora boa parte da doutrina portuguesa e brasileira advoguem pela sua adoção, não é de se recomendá-la, pois é possível que o dano injusto seja atribuído à vítima, desde que ele resulte das vicissitudes do caso concreto, ainda que no processo causal conducente ao dano, a ação do ofensor seja o elemento necessário.

11.6

49. A doutrina do escopo da norma violada é de extrema importância e contribui decisivamente para a análise do nexo de causalidade.

50. Todavia, ela também é objeto de crítica e traz consigo um problema de difícil solução. Se ela permite um critério normativo de identificação da causa, superando os inconvenientes da conditio sine qua non e da causalidade adequada, isso se dá quando é facilmente identificável o particular propósito de uma norma específica.

51. Quando, no entanto, é difícil, ou impossível, definir com precisão qual o escopo da norma no caso concreto, torna-se inaplicável.

52. A teoria do escopo da norma violada tem especial aplicação como um complemento da doutrina da causalidade vigente no ordenamento em um número reduzido de casos, isto é, quando possível identificar o interesse concretamente protegido pela norma.

11.7

53. A grande vantagem da teoria da necessariedade é que ela se opera por meio de uma análise concreta da cadeia causal e não por um processo abstrato afastado da realidade da vítima e das particularidades da situação.

54. Mas, se, por um lado, ela representa um avanço ao superar uma interpretação literal das expressões "direto e imediato" e resultar numa análise in concreto, considerando todas as particularidades do caso concreto, por outro, traz, também incertezas, pois não indica com clareza o que é a causa necessária.

12

55. Pode-se afirmar que o Direito brasileiro adotou duas teorias distintas para o nexo de causalidade, a depender do plano de reparação. No campo do *an debeatur*, a teoria a ser adotada é a da necessariedade, propondo-se a complementação pelo teste NESS, capaz de permitir uma solução mais consentânea com a realidade da prática judiciária e do processo tecnológico, observado, o escopo da norma jurídica violada, sempre que este for claro o suficiente a ponto de objetivamente permitir a identificação do bem efetivamente tutelado.

56. No plano do *quantum debeatur*, o Código Civil Brasileiro consagrou expressamente a teoria da causa necessária, apesar de não integralmente, pois, no momento da quantificação, é imperioso que o magistrado recorra ao juízo de adequação, em clara adoção da causalidade adequada de modo a, excepcionalmente, quando presentes os demais requisitos, proceder a uma redução equitativa da verba indenizatória. Dessa forma, como dito, parece que foi adotada a teoria da necessariedade, submetida a um segundo juízo pautado pela causalidade adequada.

CAPÍTULO V – INTERRUPÇÃO DO NEXO CAUSAL

13

57. As denominadas excludentes de responsabilidade podem, a princípio, atuar no âmbito do nexo de imputação ou do nexo de causalidade.

58. Nesse sentido, em se tratando de responsabilidade subjetiva, a comprovação da ausência de culpa implicará na exoneração da pessoa tida inicialmente como responsável pelo dano.

59. Ao lado desta, outras excludentes operam no plano da causalidade rompendo a relação de causa e efeito entre a conduta do suposto ofensor e o resultado danoso.

14

60. Há causalidade interrompida quando um determinado fato se dirige, ao longo do processo causal, para a produção de um efeito danoso específico, mas, a sua verificação foi impedida por outro fato que, por sua parte, o produziu com anterioridade.

15

61. A conduta da vítima no curso do processo causal também tem fundamental importância frente à responsabilidade civil, qualquer que seja o sistema a que se submete.

62. A orientação preferível é, para que o fato da vítima tenha relevância causal excluindo ou atenuando o dever de indenizar, a incidência apenas de dois requisitos, quais sejam (i) *causalidade*, a existência de um nexo causal entre o fato da vítima e o dano e (ii) a *inimputabilidade* do fato da vítima a uma ação do ofensor, isto é, a independência entre eles.

63. Caso a ação do lesado seja a causa necessária única dos danos sofridos, então é pacífico que será excluída, por completo, a responsabilidade do ofensor, enquanto se houver concorrência de causas entre o fato da vítima e a atuação do agente, a consequência será somente uma minoração do quantum indenizatório.

64. O critério baseado na causalidade para fins de distribuição do ônus indenizatório quando o fato da vítima concorre com a ação, comissiva ou omissiva do ofensor, se afigura o mais adequado, que deve levar em consideração a contribuição causal das partes, isto é, considerando a influência causal que o comportamento de cada uma das partes teve no desfecho danoso.

16

65. Os casos de fato de terceiro indicam aquelas situações em que embora o demandado apareça na relação causal material, juridicamente ele não seria o causador do dano, cuja autoria seria de um terceiro.

66. São requisitos à configuração do fato de terceiro a (i) causalidade, (ii) a não imputabilidade e (iii) a qualidade de terceiro. A expressão terceiro deve

ser entendida como qualquer pessoa distinta da vítima e do ofensor demandado (suposto ofensor). É desnecessário que o fato seja (a) ilícito e (b) imprevisível e irresistível.

67. O fato de terceiro quando é a causa necessária única, na medida em que rompe o nexo de causalidade entre o dano e a atuação do suposto ofensor, elimina, por completo a responsabilidade deste. Contudo, é preciso verificar se o fato de terceiro está inserido no âmbito dos riscos de uma atividade de risco. Nesses casos, será fundamental, para excluir a responsabilidade do suposto ofensor, a demonstração da exterioridade do fato em relação à atividade.

68. Contudo, pode ser que o fato de terceiro não seja a causa única, mas uma causa concorrente, que contribui para a ocorrência do dano. Nessas situações, não operará a exclusão da responsabilidade do ofensor.

69. Quando o fato do terceiro concorre à produção do dano conjuntamente com a ação do ofensor demandado, é preciso distinguir se (i) o comportamento do terceiro também implica em sua responsabilidade, ou se (ii) o comportamento do terceiro não é passível de responsabilização por ausência de qualquer dos pressupostos de sua responsabilidade.

70. No primeiro caso, prevalece em boa parte dos ordenamentos jurídicos a responsabilidade solidária do ofensor demandado e do terceiro, pois eles serão coautores do dano. No segundo, entende-se, por força do princípio da causalidade, que deverá ser reduzida a indenização na medida da contribuição causal do ofensor.

17

71. No debate sobre caso fortuito e força maior prevalece, sem maiores debates, a tese objetiva, afastando-se de qualquer concepção de culpa, razão pela qual não se justifica a doutrina subjetiva desses institutos.

72. Atualmente prevalece a corrente que defende que os institutos são sinônimos, não havendo qualquer interesse prático em distinguir o caso fortuito da força maior. Contudo, ainda que se possa afirmar que os institutos em si não são sinônimos – as suas construções históricas revelariam hipóteses distintas – não há qualquer razão para se dar tratamento diferente a ambos e, dessa forma, é correto afirmar que, mesmo não sendo sinônimos, são expressões equivalentes.

73. São requisitos do caso fortuito e da força maior (1) a não imputabilidade, (2) a inevitabilidade ou impossibilidade, (3) a atualidade, e (4) a exterioridade.

74. Entende-se que a imprevisibilidade não deve figurar como requisito. Ela insere um elemento subjetivo, diretamente ligado à culpa, para uma discussão objetiva acerca de acontecimentos estranhos à atuação do suposto ofensor. Ademais, a imprevisibilidade é irrelevante e pode estar presente ou não, pois, ainda que o evento seja previsível, ele pode se dar com uma força inelutável, de tal maneira que se torna inevitável.

75. A questão não é de previsibilidade ou não do fato, mas, antes, se o evento está de alguma forma inserido na esfera jurídica do suposto ofensor, em especial nas atividades de risco.

76. Na hipótese do caso fortuito e da força maior serem a única causa necessária do dano, não se coloca qualquer dificuldade: nesses casos, haverá a total exoneração do suposto ofensor.

77. Quando, no entanto, concorrem o caso fortuito e a força maior e um fato do ofensor, parece mais adequado ao princípio da causalidade o afastamento da responsabilidade integral do ofensor e, portanto, a melhor orientação levará em consideração a contribuição causal que ditará a quantificação da indenização devida.

CAPÍTULO VI – A INSUFICIÊNCIA DA DOUTRINA TRADICIONAL DA REPARAÇÃO DOS DANOS PARA AVALIAR A DISTRIBUIÇÃO DOS RISCOS: UMA PROPOSTA DE IDENTIFICAÇÃO DO FORTUITO INTERNO

18

78. O risco passa a ditar os caminhos da reparação dos danos. Independentemente dos efeitos concretamente considerados no momento da prática do fato jurídico, é em seu nome que a obrigação de indenizar será pensada, analisada e delimitada.

79. É possível verificar, por conseguinte, uma lenta, mas notável contaminação do nexo de causalidade pelo risco, que exige uma releitura do instituto. O primeiro influxo doutrinário e jurisprudencial dessa contaminação se deu a partir de um movimento que vem buscando abstrair do plano da imputação da responsabilidade civil a própria ideia de causalidade ou, ao menos, flexibilizá-la, de tal modo que possa vir a ser dispensado na verificação dos danos.

80. Todavia, não se pode prescindir ou, sequer, flexibilizar o nexo de causalidade. Pelo contrário, o princípio da causalidade se torna o verdadeiro condutor mestre de toda a teoria da responsabilidade civil identificando aquele que deve

suportar os riscos criados. Dito diversamente, a atribuição da responsabilidade passa a consistir numa técnica de atribuição de riscos e uma escolha social sobre a quem deve recair o risco, que é necessariamente realizada pelo princípio da causalidade.

81. A investigação do liame causal não é meramente factual na medida em que é influenciada por fatores normativos. Por conseguinte, a análise do nexo de causalidade, em especial a jurídica, é influenciada pelos interesses juridicamente protegidos e as finalidades estabelecidas pelo ordenamento jurídico em seus respectivos estatutos, que contribuirão decisivamente na busca pela causa.

82. Afirmar, no entanto, que o elemento causal tem aspectos normativos, exige que o investigador adentre o campo da causalidade justificando do ponto de vista axiológico e teleológico a forma pela qual o campo normativo influencia decisivamente a causa concretamente considerada.

83. A discussão dos danos que se inserem na esfera jurídica da atividade perigosa acaba por ser enfrentada no requisito da exterioridade do caso fortuito e da força maior e, também, do fato de terceiro, pois, nesta última hipótese, nem toda ação de terceiro pode ser tida como causa estranha.

19

84. A consagração do vocábulo fortuito interno e externo no Brasil é salutar de modo a distinguir, com alguma clareza, o porquê de alguns eventos, embora aparentarem tratar de caso fortuito, não terem o condão de excluir o dever de indenizar.

85. Se os trabalhos de Exner e Josserand elaboraram uma teoria de extrema relevância para a compreensão dos danos produzidos em decorrência de atividades criadas pelo homem, é preciso revisitar a ideia da esfera de riscos assumida por aquele que desenvolve uma atividade perigosa, de modo a se permitir determinar, com razoável segurança, quais são os eventos ligados à atividade.

20

86. A confiança, nesse ponto, é tida como elemento decisivo nas sociedades contemporâneas e em todas as formas de interações humanas. A aceitação de qualquer risco, nesse sentido, é mais dependente da confiança no gerenciamento do risco do que nas estimativas quantitativas das consequências, probabilidades e magnitude dele.

87. A confiança desempenha um importante papel na redução de danos e perigos aos quais estão sujeitos determinados tipos de atividade, pois certos padrões de perigos são institucionalizados no interior da atividade, que passam a se colocar em estruturas abrangentes de confiança.

88. A busca pela segurança, então, passará, necessariamente pelo equilíbrio entre risco e confiança, de tal maneira que seja legítimo esperar determinadas situações ou eventos danosos no desempenho de atividades específicas e, consequentemente, exigir comportamentos tendentes a minimizá-los.

89. A questão da exterioridade, portanto, deve levar em conta a conjugação entre fatores técnicos, decorrente das ciências probabilísticas, e a confiança despertada a partir dos riscos legitimamente esperados para a atividade perigosa em si.

90. A identificação do requisito da exterioridade dependerá da conjugação de três importantes elementos, a que se denomina critérios positivos do fortuito interno. São eles: (i) que o evento seja possível, (ii) que haja uma razoável probabilidade de sua ocorrência, (iii) que seja legitimamente esperado.

91. Os dois primeiros se valem da análise empírica, pautada pelas ciências estatísticas e econômicas. Busca-se identificar probabilisticamente, dentro de parâmetros objetivos, se a situação ou evento a ser considerado é um possível cenário e qual a probabilidade de ele ocorrer, a que se denomina análise quantitativa.

92. A análise quantitativa terá a capacidade de, num primeiro momento, quando for o caso, permitir a responsabilização por presunção, mas não o de permitir a exoneração do agente pelo simples fato de ter uma baixa probabilidade. A falta de informações disponíveis, seja pela falta de transparência, seja simplesmente pelo estado da técnica, impede que a análise quantitativa se apresente como uma solução satisfatória per si.

93. O investigador deverá indagar, se a situação ou evento causador do dano era legitimamente esperado dentro do círculo industrial da empresa. Nesse ponto, a confiança deve ser perquirida a partir de uma justificação que se expressa na presença de elementos objetivos, capazes de, em abstrato, provocarem uma crença plausível.

94. O fortuito interno deve ser compreendido como a situação ou evento legitimamente esperado da atividade abstratamente considerada.

95. Não se deve confundir aquilo que é legitimamente esperado com os fatos que são previsíveis. A imprevisibilidade não se confunde com a confiança, muito embora, em alguns casos seja difícil diferenciá-los. É possível que um fato

imprevisível não seja legitimamente esperado. Mas a recíproca não é verdadeira. O fato, mesmo previsível, poderá não ser legitimamente esperado.

96. Ao lado dos critérios positivos, necessários à imputação da responsabilidade pelo fortuito interno, parece importante indicar duas importantes situações que impedirão a atribuição da obrigação de indenizar, ainda que presente fato legitimamente esperado. A estas situações denomina-se critérios negativos do fortuito interno. São eles: (i) assunção de risco pela vítima mediante consentimento informado e (ii) a ausência de defeito, considerado o risco de desenvolvimento.

97. Ao se falar em assunção de riscos que exclua a responsabilidade daquele que desenvolve uma atividade de risco, será necessária a conjugação de dois pressupostos. De um lado, a informação clara, prévia e adequada de tal modo que sejam passadas àqueles que assumem o risco, informações substanciais, transmitidas de forma adequada e eficiente. De outro, é fundamental indagar se a parte que assume o risco tem alguma vulnerabilidade que comprometa a manifestação da autonomia privada.

98. O segundo requisito é a ausência de defeito em razão do risco do desenvolvimento. Este funciona como uma verdadeira excludente de responsabilidade por ausência da configuração do dever de indenizar e significa que são riscos da sociedade e, consequentemente, atribuídos às próprias vítimas os riscos não cognoscíveis pelo mais avançado estado da ciência ou da técnica no momento da introdução do produto no mercado de consumo, que só vêm a ser descobertos posteriormente em razão do contínuo desenvolvimento da literatura científica.

99. É permitida a excludente dos riscos do desenvolvimento, pois, em verdade, não haveria um defeito, pois o conceito de defeito é demasiadamente relativo, tendo como pressupostos as noções de segurança e expectativa do consumidor.

100. A confiança desempenha um papel fundamental, também, na configuração dos riscos do desenvolvimento, sendo que a figura do risco do desenvolvimento, em verdade, é complementada pela ideia do fortuito interno e externo.

101. É possível afirmar que onde termina a ideia de risco do desenvolvimento, começa a do fortuito interno, na medida em que se verificará qual risco era legitimamente esperado em decorrência da atividade, que é fonte de perigos, e a legítima confiança construída objetivamente. Nesse sentido, quando caracterizado o risco do desenvolvimento, não haverá defeito, pelo que o fornecedor não será responsabilizado.

102. Diante de tudo o que foi exposto, é possível concluir que fortuito interno é a situação ou evento legitimamente esperado da atividade abstratamente considerada, que, então, por não comportar o requisito da exterioridade não é apto

a excluir a responsabilidade daquele que desenvolve atividade de risco, estando, portanto, inserido no círculo industrial da empresa, isto é, ligado ao risco da atividade por uma conexão intelectual ou jurídica.

103. Outrossim, os riscos podem ser voluntariamente afastados, situação em que dever-se-á verificar se a autonomia privada é merecedora de tutela para tal desiderato e ausente qualquer das circunstâncias que impossibilitem a pactuação, como sói acontecer nas relações em que há vulnerabilidade de um dos indivíduos ou nos contratos de adesão.

REFERÊNCIAS

ABENDROTH, Wolfgang. El estado del derecho democrático y social como proyecto político. In: *El estado social*. Madrid: Centro de estudios constitucionales, 1986.

ADAMS, Eric. The flexibility of description and NESS causation. *The Journal of Philosophy, Science & Law*. v. 10, April 12, 2010.

ADAMS, John. *Risk*: the policy implications of risk compensation and plural rationalities. London: Routledge, 1995.

AGAZZI, Evandro. El impacto epistemológico de la tecnología. *Argumentos*, [s.d.]. Disponível em: www.argumentos.us.es/numero1/agazzi.htm. Acesso em: 15 out. 2018.

ALONSO, Luis Enrique. Estudio introductorio: la dictadura del signo o la sociología del consumo del primer baudrillard. *La sociedade de consumo*: sus mitos, sus estructuras. Madrid: Siglo XXI, 2009.

ALPA, Guido et BESSONE, Mario. *La responsabilità civile* – illecito per colpa, rischio d'impresa, assicurazionei. Milano: Dott. A. Giuffrè Editore, 1976.

ALPA, Guido. *Trattato di diritto civile* – la responsabilità civile. Milano: Giuffrè Editore, 1999.

ALPA, Guido. *La responsabilità civile*. 2. ed. Milano: Wolters Kluwer, 2017.

ALSINA, Jorge Bustamante. *Teoría general de la responsabilidad civil*. 9. ed. Buenos Aires: Abeledo Perrot, 1997.

ALVIM, Agostinho. *Da inexecução das obrigações e suas consequências*. 4. ed. atual. São Paulo: Saraiva, 1972.

ALVIM, Agostinho. Direito das obrigações – exposição de motivos. *Revista do instituto dos advogados brasileiros*. ano VI, n. 24.

ALVIM, Agostinho. Da equidade. *RT*, ano 91, v. 797, mar. 2002.

AMARAL. Francisco. A equidade no Código Civil brasileiro. *Revista de direito do tribunal de justiça do estado do Rio de Janeiro*: doutrina e jurisprudência. n. 57, out./dez. 2003.

AMERICAN ASSOCIATION BAR. *Maryland declines to do away with contributory negligence*. Disponível em: https://www.americanbar.org/groups/litigation/publications/litigation-news/top-stories/2013/maryland-declines-to-do-away-with-contributory-negligence/. Acesso em: 25 jul. 2019.

ANDERSON, Perry. *As origens da pós-modernidade*. Rio de Janeiro: Jorge Zahar, 1999.

ANDRADE JÚNIOR, Luiz Carlos Vilas Boas. *Responsabilidade civil e proteção jurídica da confiança*: a tutela da confiança como vetor de solução de conflitos na responsabilidade civil. Curitiba: Juruá, 2016.

ARAÚJO, Thiago Cardoso. *Análise econômica do direito no Brasil* – uma leitura à luz da teoria dos sistemas. Rio de Janeiro: Lumen Juris, 2016.

ARISTÓTELES. *Metafísica*. São Paulo: Edições Loyola, 2002.

ARISTÓTELES. *Física I-II*. Campinas: Editora da Unicamp, 2009.

ARISTÓTELES. Ética *a nicômaco; Poética*. 4. ed. São Paulo: Nova Cultural, 1991.

ARTIGOT i GOLOBARDES, Mireia, et POMAR, Fernando Gómez. Contributory and comparative negligence in the law and economics literature. *Tort law and economics*. v. 1. Encyclopedia of law and economics. 2. ed. Cheltenham: Edward Elgar, 2009.

ASCENSÃO, José de Oliveira. A integração das lacunas do sistema normativo. *RT*, ano 65, v. 489, jul. 1976.

AUBRY et RAU. *Cours de droit civil français*. Tome quatrième. Paris: Marchal et Billard, 1902

BACON, Francis. Maxims of the law. *The Works of Francis Bacon*. London, 1803. v. IV.

BALDWIN Richard A., NEUFELD Eric. The Structural Model Interpretation of the NESS Test. *Advances in Artificial Intelligence. Canadian AI*. Lecture Notes in Computer Science. Springer, Berlin, Heidelberg, 2004. , v. 3060.

BAR-GILL, Oren, et BEM-SHAHAR, Omri. The uneasy case for comparative negligence. *American law and economics review*, v. 5, n. 2, 2003.

BARBOSA, Ana Mafalda Castanheira Neves de Miranda. Haftungsbegründende kausalität e haftungsausfüllende kausalität/causalidade fundamentadora e causalidade preenchedora da responsabilidade. *Revista da faculdade de direito e ciência política*. n. 10. Universidade Lusófona do Porto, 2017.

BARBOSA, Ana Mafalda Castanheira Neves de Miranda. *Do nexo de causalidade ao nexo de imputação* – contributo para a compreensão da natureza binária e personalística do requisito causal ao nível da responsabilidade civil extracontratual. Cascais: Princípia, 2013. v. I.

BARBOSA, Ana Mafalda Castanheira Neves de Miranda. *Do nexo de causalidade ao nexo de imputação* – contributo para a compreensão da natureza binária e personalística do requisito causal ao nível da responsabilidade civil extracontratual. Cascais: Princípia, 2013. v. II.

BARBOSA, Ana Mafalda Castanheira Neves de Miranda. *Lições de responsabilidade civil*. Cascais: Princípia, 2017.

BARBOSA, Ana Mafalda Castanheira Neves de Miranda. *Estudos a propósito da responsabilidade objetiva*. Cascais: Princípia, 2014.

BARBOSA, Ana Mafalda Castanheira Neves de Miranda. *Responsabilidade civil extracontratual* – novas perspectivas em matéria de nexo de causalidade. Cascais: Princípia, 2014.

BARBOSA, Ana Mafalda Castanheira Neves de Miranda. Do nexo de causalidade ao nexo de imputação. *Novos olhares sobrea a responsabilidade civil* – jurisdição civil. Lisboa: Centro de Estudos Judiciários, 2018. Disponível em: http://www.cej.mj.pt/cej/recursos/ebooks/civil/eb_ReponsCivil_2018.pdf.

BARNES, David. W., and STOUT, Lynn A. *The economics of contract law*. St. Paul: West Group, 1992.

BARRIOS, Francisco Ternera, e ESPINOSA, Fabricio Mantilla. La responsabilité objective du fati des activités dangereuses. *Estud. Socio-Jurd., Bogotá* (Colombia), 6(2): 386-405, julio-diciembre, 2004.

BAUDRILLARD, Jean. *La sociedad de consumo*: sus mitos, sus estructuras. Madrid: Siglo XXI, 2009.

BEALE Jr., Joseph H. Recovery for consequences of an act. In: *Harvard law review*. v. 9, n. 1, apr. 25, 1895.

BEALE Jr. Joseph H. The proximate consequences of an act. *Harvard law review*. v. 33, n. 5, mar. 1920.

BECK, Ulrich. *Sociedade de risco:* rumo a outra modernidade. São Paulo: Ed. 34, 2010.

BECK. Ulrich. The terrorist threat – world risk Society revisited. *Theory, Culture & Society*. v. 19, Issue 4, 2002.

BECK, Ulrich. A reinvenção da política – rumo a uma teoria da modernização reflexiva. In: BECK, Ulrich, GIDDENS, Anthony e LASH, Scott. *Modernização reflexiva* – política, tradição e estética na ordem social moderna. Oeiras: Celta Editora, 2000.

BECK, Ulrich. *The brave new world of work*. Cambridge: Polity Press, 2000, Ebook reader.

BECK, Ulrich. *¿Qué es la globalización?* Falacias del globalismo, respuestas a la globalización. Barcelona: Paidós, 2008.

BECK. Ulrich. *World at risk*. Cambridge: Polity Press, 2009.

BECK, Ulrich. Risk Society revisited: theory, politics and research programmes. *The risk society and beyond* – critical issues for social theory. London: Sage Publications, 2000.

BELLAYER-LE COQUIL, Rozenn. *Le droit et le risque*. In: ATALA, n. 5, "Au bonheur du risque?", 2005.

BENJAMIN, Antonio Herman V et al. *Manual de direito do consumidor*. 6. ed. São Paulo: Ed. RT, 2014.

BERNSTEIN, Peter L. *Against the Gods*: The Remarkable Story of Risk (Locais do Kindle 168-171). Wiley. Edição do Kindle.

BESSA, Leonardo Roscoe. *Aplicação do código de defesa do consumidor*. Brasília: Brasília Jurídica, 2007.

BEST, Arthur. Impediments to reasonable tort reform: lessons from the adoption of comparative negligence. *Indina law review*, v. 40, n. 1, 2007.

BETTI, Emilio. *Teoria geral das obrigações*. Campinas: Bookseller, 2005.

BETTI, Emilio, *Interpretação da lei e dos atos jurídicos*: teoria geral e dogmática. São Paulo: Martins Fontes, 2007.

BIANCA, Cesare Massimo. *Diritto civile*. I – la norma giuridica – i soggetti. Milano: Giuffrè, 1978.

BINDING, Karl. *La culpabilidade em derecho penal*. Buenos Aires: B de F, 2009.

BOBBIO, Norberto. *Da estrutura à função*: novos estudos de teoria do direito. São Paulo: Manole, 2007.

BOHLEN, Francis H. *The rule in Rylands v. Fletcher. Part I.* Disponível em: https://scholarship.law.upenn.edu/cgi/viewcontent.cgi?referer=https://www.google.com.br/&httpsredir=1&article=7183&context=penn_law_review. Acesso em: 17 nov. 2018.

BONAVIDES, Paulo. *Do estado liberal ao estado social*. 8. ed. São Paulo: Malheiros, 2008.

BRAGA NETTO, Felipe Peixoto. *Novo manual de responsabilidade civil*. Salvador: JusPodivum, 2019.

BUNGE, Mario. *Causality and modern science*. 4. ed. New York: Dover Publications, 2009.

BURI, Maximilian Von. *Ueber Causalität und deren Verantwortung*. Disponível em: http://www.deutschestextarchiv.de/book/show/buri_causalitaet_1873. Acesso em: 312019.

CABANA, Patrícia Faraldo. Omisión del deber de socorro. Especial referencia a la negativa al tratamiento médico. In: Miguel Juane Sánchez (Coord.); Javier Sanz Larruga (Dir. congr.), Jose María Gómez y Díaz-Castroverde (Dir. congr.). *Lecciones de derecho san[i]tario*. 1999.

CAENEGEM, R. C. van. *Uma introdução histórica ao direito privado*. Trad. Carlos Eduardo Machado. São Paulo: Martins Fontes, 1995.

CALABRESI, Guido. Some thoughts on risk distribution and the law of torts (1961). *Faculty Scholarship Paper*, 1979.

CALDAS, Luís Miguel Simão da Silva. *Direito à informação no âmbito do direito do consumo*. Disponível em: http://julgar.pt/wp-content/uploads/2013/09/11-Silva-Caldas-Direito-%C3%A0-informa%C3%A7%C3%A3o-direito-do-consumo.pdf. Acesso em: 22 out. 2018.

CALIXTO, Marcelo Junqueira. *A culpa na responsabilidade civil* – estrutura e função. Rio de Janeiro: Renovar, 2008.

CALIXTO, Marcelo Junqueira. *A responsabilidade civil do fornecedor de produtos pelos riscos do desenvolvimento*. Rio de Janeiro: Renovar, 2004.

CANARIS, Claus-Wilhelm. *Pensamento sistemático e conceito de sistema na ciência do direito*. 4. ed. Lisboa: Fundação Calouste Gulbenkian, 2008.

CANOTILHO, J.J. Gomes. *Direito constitucional e teoria da constituição*. 4. ed. Coimbra: Almedina, 2001.

CANOTILHO. J. J. Gomes. Rever a constituição dirigente ou romper com a constituição dirigente? Defesa de um constitucionalismo moralmente reflexivo. *"Brancosos" e interconstitucionalidade*: itinerários dos discursos sobre a historicidade constitucional. 2. Ed. Coimbra : Almedina, 2017.

CAPLAN, Patricia. *Risk revisited*. London : Pluto Press, 2000.

CARBONNIER, Jean. *Droit civil*. Paris : Presses Universitaires de France, 2004. v. II.

CARLOS, Guilherme de Palma. Valor e função social do contrato. II *Congresso nacional de direito dos seguros*. Coimbra: Almedina, 2001.

CARNEIRO DA FRADA, Manuel António de Castro. *Teoria da confiança e responsabilidade civil*. Coimbra: Almedina, 2004.

CARPENTER, Charles E. Workable rules for determining proximate cause (concluded). *California law review*, v. 20, n. 5, jul. 1932.

CASIELLO, Juan José. *El daño injusto como daño jurídico, vinculado con la atipicidad del ilícito resarcible.* Disponível em: http://www.acaderc.org.ar/doctrina/articulos/artcasiello, acesso em 13.01.2019.

CASTRO, Guilherme Couto de. *A responsabilidade civil objetiva no direito brasileiro*. 3. ed. Rio de Janeiro: Forense, 2000.

CAVALIERI FILHO, Sergio. *Programa de responsabilidade civil*. 7. ed. São Paulo: Atlas, 2007.

CHALMERS MOLE, A., et WILSON, Lyman P. Study of comparative negligence. *Cornell law review*, v. 17, Issue 4, June, 1932.

CHAZAL, Jean-Pascal. *Vulnerabilite et droit de la consommation.* Colloque sur la vulnérabilité et le droit, organisé par l'Université P. Mendès-France, Grenoble II, le 23 mars, 2000.

COASE, Ronald H. The problem of social cost. *Journal of law and economics*. v. 3 (Oct. 1960).

COLANGELO, Massimo. *La responsabilità per l'esercizio di attività pericolose:* l'interpretazione giurisprudenziale dell'art. 2050 c.c. Dal 1942 al 1987 (Italian Edition). Edição do Kindle.

COLIN, Ambroise Victor Charles, et CAPITANT, Henri Lucien. *Cours élémentaire de droit civil français*. Paris: Dalloz, 1945-48. v. 2.

COLIN, Ambroise, et CAPITANT, Henri. *Traité de droit civil*. Paris: Dalloz, 1959. t. II.

COLOMBO, Leonardo A. *Culpa aquiliana (cuasidelitos)*. 2. ed. Buenos Aires: Editora Argentina, 1947.

COOTER, Robert, e ULLEN, Thomas. *Direito e economia*. Trad. Luis Marcos Sander, Francisco Araújo da Costa. 5. ed. Porto Alegre: Bookman, 2010.

CORDECH, Pablo Salvador, et CRENDE, Antonio Fernández. Causalidad y responsabilidad. *InDret – Revista para el análisis del derecho*. Disponível em: http://www.indret.com/pdf/329_es.pdf. Acesso em: 09 jul. 2019.

CORDEIRO, António Manuel da Rocha e Menezes. *Da boa fé no direito civil*. 2. reimpressão. Coimbra: Almedina, 2001.

CORDEIRO, António Manuel da Rocha e Menezes. *Tratado de direito civil.* Coimbra: Almedina, 2017. v. VIII.

CORDEIRO, António Manuel da Rocha e Menezes. *Tratado de direito civil português.* I – parte geral. Coimbra: Almedina, 2004. t. III: pessoas.

CORDEIRO, António Manuel da Rocha e Menezes. *Tratado de direito civil.* Coimbra: Almedina, 2017. X – direito das obrigações, garantias.

CORDEIRO, António Manuel da Rocha e Menezes. *Direito dos seguros*. 2. ed. Coimbra: Almedina, 2016.

CORDEIRO, António Manuel da Rocha e Menezes. *Código Civil comentado*. Coimbra: Almedina, 2021. v. II – das obrigações em geral.

CORDEIRO, António Manuel da Rocha e Menezes. Introdução à edição portuguesa. *Pensamento sistemático e conceito de sistema na ciência do direito* (Claus-Wilhelm Canaris). 4. ed. Lisboa: Fundação Calouste Gulbenkian, 2008.

COSSIO, Alfonso de. La causalidad en la responsabilidad civil: estudio de derecho español. *Estúdios monográficos*. n. 3. Anuário de derecho civil. Año 1966.

COSTA, Mário Júlio de Almeida. *Direito das obrigações*. 10. ed. Coimbra: Almedina, 2006.

COSTA, Patrícia Cordeiro da. *Causalidade, dano e prova*: a incerteza na responsabilidade civil. Almedina. 2016. Edição do Kindle.

CRUZ, Gisela Sampaio da. *O problema do nexo causal na responsabilidade civil*. Rio de Janeiro: Renovar, 2005.

CURRAN, Christopher. The spread of the comparative negligence rule in the United States. *International review of law and economics*, n. 12, 1992.

DANLEY, John R. Polishing up the Pinto: Legal Liability, Moral Blame, and Risk. *Business ethics quarterly*, v. 15, n. 2 (abr., 2005).

DANTAS, San Tiago. *Problemas de direito positivo*: estudos e pareceres. 2. ed. Rio de Janeiro: 2004.

DAVID, Marília Luz. Sobre os conceitos de risco em Luhmann e Giddens. *Revista eletrônica dos pós graduandos em sociologia política da UFSC*. v. 8, n. 1, 2011.

DE CUPIS, Adriano. *El daño* – Teoria general de la responsabilidad civil. Tradución de la 2. edición italiana y estudio preliminar por Angel Martínez Sarrión. Barcelona: Bosch, 1975.

DE CUPIS, Adriano. *Os direitos da personalidade*. Trad. Afonso Celso Furtado Rezende. Campinas: Romana, 2004

DE GIORGI, Rafaelle. *Direito, democracia e risco*. Vínculos com o futuro. Porto Alegre: Sergio Antonio Fabris Editor, 1998.

DE MOT, Jef. Comparative versus contributory negligence: A comparison of the litigation expenditures. *International Review of Law and Economics*, n. 33, 2013.

DE PAGE, Henri. *Traité élémentaire de droit civil belge* – príncipes – doctrine – jurisprudence. 2. ed. Bruxelles: Émile Bruylant, 1948. t. 2.

DIAS, José de Aguiar. *Da responsabilidade civil*. 11. ed. rev. e atual. de acordo com o Código Civil de 2002, e aumentada por Rui Berford Dias, Rio de Janeiro: Renovar, 2006.

DÍEZ-PICAZO, Luis. *Derecho de daños*. Civitas: Madrid, 1999.

DONÁRIO, Arlindo Alegre e SANTOS, Ricardo Borges. *A incerteza e o risco*. Disponível em: http://repositorio.ual.pt/bitstream/11144/3154/3/A%20INCERTEZA%20E%20O%20 RISCO.pdf. Acesso em: 13 nov. 2018.

DONEDA, Danilo. Entrevista com Stefano Rodotà. Disponível em: http://www.doneda. net/2017/06/23/entrevista-com-stefano-rodota/. Acesso em: 15 jan. 2020.

DOUGLAS, Mary, e WILDAVSKY, Aaron. *Risco e cultura*: um ensaio sobre a seleção de riscos tecnológicos e ambientais. Trad. Cristiana de Assis Serra. Rio de Janeiro: Elsevier, 2012.

DOUGLAS, Mary et WILDAVSKY, Aaron. How can we know the risks we face? why risk selection is a social process. *Risk Analysis*, v. 2, n. 2, 1982.

DOUGLAS, Mary. *Risk and Blame* – essays in cultural theory. New York: Taylor & Francis e-Library, 2003.

DOVERS, Stephen et al. Uncertainty, complexity and the environment. *Uncertainty and risk – multidisciplinary perspectives*. London: Earthscan, 2009.

DOWIE, Mark. Pinto Madness. *Mother Jones*. Disponível em: https://www.motherjones.com/politics/1977/09/pinto-madness/. Acesso em: 11 nov. 2019.

DUGUIT, Léon. *Traité de droit constitutionnel*. Tome premier – la règle de droit – le problème de l'etat. 2. ed. Paris : Ancienne Librairie Fontemoing & Cie, 1921.

DUTHEIL WAROLIN, Lydie. *La notion de vulnerabilite de la personne physique em droit prive*. Thèse de doctorat présentée et soutenue en public le 1 octobre 2004. Faculté de droit et de sciences économiques. Université de Limoges.

EDGERTON, Henry W. Legal cause. In: *University of Pennsylvania law review*. v. 72, n. 3, mar. 1924.

ENGISCH, Karl. *Introdução ao pensamento jurídico*. Trad. J. Baptista Machado. Lisboa: Fundação Calouste Gulbenkian, 1996.

ENGISCH, Karl. *La causalidade como elemento de los tipos penales*. Buenos Aires: Hammurabi, 2008.

ENNECCERUS, Ludwig, et KIPP, Theodor. *Tratado de derecho civil*. Segundo tomo, Volumen I. Derecho de obligaciones. Barcelona: Bosch, 1933.

EXNER, Adolfo. *De la fuerza mayor en el derecho mercantil romano y en el actual*. Madrid: Librería General de Victoriano Suárez, 1905.

FACCI, Lucio Picanço. Confiança e modernidade: uma abordagem sociológica. *Revista da Emerj*, v. 15, n. 58. Rio de Janeiro: EMERJ, 2012.

FACHIN, Luiz Edson. *Direito civil*: sentidos, transformações e fim. Rio de Janeiro: Renovar, 2015.

FACIO, Jorge Peirano. *Responsabilidad extracontratual*. 3. ed. Bogotá: Temis, 1981.

FARIAS, Cristiano Chaves, NETTO, Felipe Peixoto Braga et ROSENVALD, Nelson. *Novo tratado de responsabilidade civil*. São Paulo: Atlas, 2015.

FDA. *Memorandum*. Disponível em: https://www.fda.gov/downloads/Drugs/DrugSafety/PostmarketDrugSafetyInformationforPatientsandProviders/UCM106201.pdf. Acesso em: 13 nov. 2018.

FERRAZ JUNIOR, Tercio Sampaio. Introdução ao estudo do direito: técnica, decisão, dominação. 5. ed. 2. reimp. São Paulo: Atlas, 2007.

FERRIANI, Adriano, e FERRIANI, Carlos Alberto. Reflexões sobre a força maior e o caso fortuito. In: GUERRA, Alexandre (Coord.); PIRES, Fernando Ivo (Org.). *Da estrutura à função da responsabilidade civil* – uma homenagem do Instituto Brasileiro de Estudos de Responsabilidade Civil (IBERC) ao professor Renan Lotufo. Indaiatuba: Editora Foco, 2021.

FIECHTER-BOULEVARD, Frédérique. *La notion de vulnérabilité et sa consécration par le droit*. Disponível em https://www.pug.fr/extract/show/107. Acesso em: 20 out. 2018.

FISCHER, David A. Insufficient causes.: *University of Missouri School of Law Scholarship Repository*, 94, Kym L.J. 277, 2006.

FISCHER, Hans Albrecht. *A reparação dos danos no direito civil*. Saraiva: São Paulo, 1938.

FLANIGAN, George B., et al. Experience from early tort reforms: comparative negligence since 1974. *The journal of risk and insurance*, v. 56, n. 3, Sep. 1989.

FONSECA, Arnoldo Medeiros da. *Caso fortuito e teoria da imprevisão*. 2. ed. Rio de Janeiro: Imprensa Nacional, 1943.

FORCHIELLI, Paolo. *Il rapporto di causalità nell'illecito civile*. Padova: Cedam, 1960.

FORSTHOFF, Ernst. Concepto y esencia del estado social de derecho. *El estado social*. Madrid: Centro de estúdios constitucionales, 1986.

FRANÇA, Rubens Limongi. *Elementos de hermenêutica e aplicação do direito*. São Paulo: Saraiva, 1984.

FRIEDMAN, David D. *Law's order* – what economics has to do with law and why it matters. New Jersey: Princeton University Press, 2000.

FRITZ, Karina Nunes. Comentário ao ERESP. 1.280.825/RJ: prazo prescricional de dez anos para a responsabilidade contratual? *Revista de direito da responsabilidade*. ano 1, 2019.

FROTA, Pablo Malheiros da Cunha. *Imputação sem nexo causal e a responsabilidade por danos*. 2013. 275 f. Tese (Doutorado em Direito) – Faculdade de Direito. Universidade Federal do Paraná. Curitiba, Paraná.

FUMERTON, Richard, and KRESS, Ken. Causation and the law: preemption, lawful sufficiency, and causal sufficiency. *Law and contemporary problems*. v. 64, n. 4, Autumn 2001.

GALILEI, Galileo. *Dialogue Concerning the Two Chief World Systems* – Ptolemaic & Copernican. Translated by Stillman Drake, foreword by Albert Einstein. 2. ed. Los Angeles: University of California Press, 1967.

GARCIA, Manuel Galvo. Transformaciones del derecho civil. *Estudios de derecho civil em homenaje al profesor Dr. José Luis Lacruz Berdejo*. Barcelona: José Maria Bosch, 1993. v. II.

GARNER, Bryan. *Black's law dictionary*. 9. ed. Thomson Reuters, St. Paul: 2009.

GAROUPA, Nuno. *Combinar a economia e o direito*: a análise econômica do direito. Disponível em: http://cepejus.libertar.org/index.php/systemas/article/view/11/12. Acesso em: 14 out. 2019.

GESUALDI, Dora M. *Responsabilidad civil* – factores objetivos de atribución. Relación de causalidad. 2. ed. Buenos Aires: Hammurabi, 2000.

GICO JUNIOR, Ivo Teixeira. Responsabilidade civil extracontratual. In: PINHEIRO, Armando Castelar; PORTO, Antônio J. Maristrello; SAMPAIO, Patrícia Regina Pinheiro (Coord.). *Direito e economia*: diálogos. Rio de Janeiro: FGV Editora, 2019.

GIDDENS, Anthony. *As consequências da modernidade*. São Paulo: Editora Unesp, 1991.

GIDDENS, Anthony. *Runaway world* – how globalization is reshaping our lives. Londres: Profile Books, 2002. Arquivo Kindle.

GIDDENS, Anthony. A vida em uma sociedade pós-tradicional. *Modernização reflexiva: política, tradição e estética na ordem social*. Ulrick Beck, Anthony Giddens, Scott Lash, Trad. Magda Lopes. São Paulo: Editora da Universidade Estadual Paulista, 1997.

GIDDENS, Anthony. *Conversas com Anthony Giddens*: o sentido da modernidade. Rio de Janeiro: Editora FGV, 2000.

GILLES, Stephen G. The invisible hand formula. *Virginia law review*, v. 80, n. 5 (Aug. 1994).

GIORGIANNI, Michele. O direito privado e as suas fronteiras atuais. *Revista dos Tribunais*. ano 87, v. 747, jan. 1998.

GIOVANOLI, Silvio. *Force majeure et cas fortuit* – en matière d'inexecution des obligations, selon le code des obligations suisse (avec une comparaison des droits allemand et français actuels). Genève: Gerog & Cie., 1933.

GOLDENBERG, Isidoro. *La relácion de causalidad en la responsabilidad civil*. 2. ed. Buenos Aires: La Ley, 2000.

GOMES, Carla Amado. *Risco e modificação do acto autorizativo concretizador de deveres de proteção do ambiente*. Dissertação de doutoramento em ciências jurídico-políticas da Faculdade de Direito da Universidade de Lisboa. Lisboa: Edição da Autora, 2012.

GOMES, Carla Amado. Risco(s) de civilização, responsabilidades comunicacionais e irresponsabilidades residuais. *Novos temas da responsabilidade civil extracontratual das entidades públicas*. Lisboa: Instituto de Ciências Jurídico-Políticas, 2013.

GOMES, Luiz Roldão de Freitas. *Elementos de responsabilidade civil*. Rio de Janeiro: Renovar, 2000.

GOMES, Luiz Roldão de Freitas. Norma jurídica – interpretação e aplicação – aspectos atuais. *Revista de direito civil, imobiliário, agrário e empresarial*. n. 55, ano 15, jan./mar. 1991.

GOMES, Orlando. A agonia do código civil. *Revista de direito comparado luso-brasileiro*. Rio de Janeiro: Forense, 1988.

GOMES, Orlando. A ordem econômica. Princípios fundamentais. *Revista de direito comparado luso-brasileiro*. Forense, 1985.

GOMES, Orlando. Tendências modernas na teoria da responsabilidade civil. *Estudos em homenagem ao professor Silvio Rodrigues*. São Paulo: Saraiva, 1989.

GOMES, Orlando. *Contratos*. Rio de Janeiro: Forense, 2007.

GOMES, Orlando. *Memória justificativa do anteprojeto de reforma do Código Civil*. Departamento de Imprensa Nacional, 1963.

GOMES, Orlando. *Introdução ao estudo do direito*. Rev. atual. e aum., de acordo com o Código Civil de 2002, por Edvaldo Brito e Reginalda Paranhas Brito. Rio de Janeiro: Forense, 2007.

GOMEZ, Maria Isabel Garrido. Del estado liberal de derecho al estado social de derecho como vía de emancipación ciudadana. *Desafíos actuales a los derechos humanos*: la renta básica y el futuro del estado social. Madrid: Dykinson, 2011.

GONÇALVES, Carlos Roberto, *Responsabilidade civil*. 9. ed. rev. de acordo com o novo Código Civil, São Paulo: Saraiva, 2006.

GONZÁLEZ, José Alberto Rodríguez Lorenzo. *Direito da responsabilidade civil*. Lisboa: Quid Juris, 2017.

GREEN, Leon. The causal relation issue in negligence law. *Michigan law review*. v. 60, n. 5, March 1962, p. 563.

GREEN, Sarah. *Causation in negligence*. Oxford: Hart Publishing, 2015.

GUERRERO, Jinú Carvajalino. Solidaridad de intereses: la transformación del derecho social como dominación en Lorenz von Stein. *Revista de Estudios Sociales*, n. 4, Bogotá, maio-agosto de 2013.

GÜNTHER, Klaus. Responsabilização na sociedade civil. *Teoria da responsabilidade no estado democrático de direito*: textos de Klaus Günther. São Paulo: Saraiva, 2009.

HART, H.L.A., HONORÉ, A.M. *Causation in tort law*. Oxford: Oxford University Press, 1967.

HART, H.L.A., HONORÉ, A.M. *Causation in tort law*. Second Edition. Oxford: Clarendon Press, 1985, reprinted 2002.

HONORÉ, Tony. Condiciones necesarias y suficientes en la responsabilidad contractual. *Revista chilena de derecho*, v. 40, n. 3, 2013.

HONORÉ, Tony. *Responsibility and fault*. Portland: Oxford, 1999.

HELLER, Herman. *Teoria del estado*. México: Fondo de Cultura Económica, 1971.

HERMITTE, Marie-Angèle. Os fundamentos jurídicos da sociedade de risco – uma análise de U. Beck. In: VARELLA, Marcelo Dias (Org.). *Rede latino-americana-europeia sobre governo dos riscos*. Brasília, 2005.

HESPANHA, António Manuel. *Panorama histórico da cultura jurídica européia*. Lisboa: Europa-América, 1997.

HOLMES Jr., Oliver Wendel. *The common law*. Boston: Little, Brown and Company, 1923.

HOLMSTRÖM, Susanne. Niklas Luhmann: contigency, risk, trust and reflection. *Public relations review*, 33, 2007.

HUGUENEY, Louis. *L'idée de peine privée en droit contemporain, thèse de doctorat*. Paris: A. Rousseau, 1904.

HUME, David. *Investigación sobre el conocimiento humano*. Trad. Jaime de Salas Ortueta. Madrid: Alianza, 1988.

HUME, David. *A Treatise of Human Nature*. Edição do Kindle.

IRTI, Natalino. *L'età della decodificazione*. 4. Ed. Milano: Giuffrè Editore, 1999.

ISTOÉDINHEIRO. *O futuro do mundo*. Disponível em: https://www.istoedinheiro.com.br/noticias/economia/20170106/futuro-mundo/447843, acesso em 15.10.2018. WIRED. *Creating the tech economy of the future*. Disponível em: https://www.wired.com/brandlab/2018/03/dxc-creating-tech-economy-future/. Acesso em: 15 out. 2018.

JAMES Jr., Fleming. Last clear chance: a transitional doctrine. *The Yale law journal*, v. 47, n. 5, Mar. 1938.

JAPP, Klaus P., KUSCHE, Isabel. Systems theory and risk. *Social theories of risk and uncertainty*: an introduction. Oxford: Blackwell Publishing, 2008.

JEFREY, Richard. *Subjective probability*: the real thing. Cambridge: Cambridge University Press, 2004. Disponível em: https://www.princeton.edu/~bayesway/Book*.pdf. Acesso em: 13 nov. 2018.

JOHNSON, Eric. A. Criminal Liability for loss of a chance. *Iowa Law Review*, n. 91, 2005.

JOHNSON-LAIRD. Causation, mental models, and the law. *Brooklyn Law Review*. v. 65, issue 1, 1999.

JONAS, Hans. *O princípio responsabilidade*: ensaio de uma ética para a civilização tecnológica. Rio de Janeiro: Contraponto: Ed. Puc-Rio, 2006.

Jorge, Fernando Pessoa. *Ensaio sobre os pressupostos da responsabilidade civil*. Coimbra: Livraria Almedina, 1995.

JOSSERAND, Louis. Evolução da responsabilidade civil. *Revista Forense*. v. LXXXVI, ano XXXVIII, Fascículo 454, 1941.

JOSSERAND, Louis. *De la responsabilité du fait des choses inanimées*. Paris: Arthur Rousseau Éditeur, 1897.

JOSSERAND, Louis, et THALLER, Edmond. *Les transports*. Traité général théorique et pratique de droit commercial. Paris: Arthur Rousseau, 1910.

JOSSERAND, Louis. *Les transports en service intérieur et en service internaciotional (transports ferroviaires, roulage, navigation intérieure et navigation aérienne) a l'exclusion des transports maritimes*. Paris: Rousseaus, 1926.

JOSSERAND, Louis. *Cours de droit civil positif français*. Paris: Recueil Sirey, 1939. v. II.

JOSSERAND, Louis. *El espiritu de los derechos y su relatividad*. Trad. Eligio Sanchez Larios. Puebla, Pue., Méx.: Editorial Jose M. Cajica, Jr, 1946.

JP MORGAN ASSET MANGEMENT. *The impact of technology on long-term potential economic growth*. Disponível em: http://www.jpmorganassetmanagement.de/dms/JPM50455%20LTCMA%202018%20-%20TECHNOLOGY.pdf. Acesso em: 15 out. 2018.

KALLÁS FILHO, Elias. Risco de desenvolvimento no Código de Defesa do Consumidor: atenuante da responsabilidade do fornecedor pelo fato do produto. *Revista jurídica direito & paz*. ano X, n. 38, p. 105. São Paulo, 1º semestre, 2018.

KAPLAN, Stanley et GARRICK, B. John. On the quantitative definition of risk. *Risk analysis*. v. I, n. 1, 1981.

KASPERSON, Roger E. Coping with deep uncertainty: challenges for environmental assessment and decision-making. *Uncertainty and risk* – multidisciplinary perspectives. London: Earthscan, 2009.

KELSEN, Hans. *Teoria pura do direito*. 5. ed. Trad. João Baptista Machado. Coimbra: Armênio Amado Editor, 1979.

KERSTENETZKY, Celia Lessa. *O estado do bem-estar social na idade da razão*: a reinvenção do estado social no mundo contemporâneo. Rio de Janeiro: Elsevier, 2012.

KEYNES, John Maynard. *A treatise on probability.* London: Macmillan and Co., 1921.

KNIGHT, Frank Hyneman. *Risk, uncertainty and profit.* New York: Houghton Mifflin Company, 1921.

KONDER, Carlos Nelson, A redução equitativa da indenização em virtude do grau de culpa: apontamentos acerca do parágrafo único do art. 944 do Código Civil. *Revista trimestral de direito Civil*, v. 29. Rio de Janeiro: Padma, 2007.

LALOU, Henri. *Traité pratique de la responsabilité civile.* 6. ed. Paris: Dalloz, 1962.

LANDWERLIN, Gerardo Meil. El estado social de derecho: Forsthoff y Abendroth, dos interpretaciones teóricas para dos posiciones políticas. *Revista de Estudios Políticos (Nueva Época)*, n. 42, Nov./Dic. 1984.

LAPLACE, Pierre Simon Marquis. *A philosophical essay on probabilities.* Translated by Frederick Wilson Truscott and Frederick Lincoln Emory. Londres: Chapman & Hall Ltd, 1902.

LARENZ, Karl. *Derecho de obligaciones.* Madrid: Editorial Revista de Derecho Privado, 1958-1959. t. I.

LASH, Scott. Risk culture. In: *The risk society and beyond* – critical issues for social theory. London: Sage Publications, 2000.

LATOUR, Bruno. *Jamais fomos modernos* – ensaio de antropologia simétrica. Rio de Janeiro: Ed. 34, 1994.

LIMA, Alvino. *Culpa e Risco.* 2. ed. rev. e atual. pelo Prof. Ovídio Rocha Barros Sandoval. São Paulo: Ed. RT, 1998.

LIMA, Pires de et ANTUNES VARELA, João de Matos. *Código Civil anotado.* 4. ed. rev. e atual. Coimbra: Coimbra Editora, 2010. Vol. I (artigos 1º a 761º).

LINSLEY, Philips M. et SHRIVES, Philip J. Mary Douglas, risk and accounting failures. *Critical perspectives on accounting*, 20, 2009.

LOCKE, John. *An Essay Concerning Human Understanding.* Book II – Ideas. The Pennsylvania State University, 1999.

LOON, Joost Van et al. *The risk society and beyond* – critical issues for social theory. London: Sage Publications, 2000.

LOPEZ, Teresa Ancona. Responsabilidade civil na sociedade de risco. *Sociedade de risco e direito privado*: desafios normativos, consumeristas e ambientais. São Paulo: Atlas, 2013.

LOPEZ, Teresa Ancona. *Princípio da precaução e evolução da responsabilidade civil.* São Paulo: Quartier Latin, 2010.

LOURENÇO, Paula Meira. *A função punitiva da responsabilidade civil.* Coimbra: Coimbra Editora, 2006.

LUHMANN, Niklas. *Theory of Society.* Translated by Rhodes Barret. California: Stanford University Press, 2012. v. 1.

LUHMANN, Niklas. Sociologia como teoria dos sistemas. In: SANTOS, José Manuel (Org.). *O pensamento de Niklas Luhmann*. Covilhã: Universidade da Beira Interior, 2005.

LUHMANN, Niklas. *Essays on self-reference*. New York: Columbia University Press, 1990.

LUHMANN, Niklas. *Risk: a sociological theory*. New Jersey: Transaction Publishers, 2008.

LUHMANN, Niklas. *Trust and power* – two Works by Niklas Luhmann. New York: John Wiley & Sons, 1979.

LUPTON, Deborah. *Risk*. 2nd ed. London: Routledge, 2013.

LYOTARD, Jean-François. *A condição pós-moderna*. 12. ed. Rio de Janeiro: José Olympio, 2009.

MACHADO, J. Baptista. *Introdução ao direito e ao discurso legitimador*. Coimbra: Almedina, 1985.

MACIÁ, Antonio Borrel. *Responsabilidades derivadas de culpa extracontratual civil*. Barcelona: Bosch, 1942.

MACKIE, J. L. *The cement of the universe*: a study of causation. New York: Oxford University Press, 2002.

MAGRANI, Eduardo. *A internet das coisas: privacidade e ética na era da hiperconectividade*. Tese de doutoramento em direito pelo programa de Pós-Graduação em Direito da Pontifícia Universidade Católica do Rio de Janeiro, março de 2018.

MALONE, Wex S. *Ruminations on causa-in-fact*. Stanford Law Review. v. 9, n. 1 (Dec. 1956).

MARKESINIS, Basil S., UNBERATH, Hannes. *The german Law of torts*: a comparative treatise. 4. ed. Oregon: Hart Publishing, 2002.

MARQUES, Claudia Lima. A pessoa no mercado e a proteção dos vulneráveis no direito privado brasileiro. *Direito privado, constituição e fronteiras: encontros da associação luso-alemã de juristas brasileiros*. São Paulo: Ed. RT, 2014.

MARQUES, Claudia Lima. *Contratos no Código de Defesa do Consumidor*. São Paulo: Ed. RT, 2014.

MARQUES, Claudia Lima et MIRAGEM, Bruno. *O novo direito privado e a proteção dos vulneráveis*. 2. ed., rev. atual. e ampl. São Paulo: Ed. RT, 2014.

MARTINS-COSTA, Judith. *A boa fé no direito privado*: critérios para sua aplicação. 2. ed. São Paulo: Saraiva Educação, 2018, Edição do Kindle.

MARTINS COSTA, Judith Hofmeister. O Direito Privado como um "sistema em construção": as cláusulas gerais no Projeto do Código Civil brasileiro. *Jus Navigandi*, Teresina, a. 4, n. 41, mai. 2000. Disponível em: http://www1.jus.com.br/doutrina/texto.asp?id=513. Acesso em: 22 set. 2003.

MATIAS, João Luis Nogueira. *Da cláusula pacta sunt servanda à função social do contrato*: o contrato no Brasil. O *sistema contratual romano*: de Roma ao direito actual. Coimbra: Faculdade de direito da universidade de Lisboa, 2010.

MATOZZI, Ignacio de Cuevillas *La relación de causalidad em la órbita del derecho de daños*. Valencia: Tirant Lo Blanch, 2000.

MATTHIESEN, WICKERT & LEHRER, S.C. *Contributory negligence/comparative fault laws in all 50 states*. Disponível em: https://www.mwl-law.com/wp-content/uploads/2018/02/COMPARATIVE-FAULT-SYSTEMS-CHART.pdf. Acesso em: 25 jul. 2019.

MATURANA R., Humberto e VARELA GARCÍA, Francisco J. *De máquinas y seres vivo* – autpoiesis: la organización de lo vivo. 5. ed. Santiago do Chile: Ed. Universitaria, 1998.

MATURANA R., Humberto. *Cognição, ciência e vida cotidiana*. Organização e tradução Cristina Magro, Victor Paredes. Belo Horizonte: Ed. UFMG, 2001.

MAZEAU, Laurène. *L'imputation de la responsabilité civile en contexte d'incertitude scientifique et technologique*, Cahiers Droit, Sciences & Technologies, 4, 2014.

MAZEAUD, Henri, MAZEAUD, Leon y TUNC, André. *Tratado teórico y práctico de la responsabilidad civil delictual y contractual*. Trad. Luis Alcalá-Zamora y Castillo. 5. ed. Buenos Aires: Ediciones Jurídicas Europa-América, 1961. v. I, tomo primero.

MAZEAUD, Henry, MAZEAUD Léon, e TUNC, André. *Tratado teórico y práctico de la responsabilidad civil delictual y contractual*. Buenos Aires: Ediciones Jurídicas Europa-América, 1962. v. II, tomo primero.

MAZEAUD, Henry, MAZEAUD, Léon, e TUNC, André. *Tratado teórico y práctico de la responsabilidad civil delictual y contractual*. Buenos Aires: Ediciones Juridicas Europa-América, 1963. v. I, tomo segundo.

MAZEAUD, Henri, MAZEAUD, León y TUNC, André. *Tratado teórico y práctico de la responsabilidad civil delictual y contractual*. Trad. Luis Alcalá-Zamora y Castillo. 5. ed. Buenos Aires: Ediciones Jurídicas Europa-América, 1963. v. I, tomo tercero.

MEINECKE, Friedrich. *El historicismo y su genesis*. Versión española de José Mingarro y San Martín y Tomás Muñoz Molina. México: Fondo de Cultura Economica, 1943.

MELO, Marco Aurélio Bezerra. *Direito civil*: responsabilidade civil. 2. ed. Rio de Janeiro: Forense, 2018.

MENDES, José Manuel. *Sociologia do risco*: uma breve introdução e algumas lições. Coimbra: Imprensa da Universidade de Coimbra, 2015.

MENDONÇA, Diogo Naves. *Análise econômica da responsabilidade civil*: o dano e sua quantificação. São Paulo: Atlas, 2012.

MENDONÇA, Luís Correia. As origens do Código Civil de 1966: esboço para uma contribuição. *Análise social*, v. xviii (72-73-74), 1982-3.º-4.

MICELI, Thomas F. *Economics of the law*. Oxford: Oxford University Press, 1997.

MIRABELLI DI LAURO, Antonio Procida. *La responsabilità civile* – strutture e funzioni. Torino: G. Giappichelli Editore, 2004.

MIRAGEM, Bruno. *Curso de direito do consumidor*. 5. ed. São Paulo: Ed. RT, 2014.

MIRAGEM, Bruno Nubens Barbosa. *Direito Civil* – Responsabilidade Civil (Locais do Kindle 4177). Saraiva, 2015. Edição do Kindle.

MIRANDA, Jorge. Os direitos fundamentais na ordem constitucional portuguesa. *Revista española de derecho constitucional*. año 6, n. 18, Sep.-Dic. 1986.

MIRANDA, Pontes de. *Tratado de direito privado*. Campinas: Bookseller, 2003. t. 22.

MONTEIRO, Jorge Sinde. *Estudos sobre a responsabilidade civil*. Coimbra, 1983.

MONTEIRO, Washington de Barros. *Curso de direito civil*. São Paulo: Saraiva, 2000.

MONTEIRO FILHO, Carlos Edison do Rêgo. *Elementos de responsabilidade civil por dano moral*. Rio de Janeiro: Renovar, 2000.

MONTEIRO FILHO, Carlos Edison do Rêgo. Art. 944 do Código Civil: O problema da mitigação do princípio da reparação integral. In: TEPEDINO, Gustavo e FACHIN, Luiz Edson (coord.). *O direito e o tempo*: embates jurídicos e utopias contemporâneas: estudos em homenagem ao Professor Ricardo Pereira Lira. Rio de Janeiro: Ed. Renovar, 2008.

MONTENEGRO, Antonio Lindbergh. *Ressarcimento de danos*. 8. ed. ampl. e atual. pelo novo Código Civil. Rio de Janeiro: Lumen Juris, 2005.

MOORE, Michael S. *Causation and responsibility*: an essay in law, morals and metaphysics. New York: Oxford University Press, 2010.

MORAES, Maria Celina Bodin de. O direito civil-constitucional. *Na medida da pessoa humana – estudos de direito civil-constitucional*. Rio de Janeiro: Renovar, 2010.

MORAES, Maria Celina Bodin de. A caminho de um direito civil-constitucional. *Na medida da pessoa humana* – estudos de direito civil-constitucional. Rio de Janeiro: Renovar, 2010.

MORAES, Maria Celina Bodin de. O princípio da solidariedade. *Na medida da pessoa humana*: estudos de direito civil. Rio de Janeiro: Renovar, 2010.

MORAES, Maria Celina, Bodin de. *Danos a pessoa humana*: uma leitura civil-constitucional dos danos morais. Rio de Janeiro: Renovar, 2003.

MORAES, Maria Celina Bodin de. A constitucionalização do direito civil e seus efeitos sobre a responsabilidade civil. In: SOUZA NETO, Cláudio Pereira de e SARMENTO, Daniel (Org.). *A constitucionalização do direito*: fundamentos teóricos e aplicações específicas. Rio de Janeiro: Lumen Juris, 2007.

MORAES, Maria Celina, Bodin de. Punitive damages em sistemas civilistas: problemas e perspectivas. *Revista Trimestral de Direito Civil*, v. 18. Rio de Janeiro: Padma.

MOREIRA ALVES, José Carlos. *Direito Romano*. 16. ed. Rio de Janeiro: 2014.

MOREIRA ALVES, José Carlos. A causalidade nas ações indenizatórias por danos atribuídos ao consumo de cigarros. *Estudos e pareceres sobre livre-arbítrio, responsabilidade e produto de risco inerente* – o paradigma do tabaco: aspectos civis e processuais. Rio de Janeiro: Renovar, 2009.

MOTTA, Renata. Risco e modernidade – uma nova teoria social? *Revista brasileira de ciências sociais*. v. 29, n. 86. São Paulo: ANPOCS, 2014.

MULHOLLAND, Caitlin. Sampaio. *A responsabilidade civil por presunção de causalidade*. Rio de Janeiro: GZ, 2009.

NEWTON, Kenneth. Trust, social capital, civil society, and democracy. *International political science review*. v. 22, n. 2, 2001.

NINO, Carlos S. ¿Da lo mismo omitir que actuar? acerca de la valoración moral de los delitos por omisión. *Revista de derecho penal y criminología*. n. 6, 2017.

NORONHA, Fernando. *Direito das obrigações*: fundamentos do direito das obrigações: introdução à responsabilidade civil. 2. ed. rev. e atual. São Paulo: Saraiva, 2007.

NOVAES, Domingos Riomar. *Nexo causal como realidade normativa e presunção de causalidade na responsabilidade civil*. Rio de Janeiro: Lumen Juris, 2017.

OBERDIEK, John. *Imposing Risk* – a normative framework. Oxford Legal Philosophy. OUP Oxford. Edição do Kindle, 2017.

OMS. Plano de Ação 2018 da Organização Mundial da Saúde (R&D Blueprint). Disponível em: http://www.who.int/emergencies/diseases/2018prioritization-report.pdf?ua=1. Acesso em: 18 jul. 2018.

ORGAZ, Alfredo. *La relación de causalidad entre el acto ilícito y el daño*. Buenos Aires: La ley, 1949.

ORGAZ, Alfredo. El daño resarcible (actos ilícitos). Buenos Aires: Editorial Bibliografia Argentina, 1952.

PANKOKE, Eckart. "Personality" as a principle of individual and institutional development Lorenz Von Stein's Institutional theory of a "labor-society". *Studies in economic ethics and philosophy*. New York: Springer-Verlag Berlin Heidelberg, 1997.

PASSOS, José Joaquim Calmon de. O risco na sociedade moderna e seus reflexos na teoria da responsabilidade civil e na natureza jurídica do contrato de seguro. *Revista Jus Navigandi*, ISSN 1518-4862, Teresina, ano 7, n. 57, 1 jul. 2002. Disponível em: https://jus.com.br/artigos/2988. Acesso em: 1º jun. 2018.

PAYNE, Douglas. Reduction of damages for contributory negligence. *The modern law review*, v. 18, Jul. 1955.

PEDROSO, Marcel. Racionalidade limitada e uso de informações técnicas em modelos de análise de políticas públicas: proposições sobre a perspectiva integradora da Análise Multicritério de Decisão Espacial Construtivista. *Revista de pesquisa em políticas públicas*. Edição 02, dezembro, 2013.

PEREIRA, Caio Mário da Silva. *Direito civil*: alguns aspectos da sua evolução. Rio de Janeiro: Forense, 2001.

PEREIRA, Caio Mário da Silva. *Responsabilidade civil*. Atual. Gustavo Tepedino. 10 ed. rev. atual. Rio de Janeiro: GZ, 2012.

PEREIRA, Caio Mário da Silva. *Responsabilidade Civil*. Rio de Janeiro: Forense, 1989.

PEREIRA, Caio Mário da Silva. *Instituições de direito civil*. Rio de Janeiro: Forense, 2007. v. I.

PEREIRA, Caio Mário da Silva. *Instituições de direito civil*. 31. ed. Rio de Janeiro: Forense, 2019. v. II. Teoria geral das obrigações.

PEREIRA COELHO, Francisco Manuel. *O problema da causa virtual na responsabilidade civil*. Coimbra: Livraria Almedina, 1998.

PEREIRA COELHO, Francisco Manuel. *O nexo de causalidade na responsabilidade civil.* Coimbra, 1950

PEREIRA, Rui Soares. *O nexo de causalidade na responsabilidade delitual* – fundamento e limites do juízo de condicionalidade. Almedina, 2017.

PERLINGIERI, Pietro. *Perfis de direito civil.* Trad. Maria Cristina De Cicco. 2. ed. Rio de Janeiro: Renovar, 2002.

PERLINGIERI, Pietro. *O direito civil na legalidade constitucional.* Rio de Janeiro: Renovar, 2008.

PHILLIPSON Jr., Herbert E. Negligence: causation: intervening cause. *Michigan law review,* v. 47, n. 7, May, 1949.

PINHEIRO, Rosalice Fidalgo et DETROZ, Derlayne. A hipervulnerabilidade e os direitos fundamentais do consumidor idoso no direito brasileiro. *Revista luso-brasileira de direito do consumo.* v. II, n. 4, dez. 2012.

PINTO, Eduard Régis Girão de Castro, e LAVÔR, Amanda Rodrigues. A responsabilidade civil à luz do princípio jurídico-constitucional da solidariedade social. *Quaestio juris.* v. 12, n. 3. Rio de Janeiro, 2019.

PIRON, Sylvain. L'apparition du resicum em Méditerranée occidentale, XIIe-XIIIe siècles. *Pour une historire culturelle du risque.* Strasbourg: Editions Histoire et Anthropologie, 2004.

PIRSON, Roger, et DE VILLÉ, Albert. *Traité de la responsabilité civile extra-contratuelle.* Tome premier. Bruxelles: Émile Bruylant, 1935.

PIRSON, Roger, et DE VILLÉ, Albert. *Traité de la responsabilité civile extra-contractuelle.* Tome second. Paris: Librairie Génerale de Droit et de Jurisprudence, 1935.

PIZARRO, Ramon Daniel. *Responsabilidad civil por riesgo creado y de empresa* – contractual y extracontractual. Parte General. Buenos Aires: La ley, 2006. t. I.

PLANIOL, Marcel e RIPERT, Georges. *Traité pratique de droit civil français.* Paris: R Pichon et R. Durand-Auzias, 1952. t. VI. Obligations, remière partie par Paul Esmein.

PLANIOL, Marcel e RIPERT, Georges. *Tratado elemental de derecho civil* – las obligaciones. Trad. Jose M. Cajica Jr. México: Cardenas Editor y Distribuidor, 1983.

POPPER, Karl. *A miséria do historicismo.* Trad. Octany S. da Mota & Leonidas Hegenberg. São Paulo: Edusp, 1980.

POSNER, Richard A. *Catastrophe:* risk and response. New York: Oxford University Press, 2004.

POSNER, Richard. *Economic analysis of law.* 3. ed. Boston: Wolters Kluwer, 1986.

POSNER, Richard A. A Theory of Primitive Society, with Special Reference to Law. *The Journal of Law & Economics,* v. 23, No. 1 (Apr. 1980).

POTHIER, Robert J. *Tratado das obrigações.* Campinas: Servanda, 2002.

PRADIER, Pierre-Charles. *La notion de risque en économie.* Paris: La Découverte, 2006.

PROBST, Thomas. *La causalité aujoud'hui.* Disponível em: http://www.unifr.ch/ius/assets/files/c haires/CH_Probst/files/OR%20AT%20II%20Vorlesung/Causalite.PDF.

PROSSER, William L. *Prosser and Keeton on torts*. 5. ed. rev. ed. of: Handbook of the law of torts / William L. Prosser. 4th ed. 1971. St. Paul, Minn.: West Pub. Co., 1984.

PROSSER, William L. Proximate cause in California. *California law review*, v. 38, n. 3, Aug., 1950.

PROSSER, William L. Comparative Negligence. *Michigan law review*, v. 51, n. 4, Feb. 1953.

PUPPE, Ingeborg. The Concept of Causation in the Law. *Critical essays on "causation and responsibility"*, 2013, p. 70. Disponível em: https://ssrn.com/abstract=2744701.

PUTNAM, Robert D. *Comunidade e democracia*: a experiência da Itália moderna. 5. ed. Rio de Janeiro: FGV, 2006.

RABEL, Ernst. A Draft of an International Law of Sales. *The university of Chicago law review*. v. 5, n. 4, p 555. June 1938.

RADBRUCH, Gustav. *Filosofia do direito*. Trad. Marlene Holzhausen. São Paulo: Martins Fontes, 2004.

RANGEL, Rui Manuel de Freitas. *A reparação judicial dos danos na responsabilidade civil* – um olhar sobre a jurisprudência. Coimbra: Almedina, 2006.

RÁO, Vicente. *O direito e a vida dos direitos*. 5. ed. anotada e atual. por Ovídio Rocha Barros Sandoval. São Paulo: Ed. RT, 1999.

REIS, Clayton. *Os novos rumos da indenização do dano moral*. Rio de Janeiro: Forense, 2003.

RIPERT, Georges. *A regra moral nas obrigações civis*. Campinas: Bookseller, 2002.

RIPERT, Georges. *Le déclin du droit*. Paris: R. Pichon et R. Durand-Auzias, 1949.

RIPERT, Georges. *O regímen democrático e o direito civil moderno*. Trad. J. Cortezão. São Paulo: Saraiva & Cia, 1937.

RIPSTEIN, Arthur. *Equality, responsibility, and the law*. Cambridge: Cambridge University Press, 2004.

RIPSTEIN, Arthur. Private law and private narratives. *Oxford journal of legal studies*. v. 20, n. 4, 2000.

RODRIGUES Jr., Otavio Luiz. *Direito Civil contemporâneo* – Estatuto Epistemológico, Constituição e Direitos Fundamentais. 2. ed. Forense, 07/2019. VitalBook file.

RODRIGUES JUNIOR, Otavio Luiz. Nexo causal probabilístico: elementos para a crítica de um conceito. *Revista de Direito Civil Contemporâneo*. v. 8. ano 3. São Paulo: Ed. RT, jul.-set. 2016.

RODRIGUES, Silvio. *Direito civil*. 20. ed. rev. e atual. de acordo com o novo Código Civil. São Paulo: Saraiva, 2003. v. 4. Responsabilidade civil.

ROSA, Eugene A., et al. *The risk society revisited*. Social theory and governance. Philadelphia: Temple University Press, 2014.

ROSENVALD, Nelson. *As funções da responsabilidade civil*. 2. ed. São Paulo: Atlas, 2014.

ROSENVALD, Nelson, e NETTO, Felipe Braga. Responsabilidade civil e solidariedade social: potencialidades de um diálogo. In: GUERRA, Alexandre Dartanham de Mello (Coord.).

Estudos em homenagem a Clóvis Beviláqua por ocasião do centenário do direito civil codificado no Brasil. São Paulo: Escola Paulista da Magistratura, 2018. v. 1.

ROSSELO, Carlo. *Il danno evitabile* – la mistura dela responsabilità tra diligenzza ed efficienza. Padova: Cedam, 1990.

RUGGIERO, Roberto de. *Instituciones de derecho civil*. Trad. de la 4. ed. italiana. Madrid: Editorial Reus, 1929. v. I.

SALEILLES, Raymond. *Les accidents de travail et la responsabilité civile (essai d'une theorie objective de la responsabilite délictuelle)*. Paris: Arthur Rousseau Éditeur, 1897.

SANSEVERINO, Paulo de Tarso. *Princípio da reparação integral* – indenização no Código Civil. São Paulo: Saraiva, 2010.

SAVATIER, René. *Du droit civil au droit public*. Paris: R. Pichon et R. Duran-Auzias, 1945.

SAVATIER, René. *Traité de responsabilité civile*. Paris: L.G.D.J: R. Pichon et R. Durand-Auzias, 1951.

SAVATIER, René. *Traité de la responsabilité en droit français*. Paris: Librairie Générale de Dorit et de Jurisprudence, 1939. t. I – les sources de la responsabilité civile.

SCHÄFER, Hans-Bernd, and MÜLLER-LANGER, Frank. Strict liability versus negligence. *Tort law and economics*. Encyclopedia of law and economics. 2. ed. Cheltenham: Edward Elgar, 2009. v. 1.

SCHNÄDELBACK, Herbert. *La filosofía de la historia después de Hegel* – el problema del historicismo. Buenos Aires: Alfa, 1980.

SCHOFIELD, William. Davies v. Mann: theory of contributory negligence. *Harvard law review*, v. 3, n. 6, Jan. 1890.

SCHONBLUM, Paulo Maximilian Wilhelm. *Dano moral*: questões controvertidas. Rio de Janeiro: Forense, 2000.

SCHREIBER, Anderson. *Novos paradigmas da responsabilidade civil*: da erosão dos filtros da reparação à diluição dos danos. São Paulo: Atlas, 2007.

SCHREIBER, Anderson. A responsabilidade civil como política pública. *Direito civil e Constituição*. São Paulo: Atlas, 2013.

SCHREIBER, Anderson. Arbitramento do dano moral no novo Código Civil. *Revista Trimestral de Direito Civil*, v. 12. Rio de Janeiro: Padma, 2002.

SCHREIBER, Anderson, TARTUCE, Flávio, SIMÃO, José Fernando, BEZERRA DE MELO, Marco Aurélio e DELGADO, Mário Luiz. *Código Civil comentado* – doutrina e jurisprudência. Rio de Janeiro: Forense, 2019.

SEGUÍ, Adela. Prevención de los daños y tutela inhibitoria em materia ambiental. *Derecho ambiental y daño*. Buenos Aires: La ley, 2009.

SERPA LOPES, Miguel Maria de. *Curso de direito civil*. Obrigações em geral. 6. ed. rev. e atual. pelo prof. José Serpa Santa Maria. Rio de Janeiro: Livraria Freitas Bastos, 1995. v. II.

SHAVELL, Steven. *Foundations of economic analysis of law*. Cambridge: Harvard University Press, 2004.

SHAVELL, Steven. *Economic Analysis of Accident Law*. Cambridge: Harvard University Press, 2007.

SILVA, Clóvis Veríssimo do Couto e. O direito civil brasileiro em perspectiva histórica e visão de futuro. In: FRADERA, Vera Maria Jacob de (Org.). *O direito privado na visão de Clóvis do Couto e Silva*. Porto Alegre: Livraria do Advogado, 1997.

SILVA, Clóvis Veríssimo do Couto e. O seguro no Brasil e a situação das seguradoras. *O direito privado brasileiro na visão de Clóvis do Couto e Silva*. Porto Alegre: Livraria do Advogado, 1997.

SILVA, João Calvão da. *Responsabilidade civil do produtor*. Coimbra: Almedina, 1999.

SILVA, Wilson Melo da. *Responsabilidade sem culpa*. 2. ed. São Paulo: Saraiva, 1974.

SILVA, Wilson Melo da. *O dano moral e sua reparação*. 3. ed. rev. e ampl. Rio de Janeiro: Forense, 1983.

SILVEIRA, Alípio. *Conceito e funções da equidade em face do direito positivo: especialmente no direito civil*. São Paulo, 1943.

SIMON, Herbert A. *Administrative behavior*: a study of decision-making processes in administrative organizations. New York: The Free Press, 1997.

SINGELMANN, Joachim et SINGELMANN, Peter. Lorenz von Stein and the paradigmatic bifurcation of social theory in the nineteenth century. *The British journal of sociology*. v. 37, n. 3, Sep. 1986.

SINTEZ, Cyril. La *sanction préventive en droit de la responsabilité civile* – contribution à la théorie de l'interprétation et de la mise en effet des normes. Thèse présentée à la Faculté des études supérieures en vue de l'obtention du grade de docteur en droit Universite de Montreal, 2009.

SLOVIC, Paul. Perceived risk, trust, and democracy. *Social trust and the management of risk*. Edited by George Cvetkovich and Ragnar E. Löfstedt. Earthscan, 2013.

SLOVIC, Paul. Perception of risk from radiation. *Radiation protection on dosimetry*. v. 68, Issue 3. Nuclear Technology Publishing, 1996.

SMITH, Jeremiah. Legal cause in actions of tort. *Harvard Law Review*, v. 25, n. 2 (Dec. 1911).

SOLARI, Gioele. *Filosofía del derecho privado*. La idea individual. Buenos Aires: Editorial Depalma, 1946.

SOLARI, Gioele. *Filosofía del derecho privado* – la idea social. Buenos Aires: Editorial Depalma, 1950.

SOUTH CHINA MORNING POST. *Technology remains the economic driver of the future, despite recent data access scares*. Disponível em: https://www.scmp.com/comment/insight-opinion/article/2143572/technology-remains-economic-driver-future-despite-recent. Acesso em: 15 out. 2018.

SOUZA, Eduardo Nunes. Em defesa do nexo causal: culpa, imputação e causalidade na responsabilidade civil. In: SOUZA, Eduardo Nunes de e SILVA, Rodrigo da Guia (Coord.). *Controvérsias atuais em responsabilidade civil*: estudos de direito civil-constitucional. Almedina, 2018.

SOZZO, Gonzalo. Riscos do desenvolvimento e sistema do direito de danos (para de danos pluralista). *Direito, sociedade e riscos*: a sociedade contemporânea vista a partir da ideia de risco. Rede Latino – Americana e Europeia sobre Governo dos Risco, 2000.

STAPLETON, Jane. Choosing what we mean by causation in the law. *Missouri law review*. v. 73, Issue 2, 2008, disponível em http://scholarship.law.missouri.edu/mlr/vol73/iss2/6, acesso em 09.07.2019.

STARCK, Boris et al. *Obligations*. Responsabilité délictuelle. 4. ed. Paris: Éditions Litec, 1991.

STARCK, Boris. *Essai d'une théorie générale de la responsabilité civile considerée en sa double fonction de garantie et de peine privée*. Paris: L. Rodstein, 1947.

STARR, Chauncey. Risk management, assessment and acceptability. *Risk analysis*. v. 5, n. 2, 1985.

STEIN, Lorenz von. *Tratado de teoría de la administración y derecho administrativo*. Con un estudio comparativo de la bibliografía y la legislación de Francia, Inglaterra y Alemania (Spanish Edition). Fondo de Cultura Económica. Edição do Kindle.

STOLFI, Giuseppe. *Teoria del negocio jurídico*. Madrid: Editora Revista de Derecho Privado, 1959.

STRECK, Lenio Luiz, e MORAIS, José Luis Bolzan. *Ciência política e teoria do estado*. 8. ed. Porto Alegre: Livraria do Advogado, 2014, e-book.

STREVENS, Michael. *Mackie's theory of causation revivified*: new oil in old jars, 2013. Disponível em: http://www.webpages.uidaho.edu/inpc/6th-2003/papers/Strevens-long.pdf. Acesso em: 10 abr. 2019.

STUART MILL, John. *A system of logic*: Ratiocinative and Inductive, Being a connected view of the Principles of Evidence, and the Methods of Scientific Investigation. The University of Adelaide Library, 2011.

TARTUCE, Flávio. *Responsabilidade civil objetiva e risco* – a teoria do risco concorrente. São Paulo: Método, 2011.

TARUFFO, Michele. *La prueba, artículos y conferencias*. Editorial Metropolitana, 2008.

TARUFFO, Michelle. *La prueba*. Madrid: Marcial Pons, 2008.

TELLES, Inocêncio Galvão. *Direito das obrigações*. 7. ed. Coimbra: Editora Coimbra, 2014.

TEPEDINO, Gustavo. Premissas metodológicas para a constitucionalização do direito civil. *Temas de direito civil*. Rio de Janeiro: Renovar, 2004.

TEPEDINO, Gustavo. Direitos humanos e relações jurídicas privadas. *Temas de direito civil*. Rio de Janeiro: Renovar, 2004.

TEPEDINO, Gustavo. Crise de fontes normativas e técnica legislativa na parte geral do código civil de 2002. *Temas de direito*. Rio de Janeiro: Renovar, 2006. t. II.

TEPEDINO, Gustavo. A evolução da responsabilidade civil no direito brasileiro e suas controvérsias na atividade estatal. *Temas de direito civil*. 3. ed. Rio de Janeiro: Renovar, 2004.

TEPEDINO, Gustavo. A responsabilidade médica na experiência brasileira contemporânea. *Revista trimestral de direito civil*. v. 02. Rio de Janeiro: Editora Padma, 2000.

TEPEDINO, Gustavo. Notas sobre o nexo de causalidade. *Revista Jurídica*. ano 50, n. 296, jun. 2002.

TEPEDINO, Gustavo, BARBOZA, Heloisa Helena e MORAES, Maria Celina Bodin de. *Código Civil interpretado conforme a Constituição da República*. Rio de Janeiro: Renovar, 2006. v. II

TEPEDINO, Gustavo e SCHREIBER, Anderson. *As penas privadas no direito brasileiro*. In: SARMENTO, Daniel e GALDINO, Flavio (Org.). *Direitos fundamentais*: estudos em homenagem ao professor Ricardo Lobo Torres. Rio de Janeiro: Renovar, 2006.

TERRA, Aline de Miranda Valverde e GUEDES, Gisela Sampaio da Cruz. In: TEPEDINO, Gustavo (Org.). *Responsabilidade civil (fundamentos do direito civil)*. Rio de Janeiro: Forense, 2020.

TERRY, Henry T. Proximate consequences in the law of torts. *Harvard law review*, v. 28, n. 1, Nov. 1914.

THEODORO JUNIOR, Humberto. *Direitos do consumidor*: a busca de um ponto de equilíbrio entre as garantias do Código de Defesa do Consumidor e os princípios gerais do Direito Civil e do Direito Processual Civil. Rio de Janeiro: Forense, 2013.

THIBIERGE, Catherine. Libres propos sur l'évolution du droit de la responsabilité vers un élargissement de la fonction de la responsabilité civile. *RTDciv.*, 1999.

THOMPSEN CARPES, Artur. *A prova do nexo de causalidade na responsabilidade civil* (Coleção O Novo Processo Civil). São Paulo: Thompson Reuters, 2019, Edição do Kindle.

THOMPSON, Simon. Trust, risk and identity. *Trust, risk and uncertainty*. New York: Palgrave Macmillan, 2005.

TILLEY, Cristina Carmody. Tort law inside out. *The yale law journal*. 126:1320, 2017.

TOEPEL, Friedrich. Causal overdetermination. *Critical Essays on "Causation and Responsibility"*. New York: De Gruyter, 2013.

TORNEAU, Philippe le. *La responsabilité civile*. 12. ed. Paris: Dalloz, 1976.

TRIMARCHI, Pietro. *Instituzioni di diritto civile*. Padova, 1966.

TRIMARCHI, Pietro. *Causalità e danno*. Dott. A. Giuffrè: Milano, 1967.

TROPARDI, Nelcina Conceição de Oliveira. Alguns temas pontuais em direito do consumidor. In: LOPES, Teresa Ancona; AGUIAR, Ruy Rosado de (Coord.). *Contratos de consumo e atividade econômica*. São Paulo: Saraiva, 2009.

TULLOCH, John. Culture and risk. *Social theories of risk and uncertainty*: an introduction. Oxford: Blackwell Publishing, 2008.

TUNC, André. *La responsabilité civile*. 2. ed. Paris: Ed. Économica, 1989.

TURTON, Gemma. *A critical analysis of the current approach of the courts and academics to the problem of evidential Uncertainty in causation in tort law*. A thesis submitted to the University of Birmingham for the degree of doctor of philosophy. Birmingham, 2012.

UEDA, André Silva Rasga. *Responsabilidade civil nas atividades de risco* – um panorama atual a partir do Código Civil de 2002. São Paulo: Arte & Ciência, 2011.

VANDERSTRAETEN, Raf. The Autopoiesis of Social Systems. *Constructivist Foundations* (9) 2. 2014.

VARELA, João de Matos Antunes. *Das obrigações em geral*. 10. ed. Coimbra: Almedina, 2000. v. I.

VASQUES, José. *Contrato de seguro* – notas para uma teoria geral. Coimbra: Coimbra Editora, 1999.

VENOSA, Silvio. *Direito civil*: responsabilidade civil. 3. ed. São Paulo: Atlas, 2003.

VENOSA, Silvio. *Direito civil*. 17. ed. São Paulo: Atlas, 11/2016. VitalBook file. v. 2. Obrigações e responsabilidade civil.

VERASZTO, Estéfano Vizconde et al. Tecnologia: buscando uma definição para o conceito. *Prisma.com*, n. 7, p. 60-85, 2008. Disponível em: http://revistas.ua.pt/index.php/prismacom/article/viewFile/681/pdf. Acesso em: 15 out. 2018.

VIELMA MENDOZA, Yoleida. En torno a la responsabilidad civil y el derecho de daños (La reparación del daño a la persona). *Commercium – Revista venezolana del Postgrado de Derecho Mercantil*. n. 1, Enero-Diciembre 2011.

VILANOVA, Lourival. *Causalidade e relação no direito*. 4. ed. São Paulo: Ed. RT, 2000.

VINEY, Genevieve. Pour ou contre un principe général de responsabilité civile pour faute? *Osaka University Law Review*. 49.

VINEY, Geneviève. *Le déclin de la responsabilité individuelle*. Paris: R. Pichon et R. Durand-Auzias, 1964.

VIOLA, Rafael. Indenização equitativa: uma análise do art. 944, parágrafo único do Código Civil. *Quaestio iuris*. v. 06, n. 1, 2013.

VIOLA, Rafael. Constituição, economia e contrato as transformações do Direito Civil. *Tratado de Direito Constitucional* – Constituição no século XXI. Rio de Janeiro Elsevier, 2014. v. 2.

VON LISZT, Franz. *Tratado de direito penal alemão*. Trad. José Hygino Duarte Pereira. Rio de Janeiro: F. Briguet & C Editores, 1899. t. I.

WAGNER, Gerhard. *Strict liability in european private law*. Disponível em: http://ssrn.com/abstract=1766112. Acesso em: 16 nov. 2018.

WEIGEL, Wolfgang. *Economics of the law* – a primer. Routledge: London, 2008.

WESENBERG, Gerhard e WESENER, Gunter. *Historia Del derecho privado moderno en alemania y en Europa*. Trad. Jose Javier de Los Mozos Touya. Valladolid: Lex Nova, 1998.

WEST, Euan. The utility of the NESS test of factual causation in Scots Law. *Aberdeen Student Law Review*, Sep. 2013.

Wharton. Cf. WHARTON, Francis. *A treatise in the law of negligence*. Cambridge: Houghton and Co., 1874.

WIEACKER, Franz. *História do direito privado moderno*. 4. ed. Lisboa: Fundação Calouste Gulbenkian, 2010.

WILLIAMS, Glanville L. The Law Reform (Contributory Negligence) Act, 1945. *Modern law review*, v. 9, July 1946.

WRIGHT, Richard W. Causation in tort law. *California law review*. v. 73, issue 6, 1985.

WRIGHT, Richard W. The NESS account of natural causation: a response to criticisms. *Critical Essays on "Causation and Responsibility"*. New York: De Gruyter, 2013.

WRIGHT, Richard W. and KEREN-PAZ, Tsachi. Liability for mass sexual abuse. *Revista de direito da responsabilidade*. ano 1, 2019.

WRIGHT, Richard. Causation, Responsibility, Risk, Probability, Naked Statistics, and Proof: Pruning the Bramble Bush by Clarifying the Concepts. *Iowa Law Review*, 1001, 1998. Disponível em: https://scholarship.kentlaw.iit.edu/fac_schol/698. Acesso em: 25 jul. 2021.

WYNNE, Brian. Uncertainty and environmental learning – reconceiving Science and policy in the preventive paradigm. *Global environmental change*. v. 02, Issue 2, 1992.

ZEBULUM, José Carlos. O julgamento do caso fosfoetanolamina e a jurisprudência do Supremo Tribunal Federal. *Revista de direito sanitário*. São Paulo, v. 17, n. 03, nov. 2016-fev. 2017.

ZERBE Jr., Richard O. *Economic efficiency in law and economics (new horizons in law and economics)*. Northampton: Edward Elgar, 2001.

ZINN, Jens O. Risk society and reflexive modernization. *Social theories of risk and uncertainty: an introduction*. Oxford: Blackwell Publishing, 2008.

ZIPURSKY, Benjamin C. Palsgraf, punitive damages and preemption. *Harvard law review*. v. 125, 2012. O caso está disponível em: http://www.courts.state.ny.us/ reporter/arc.